CREER Y PENSAR

365 reflexiones
para un cristianismo integral

CREER Y PENSAR

365 reflexiones
para un cristianismo integral

Arturo I. Rojas

editorial clie

EDITORIAL CLIE
C/ Ferrocarril, 8
08232 VILADECAVALLS
(Barcelona) ESPAÑA
E-mail: libros@clie.es
http://www.clie.es

CREER Y PENSAR. 365 reflexiones para un cristianismo integral
ISBN: 978-84-8267-857-3
Depósito legal: B. 10365-2014
VIDA CRISTIANA
Devocionales
Referencia: 224860

Impreso en USA / *Printed in USA*

ARTURO IVÁN ROJAS RUÍZ nacido en Bogotá, Colombia, estudió en el *"Instituto Bíblico Integral"* de Casa Sobre la Roca (Bogotá, Colombia). Licenciado en Teología por la Facultad de Estudios Teológicos y Pastorales de la Iglesia Anglicana (Bogotá), maestría en Divinidades y estudios teológicos en *"Laud Hall Seminary"* (Miami, Estados Unidos) y doctorado honorario en Teología en *"Logos Christian College"* (Miami). Decano del Instituto Bíblico y de la Facultad de Teología de las Iglesias de Casa Sobre la Roca en Colombia, donde imparte como profesor las asignaturas de: Introducción al Pensamiento Cristiano, Teología Contemporánea, Introducción a la Teología Integral y Cristología. Su labor influenciada por su mentor y también escritor, pensador, periodista y teólogo Darío Silva-Silva presidente de Casa Sobre la Roca; está guiada por la convicción de que es mejor ser sabio que erudito, haciendo de la sabiduría la meta de su vida y promoviéndola entre todos sus estudiantes y hermanos en la fe; y practicándola en su diario vivir junto a su fiel esposa Deisy y sus hijos María José y Mateo.

PRÓLOGO
La razón no tiene fe, pero la fe tiene razón

I

Arturo Rojas es un hombre posmoderno, nacido en medio de la guerra fría, los viajes espaciales, la música disco, la teología de la liberación, el sexo libre, los alucinógenos y las guerrillas. Aún cuando muchos no usaran armas ni drogas, todos los jóvenes de esa edad fronteriza eran un poco viciosos, izquierdistas y ateos. Buscándose a sí mismo, el autor de este libro salió un día, precipitadamente, de la sub-cultura urbana propia de su adolescencia y, después de algunos tropezones de búsqueda, cruzó la puerta de un templo cristiano repleto de personas como él. CASA SOBRE LA ROCA le gustó, precisamente, por ser una iglesia atípica que no defendía sacrosantas tradiciones ¡porque no las tenía! Era, y sigue siendo en cierta medida, un movimiento en busca de una teología.

Muy pronto, el joven converso atendió la voz del Espíritu Santo y se dedicó al estudio del cristianismo con una voracidad impresionante hasta convertirse en erudito maestro bíblico de la actual generación, lo cual le ha valido títulos académicos y honorarios. Los hechos hablan por sí mismos y me revelan del aprieto que sería para mí referirme objetivamente a este discípulo y amigo que ha sido, en cierta forma, mi cómplice en la estructuración de una teología cristiana integral.

Dentro del marco de una vida personal y familiar de transparente testimonio, Arturo Rojas ha tenido éxito en su labor pastoral y académica porque sabe interpretar el signo de este tiempo. Hoy el conocimiento es avanzado y la gente tiene acceso a él en forma expedita. La iglesia, por lo tanto, debe abandonar la premisa propia del siglo XX, según la cual, lo que algunos entienden por unción es suficiente para el ministerio cristiano y el conocimiento debe desecharse como algo satánico. Desde hace ya más de dos mil años, el cristianismo ha sido un sistema de gente culta, pese a que la ignorancia generó fanatismo y desdicha social en algunos grupos y movimientos que enarbolaron abusivamente la cruz.

Si fuera cierto que Dios desprecia la cultura, entonces él no habría emboscado personalmente al apóstol San Pablo en el camino de Damasco para ponerlo a predicar. En el actual cruce de centurias y milenios los cerebros más privilegiados andan buscando a Dios de nuevo. Y, por eso, hay notables esfuerzos para instrumentar lo que Emil Brunner advirtió hace más de medio siglo: la fe es útil para todo y la razón debe supeditarse a ella. En esa línea, hay tres trabajos de actualidad que me parecen básicos:

EL SUEÑO DE LA RAZÓN, del periodista y catedrático español Juan Antonio Monroy, «una radiografía al alma de escritores famosos».

¿EVANGELIO COMPLETO EN MENTES INCOMPLETAS?, de Rick Nañez, un intelectual pentecostal (sic) que ama a Dios «con toda la mente».

RAZONES PARA LA FE, de Arturo Rojas, un devocional para meditar diariamente en lo espiritual a través de lo mental, como lo pedía — y lo hacía — el mencionado Pablo.

En la literatura evangélica posmoderna hay libros facilistas, que se leen de corrido, en un santiamén; exitistas, llenos de fórmulas mágicas para los problemas; e inmediatistas, como máquinas tragamonedas que vomitan prosperidad. Gracias a Dios, de vez en cuando surgen libros para leer pensando y pensar leyendo, como el que usted tiene ahora en sus manos, eco impreso de la milenaria voz profética que clama: «Mi pueblo se ha perdido por falta de conocimiento».

Kierkegaard detectó — y soportó — la tensión dinámica entre una mente escéptica y un corazón religioso. Pascal sintió — y razonó— que el corazón tiene razones que la razón no conoce. Pero el ciego curado por Jesús pudo explicar su fe al decir: «Creo porque veo». En la posmodernidad, el carbonero de fe simple es una especie en vía de extinción. La humanidad de hoy es un «Tomás corporativo» que, después del raciocinio y ante la evidencia del milagro, se pondrá de rodillas y exclamará: «Señor mío y Dios mío».

II

La modernidad fue construida a base de planificación rigurosa. Durante tal época, todo lo imaginable: la familia, la escuela, la política, el deporte, la economía, la ciencia, el arte, las comunicaciones — y mil etcéteras — estaba sometido a normas fijas, presupuestos invariables, esquemas fríos, paradigmas indiscutibles. En la Iglesia Cristiana se enfatizaba el cálculo de la torre antes de edificarla, según la enseñanza evangélica; y, ni siquiera en casos de emergencia, se autorizaba la improvisación. Hasta que un día las torres mejor calculadas de toda la historia humana cayeron pulverizadas por un acto terrorista.

En contraste con su antecesora, la posmodernidad es una era de cambios sorpresivos, sísmicos, impredecibles. Hoy la torre que debemos calcular no es de marfil, como un ilusorio refugio aislacionista y protector, sino una atalaya que permita mirar a la distancia al enemigo que se acerca. La torre moderna fue la de Babel, pues produjo la confusión global; la posmoderna debe ser la de Ezequiel, que permita improvisar la defensa.

Pero, ¿la improvisación inutiliza la meditación? De ninguna manera. El más minucioso meditador suele ser el más ágil improvisador, pues, por estar pensando constantemente en las cosas, las sabe enfrentar como se presentan. El improvisar es, en el fondo, un fruto del premeditar. Pre-meditar es meditar antes de obrar.

Este no es un libro de meditaciones, sino de pre-meditaciones. Sus páginas enseñan metódicamente, a través de lo que otros meditaron, y lo que el propio autor medita, un efectivo sistema de improvisación por premeditación.

Algo es seguro: yo seré su lector diario y devoto.

Darío SILVA SILVA

PREFACIO

En esta segunda edición de mi primer libro devocional llevada a cabo por editorial CLIE quiero darle a los lectores la bienvenida a este recorrido de un año aclarando, una vez más, que soy un convencido y abanderado defensor de la tradición protestante contenida en la expresión *Sola Scriptura*. Por eso, al traer al texto citas extraidas de contextos no cristianos, no estoy negociando el lugar prioritario, singular e indisputado que la Biblia debe ocupar en la mente y el corazón de todo el que pretenda llamarse cristiano. Sin embargo, es un hecho que siempre es posible encontrar en escritos seculares veladas o evidentes correspondencias con la verdad bíblica que ayuden a establecerla con mayor firmeza, pero en este propósito el lector debe tener presente que los pasajes o versículos bíblicos siempre tendrán prioridad sobre cualquier otra cita extractada de fuentes documentales diferentes a la Biblia. Para una mejor comprensión de la reflexión de cada día es, por tanto, recomendable la lectura directa de todos los versículos bíblicos a los que se hace referencia en el texto. Asimismo, como corresponde a escritos que siempre han obedecido a una intención eminentemente pastoral, he procurado dar en todos los casos un giro práctico a las reflexiones recogidas en esta obra, aún las que tocan temas densos y teóricamente complejos, más propios del campo académico. Por eso recomiendo al lector que no deseche ninguna reflexión por el hecho de no estar familiarizado con estos temas.

Reitero también los agradecimientos que expresé en la primera edición al pastor Darío Silva-Silva por su apoyo y respaldo, así como por su positiva influencia en mi vida cristiana y en mi pensamiento teológico durante el tiempo en que, desde mi conversión, he permanecido gustoso bajo su tutela pastoral. Asimismo agradezco también a otros aprobados siervos de Dios como el Dr. Alfonso Ropero Berzosa en España, a mi madre de manera infaltable por haberme compartido valientemente el evangelio sin desmayar y a todos mis estudiantes y miembros en general de mi iglesia y de otras congregaciones que me han manifestado su aprobación a la primera edición y se alegraron al saber de esta segunda por cuenta de tan prestigiosa editorial. Me alegra haber podido llenar sus expectativas, seguro de que esta segunda edición los dejará aún más satisfechos. Por último agradezco a mi esposa Deisy por permanecer a mi lado siempre de manera irrestricta y a mis hijos Mateo y María José, quienes son ya lectores habituales de mis escritos y comparten conmigo la alegría y expectativa generada por esta nueva edición.

Así, sin mayores preámbulos, lo dejo en compañía de las más íntimas, sentidas y queridas reflexiones que he podido cosechar en estos veinticinco años de andar con Cristo. Oro, espero y confío en haber sido un expositor fiel e idóneo del texto bíblico en el marco de mi fe y de la coyuntura histórica en que me ha tocado vivir, para poder presentarme ante Dios como un obrero fiel, que no tiene nada de que avergonzarse y que interpreta bien la Palabra de Verdad. Es mi deseo que Él también lo acompañe a usted en este peregrinaje de 365 días.

de enero

La nostalgia

«Es POSIBLE que nuestra añoranza de paraísos perdidos tenga más que ver con nuestro propio estado de ánimo que con la condición del sitio cuya desaparición lamentamos. Siempre que recordamos los lugares que hemos conocido, tendemos a verlos bañados en el resplandor crepuscular de la nostalgia, una vez que la memoria... ya ha pulido sus contornos ásperos, suavizado sus imperfecciones y alejado la totalidad a un ámbito abstracto y hermoso»

PICO IYER

«AL PARECER estamos pasando por un periodo de nostalgia; todo el mundo piensa que el pasado fue mejor. Yo no comparto esa opinión, y recomendaría a todos que no esperen diez años para reconocer que el presente fue magnífico. Si se siente invadido por la nostalgia, finja que hoy es ayer y salga a divertirse en grande»

ART BUCHWALD

La nostalgia es perjudicial para la vivencia cristiana porque el cristianismo está indisolublemente ligado a la esperanza en un futuro mejor (Rom. 8:24, 1 Cor. 13:13). No en vano la Biblia nos previene contra ella en numerosos pasajes tales como Eclesiastés 7:10: «Nunca preguntes por qué todo tiempo pasado fue mejor. No es de sabios hacer tales preguntas», y Lucas 9:62: «Jesús le respondió: -Nadie que mire atrás después de poner la mano en el arado es apto para el reino de Dios», entre otros varios. Además, muchas veces la nostalgia es un mecanismo de defensa para no asimilar los inevitables cambios que la vida conlleva. Todo cambio en la vida tiene algo de crítico y la conversión y consecuente vida cristiana no son la excepción y no pueden, por lo mismo, ser idealizados con infantil ingenuidad. Cuando surgen las primeras dificultades para el creyente, -e indefectiblemente surgirán-, este puede sentirse tentado a mirar atrás con nostalgia. Para el pueblo de Israel, la liberación de la esclavitud egipcia fue acompañada por el necesario y difícil paso por el desierto, situación que hizo que el pueblo mirara con nostalgia a Egipto, olvidando la dureza de su anterior servidumbre (Éxo. 14:11-12; 16:3; 17:3; Nm. 11:4-5). Pero la Biblia es concluyente al respecto cuando dice:

Pero nosotros no somos de los que se vuelven atrás y acaban por perderse,
sino de los que tienen fe y preservan su vida.

Hebreos 10:39 NVI

2

de enero

Corazón sensible o cerebro lavado

«Todo el que no deja que se ablande su corazón tendrá que sufrir que se le reblandezca el cerebro»

Chesterton

Cabeza y corazón se encuentran íntimamente ligados entre sí, –no solo desde el obvio punto de vista biológico, sino también existencialmente–, en una relación de tensa interdependencia mutua que no permite que la una se vea afectada sin el otro. Los detractores del evangelio lo desestiman diciendo que los que lo acogen y se someten a él, es decir los creyentes congregados en comunión en el seno de la iglesia, son personas de mente débil y poco ilustrada a quienes les han «lavado el cerebro» en sus respectivas comunidades eclesiales. Y si bien ciertas actitudes cuestionablemente crédulas e ingenuamente simplistas por parte de algunos presuntos creyentes justificarían este juicio en casos de excepción, lo cierto es que lo que el evangelio opera en la persona, más que un «lavado de cerebro», es una conveniente y necesaria purificación y sensibilización del corazón que se traduce en su momento en una renovación de la mente (Rom. 12:2; Efe. 4:23). Porque sin dejar de lado nuestra mente, sino involucrándola de lleno (Mt. 22:37; Rom. 12:1; 1 P. 3.15); Dios apela en primera instancia a nuestro corazón insensibilizado y endurecido por causa del pecado (Pr. 23:26; Heb. 3:13) para, justamente, sensibilizarlo de nuevo a su voz y a su guía veraz y bondadosa (Eze. 11:19; 36:26). Como resultado de ello el corazón del creyente se ve así inclinado a la consideración altruista de las necesidades del prójimo, obteniendo de este modo patentes satisfacciones personales de todo orden. Y es que nuestro corazón endurecido es la fuente de todas nuestras desgracias (Éxo. 7:13; Heb. 3:8; 4:7), y no es garantía de nada bueno, pues lejos de protegernos de la superstición y la mentira, es la causa de que, extraviados, sucumbamos a ellas para nuestro propio perjuicio, cediendo a nuestro pesar a verdaderos «lavados de cerebro» por cuenta de ideologías que nos conducen a nuestra propia destrucción. Ya lo dijo C. S. Lewis: «un corazón duro no es protección infalible frente a una mente débil» La única protección eficaz contra el nefasto reblandecimiento del cerebro es la palabra de Dios, la única capaz de vencer nuestra dureza de corazón:

¿No es acaso mi palabra como fuego, y como martillo
que pulveriza la roca? -afirma el Señor-.

Jeremías 23:29 NVI

La soledad necesaria

«La mayoría de los hombres modernos no solo no siente la necesidad de la soledad, sino que positivamente le tiene miedo... El hombre se siente solo, abandonado, cuando para nadie es sujeto,... cuando se siente un simple objeto entre objetos innumerables, más o menos anónimos... Se puede estar terriblemente solo en medio de la multitud, y no hay lugar donde el hombre esté más solo que la muchedumbre... Sin embargo, la soledad no es algo meramente negativo. Es indispensable a quienes quieran salir de la trivialidad cotidiana»

IGNACE LEPP

El ser humano es un ser social por naturaleza. Dios, evaluando el resultado de su actividad creadora en el plano material, coronada magistralmente con la creación del hombre, dijo al respecto *No es bueno que el hombre esté solo* (Gén. 2:18). No obstante, la soledad es de todos modos una condición necesaria para el hombre en general y para el creyente en particular. Esta condición se halla asociada en la Biblia con el desierto puesto que este último, además de hacer alusión de manera figurada a todo tipo de pruebas o momentos difíciles en la vida humana, es al mismo tiempo y de manera habitual un lugar solitario, desolado y deshabitado (Sal. 107:4; Isa. 64:10), circunstancia que hace que, sin ser la constante, el desierto sea un necesario e inevitable paso en nuestro itinerario espiritual (Mt. 4:1; Mr. 1:12; Lc. 4:1; Ose. 2:14; 13:5). Por lo menos hasta que aprendamos a cultivar disciplinadamente y por nosotros mismos los cruciales momentos de soledad ante Dios, porque en última instancia el ser humano siempre se encuentra a solas frente a Dios para asumir ante él su responsabilidad individual. El Señor Jesucristo nos dio ejemplo cuando, después de ser tentado por el diablo en su soledad de 40 días y 40 noches en el desierto, continuó buscando voluntariamente lugares desiertos o solitarios de manera periódica durante el resto de su ministerio con el propósito de estar a solas con el Padre (Mt. 14:13, 23; Mr. 1:35; 6:47; Lc. 5:16; 9:10; Jn. 6:15). Es que adquirir conciencia de nuestra propia soledad (Sal. 102:6-7), es requisito previo para descubrir que no estamos realmente solos (Jn. 8:29), sino que Dios está con nosotros dispuesto a *abrir otra vez camino en el desierto y ríos en la soledad* (Isa. 43:19 RVR)

> *... a mí me dejarán solo. Sin embargo, solo no estoy,*
> *porque el Padre está conmigo.*

Juan 16:32 NVI

4
de enero

Cristianismo:
el verdadero humanismo

«HOMBRE SOY: nada de lo humano me es ajeno»

TERENCIO

El humanismo no es un concepto unívoco (con un solo significado), razón por la cual puede ser utilizado tanto a favor del cristianismo como en contra de él. Existe, pues, un «humanismo secular» y un «humanismo cristiano», o mejor aún: un «humanismo ateo» y un «humanismo teísta». El primero de ellos es antropocéntrico (centrado por completo en el hombre), mientras que el segundo es teocéntrico (centrado en Dios). Se puede uno preguntar ¿cómo un humanismo, -en el cual por simple definición el ser humano debería ser lo importante-, puede, no obstante estar centrado en Dios, seguir abogando por el ser humano como su principal interés práctico? El cristianismo responde a este interrogante de manera escueta y puntual. Simple: porque Dios se hizo hombre (Jn. 1:14). Efectivamente, es la doctrina de la encarnación la que le otorga toda su coherencia, riqueza y plenitud al humanismo cristiano y lo coloca en mejor posición que el humanismo secular, el cual adolece en último término de un fundamento sólido, razón por la cual se viene al piso cuando se intenta llevar hasta sus últimas conclusiones tanto teóricas como prácticas. Como lo dijera R. C. Sproul en frase memorable: «Si no hay gloria divina, no hay dignidad humana». Porque la verdadera dignidad del hombre procede de la imagen y semejanza divina plasmadas en él (Gén. 1:26-27), y la Biblia demuestra de manera concluyente en la persona de Jesucristo, -Dios y hombre al mismo tiempo-, que el principal y verdadero «humanista» de la historia es Dios mismo, pues la frase de Terencio en el encabezado únicamente halla su sentido cabal en la boca del Señor Jesús. A Dios, -y por ende al creyente también-, nada de lo humano le es ajeno y la prueba de ello es que, contra todo pronóstico, decidió hacerse hombre e identificarse de lleno con nosotros en nuestra condición humana para que ningún hombre pueda declararse incomprendido por Dios (Heb. 2:14-18; 4:15), y pueda también, gracias a la fe en Cristo y en su obra en la cruz, ver en sí mismo la restauración de la imagen y semejanza divinas malogradas por el pecado, tomando a Cristo como modelo (Col. 1:15; Heb. 1:3)

Así, todos nosotros, que con el rostro descubierto reflejamos como en un espejo la gloria del Señor, somos transformados a su semejanza con más y más gloria por la acción del Señor, que es el Espíritu.

2 Corintios 3:18

La luz del mundo

«El sol nos da la luz, pero la luna nos inspira. Quien mira al sol sin protegerse los ojos, enceguece. Quien contempla la luna durante largo rato sin cubrirse los ojos, se vuelve poeta»

Serge Bouchard

La Biblia indica que uno de los propósitos para los cuales fuimos redimidos es el de ser *luz del mundo* (Mt. 5:14). Pero en el cumplimiento de este cometido debemos recordar que no poseemos luz propia y que solo podemos alumbrar y brillar en la medida en que reflejemos con éxito la luz que proviene de la fuente verdadera: Dios. (1 Jn. 1:5). No por nada Jesucristo se presentó a sí mismo de este modo: ... *Yo soy la luz del mundo...* (Jn. 8:12, cf. Jn. 1:4, 9). Cristo es el *Sol de justicia* anunciado por el profeta, fuente inagotable de luz (Mal. 4:2), y nosotros somos, a semejanza de la luna, tan solo seres llamados a reflejar su luz, como espejos. En la antigüedad estos últimos eran hechos de bronce o de alguna otra aleación, dando por ello un reflejo oscuro o menos luminoso que el que caracteriza a los actuales espejos, lo cual explica bien lo dicho por Pablo en el sentido de que: *Ahora vemos de manera indirecta y velada, como en un espejo...* (1 Cor. 13:12), y proyectaban una imagen siempre deficiente del objeto reflejado de modo que, para corregir al máximo posible esas deficiencias, era necesario pulirlos muy bien. Los creyentes están en proceso de pulimiento continuo a fin de ser ... *transformados a su semejanza con más y más gloria por la acción del Señor* (2 Cor. 3:18). Después de todo, Dios no puede revelarse en toda su gloria sin deslumbrar y amenazar así la misma existencia humana: *Pero debo aclararte que no podrás ver mi rostro, porque nadie puede verme y seguir con vida...* (Éxo. 33:20), pero a semejanza de Jesús que, al hacerse hombre, manifestó la gloria de Dios atenuada de tal modo que pudiéramos contemplarla sin peligro inminente: ... *Y hemos contemplado su gloria, la gloria que corresponde al Hijo unigénito del Padre... A Dios nadie lo ha visto nunca; el Hijo unigénito, que es Dios y que vive en unión íntima con el Padre, nos la ha dado a conocer* (Jn. 1:14, 18), nosotros también podemos, guardadas las obvias proporciones, hacer lo mismo de modo que, a pesar de nuestras imperfecciones y tal vez a causa del contraste que estas ofrecen con el carácter de Cristo moldeado en nosotros, podamos inspirar a otros para que:

> ... *puedan ver las buenas obras de ustedes y*
> *alaben al Padre que está en el cielo.*

Mateo 5:16 NVI

6
de enero

Sujeción y autocrítica

«EL *TAO* admite el desarrollo desde su interior. Quienes comprenden y han sido guiados por el espíritu del *Tao* pueden modificarlo en las diversas direcciones que su propio espíritu les sugiere. Y solo estos pueden saber qué direcciones son estas. El que es ajeno a él, nada sabe del tema... Solo desde el interior del *Tao* mismo se tiene autoridad para modificar el *Tao*»

C. S. LEWIS

Tertuliano, uno de los padres de la iglesia antigua que más se destacó por su labor apologética a favor del cristianismo escribió una defensa del mismo titulada Prescripción contra los herejes, en la cual con una agudeza jurídica sin par utilizaba una figura legal de su tiempo, -la prescripción-, para sostener que los herejes ni siquiera tenían el derecho a discutir de doctrina con los ortodoxos, pues este derecho solo lo tienen quienes forman parte de la iglesia y no quienes se encuentran al margen de ella. Del mismo modo C. S. Lewis, apologista cristiano del siglo XX, -quien convino en llamar Tao a la fuente única de todo juicio de valor-, afirmó que este solo podía ser criticado eficaz y constructivamente desde el interior del mismo por aquellos que se sujetaban a esa fuente única de todo juicio de valor y no desde el exterior por quienes se sitúan al margen de él y no reconocen que esta fuente única de todo juicio de valor ejerce un derecho inalienable sobre ellos. La Biblia respalda este tipo de afirmaciones revelándonos que la presencia del Espíritu Santo en los creyentes los guía de tal modo (1 Cor. 2:10-14; 1 Jn. 2:20-27), que únicamente los cristianos están en condiciones de emprender la crítica necesaria, no solo del mundo, sino asimismo de la iglesia de la que forman parte y, por ende, también la crítica de sí mismos, puesto que: «los malvados nada entienden de la justicia; los que buscan al Señor lo entienden todo» (Pr. 28:5), comenzando porque solo el que está animado por la actitud adecuada puede obtener criterios para discernir la corrección o incorrección de la doctrina en que es instruido: «El que esté dispuesto a hacer la voluntad de Dios reconocerá si mi enseñanza proviene de Dios o si yo hablo por mi propia cuenta» (Jn. 7:17). Se explica así la inspirada e inspiradora declaración del apóstol al respecto:

> *... el que es espiritual lo juzga todo, aunque él mismo*
> *no está sujeto al juicio de nadie...*

1 Corintios 1:15 NVI

7
de enero

La guerra y la paz

«EL ESTADO natural de los hombres no es de paz, sino de guerra... La guerra no requiere un motivo determinado; parece hallarse arraigada en la naturaleza humana...»

IMMANUEL KANT

Hoy por hoy ha hecho carrera, entre un buen número de cristianos, la creencia de que la paz es ausencia de conflicto o un cese absoluto de hostilidades. Se concibe el cristianismo en términos afines a la descripción del reino futuro hecha por Isaías: *Él juzgará entre las naciones y será árbitro de muchos pueblos. Convertirán sus espadas en arados y sus lanzas en hoces. No levantará espada nación contra nación, y nunca más se adiestrarán para la guerra* (Isa. 2:4), y no se tiene en cuenta la proclamación, en tiempo presente, del profeta Joel en sentido contrario: *Proclamen esto entre las naciones: ¡Prepárense para la batalla! ¡Movilicen a los soldados! ¡Alístense para el combate todos los hombres de guerra! Forjen espadas con los azadones y hagan lanzas con las hoces. Que diga el cobarde: ¡Soy un valiente!* (Joel 3:9-10). Si bien es cierto que la paz que Jesucristo nos promete (Jn. 14:27) concierne esencialmente a nuestra relación con Dios (Rom. 5:1; Fil. 4:7) y no propiamente a nuestras circunstancias, también lo es que esta trae de todos modos y de manera necesaria paz y orden a nuestros conflictos internos que son los que, tarde o temprano, dan lugar a los conflictos con los demás: *¿De dónde surgen las guerras y los conflictos entre ustedes? ¿No es precisamente de las pasiones que luchan dentro de ustedes mismos?* (St. 4:1), permitiéndonos así reenfocar nuestra lucha contra el verdadero enemigo: Satanás y sus ángeles: *Pónganse toda la armadura de Dios para que puedan hacer frente a las artimañas del diablo. Porque nuestra lucha no es contra seres humanos, sino contra poderes, contra autoridades, contra potestades que dominan este mundo de tinieblas, contra fuerzas espirituales malignas en las regiones celestiales* (Efe. 6:11-12; cf. Apo. 13:7). El Nuevo Testamento en general, -y en particular el apóstol Pablo-, se refirió a la vida cristiana de manera reiterada en términos beligerantes (1 Cor. 9:26; 2 Cor. 10:3-5; Col. 1:29; 1 Tim. 1:18; 2 Tim. 2:4), resumiendo su propio ministerio con estas palabras: *He peleado la buena batalla...* (2 Tim. 4:7), exhortándonos a hacerlo de la misma manera (Judas 3)

Pelea la buena batalla de la fe; haz tuya la vida eterna.

1 Timoteo 6:12 NVI

8
de enero

La comunión y el consejo

«Es INÚTIL aceptar consejo de quienes siguen un camino distinto»

CONFUCIO

La ruta emprendida por los creyentes, descrita en la Biblia como un peregrinaje por el mundo sin llegar nunca a apegarse a él (Heb. 11:13), sigue un itinerario diferente al de la gran masa de inconversos y se rige por criterios, valores, expectativas, aspiraciones y esperanzas muy diferentes y opuestos a los del mundo. Por lo tanto, la solidaridad y el apoyo mutuo que debe caracterizar a los hermanos en la fe está determinado en gran medida por el hecho de compartir todos estos elementos comunes a ese camino que todo cristiano comienza a recorrer a conciencia desde el momento de su conversión a Cristo. Y aunque el consejo es un recurso recomendado en la Biblia con miras a la acertada toma de decisiones (Pr. 11:14; 12:15; 15:22; 19:20), los personajes bíblicos reputados como sabios se abstuvieron de pedir o aceptar consejo de quienes recorrían un camino manifiestamente distinto al de ellos (Job 21:16; Sal. 1:1; Pr. 12:5; Pr. 11:14; 15:22), pues aunque no sea mal intencionado, este tipo de consejo es inútil en el mejor de los casos, cuando no perjudicial y engañoso, extraviando al aconsejado del camino correcto. El acuerdo básico alrededor de esa visión de la existencia humana que cada uno de ellos, -aconsejado y consejero-, comparten entre sí como patrimonio común de vida centrado en Dios y su revelación en Cristo, es condición previa para considerar siquiera el solicitar consejo del otro y sin este telón de fondo es muy difícil que el consejo fructifique de la manera esperada. Únicamente quienes se ponen de acuerdo para honrar con su vida y como se debe el nombre de Cristo podrán llegar a acuerdos en otros frentes de la existencia cotidiana en línea con la voluntad de Dios y con la garantía divina de ver llegar a feliz término los acuerdos suscritos en la presencia y con la aprobación y complacencia de Dios en el acto de la oración (Mt. 18:19-20). El apóstol Pablo fue categórico en cuanto a no establecer acuerdos comprometedores con aquellos que no recorren nuestro mismo camino diciendo: «... ¿Qué tienen en común la justicia y la maldad... ¿Qué tiene en común un creyente con un incrédulo?...» (2 Cor. 6:14-15). Pero el profeta Amos fue quien tal vez lo expresó de la manera más gráfica y concluyente:

¿Pueden dos caminar juntos sin antes ponerse de acuerdo?

Amos 3:3 NVI

9
de enero

La luz y las tinieblas

«AQUEL que está en la luz nunca comprende a los que están en la sombra»
VIRGILIO RODRIGUEZ MACAL

La práctica de la vida cristiana fue resumida por el apóstol Pablo con estas imperativas palabras: ... *Vivan como hijos de luz...* (Efe. 5:8), dando a entender con ello que el cristiano debe ser irreprochable en su conducta: *Que Dios mismo, el Dios de paz, los santifique por completo, y conserve todo su ser -espíritu, alma y cuerpo- irreprochable para la venida de nuestro Señor Jesucristo* (1 Tes. 5:23). El problema es que muchos cristianos asumen una actitud y un tono moralista de superioridad para juzgar, descalificar y condenar a los demás, como si ellos mismos ya se encontraran por encima del bien y del mal, olvidando en primer lugar la *viga en su propio ojo* (Mt. 7:1-5), y en segundo lugar su lamentable condición pasada de tinieblas, pecado y desesperanza, similar a la de la despreciada Galilea, descrita así por el profeta: *El pueblo que andaba en la oscuridad ha visto una gran luz; sobre los que vivían en densas tinieblas la luz ha resplandecido* (Isa. 9:2). Una de las más detestables manifestaciones del fanatismo religioso es la actitud por la cual no solo aborrecemos el pecado sino también al pecador que lo comete. Si Dios obrara así no habría la más mínima esperanza de redención para el género humano, pero afortunadamente Él, con todo y aborrecer el pecado, continúa amando al pecador (Isa. 1:18; Eze. 33:11) y expresando de este modo su inmensa misericordia: *¿Qué Dios hay como tú, que perdone la maldad y pase por alto el delito del remanente de su pueblo? No siempre estarás airado, porque tu mayor placer es amar. Vuelve a compadecerte de nosotros. Pon tu pie sobre nuestras maldades y arroja al fondo del mar todos nuestros pecados* (Miq. 7:18-19). Shakespeare mostró gran percepción cuando afirmó que *nada envalentona tanto al pecador como el perdón* y Max Lucado, pastor y escritor cristiano dijo que *ver el pecado sin la gracia produce desesperanza, ver la gracia sin el pecado produce arrogancia, verlos juntos produce conversión*, a lo cual podría añadirse que también produce comprensión pues, en buena medida, si supiéramos comprender no haría falta en muchos casos perdonar, ni mucho menos condenar.

Si ustedes supieran lo que significa: 'Lo que pido de ustedes es misericordia… no condenarían a los que no son culpables.

Mateo 12:7 NVI

10
de enero

Exclusiones y favoristismos en la iglesia

«Lo que me duele de veras es que la Corte Suprema esté haciendo que los paganos sean más cristianos de lo que la Biblia está haciendo que los cristianos sean más cristianos... las protestas de personas sentadas en sitios específicos no habrían sido necesarias si en todos estos años los cristianos se hubieran sentado juntos en la iglesia y en la mesa de Cristo»

CLARENCE JORDAN

Deja una sensación amarga en el corazón observar que a veces las cortes civiles son más sensibles a los intereses del reino de Dios que la misma iglesia, de tal modo que implementan en nuestras sociedades leyes que promueven un trato más humano, justo e igualitario entre las personas; trato que honestamente no se verifica como sería de desear y de esperarse en las iglesias, entre hermanos en la fe. Es así como la discriminación y segregación racial se dio por igual tanto en medios religiosos (iglesias) como seculares (sociedad civil), estableciendo sitios específicos para que pudieran sentarse los de raza negra, separados por supuesto de los de raza blanca. Y aunque fueron personas cristianas como W. Wilberforce, A. Lincoln y, de manera más reciente, M. Luther King, los que lideraron las iniciativas que se concretaron en leyes que echaron finalmente por tierra la esclavitud de los negros y la consecuente discriminación a esta raza, ambas manifiestamente antibíblicas; estas iniciativas fueron más el producto de los esfuerzos individuales y aislados de comprometidos cristianos, que de la iglesia como institución. Porque en realidad el problema no está ni en la Biblia ni en el cristianismo, sino en los ministros encargados de estudiarla, vivirla y predicarla con fidelidad. En ella los favoritismos arbitrarios y discriminatorios entre los hombres basados en criterios humanos prejuiciados están por completo fuera de lugar (1 S. 16:7; 2 Cor. 5:16-17; Gál. 2:6), no solo porque todos descendemos de un padre común (Hc. 17:26), sino porque Dios actúa de manera justa, con imparcialidad y sin favoritismos (Rom. 2:11; Gál. 3:8; Col. 3:25; St. 2:1-9; 1 P. 1:17), y los creyentes debemos imitarlo en la iglesia (Rom. 15:7), pues en ella cualquier discriminación producto de los convencionalismos o la cultura humana queda sin efecto, según lo revela el Señor en su palabra (Gál. 3:28; Col. 3:11). Hagamos, pues, nuestras las palabras del apóstol:

-Ahora comprendo que en realidad para Dios no hay favoritismos...

HECHOS 10:34 NVI

La necesidad de pedir

«Los niños... Nacen con el don de saber que, pidiendo persistentemente, pueden vencer toda resistencia de los padres y conseguir lo que quieren... La mayoría de los adultos hemos perdido la capacidad de pedir. Por lo general acudimos a los demás solo en momentos de angustia o cuando no podemos afrontar una situación sin ayuda»

Asko Sirkiä

Pedir es considerado por muchos como una señal de debilidad, percepción equívoca que desvía así la atención del hecho real que consiste más bien en que la incapacidad para hacerlo es un signo claro de orgullo injustificado. El Señor Jesucristo ilustró la buena disposición del Padre celestial para con los creyentes haciendo referencia a la habitual buena disposición de los padres humanos hacia sus hijos que, de manera natural, piden a los primeros, admitiendo así su necesidad y dependencia de estos: *¿Quién de ustedes, si su hijo le pide pan, le da una piedra? ¿O si le pide un pescado, le da una serpiente? Pues si ustedes, aun siendo malos, saben dar cosas buenas a sus hijos, ¡cuánto más su Padre que está en el cielo dará cosas buenas a los que le pidan!* (Mt. 7:9-11). En este mismo contexto el Señor animó a sus oyentes a «pedir, buscar y llamar» (Mt. 7:7-8), enfocando la atención con cada una de estas acciones a los siguientes hechos establecidos en el evangelio: Con el verbo *buscar* se nos recuerda la posibilidad real de que los buscadores persistentes puedan hallar a Dios (Job 23:3; 28:12; Pr. 8:17, 35; Isa. 55:6; Jer. 29:13-14; Jn. 1:41, 45), haciendo la aclaración de que quien anda perdido no es Dios sino nosotros (Nm. 17:12; Sal. 107:4; Isa. 53:6; Lc. 15:24). En segundo lugar la exhortación a *llamar* hace referencia a la posibilidad de disfrutar de acceso inmediato, -sin antesalas de ninguna especie y en los mejores términos-, a la presencia de Dios en virtud de los méritos de Cristo a nuestro favor (Rom. 5:2; Efe. 3:12; Heb. 4:16; 10:19-22); para terminar con la petición en sí misma (*pedir)*, que es la instancia final a la cual acudimos para que Dios supla nuestras necesidades, siempre bajo ciertos parámetros revelados también en las Escrituras y que deben ser tenidos muy en cuenta por el peticionario (St. 4:2-3; 1 Jn. 3:22; 5:14-15; Rom. 8:26; Efe. 3:20) para que la petición sea respondida a satisfacción.

Si ustedes creen, recibirán todo lo que pidan en oración.

Mateo 21:22 NVI

12
de enero

Ética y religión

«Solo si pudiera sumergirme en la religión podría acallar esas dudas. Porque solo la religión podría destruir la vanidad y penetrar en todos los vericuetos»

Ludwig Wittgenstein

Considerado por muchos como un positivista lógico que negaba el sentido y la utilidad de la religión, Wittgenstein sorprende entonces al admitir que únicamente desde la religión se pueden resolver las dudas y contradicciones éticas en que el ser humano incurre al actuar y tomar decisiones en la vida. Es de esperarse que así sea, pues únicamente la religión, -particularmente el cristianismo-, otorga criterios puntuales para juzgar los motivos (1 Cor. 12:31-13:13; Mt. 22:36-40; Rom. 13:9), y las intenciones de un acto determinado (1 Cor. 10:31), que no obstante poder ser catalogado como «bueno» desde el punto de vista de la acción en sí misma, puede ser sin embargo mal intencionado y estar mal motivado (Fil 1:15-18; 1 Cor. 9:16-17), siendo en últimas desaprobado desde la óptica divina, sin perjuicio de sus resultados más o menos constructivos. Y es que los principios éticos despojados de su matriz religiosa, -como los viene promoviendo desde el comienzo de la modernidad el racionalismo kantiano y el liberalismo teológico-, se quedan por completo sin punto de apoyo, pues si la obligatoriedad del mandamiento, cualquiera que este sea, reposa únicamente en la conciencia del individuo, -conciencia que además no está frecuentemente en condiciones de acertar en este tipo de juicios (Rom. 1:28; 1 Tim. 4:2; Tit. 1:15)-, sin referirla más allá de sí misma al propio Dios en la persona de Cristo; entonces el mandamiento carece de una autoridad final que lo sancione y siempre podrá ser impugnado con facilidad con un argumento tan simple como el de un niño díscolo que, ante la instrucción de alguien para que actúe correctamente responde con descaro: -¿Y quién lo dice? El cristianismo puede responder: -¡Lo dice Cristo!, quien tiene toda la autoridad para ordenarlo así: tanto la autoridad moral en vista de que no cometió pecado (2 Cor. 5:21; Heb. 4:15; 1 P. 2:22); como también la autoridad final, puesto que cuando Cristo habla es Dios quien habla y por ello no tiene que referir sus mandatos a ninguna instancia humana aparte de sí mismo (Mt. 7:29; Lc. 4:32).

Ustedes han oído que se dijo… pero yo les digo…

Mateo 5:21-44 NVI

El primer amor

«EL PRIMER amor... puede herirnos y marcarnos profundamente, pero el amor que dura y crece lo hace porque reúne y cultiva lo que hay de más querido, bello y noble en dos personas. Y porque entiende y perdona lo que no lo es tanto. El primer amor puede meterse en la sangre y embriagarnos, pero el que dura se arraiga en el alma... Nos completa y nos da la entereza para navegar a salvo por la vida»

ALBERT DiBARTOLOMEO

El término «primer amor» es referido usualmente a la primera relación romántica del hombre y rememora, por lo general, muchos recuerdos gratos e idealizados. Es por eso que la Biblia utiliza esta misma expresión para indicar, en palabras del autor Tim LaHaye: «aquella maravillosa temporada en que el plan de salvación y la verdad de la gracia son frescos y nuevos» y en muchos casos deslumbrantes y embriagadores. La conversión tiene así puntos de contacto con el primer amor humano, pues al igual que este, evoca por una parte el cortejo divino, descrito así por el profeta: ¡Me sedujiste, SEÑOR, y yo me dejé seducir! Fuiste más fuerte que yo, y me venciste...» (Jer. 20:7). Y por otra parte, hace referencia también a la constancia de este cortejo: «Hace mucho tiempo se me apareció el SEÑOR y me dijo: «Con amor eterno te he amado; por eso te sigo con fidelidad» (Jer. 31:3). Pero el problema aquí es, precisamente, que asumimos el primer amor para con Dios del mismo modo que nuestro primer amor humano: como un grato y nostálgico recuerdo. Pero el primer amor al que se refiere la Biblia ostenta este calificativo, entre otras cosas, debido a que fue Dios quien nos amó primero, como lo afirma Juan: «Nosotros amamos a Dios porque él nos amó primero» (1 Jn. 4:10, 19), y nos ama siempre por igual, esperando que el creyente que descubre la dimensión y alcance de este amor (Jn. 3:16), lo corresponda de la misma manera siempre. Es decir que es «primero» no solo en un orden cronológico o secuencial, sino también y fundamentalmente, en el orden de prioridad. Por todo esto, el primer amor de Dios es también el verdadero amor que, al decir de DiBartolomeo: «dura y crece... se arraiga en el alma... y nos da la entereza para navegar a salvo por la vida», o en palabras más puntuales pronunciadas por el apóstol Pablo: «El amor de Cristo nos obliga...» (2 Cor. 5:14). Se explica entonces la amonestación divina:

... tengo en tu contra que has abandonado tu primer amor.
¡Recuerda de donde has caído! Arrepiéntete y vuelve a practicar
las obras que hacías al principio.

Apocalipsis 2:4-5 NVI

14

de enero

La autosuficiencia del creyente

«Jamás se desvía uno tanto del camino como cuando cree conocerlo»

Proverbio chino

La autosuficiencia es algo típico del inconverso, definiendo a este último no como aquel que necesariamente niega o rechaza a Dios, sino como el que se resiste a tomarlo en cuenta con toda la seriedad requerida, -creyendo de corazón en Él y confiando humildemente y sin reservas su vida a Él (Sal. 37:5)-, negándose a sacrificar la engañosa y autodestructiva autonomía que, de manera velada o expresa, pretende a toda costa conservar (Sal. 2:3). Sin embargo, la autosuficiencia también puede hacer presa del creyente avanzado, -pero no por ello maduro-, que al alcanzar un satisfactorio grado de familiaridad y conocimiento de la revelación de Dios contenida en la Biblia, termina entonces dándola por descontada en su vida práctica cotidiana. Sentirse ya por encima del bien y del mal con actitud autosuficiente es algo nefasto para la vida cristiana, pues conduce al individuo a prescindir de la permanente actitud vigilante recomendada en la Biblia a los creyentes (Isa. 52:8; 62:6-7; Mr. 13:32-37; Lc. 12:35-38), actitud expresada en la oración (Mr. 14:38; Lc. 21:36; Efe. 6:18; 1 P. 4:7), que no obstante conocer la revelación de Dios en su Palabra, acude con todo y ello en un espíritu de humilde dependencia a la guía diaria de Dios a través del Espíritu Santo, el inspirador directo y sobrenatural de la Biblia (2 Tim. 3:16-17; 2 P. 1:20-21), que por lo mismo, es quien mejor puede revalidarla y actualizarla diariamente para el creyente que apela a Dios cada día (Jn. 14:26; 16:13-14), afinando también sus facultades para obedecerla (Fil. 2:13). De otro modo, la fe vital puede degenerar en una fe meramente formal, regida por la letra muerta pero carente del Espíritu vivificante (1 Cor. 15:45; 2 Cor. 3:6), que termina desviando al creyente de manera sutil, gradual y creciente del camino correcto, debido justamente a su presunción de conocerlo bien y estarlo recorriendo con ventaja. Y es bien sabido que, de mantenerse, una pequeña desviación inicial del camino correcto puede llevarnos con el tiempo muy lejos de la senda original. Desvío del que, lamentablemente, no se es consciente hasta que se ha avanzado ya mucho en la dirección equivocada. Por lo tanto:

... si alguien piensa que está firme, tenga cuidado de no caer.

1 Corintios 10:12 NVI

15

de enero

Saber escuchar

«Nada es más natural que tratar de consolar a un amigo atribulado asegurándole que no se halla solo. Pero las calamidades... son tan únicas como las huellas digitales... Cuando estamos tristes, preocupados o eufóricos, no hay mayor bendición que contar con un amigo que tenga todo el tiempo del mundo para escucharnos... No siempre queremos respuestas o consejos. A veces, solo queremos que alguien nos escuche»

ROBERTA ISRAELOFF

La incomprensión y todo lo que esta acarrea, se origina en gran parte debido a las deficiencias en la comunicación humana. Entre estas deficiencias, una de las más generalizadas y notorias es la incapacidad para escuchar. Y no se trata en este caso de un defecto físico que impida que el oído funcione de manera adecuada; sino que a pesar de poseer la facultad de oír, muy raras veces escuchamos realmente. Esto es así debido a que estamos tan ocupados en elaborar y articular respuestas y justificaciones que no se nos han solicitado, que no prestamos atención a lo que se nos dice. Es sintomático que en nuestros formalismos sociales, cuando preguntamos «¿Cómo estás?», no deseamos realmente escuchar una respuesta medianamente elaborada, sino que esperamos un escueto y protocolario «bien, gracias», sintiéndonos fastidiados si nuestro interlocutor se toma la pregunta demasiado a pecho y se despacha contándonos cómo está realmente. La Biblia señala repetidamente la renuencia a escuchar, tan común en nuestros días, como una de las causas por las cuales los judíos no pudieron valorar el mensaje del evangelio (Hc. 28:26-27), y el Señor Jesucristo insistía en advertir a sus oyentes «El que tenga oídos, que oiga» (Mt. 13:43; Mr. 4:9; Lc. 14:35). Hemos olvidado que antes de hablar es necesario aprender a escuchar (Isa. 50:4), y que muchas veces ni siquiera se requiere que hablemos si hemos escuchado con atención. Los amigos que acudieron a consolar a Job en su aflicción no fueron molestos para el proverbial patriarca mientras estuvieron en silencio a su lado, sino solo cuando comenzaron a hablar y brindar explicaciones, por demás predecibles (Job 1:11-13; 6:25-27; 16:1-6), e inoportunas (Pr. 15:23; 25:11; Ecl. 3:7). Haríamos bien en incorporar sistemáticamente a nuestra conducta la actitud recomendada por Santiago en su epístola:

Todos deben estar listos para escuchar, y ser lentos para hablar...

Santiago 1:19 NVI

16
de enero

Los vientos de Dios

«Jamás se levanta viento alguno sin especial mandato de Dios»

Juan Calvino

Una de las palabras más reveladoras y sugerentes, utilizada dentro de los más variados contextos en las Escrituras, es la palabra «viento». Esta riqueza y diversidad de sentido tiene que ver con el hecho de que, tanto la palabra hebrea *ruach*, como la palabra griega *pneuma* pueden traducirse por igual como «viento» o como «espíritu» (Heb. 1:7), siendo el contexto el que les confiere su significado preciso. De cualquier modo Dios siempre tiene dominio sobre el viento (Sal. 135:7; 147:18; Jer. 51:16) y este siempre sopla en cumplimiento de su voluntad y con la fuerza y dirección estrictamente requerida (Job 28:25), en ocasiones a favor del ser humano (Gén. 8:1; Éxo. 14:21; Nm. 11:31), pero también en su contra, ya sea como medida disciplinaria ejercida sobre los suyos (Jon. 1:4; Ose. 13:15) o como juicio divino sobre los impíos (Éxo. 15:10; Jer. 51:1). Es por eso que la causa de que los vientos sean contrarios no puede atribuirse a Dios con exclusividad, pues con su conducta irresponsable y censurable el ser humano también da pie a ellos, sembrando vientos y cosechando tempestades (Ose. 8:7)[1]. En conexión con esto, el viento también hace referencia en las Escrituras a acciones humanas que no fructifican, inútiles y vanas y que, por lo mismo, se tornan cuestionables desde la óptica divina (Pr. 11:29; Jer. 5:13; Ose. 12:1). No obstante, los vientos contrarios ponen en evidencia la firmeza de nuestra fe (Ecl. 11:4-6; Mt. 7:24-27), el poder de Dios a favor de los suyos (Mt. 8:26; Mr. 4:39; Lc. 8:24) y, en el peor de los casos, pueden ayudar a que el ser humano descubra por fin su vocación espiritual restableciendo su relación con Dios, pues: *Le viene bien al hombre un poco de oposición. Las cometas se levantan contra el viento, no a favor de él* (John Neal). Finalmente, Dios sopla su Espíritu sobre el creyente (Jn. 20:22), para dotarlo con su poder (Hc. 1:8; 2:2-4), y para guiarlo (1 Cor. 2:10-16; 1 Jn. 2:27), de modo que no se extravíe a causa de los vientos contrarios (Efe. 4:14; St. 1:6), puesto que, en último término, es el Espíritu quien de manera soberana nos lleva a volvernos a Dios para nacer de nuevo (Jn. 1:12-13)

... El viento sopla por donde quiere, y lo oyes silbar.
Aunque ignoras de dónde viene y a dónde va. Lo mismo pasa
con todo el que nace del Espíritu.

Juan 3:5-8 NVI

17

Esencialismo

«ESENCIALISMO. Dejar los circunloquios, los rodeos, las abstracciones, la maraña. Ir al grano, dar en el blanco, ubicar el quid, extractar el meollo... Lo periférico nos distancia, no lo esencialista. El eje es común, los mecanismos diferentes, pero todos forman el mismo engranaje»

DARÍO SILVA-SILVA

Un saludable efecto de la Reforma fue que liberó a las iglesias locales y nacionales de la sujeción a una autoridad mundial centralizada en Roma, fomentando el libre examen que ha sido desde entonces un distintivo del cristianismo protestante. Pero esto dio pie también a un proceso de división y distanciamiento entre las iglesias surgidas en el seno del protestantismo, que se ha tornado incontrolable e injustificado en muchos casos, pues obedece en gran medida a una concentración excesiva en los detalles periféricos de la doctrina y la práctica cristianas, en perjuicio de las doctrinas y principios esenciales que brindan una base común a todas las vertientes de la cristiandad, llámense católica romana, ortodoxa griega o protestante evangélica. Es por eso que, en aras de la integridad de la doctrina y de la unidad orgánica de la iglesia como cuerpo (1 Cor. 12:27), es preciso volver a lo esencial, incorporando e integrando en la vivencia cristiana los diversos aportes positivos y veraces que, a través de la historia, han hecho a ella pensadores cristianos, no cristianos, e incluso anticristianos, a su pesar. Las divergencias que se tengan respecto de su pensamiento no nos deben impedir valorar las doctrinas y percepciones esencialistas de cada cual que nos obligan a identificarnos con ellos en ciertos aspectos, si es que la iglesia ha de continuar siendo «columna y fundamento de la verdad» (1 Tim. 3:15). En efecto, si la verdad es por definición una sola, tenemos que coincidir con Tomás de Aquino al afirmar que «Todo lo que constituya verdad viene del Espíritu Santo, no importa quien lo haya dicho» y ejercitar sin temor la invitación paulina a someterlo todo a prueba, aferrándonos a lo bueno (1 Tes. 5:21). La iglesia debe ser pluralista, integrando en una unidad armónica todas las contribuciones que, a la luz de la Biblia y sin importar su procedencia, puedan llegar a ser esclarecedoras para los asuntos puntuales de la fe en el pensamiento y en la práctica.

Esfuércense por mantener la unidad del Espíritu...
un solo Señor, una sola fe,... un solo Dios...

Efesios 4:3-6 NVI

18

de enero

La vocación divina del artista

«HE SENTIDO la mano de Dios en mi vida,... Una parte de mí me dice: 'Quizá Dios quería que predicaras... Por lo pronto, puesto que Dios me ha dado talento para actuar,... He tenido la oportunidad de representar a grandes hombres y, a través de sus palabras, predicar. Me tomo muy en serio el talento que he recibido, y quiero usarlo para hacer el bien»

DENZEL WASHINGTON

En el ámbito cristiano ha ganado fuerza la errónea creencia de que existen profesiones y oficios que, a pesar de ser legítimos y lícitos, son a la postre y de manera prácticamente forzosa, contrarios a la ética cristiana. Esta idea es suscrita por un buen número de creyentes con una visión estrecha, que consideran que la única forma de servir a Dios es dedicarse de lleno y de tiempo completo a su obra en un ministerio clerical formal o, por lo menos, laico. En la Biblia sin embargo los términos «llamado» y «vocación» no excluyen a ningún cristiano y, por el contrario, incluyen el uso responsable de las oportunidades y el desarrollo de los talentos que Dios ha dado a cada uno de sus hijos, cualesquiera que estos sean y en todos los frentes de la vida. Ahora bien, los criterios para la utilización responsable de los dones que Dios nos ha entregado son, primero que todo, que Dios sea honrado a través de lo que hacemos (1 Cor. 10:31; Col. 3:17, 23). En segundo término, que seamos productivos (Lc. 19:12-26), y en tercer lugar que los resultados de nuestra labor sean proporcionales a los recursos recibidos (Mt. 25:14-30). Por eso, aunque no puede negarse que el ambiente que rodea las actividades artísticas ha facilitado tradicionalmente la proclividad al pecado, esta no es suficiente razón para descalificar el arte y sus diversas manifestaciones como ocasiones propicias para servir a Dios. Y valga decir que en ocasiones esta puede ser una forma más eficaz de servirlo que cualquier otra disponible. No olvidemos que Bezaleel y Aholiab fueron artistas que honraron a Dios y cuyos dones fueron expresa y directamente otorgados por el Espíritu de Dios, según se nos informa en las Escrituras (Éxo. 31:2-6; 35:30-35). El apóstol Pedro nos conmina, pues, a que:

Cada uno ponga al servicio de los demás el don que haya recibido, administrando fielmente la gracia de Dios en sus diversas formas.

1 Pedro 4:10 NVI

19
de enero

La luz de Cristo

«CREO en el cristianismo como creo que ha salido el sol: no solo porque lo veo, sino porque gracias a él veo todo lo demás»

C. S. LEWIS

El cristianismo no solo es una doctrina cuya verdad es tan evidente como la salida del sol para los espíritus desprejuiciados, sino que el acogerlo de manera personal hace que queden en evidencia muchas otras verdades que de otro modo hubieran permanecido siempre encubiertas y sumergidas en la oscuridad. En efecto, al acoger el cristianismo muchas intuiciones existenciales veladas y ambiguas (2 Cor. 3:14-15), se manifiestan con una claridad diáfana (2 Cor. 3:16), dejándonos ver su inherente unidad de tal manera que lo que antes era, en el mejor de los casos, fragmentario, aislado y hasta contradictorio, comienza a encajar y a caer de manera natural en su lugar para brindarnos una satisfactoria comprensión del todo, es decir, una cosmovisión renovada y completa que puede incluir sin contradicción todos los demás aspectos e intereses de la raza humana. No en vano la Biblia se refiere a Cristo como la luz verdadera que alumbra a todo ser humano, creyentes en particular (Jn. 1:9; 3:19-21; 9:39). Porque en Cristo el ser humano obtiene la respuesta definitiva al misterio de su condición paradójica y finita pudiendo, gracias a Él, integrar todo lo demás en una unidad coherente y armónica, sin que esto implique que manifestaciones culturales como el arte, la ciencia, o la filosofía no puedan seguirse desarrollando con un necesario y legítimo grado de autonomía y con instrumentos adaptados a su naturaleza particular. El cristianismo unifica e integra todas las dimensiones de la condición humana confiriéndoles un sentido verdaderamente definitivo y último fundamentado en Dios. Conversión e iluminación van siempre juntas, procurándonos una nueva visión de la realidad que, sin anular necesariamente la explicación que de ella pueda tenerse en otros niveles (estético, científico o filosófico), si le confiere un nuevo significado y la hace aparecer a una luz distinta. De aquí que el cristianismo no niegue como tal la vida humana inmersa en la cotidianidad, sino que la niega como algo total y absoluto, pues en él el reino de Dios se nos revela como lo total y absoluto.

… Yo soy la Luz del mundo. El que me sigue no andará en tinieblas, sino que tendrá la luz de la vida.

Juan 8:12 NVI

20
de enero

La prudencia

«... LA DISCRECIÓN es cosa del pasado... ¿Desde cuándo se hacen públicas las intimidades? Siempre me he regido por... normas de conducta... No compro revistas de chismes y escándalos ni veo programas de televisión sensacionalistas;... y no hablo del Viagra. Más difíciles de prever y eludir son las confesiones de los indiscretos, quienes andan siempre al acecho para soltarlas por sorpresa. Lo que se oye sin querer... puede resultar muy molesto. Hay quienes no pueden abstenerse de hablar más de la cuenta»

ELAINE GLUSAC

Es fascinante ver como la Biblia plantea esquemas muy útiles para describir, diagnosticar y clasificar a los hombres con arreglo a diversos criterios muy pertinentes. Es así como, por ejemplo, en relación con el plan de Dios para la humanidad encontramos tres grupos: judíos, gentiles e iglesia de Dios (1 Cor. 10:32). En cuanto a las facultades y disposición del hombre para conocer, entender y obedecer a Dios hallamos al hombre natural, el carnal y el espiritual (1 Cor. 2:14-3:3). Desde el punto de vista de las convicciones religiosas y la conducta derivada de ellas para con los que no las comparten, están los fanáticos que matan por sus ideas y los radicales que mueren por las mismas (Hc. 7:59-8:1). En lo concerniente con la vinculación y compromiso creciente del individuo con la iglesia de Cristo, la Biblia describe en muchas de sus páginas a los simples simpatizantes, los creyentes rasos y los discípulos comprometidos. Respecto de los distintos tipos de relación ofrecidos por Dios a los hombres en virtud de la conversión, identificamos la filiación con Dios en nuestra condición de hijos, el señorío de Cristo en nuestra condición de siervos y la amistad con Jesús en nuestra condición de amigos (Jn. 1:12; Rom. 6:19, 22; Jn. 15:14-15). Y finalmente, en lo que hace a la mayor o menor disposición del ser humano para adquirir sabiduría observamos, por contraste con los sabios (Ecl. 10:12), a los simples o inexpertos, a los necios y a los insolentes o escarnecedores (Pr. 1:22 NVI). Y es precisamente aquí donde la ausencia de discreción y prudencia (Pr. 2:11) es un signo claro de carencia de sabiduría, característica que es muy propia de inexpertos (Pr. 8:5) y necios (Pr. 10:14; 12:23; 13:16)

En los labios del prudente hay sabiduría...
el que es prudente controla sus impulsos.

Proverbios 10:13; 17:27 NVI

Sacrificio y beneficio en el cristianismo

«Cuando elijo seguir a Jesús… lo que parece un sacrificio en realidad se vuelve un beneficio»

Philip Yancey

Sacrificar algo de manera inmediata para obtener un mayor beneficio en un plazo posterior, es una consigna mucho más sabia que la de obtener un beneficio inmediato a un costo posterior tan elevado que, visto desde la perspectiva futura, tendríamos que admitir que ese beneficio en realidad no valió de ningún modo la pena, pues nunca alcanzó para compensar el costo desmesurado que tuvimos finalmente que pagar para obtenerlo. La virtud y los principios éticos del cristianismo encuadran dentro de la primera de estas consignas, el pecado dentro de la segunda. Es por eso que los sacrificios y la abnegación que Cristo demanda de los creyentes (Mr. 8:34-35; Lc. 14:26-27), no tendrían por qué alejar a sus potenciales seguidores de aceptar su llamado y tomar la cruz para seguirlo, pues su fruto está a fin de cuentas garantizado (Ecl. 11:1-2; 6; Gál. 6:9). Cuando Cristo fue a la cruz, lo hizo teniendo en mente la recompensa superior que obtendría de ello más allá del indecible sufrimiento que la cruz le iría a ocasionar (Isa. 53:11-12; Fil. 2:8-11; Heb. 12:2). De hecho, lo que da pie al pecado es la inclinación que tenemos a disfrutar ilegítima, inmediata y autodestructivamente de cosas legítimas que podríamos, con algo de paciencia y esfuerzo, llegar a disfrutar mucho más posteriormente, dentro de los límites establecidos por Dios para ello, sin tener que asumir ningún cargo de conciencia o efecto colateral indeseable. El pastor y escritor Bill Hybels se refirió en uno de sus libros a los dos elementos más cruciales en la disciplina con miras a la formación del carácter cristiano: «decisión anticipada» y «recompensa aplazada». Lo primero hace referencia a la necesidad de que el creyente tome, -antes de actuar y con miras a la acción-, decisiones firmes y específicas y se reitere siempre en ellas, en oposición a las decisiones vacilantes y ambiguas. Y lo segundo al hecho de que al tomar estas decisiones, está aplazando o «sacrificando» sistemáticamente recompensas o placeres inmediatos breves y efímeros, solo para obtener con posterioridad beneficios más dosificados, consistentes, satisfactorios y permanentes, logrando así moldear su carácter de manera favorable y agradable a los ojos de Dios.

… Dios no es injusto como para olvidarse de las obras y del amor que… ustedes han mostrado… que cada uno de ustedes siga mostrando ese mismo empeño hasta la realización final y completa de su esperanza…

Hebreos 6:10-11 NVI

22
de enero

Oportunidades para todos

«A TODO el mundo le llega la oportunidad. Lo importante es estar preparado para tomarla»

RAMÓN VARGAS

Muchas personas lamentan su «mala fortuna» culpando de su fracaso en la vida al hecho de no haber tenido las oportunidades o los «golpes de suerte» de los que dispuso la gente de éxito. La queja que subyace en este tipo de declaraciones es que han sido tratados injusta o por lo menos inequitativamente por la vida, pues de haber estado en el momento y en el lugar de los otros, -presumen ellos-, también disfrutarían de los mismos, o aún mejores beneficios que los primeros. Estas excusas contienen muchas falacias. En primer lugar la creencia que la «suerte» es un asunto de azar cuando lo cierto es que esta no es una fuerza impersonal y arbitraria sino más bien el designio de un Dios bueno y justo. No por nada el rey David atribuía su suerte a Dios (Sal. 16:5), y su hijo Salomón añadió que aún en las decisiones tomadas a la suerte, -práctica común en el Antiguo Testamento, pero desusada en el Nuevo Testamento-, el veredicto final le corresponde a Dios: «Las suertes se echan sobre la mesa, pero el veredicto proviene del SEÑOR» (Pr. 16:33). El fracaso o el éxito en la vida no está, pues, determinado por la carencia o abundancia de oportunidades sino por el buen uso de las mismas cuando hacen aparición, pues Salomón también afirmó que a todos los hombres se les ofrecen las mismas oportunidades por igual (Ecl. 9:11), y que el aprovechamiento de ellas no depende de las condiciones innatas de las personas sino de identificarlas cuando se presentan y estar preparado para tomarlas, es decir saber el «cuándo» y el «cómo» (Ecl. 8:5). Tal vez esto explique las diferencias entre dos parábolas del Señor al parecer referidas al mismo asunto, como son la de los talentos y la de las minas pues los talentos, -las condiciones innatas-, no son repartidos de manera homogénea, mientras que las minas, -las oportunidades-, si se reparten equitativamente. De cualquier modo Dios en su misericordia ofrece en el evangelio la segunda oportunidad a todos los que malograron la primera de ellas una y muchas veces, antes de su conversión a Cristo:

Por eso, Dios volvió a fijar un día, que es 'hoy'...Si...
oyen hoy su voz, no endurezcan el corazón.

Hebreos 4:7 NVI

El milagro de la fe

«La sola razón es insuficiente para convencernos de su veracidad; y todo aquel que se vea inducido por la *Fe* a prestarle asentimiento, tiene conciencia de que en su persona obra un continuo milagro, que subvierte todos los principios de su entendimiento...»

David Hume

Hume igualaba la fe a la ocurrencia de un milagro, pero utilizaba el término «milagro» con sorna y de forma despectiva para describir la decisión de creer, decisión que a su juicio sería siempre absurda y descabellada por ser supuestamente irracional y contraria a toda experiencia. Afirmaba así que la fe estaría imposibilitada para demostrar los hechos que la sustentan, particularmente los milagros; de donde el mismo acto de creer sería un milagro, puesto que consistiría en aceptar lo indemostrable y por lo mismo, inaceptable. Su crítica afirma que la fe se valida a sí misma de manera tautológica, es decir razonando en círculo. En otras palabras, que la fe en Dios se apoya en los milagros, pero los milagros solo son tales porque se aceptan por fe y no porque la razón o la experiencia puedan demostrarlos. Pero lo cierto es que hoy por hoy ya se reconoce, aún en el campo presuntamente «objetivo» y desprejuiciado de la ciencia, que en la base de todo razonamiento, -con sus consecuentes decisiones e implicaciones-, siempre hay una previa creencia indemostrable, axiomática, que se asume por fe. La disputa entre cristianismo y ateísmo no es, pues, un enfrentamiento entre fe y ausencia de ella, sino entre dos tipos de fe opuestas entre sí. Ambas son indemostrables, pero el peso de la evidencia favorece al cristianismo por lo cual la decisión de creer no puede calificarse como absurda, carente de fundamento, u opuesta a la razón. Sin embargo, bíblicamente la fe sí es un milagro, en el sentido amplio del término, pues los argumentos que hacen de la fe algo razonable y fundamentado pueden persuadir, pero nunca convencer. La convicción la otorga únicamente el Espíritu Santo de manera sobrenatural (Jn. 3:5; 16:8, Rom. 4:18, 21), revelándonos a Dios de manera tan clara que ya se torna vano seguirse resistiendo a lo irresistible (Hc. 26:14). La fe que salva es, pues, en último término un don divino sobrenatural y milagroso (Efe. 2:8), como se desprende de lo dicho a Pedro:

Dichoso tú, Simón, hijo de Jonás -le dijo Jesús-, porque eso no te lo reveló ningún mortal, sino mi Padre que está en el cielo.

Mateo 16:17 NVI

24
de enero

La vigilancia del centinela

«EL PRISIONERO se convierte en el centinela que... aguarda con ansia el día que amanece... El justo es el prisionero convertido en guardián,... apostado en el umbral de la realidad divina»

KARL BARTH

La condición en el mundo del hombre impío e incrédulo es virtualmente la de un prisionero sentenciado a muerte que, esclavizado por el pecado, espera la ejecución definitiva de su sentencia condenatoria: «Que lleguen a tu presencia los gemidos de los cautivos, y por la fuerza de tu brazo salva a los condenados a muerte» (Sal. 79:11). Pero el evangelio de Cristo libera al prisionero: «Miró el Señor desde su altísimo santuario... para oír los lamentos de los cautivos y liberar a los condenados a muerte...» (Sal. 102:19-21), de tal manera que, aunque continúa en el mundo, ya no pertenece a él (Jn. 17:15-16), pero debe aún permanecer en este en una nueva condición: la de centinela. En las antiguas ciudades amuralladas del Antiguo Testamento el oficio y la actividad del centinela eran absolutamente necesarios para advertir con tiempo a sus habitantes acerca de algún evento inminente que pudiera afectar drásticamente sus vidas positiva o negativamente (Isa. 21:6-8; Jer. 51:12). De ahí que el Señor acudiera a esta realidad tan conocida para transmitir e ilustrar gráficamente verdades espirituales a su pueblo. En este sentido el profeta era por excelencia el centinela de Dios (Jer. 6:17; Eze. 3:17; 33:7; Ose. 9:8; Hab. 2:1). Pero el Antiguo Testamento ya anticipa también la inclusión de todos los creyentes en Cristo dentro del grupo de hombres que, como los centinelas del Antiguo Testamento, están siempre vigilantes, esperando pacientemente la venida del Señor al tiempo que la anhelan con fervor (Isa. 52:8; 62:6-7; Mr. 13:32-37; Lc. 12:35-38). Esta actitud es descrita de muchas formas tales como «permanecer despierto» (Apo. 3:3; 16:15), -expresión entendida de manera figurada y no literal (Cnt. 5:2)-; «mantenerse alerta» (Hc. 20:31; 1 P. 5:8); estar «sobrios, con la mente despejada» (1 P. 4:7); o en «sano juicio» (1 Tes. 5:6). Y, de manera especial, se asocia con la perseverancia en la oración que debe caracterizar al creyente (Mr. 14:38; Lc. 21:36; Efe. 6:18; 1 P. 4:7). Por lo tanto, todo auténtico cristiano debe estar en condiciones de exclamar junto con el salmista:

Espero al Señor con toda el alma, más que los centinelas la mañana.
Como esperan los centinelas la mañana.

Salmo 130:6 NVI

Autocrítica y tolerancia religiosa

«Lo que conduce a la paz no es el sincretismo, sino la autorreforma: ¡renovarse para la concordia, ejercitar la autocrítica para la tolerancia!»

Hans Küng

No se puede dejar de reconocer que la tolerancia es una necesidad de nuestros tiempos para la pacífica convivencia de todas las culturas y religiones en este mundo globalizado. Pero la forma de promoverla en el campo religioso no es la mezcla indiscriminada de creencias de la más diversa y disímil procedencia, -mezcla a la que se hace referencia con el término «sincretismo», también llamado «mestizaje espiritual» -; y ni siquiera la mezcla con criterio ecléctico, que rescata solo lo mejor, supuestamente, de cada religión. Por el contrario, la mejor manera de promover la tolerancia es incorporar en cada religión lo que el teólogo Paul Tillich llamó el «principio protestante», designado también como «actualismo teológico»[2,] definidos ambos como «La 'eclessia semper reformanda' que soñó el protestantismo». Es decir, la iglesia en continua y permanente reforma en todos sus frentes. O mejor aún, en permanente renovación autorreformista. Esto no es más que tener en cuenta con toda la seriedad del caso la instrucción evangélica de mirar la viga en nuestro propio ojo antes de pretender sacar la paja del ojo ajeno (Mt. 7:3-5; Lc. 6:41-42). Porque si hemos de juzgar las creencias, las prácticas y la mayor o menor coherencia entre ellas que caracteriza a los seguidores de otras religiones, es menester que hagamos primero lo mismo con nuestras propias creencias y conductas. Solo así podremos juzgar con justicia, como lo recomendó el Señor en aquellos casos en que el juicio es ineludible (Mt. 7:1; Lc. 6:37, Jn. 7:24). La autocrítica es, pues, la única manera legítima de fomentar la humildad propia de un espíritu tolerante al interior de cada religión. Porque si bien no podemos renunciar a nuestras creencias cristianas en favor de las de los otros, si podemos estar verificando que tan cristianos somos en realidad, pues no siempre los cristianos lo somos tanto y, providencialmente, es en la confrontación con otras religiones cuando podemos llegar a adquirir conciencia de ello y aprovechar la oportunidad para hacer los ajustes que nuestro cristianismo requiera a la luz del criterio bíblico (1 Cor. 11:28, 31)

Examínense para ver si están en la fe; pruébense a sí mismos...

2 Corintios 13:5 NVI

26

de enero

Dando lo obvio por sentado

«HACE mucha falta que se repita a diario lo que a diario, de 'puro sabido' se olvida»

MIGUEL DE UNAMUNO

Unos de los problemas que afectan la práctica de la virtud entre aquellos que afirman ser cristianos, es el peligro de dar por obvios principios bíblicos, especialmente de carácter ético, que por el hecho de repetirse y enfatizarse en la Biblia su importancia de manera insistente; terminan por ser descuidados, desatendidos e ignorados al darlos por sentados. Los perjuicios que ocasiona el obviar algo que se da por sentado, se ilustran gráficamente con el esfuerzo de poner cercas cada vez más altas, sin tener al mismo tiempo la precaución de cerrar la puerta. Por esta causa, el cristiano que incurre en ello suele terminar, de manera paradójica, ocupado y enredado en asuntos y detalles secundarios, tangenciales y aún marginales al evangelio, que actúan todavía en mayor perjuicio de los principios y motivaciones prioritarias del creyente tales como el amor, la fe, la justicia, la misericordia y el servicio, entre otros. Los fariseos eran reputados en la época del Señor Jesucristo como conocedores y cumplidores estrictos y meticulosos de todas las prescripciones legales contenidas en la Ley de Moisés, así como de todas las reglamentaciones adicionales añadidas por varias generaciones de rabinos. Pero al guardar de manera literal, -y en muchos casos también de manera mecánica-, hasta la letra menuda de la ley, descuidaban y en muchos casos quebrantaban el espíritu de esta misma ley, justificando afirmaciones de este tipo: «El que no está físicamente circuncidado, pero obedece la ley, te condenará a ti que, a pesar de tener el mandamiento escrito y la circuncisión, quebrantas la ley» (Rom. 2:27; compárese con Rom. 7:6; 2 Cor. 3:6). El Señor Jesucristo los amonestó con fina ironía y refinado humor al acusarlos de ser «¡Guías ciegos! [que] Cuelan el mosquito pero se tragan el camello» (Mt. 23:24), declarando que el cumplir de manera minuciosa y legítima prescripciones legales como el diezmo, entre otras; no debería ser excusa para descuidar los principios fundamentales del evangelio como la justicia, la misericordia y la fidelidad.

¡Ay de ustedes, maestros de la ley y fariseos, hipócritas!
Dan la décima parte de sus especias: la menta, el anís y el comino.
Pero han descuidado los asuntos más importantes de ley,
tales como la justicia, la misericordia y la fidelidad...

Mateo 23:23a NVI

27
de enero

Beneficios generalizados del cristianismo

«Hijos de esta misma ciudad son los enemigos contra quienes hemos de defender la Ciudad de Dios... la mayor parte le manifiestan un odio tan inexorable y eficaz, mostrándose tan ingratos y desconocidos a los evidentes beneficios del Redentor... ¿no persiguen el nombre de Cristo los mismos romanos, a quienes, por respeto y reverencia a este gran Dios, perdonaron la vida los bárbaros?»

AGUSTÍN DE HIPONA

Los beneficios históricos que el judeocristianismo ha producido en toda sociedad o cultura que lo ha acogido son innegables y están a la vista de todos, aún de los paganos que lo combaten (Sal. 103:2). Las libertades ejercidas hoy contra el cristianismo por sus detractores son posibles gracias al mismo cristianismo al que atacan. A su pesar, los contradictores del cristianismo pueden hoy impugnarlo abierta y públicamente apoyados en avances que han sido producto en mayor o menor medida de la gradual y a veces imperceptible influencia e implementación práctica y concreta de la doctrina y la ética cristianas en el ordenamiento social (Mt. 13:33; Lc. 13:21). Los que se oponen sistemáticamente al cristianismo desde el interior de sociedades nominalmente cristianas, trabajan de cualquier modo con capital cristiano, así lo nieguen y no quieran reconocerlo. Que en el proceso histórico para llegar a ello la iglesia haya tenido muchas salidas en falso para comprender y aplicar lo que ella misma debería y pretendía predicar, no nos debe impedir apreciar que los más preciados logros de las sociedades modernas de occidente se han alcanzado debido al mismo poder de atracción inherente al contenido de la revelación bíblica, aunque no siempre gracias a la iglesia oficial ni necesariamente por su intermedio, sino incluso en oposición a ella, por vías seculares que se rinden al peso que los principios bíblicos poseen en sí mismos. Los actuales pensadores posmodernos llamados «deconstruccionistas» proclaman en la superficie el supuesto valor del ateísmo, de la anarquía, de la libertad sin restricciones, del caos, y de la ausencia de valores absolutos pero el fundamento en que se apoyan para hacer estos pronunciamientos es cristiano, pues tal vez intuyen que, de otro modo, pueden terminar como el apóstol Pablo cuando se oponía al cristianismo, dándose «cabezazos contra la pared» (Hc. 26:14). Después de todo:

... su Padre que está en el cielo... hace que salga el sol sobre malos y buenos, y que llueva sobre justos e injustos.

Mateo 5:45 NVI

28
de enero

Las zorras pequeñas

«UNA pequeña falta puede engendrar un gran mal»

BENJAMÍN FRANKLIN

Una de las convicciones clásicas asociadas a la teología protestante es que todo pecado es mortal, pero también que el perdón ofrecido por Dios a los hombres, a través de la fe en nuestro Señor Jesucristo, cubre todo pecado cometido sin importar la gravedad que puedan ostentar al ser considerados desde un punto de vista mutuamente comparativo (Sal. 130:3-4; Isa. 1:18; 43:25; Miq. 7:18-19). En consecuencia la culpabilidad, el temor al castigo y la represión compulsiva que experimentan ante el pecado las conciencias sensibles, quedan definitivamente erradicadas en virtud del arrepentimiento y la conversión a Cristo (He. 9:14; Rom. 8:1; 1 Jn. 3:20-21; 4:17-18). Debido a lo anterior, la distinción y gradación entre pecados mortales, capitales y veniales junto con su correspondiente orden penitencial, -distinción propia de la Iglesia Católica Romana-, es a todas luces infundada y tiene además el inconveniente de que, al propagarse, introdujo la perniciosa creencia de que hay «pecadillos» (los llamados «veniales»), que pueden ser tolerados y cometidos sin consecuencias serias. Pero el hecho es que la laxitud ante cualquier pecado consciente, aunque aparentemente inofensivo; va socavando lentamente los principios cristianos y gradualmente da lugar a pecados mayores con consecuencias cada vez más serias, dolorosas y difíciles de resolver o revertir. Vincent Barry dice que, aunque la expresión «No te preocupes por pequeñeces» puede ser un buen consejo si por ello entendemos no ahogarse en un vaso de agua o evitar reacciones desproporcionadas para las circunstancias, hay que tener cuidado de no poner en práctica esta máxima irreflexivamente, ya que entonces deja de ser una pauta para vivir de manera racional y se convierte en una justificación para vivir sin principios. Añade que: «Cuando esto sucede, lo más probable es que nos parezca una pequeñez llevarnos las toallas o las perchas de un hotel, o la papelería de la oficina. Trivializar lo que codiciamos nos da una excusa para robar impunemente». La Biblia llama «pequeña necedad» (Ecl. 10:1), «un poco de levadura» (1 Cor. 5:6, Gál. 5:9) y «zorras pequeñas» a estos asuntos, pronunciándose de manera clara y categórica al respecto:

Atrapen... a esas zorras pequeñas que arruinan
nuestros viñedos... en flor.

Cantares 2:15 NVI

Los extraterrestres y la fe

«A NIVEL básico... las historias de secuestros por extraterrestres le dan un propósito a la gente... una profunda sensación de que no están solos en el universo... los recuerdos de secuestros son como visiones religiosas trascendentales, aterradoras y, sin embargo reconfortantes y, en algún nivel psicológico personal, auténticos»

BENEDICT CAREY

El periodista Fred Heeren, después de observar el papel que los extraterrestres desempeñan en la cultura actual, concluía: «Los extraterrestres nos ayudan a cumplir, por fin, el deseo que parece tenemos de algo más que esta vida mortal». Es significativo que tal vez el único intento científico serio por encontrar vida extraterrestre avanzada, el proyecto SETI, está en buena medida motivado en la esperanza de encontrar: «seres superiores a nosotros, no ya técnicamente sino quizá espiritual y moralmente» (íbid). Este anhelo ha dado lugar en nuestras avanzadas pero altamente secularizadas sociedades a un fenómeno masivo que algunos psicólogos ya aventuran tal vez sea: «la aparición de un nuevo transtorno psicológico o una dinámica social desconocida hasta ahora» (Carey), cuyo síntoma extremo es la convicción de millones de personas en el mundo de haber sido secuestradas, -o «abducidas»-, por extraterrestres, aunque no puedan probar objetivamente que esto en realidad les haya sucedido. Lo cierto es que las historias de abducción por extraterrestres no pueden calificarse solo como fraudes fríamente calculados con el fin de engañar a los incautos, sino como pobres sustitutos, muchas veces inconscientemente autoinducidos, de auténticas experiencias de conversión religiosa, que les dan alguna clase de sentido, propósito y rumbo a las vacías vidas de sus protagonistas. Pero a pesar de los cambios sicológicos y conductuales favorables que pueda generar, nunca puede equipararse a la auténtica conversión suscitada por Dios en el ser humano por medio de la persona de Cristo (Hc. 3:19). ¿Por qué, entonces, insistir en una experiencia sustituta y no en la original y verdadera? Porque el concepto cristiano tradicional de Dios conlleva rendición de cuentas, arrepentimiento, confesión y sometimiento incondicional a Él, todo lo cual es un costo demasiado elevado para quienes prefieren, sin fundamento real, creer en extraterrestres menos intimidantes para sentirse bien.

Porque el corazón de este pueblo se ha vuelto insensible...
De lo contrario... se convertirían, y yo los sanaría.

Mateo 13:15 NVI

30
de enero

Dios como alfarero

«LA GRAN prueba de las almas hermosas es el estar escondidas debajo del barro humano»

VICENTE GARMAR

La Biblia dice que Dios formó al hombre del polvo de la tierra (Gén. 2:7), verdad reiterada posteriormente al ser humano caído en el marco de la sentencia condenatoria pronunciada por Dios sobre nuestros primeros padres, Adán y Eva (Gén. 3:19; Job 10:8-9). En consecuencia Dios es, en este orden de ideas, algo así como el gran Alfarero de la humanidad: «... Ustedes, pueblo de Israel, son en mis manos como el barro en las manos del alfarero» (Jer. 18:6). Alfarero que, en su misericordia, se ha tomado el trabajo de restaurar y modelar de nuevo en este género humano deformado por el pecado, la imagen original que plasmó en el ser humano cuando lo creó del polvo de la tierra (Gén. 1:26). Pero en este proceso se distinguen dos clases diferentes de vasijas: «... vasijas para usos especiales y otras para fines ordinarios...», las últimas «objeto de su castigo y... destinadas a la destrucción», mientras que las primeras son «objeto de su misericordia, y a quienes... preparó para esa gloria» (Rom. 9:21-23). Lo que distingue a las unas de las otras, desde una perspectiva humana, es la entrega y el sometimiento voluntario, humilde, obediente y confiado de las primeras en las manos del Alfarero (Sal. 119:73), en contraste con la resistencia de las últimas (Isa. 45:9; Rom. 9:20). Las primeras son descritas igualmente como «vasos... para los usos más nobles», cada uno de los cuales está destinado a ser «un vaso noble, santificado, útil para el Señor y preparado para toda obra buena» (2 Tim. 2:20-21), que, además, estén siempre dispuestos a reconocerle a Dios el mérito de lo que son, atribuyéndole solo a Él todo el crédito y la gloria que le corresponden (2 Cor. 4:7). De nosotros depende, entonces, en buena medida la facilidad o dificultad con la que Dios nos da forma, puliendo las asperezas que encuentra día a día en nuestras vidas. En caso de resistencia extrema, la alternativa es el endurecimiento (Éxo. 7:13; Hc. 19:9; Heb. 3:8, 13; 4:7), con las funestas consecuencias que esto acarrea a quien opta por ello (Pr. 28:14; 29:1; Jer. 19:1, 10-11; Apo. 2:27).

A pesar de todo, Señor, tú eres nuestro Padre; nosotros somos el barro,
y tú el alfarero. Todos somos obra de tu mano.

Isaías 64:8 NVI

Los ángeles y la fe

«LA SUPERSTICIÓN que con frecuencia se suele introducir... sucede que lo que pertenece únicamente a Dios, lo transferimos a los ángeles... apenas hay vicio más antiguo entre los que censuramos actualmente»

JUAN CALVINO

La existencia de los ángeles siempre se ha prestado a equívocos y desviaciones, aún en el marco de la práctica cristiana. La superstición acecha aquí siempre y amenaza con extraviar de la fe a los incautos. Existe, ciertamente, la tendencia a darle tanta o más relevancia a los ángeles que a Dios debido a la engañosa percepción, no sin fundamento, de que los ángeles son menos intimidantes, ya que tratar con ellos, con todo y lo fascinante que pueda ser en virtud del poder, belleza y sabiduría superior que se les atribuye; implica sin embargo tratar de criatura a criatura, mientras que tratar con Dios es hacerlo de criatura a Creador[3]. La actitud de subordinación, dependencia y absoluta sujeción respecto de Dios implícita en la relación criatura-Creador riñe con los soberbios deseos de autonomía de nuestra naturaleza pecaminosa que chocan entonces con la soberanía divina. Por el contrario, relacionarse directamente con los ángeles alimenta en la persona la sensación de dominio sobre lo divino que es propia de la magia. En efecto, bajo la apariencia de sumisión a los ángeles yace un velado deseo de control sobre ellos y la pretensión de servirse de lo sobrenatural para nuestros propios y mezquinos intereses personales. Los ángeles han sido, por cierto, designados por Dios para el servicio de los redimidos; pero su poder no está sujeto a la voluntad humana sino a la divina (Sal. 103:20; 104:4; Heb. 1:14), por lo cual es vano y peligroso para nuestra salud espiritual pretender relacionarse con ellos de manera directa, prescindiendo de Dios, como se promueve hoy, ya no en contexto cristiano, sino en el seno de ese movimiento llamado «Nueva Era». El gnosticismo antiguo de corte ascético que infiltró a la iglesia se caracterizaba por promover la *adoración de ángeles* (Col. 2:18), que pasa por alto el hecho de que los *santos ángeles* (1 Tim. 5:21), no reciben esta adoración, como si lo hacen los ángeles caídos, mejor conocidos como demonios, de donde el culto a los ángeles no es más que culto a los demonios (2 Cor. 11:14).

... me postré para adorar al ángel... Pero él me dijo:
¡No, cuidado! Soy un siervo como tú... ¡Adora solo a Dios!

Apocalipsis 22:9 NVI

1

de febrero

La huida del valiente

«PARTE de la felicidad de la vida consiste, no en entablar batallas, sino en evitarlas. Una retirada magistral es en sí misma una victoria»

NORMAN VINCENT PEALE

La valentía y la huida no son actitudes o acciones mutuamente excluyentes (1 Cr. 12:8). Es diferente huir por temorosa cobardía (Lv. 26:36; Pr. 28:1; Mr. 14:50; Jn. 10:12), a hacerlo por prudencia. De hecho, a pesar de que la Biblia nos anima a esforzarnos y ser valientes (Jos. 1:9); hay que decir también que la valentía no es lo mismo que la temeridad. El temerario no elude nunca la confrontación, pues considera que huir es una señal de cobardía, mientras que el valiente entiende que en ocasiones una huida estratégica es la mejor opción, sin dejar por ello de ser valiente. El simple sentido común indica que no sirve de nada ser valientes en batallas que, para comenzar, no valía ni siquiera la pena pelear, así como también resulta infructuoso huir de aquellas que son inevitables. El creyente debe ser valiente y sabio para identificar cuando debe huir y cuando debe dar la cara (Neh. 6:11). Para comenzar, es inútil tratar huir de nuestra responsabilidad ante Dios tratando de evadirla (Sal. 139:7-12; Jon. 1:3-4, 17; Lc. 3:7). Aquí sí, como se dice popularmente: «podemos correr, pero no podemos escondernos». Pero por otro lado, nadie negaría que el rey David era un hombre valiente, en vista del episodio con Goliat; no obstante lo cual consideró prudente en su momento huir tanto de Saúl como de su propio hijo Absalón (1 S. 19:10, 12; 21:10; 2 S. 15:14). Es más, Dios mismo ordenó a su pueblo huir en circunstancias históricas determinadas, caracterizadas por ciertas condiciones específicas que justificaban la huída en estos casos (Isa. 48:20; Jer. 50:8; 51:6; Mt. 10:23; Lc. 21:21), a lo cual sus discípulos respondieron obedientemente (Hc. 14:6), sin que por ello hayan dejado de ser valientes, como pudieron demostrarlo cuando, según tradiciones confiables, tuvieron que afrontar su martirio, haciéndolo con la frente en alto. Apartarse y huir de cosas como las malas pasiones (2 Tim. 2:22), las doctrinas extrañas (Jn. 10:5), los que viven en el error (2 P. 2:18), la corrupción que hay en el mundo (2 P. 1:4), la inmoralidad sexual (Gén. 39:12; 1 Cor. 6:18) y la idolatría (1 Cor. 10:14), será siempre aconsejable, además de ser una muestra de prudente valentía.

Tú, en cambio, hombre de Dios, huye de todo eso...

1 TIMOTEO 6:11 NVI

Formas de vida inteligente

«SERÍA el colmo del egocentrismo decir que estamos solos en el universo»

NEIL DEGRASSE TYSON

La especulación e investigación sobre la existencia de vida inteligente en otros lugares del universo obedece a una actitud de falsa modestia. Muchos concluyen de manera muy razonable en apariencia que, ante las dimensiones de vértigo que hoy por hoy sabemos que tiene el universo, pensar que estamos solos en él, se nos antoja no solo como un gran desperdicio de espacio, sino como una inaceptable presunción producto de un egocentrismo arrogante, inconcebible e intolerable, cuando no ignorante. Es así como, los que abogan por la existencia de vida inteligente más allá de nuestro planeta azul, parecen entonces personas humildes y de mente abierta que renuncian a reclamar pretensiones desmedidas y anacrónicas para la raza humana. De hecho, es evidente que no estamos solos en el universo. Dios, el creador del universo, también hace presencia en él[4]. Nosotros somos una forma de vida inteligente, pero Él *es la* vida inteligente por excelencia en este universo creado (Jn. 1:4; 14:6). El género humano se constituye así en *imagen y semejanza* de la vida divina en la creación material de Dios (Gén. 1:26-27). Todo el que reconoce lo anterior no es un egocéntrico ni mucho menos desde una perspectiva cosmológica, ni está teniendo … *un concepto de sí más alto que el que debe tener*, sino que, por el contrario, está simplemente pensando … *de sí mismo con moderación, según la medida de fe que Dios le haya dado* (Rom. 12:3). Los egocéntricos son más bien aquellos que, posando de humildes y abiertos, pecan de falsa modestia y de estrechez de miras al negar obstinadamente y contra toda evidencia la presencia de Dios en el mundo (Jn. 1:10) y la obligación que, en nuestra condición de criaturas, tenemos de honrarlo como solo Él se lo merece, creyendo y confiando sin reservas nuestra vida en arrepentimiento a la persona de Jesús de Nazaret, Dios encarnado (Jn. 1:14; Col. 2:9), y dejar así de reclamar una pretendida, soberbia, pecaminosa y, esta sí, egocéntrica autonomía respecto de Él que llega no solo a ignorarlo olímpicamente, sino a eliminarlo de nuestro horizonte vital, corroborando este sombrío diagnóstico:

> *El malvado… menosprecia al Señor…*
> *no da lugar a Dios en sus pensamientos.*

Salmo 10:3-4 NVI

3
de febrero

La ciudadanía celestial

«La ciudadanía es el derecho de mejorar el lugar donde vivimos»

Charles Handy

La ciudadanía es un derecho que trae aparejados deberes del mismo orden. La Biblia revela que el creyente es ciudadano del cielo: «En cambio, nosotros somos ciudadanos del cielo…» (Fil. 3:20), condición que genera dos tipos de reacciones extremas. Por una parte, un menosprecio de la ciudadanía celestial debido a que este privilegio se asume con la misma apatía e indiferencia que acompañan habitualmente en los países del Tercer Mundo la toma de conciencia de la ciudadanía terrenal y que resulta en una marcada carencia de un sano y necesario sentido patriótico. Por otra parte, sectas como los Testigos de Jehová y similares infieren de esto que su lealtad debe ser dirigida de manera exclusiva al reino de Dios, que por el hecho de que «no es de este mundo» (Jn. 18:36), se piensa entonces, de manera equivocada, que debe necesariamente oponerse de forma radical a la ciudadanía terrenal y su correspondiente y legítimo orden político existente, convirtiendo así por sí mismos a todos los gobiernos terrenales en la resistencia satánica al reino de Dios. Las consecuencias prácticas de esta creencia en estas sectas son la negativa a saludar la bandera, a jurar lealtad a la patria o a luchar por ella en una censurable actitud antipatriótica, haciendo caso omiso de claros pasajes bíblicos al respecto como Mateo 22:21 y Romanos 13:1-7. Si bien es cierto que los intereses del reino de los cielos deben tener prioridad sobre los terrenales, como lo afirmaron los apóstoles: «–¡Es necesario obedecer a Dios antes que a los hombres!...» (Hc. 5:29), también lo es que ambos no se oponen de manera absoluta de modo que lleguen a ser mutuamente excluyentes. Por el contrario, un sano ejercicio de la ciudadanía celestial incluye la responsabilidad de obrar en la tierra como dignos embajadores de nuestra nueva «nacionalidad» (Mt. 5:13-16; Efe. 6:20; 2 Cor. 5:20), con la certeza de que esto resultará invariablemente en un desempeño correcto y benéfico de nuestra ciudadanía terrenal, toda vez que «un buen cristiano es un buen ciudadano» (Silva-Silva). Los judíos fueron exhortados por el Señor a ser buenos ciudadanos en el exilio, en estos términos:

... busquen el bienestar de la ciudad adonde los he deportado,
y pidan al Señor por ella, porque el bienestar de ustedes depende
del bienestar de la ciudad.

Jeremías 29:7 NVI

La obediencia a la naturaleza

«A LA NATURALEZA no se la vence sino obedeciéndola»

FRANCIS BACON

La naturaleza posee leyes que no pueden violarse impunemente. La ciencia las estudia para luego servirse selectivamente de ellas para beneficio propio; pero aún así tiene que enfrentar los indeseables y dolorosos efectos colaterales que el uso y abuso de la naturaleza ha traído sobre el género humano. La naturaleza siempre pasa cuenta de cobro de manera inapelable cuando se le falta al respeto, sin mencionar el desorden y el mal introducido en ella por causa del pecado de ángeles y seres humanos (Gén. 3:16-19; Rom. 8:19, 22). Sin embargo, por encima de la naturaleza se encuentra Dios, el creador de la misma (Gén. 1:1). Así, pues, mientras la ciencia se refiere tan solo a la «naturaleza» como una realidad dada, impersonal e inapelable; los creyentes apelan más bien a Dios como creador de la naturaleza, un Dios personal que no ha renunciado nunca a su dominio providente sobre ella (Col. 1:17). Pero si a la naturaleza no se la vence sino obedeciéndola, con mayor razón la única manera de salir triunfantes cuando nos enfrentamos a Dios es rindiéndonos a Él en la persona de Cristo. Nuestra resistencia a hacerlo proviene del hecho de que nuestra propia naturaleza humana está corrompida y tiene, por lo mismo, la tendencia a actuar de manera desnaturalizada, ignorando a Dios con imperdonable falta de voluntad y/o manifiesta y trágica impotencia (Sal. 14:1; 1 Cor. 2:13-14). Pascal lo dijo: «Nada es tan importante al hombre como su estado; nada le es tan temible como la eternidad; y así, el hecho de que se encuentren hombres tan indiferentes a la pérdida de su estado y al peligro de una eternidad de miserias, no es cosa natural... Fuerza es que haya un extraño hundimiento en la naturaleza del hombre para que este tenga a gloria encontrarse en tal estado, en que parece imposible que nadie pueda permanecer», preguntándose un poco antes: «¿Cómo puede ser que razone así un hombre razonable?». La moralidad pertenece a nuestra naturaleza esencial (Rom. 2:14-15), de donde los pecados, además de ser traiciones a nuestro Creador, son también violaciones autodestructivas de nuestra humana naturaleza, tal como fue creada al principio (Gén. 1:26)

> *... las mujeres cambiaron las relaciones naturales*
> *por las que van contra la naturaleza. Asimismo los hombres...*
> *y en sí mismos recibieron el castigo que merecía su perversión.*

Romanos 1:26-27 NVI

5
de febrero

Los secretos expuestos

«No hay crimen en el mundo que se oculte, aunque la tierra toda lo sepulte»

Shakespeare

«Si no quieres que se sepa, no lo hagas»

Proverbio chino

La impunidad siempre ha generado un incremento del delito entre los individuos de una sociedad determinada: «Cuando no se ejecuta rápidamente la sentencia de un delito, el corazón del pueblo se llena de razones para hacer lo malo» (Ecl. 8:11). Una de las erróneas presunciones que ha propiciado esta tendencia es la engañosa creencia de que, si logramos ocultar nuestros actos censurables y vergonzosos, podremos evitar entonces el castigo que estos actos merecen. Puede que esta presunción sea válida en relación con la justicia de los hombres, pero definitivamente no lo es en lo que atañe a la justicia divina. No hay nada en absoluto que esté oculto a los ojos de Dios en virtud de su omnisciencia (Sal. 139:1-6) y omnipresencia (Sal. 139:7-12). Por lo tanto, la afirmación de Hebreos en el sentido de que: «Ninguna cosa creada escapa a la vista de Dios. Todo está descubierto, expuesto a los ojos de aquel a quien hemos de rendir cuentas» (Heb. 4.13), debería ser atendida con presteza por todos los hombres; no solo en razón a que, al final de los tiempos, Dios manifestará toda obra escondida (Apo. 20:12) y toda intención secreta o encubierta (Rom. 2:16; 1 Cor. 4:5); sino también debido a que Dios puede sacar todo esto a la luz tempranamente y hacerlo manifiesto cuando menos lo esperamos: -«Los pecados de algunos son evidentes antes de ser investigados, mientras que los pecados de otros se descubren después. De igual manera son evidentes las buenas obras, y si son malas, no podrán quedar ocultas» (1 Tim. 5:24-25), quedando así expuestos a la vergüenza y el inclemente escarnio público, como pudieron comprobarlo, entre otros, los siguientes personajes bíblicos: Adán (Gén. 3:8-11), Caín (Gén. 4:8-11), Judá (Gén. 38:12-26), Moisés (Éxo. 2:11-14), Acán (Jos. 7:1, 14-25), David (2 S. 12:11-12), Giezi (2 R. 5:24-27) y Ananías y Safira (Hc. 5:1-11). Un buen criterio para evaluar si lo que hacemos es correcto, es pensar en cómo reaccionaríamos si se hace público.

No hay nada encubierto que no llegue a revelarse,
ni nada escondido que no llegue a conocerse.

Lucas 12:2 NVI

La profanación de lo sagrado

«FALSOS gurus, terapeutas… escuelas y centros de ayuda y crecimiento personal… han medrado al amparo de una idea sana para convertirla en algo profano. Se ha comercializado lo sagrado y se ha falseado lo espiritual»

JORGE BLASCHKE

Lo sagrado y lo profano es una distinción ya clásica y contrastante dentro de las ciencias de la religión en general. Justamente, es la fenomenología de la religión la que le ha negado al movimiento de la Nueva Era un lugar dentro de las religiones históricas de la humanidad por su pretensión de sustituirlas, rebajando al prosaico nivel de lo profano sus clásicos y elevados estándares de lo sagrado[5], poniéndoles precio y feriándolos en el mercado secular. Contrario a lo que muchos piensan, es un flaco servicio el que la Nueva Era le ha prestado a las religiones orientales, pues al pretender divulgarlas y popularizarlas en el occidente cristiano, ha terminado rebajándolas y ofreciendo una versión caricaturizada y comercializada de las mismas con la cual se sentirían ofendidos sus más serios y autorizados representantes legítimos. En el evangelio ya el Señor nos advirtió para no profanar lo sagrado (Mt. 7:6), denunciando los casos en los cuales la fe llega a comercializarse de una manera tan censurable y grosera, que termina transformando lo que estaba llamado a ser una «casa de oración» en una vulgar «cueva de ladrones» (Mt. 21:13). Pero, además del atrio del templo de Jerusalén en la época de Cristo, existen otros casos históricos que ilustran esta aberración tales como la venta de indulgencias por parte de la Iglesia durante la Edad Media, y el descarado enriquecimiento actual de supuestos líderes espirituales a costa de la explotación de sus fieles. La comercialización de la fe y el falseamiento de lo espiritual van siempre de la mano y promueven lo que Paul Tillich llamó «profanización» que consiste en degradar arbitrariamente algo que pertenece al campo de la «preocupación última» (Dios) al nivel de las «preocupaciones preliminares» (los asuntos del mundo). Los creyentes laicos, en su condición neotestamentaria de «sacerdotes» en plano de igualdad con los clérigos (1 P. 2:5, 9; Apo. 1:6), deben, pues, estar en condiciones de «distinguir entre lo santo y lo profano…» (Lv. 10:10) con sobriedad, madurez y lucidez, para contribuir también a:

… enseñarle a mi pueblo a distinguir entre lo sagrado y lo profano,
y mostrarle como diferenciar entre lo puro y lo impuro.

Ezequiel 44:23 NVI

7

de febrero

El aroma de la santidad

«ME GUSTAN los olores. Los buenos, claro está, de preferencia, pero me parece que aún los malos valen más que la ausencia total del olor. Los olores, como la música, tienen el poder, intenso y bien conocido, de evocar... Cada vez más, nos hemos convertido en una sociedad desodorizada. Nos han quitado los olores que Dios nos dio y que eran sostén de nuestra libertad»

JOHN CROSBY

El cristiano está llamado a ejercer una influencia positiva en la sociedad, algunas veces de forma impactante por medio de una palabra vehemente, denodada y poderosa, como cuando tenemos oportunidad de compartir con convicción nuestro testimonio personal de conversión y vida cristiana, si somos laicos; o en un inspirado sermón o enseñanza bíblica, si somos ministros. Pero generalmente, al margen de estas esporádicas ocasiones, esta influencia debe ser más bien sutil, imperceptible a primera vista, pero continua y perdurable, a semejanza de las violetas, flores que no son particularmente bellas al compararlas con otras mucho más bellas al lado de las cuales las primeras se ven deslucidas, no obstante lo cual es el aroma de las violetas el que a la postre termina imponiéndose sobre todos los demás. La importancia simbólica que los olores tienen en las Escrituras se aprecia en el hecho de que, de cierta forma, los llamados «sacrificios de olor fragante» en el ritual del Antiguo Testamento continúan vigentes en el Nuevo, no solo porque el sacrificio de Cristo tuvo estas características: «y lleven una vida de amor, así como Cristo nos amó y se entregó por nosotros como ofrenda y sacrificio fragante para Dios» (Efe. 5:2), sino principalmente porque Pablo afirma de manera implícita que todo acto de desprendida y amorosa generosidad hacia el prójimo por parte del creyente: «Es una ofrenda fragante, un sacrificio que Dios acepta con agrado» (Fil. 4:18). Es por ello que el creyente tiene la responsabilidad de esparcir poco a poco en su ámbito de influencia el inconfundible aroma evocador de un carácter santo que puede ser apreciado, para bien o para mal, sin necesidad de que medien las palabras (1 P. 3:1-2).

Sin embargo, gracias a Dios que en Cristo siempre nos lleva triunfantes y, por medio de nosotros, esparce por todas partes la fragancia de su conocimiento... somos el aroma de Cristo entre los que se salvan y los que se pierden...

2 Corintios 2:14-16 NVI

8

de febrero

Tiempo o eternidad

«EL TIEMPO no debe ser un factor de antigüedad... Los que definen la verdad por el calendario marchan en contra del que creó el tiempo... ¿Cómo puede el tiempo disputar con la eternidad?»

RAVI ZACHARIAS

El ser humano, inmerso en el tiempo, acostumbra valorar todo en proporción directa a su antigüedad y permanencia. No en vano la sabiduría clásica de los griegos mantiene vigencia y suscita todavía el respeto y la admiración de los más grandes pensadores contemporáneos. Y al margen de la fe, gran parte de la reverencia que despierta hoy la Biblia se debe a su gran antigüedad. Sin embargo, hay textos sagrados del Lejano Oriente (India) tanto o más antiguos que la Biblia y, de hecho, los budistas y otros seguidores de religiones orientales reclaman para ellas superioridad sobre el cristianismo argumentando su mayor antigüedad[6]. Pero ni la antigüedad ni la novedad son el criterio último de verdad, pues tampoco la ciencia moderna con sus recientes y deslumbrantes descubrimientos y avances puede arrogarse el monopolio de la verdad. La superioridad del cristianismo no radica, entonces, en su antigüedad, pues debemos recordar que Cristo no vino a existir al encarnarse como hombre en un determinado momento histórico, hace poco más de 2000 años (Jn. 1:14; Gál. 4:4), sino que es preexistente desde la eternidad (Miq. 5:2; Jn. 1:1-2; Col. 1:15-17; Heb. 1:1-3). La autoridad de Jesús no se fundamenta, pues, en el tiempo, sino en la eternidad, según lo afirmó Él mismo cuando dijo: «-Ciertamente les aseguro que, antes de que Abraham naciera, ¡yo soy!» (Jn. 8:58), en donde más que una defectuosa conjugación del verbo ser, Él se refiere a sí mismo con el nombre propio reservado solo para Dios en el Antiguo Testamento, según le fue revelado a Moisés en su momento (Éxo. 3:14), utilizando esta expresión en más de una ocasión en el mismo sentido para dejar claramente establecida su identidad divina sin referencia al tiempo (Jn 8:28; 13:19; 18:4-6; Apo. 1:8). Es por eso que el tiempo es irrelevante para justificar la autoridad final del evangelio, porque cuando Cristo hablaba, no hablaba la antigüedad; hablaba la indisputable eternidad con todo el peso y el tono urgente e imperativo que únicamente la eternidad puede tener:

Por eso les he dicho que morirán en sus pecados...
si no creen que yo soy el que afirmo ser...

Juan 8:24 NVI

9
de febrero

La actitud

«LA ACTITUD es más importante que el pasado, la educación, el dinero, las circunstancias, y lo que otros piensen, digan o hagan... todos los días estamos en posibilidad de elegir que actitud adoptaremos. No podemos cambiar nuestro pasado... modificar la conducta de quienes nos rodean... evitar lo inevitable. La única cuerda que podemos pulsar es la que tenemos a nuestro alcance, y esa es la actitud»

CHARLES SWINDOLL

«AL HOMBRE se le puede arrebatar todo salvo una cosa: *la última de las libertades humanas -la elección de la actitud personal ante un conjunto de circunstancias- para decidir su propio camino*»

VIKTOR E. FRANKL

El diccionario define la actitud como la situación de ánimo de alguien con respecto a sus circunstancias. En últimas, la actitud solo puede ser de dos tipos: Buena actitud cuando la persona elige sobreponerse a sus circunstancias no permitiendo que estas sean las que determinen de manera absoluta sus actos, su dignidad y su destino; o mala actitud cuando se rinde pasiva o activamente a ellas y deja que las mismas moldeen por completo su vida y sus reacciones, degradando su humanidad esencial. La disposición o actitud básica del hombre es buena y proviene de su naturaleza espiritual esencial: «... El espíritu está dispuesto...», pero infortunadamente en la existencia concreta bajo las actuales condiciones esta disposición básica del hombre termina rindiéndose a las inclinaciones de su naturaleza pecaminosa y a lo que le imponen las circunstancias en el mundo: «... pero el cuerpo es débil» (Mt. 26:41; Mr. 14:38). Y es debido a ello que a veces es justamente cuando somos sometidos a extremas situaciones límite en las cuales las circunstancias nos son notoria y abiertamente adversas, cuando descubrimos en el fondo de nuestro ser nuestra suprema y original disposición o «vocación» espiritual que se resiste a rendirse a las condiciones degradantes, indignas y decadentes de nuestro entorno. Y en este propósito Cristo ha demostrado ser a través de la historia el mejor catalizador para estimular y provocar en el hombre un cambio radical de su mala actitud y generar una disposición nueva en él que se sobreponga a las circunstancias más difíciles y contribuya de paso a transformarlas para bien.

Recuérdales a todos... Siempre deben estar dispuestos a hacer lo bueno.

Tito 3:1 NVI

El día de reposo

«EMPIEZO a comprender la razón de ser de la semana... es para descansar del aburrimiento del domingo»

MARK TWAIN

Mark Twain colocó en boca de Adán estas graciosas palabras en su pequeña obra El Diario de Adán y Eva. Pero al margen del buen humor, hay servicios cristianos dominicales tan aburridos que toma toda la semana descansar de ellos y/o también creyentes para quienes la asistencia dominical al templo es tan rutinaria y mecánica, que parece una carga pesada, tal vez la más pesada en su itinerario semanal. No deja, pues, de ser paradójico que justo el día designado por Dios como el «día de reposo»[7] suscite este tipo de reacciones en algunos creyentes. En efecto, la Biblia afirma que Dios descansó el séptimo día después de llevar a cabo durante los seis anteriores su obra de creación y que, además, lo bendijo y lo santificó (Gén. 2:2-3), brindando así un fundamento de peso al cuarto de los mandamientos (Éxo. 20:8-11). Es así como el pueblo de Israel, tanto como la Iglesia, han apartado tradicionalmente un día a la semana[8] para consagrarlo a Dios y honrarlo de manera comunitaria, como solo Él se lo merece. Pero al hacerlo así debemos recordar que el beneficio inmediato de este acto de obediencia al mandamiento no es para Dios ni mucho menos, sino que está diseñado para revertir en nosotros mismos. Somos nosotros quienes tenemos cada domingo con especialidad, no solo el deber, sino la oportunidad de congregarnos y entrar en su reposo descansando también de nuestras obras (Heb. 4:10). La exhortación bíblica sigue, entonces, vigente: «Cuidémonos, por tanto, no sea que aunque la promesa de entrar en su reposo sigue vigente, alguno de ustedes parezca quedarse atrás», puesto que: «En tal reposo entramos los que somos creyentes... Por eso Dios volvió a fijar un día, que es 'hoy'... Esforcémonos, pues, por entrar en ese reposo...» (Heb. 4:1-11 cf. 10:25). El domingo es por excelencia el anhelado día en que respondemos con entusiasmo la conocida invitación del Señor (Mt. 11:28-30), depositando nuestras cargas en la cruz con una actitud de absoluta confianza en Él, para así comprobar lo dicho por el profeta: «En descanso y en reposo seréis salvos; en quietud y en confianza será vuestra fortaleza» (Isa. 30:15 RVR). Después de todo:

El sábado [literalmente: el día de reposo] se hizo para el hombre,
y no el hombre para el sábado...

Marcos 1:27 NVI

11
de febrero

La luz y las sombras

«SENTADO en la solana del jardín repaso un libro. A mis pies duerme... mi amado perro *cocker*. Está soñando... Oye voces... y se despierta. En eso pasa una mariposa. Él... ve su sombra en el suelo y salta para perseguirla... Me mira avergonzado por su equivocación... Con una caricia le digo que no debe apenarse. Yo mismo me he pasado la vida persiguiendo sombras, y no me da vergüenza... porque hay luz hay sombras. Si dejamos de ver la sombra y alzamos la mirada tú veras tu mariposa y yo veré mi luz»

ARMANDO FUENTES AGUIRRE

Una sombra puede evocar realidades muy diferentes entre sí. Por una parte puede brindar abrigo, protección y refugio contra las inclemencias del tiempo y de la vida (Isa. 4:6; Eze. 17:23; Jon. 4:5-6); pero por otro puede representar situaciones de aflicción, angustia y desesperanza extrema, designadas en la Biblia con expresiones como «sombras tenebrosas» (Sal. 107:14), sugiriendo con ello la idea de tinieblas y ausencia de luz. Es evidente que no toda sombra confiere una protección segura y confiable puesto que muchas de ellas son engañosas a este efecto (Isa. 30:3; Eze. 31:12, 17), de donde adquiere su dosis de verdad el viejo refrán que dice: «El que a buen árbol se arrima, buena sombra lo cobija». En este contexto, el único «buen árbol» que produce «buena sombra» es Dios mismo: «El que habita al abrigo del Altísmo se acoge a la sombra del Todopoderoso» (Sal. 91:1; compárese también con Isa. 51:16; Ose. 14:7), pero para beneficiarnos de su sombra protectora es necesario acudir «bajo sus alas» (Sal. 17:8; 36:7; 57:1; 63:7; 91:4; Lc. 13:34). Por otra parte, cuando nos encontramos en una situación equiparable a las «sombras tenebrosas», no debemos olvidar que la misma sombra es consecuencia de la luz que brilla más allá y que solo puede ser obstaculizada de forma pasajera (Job 14:2; Sal. 144:4) porque «Esta luz resplandece en las tinieblas, y las tinieblas no han podido extinguirla» (Jn. 1:5). Por lo tanto es necesario que el creyente «camine por la sombra», pero no con el vano propósito de encubrirse ocultándose de la luz, puesto que: «No hay lugares oscuros ni sombras profundas que puedan esconder a los malhechores» (Job 34:22), sino con el fin de contar con la protección más eficaz de todas.

...el Señor es tu sombra protectora. De día el sol no te hará daño, ni la luna de noche...

Salmo 121:5-8 NVI

Revelación en el sufrimiento

«EL SUFRIMIENTO es el único origen de la conciencia»

FIODOR DOSTOYEVSKY

El sufrimiento es revelador. El teólogo Paul Tillich afirmaba taxativamente: «... la profundidad del sufrimiento, única puerta hacia la profundidad de la verdad», justificando esta afirmación en el hecho de que: «La luz de la verdad y la oscuridad del sufrimiento son, las dos, profundas». Es por esta razón que la máxima revelación de Dios al ser humano se da en el profundo sufrimiento de su Hijo Jesucristo en la cruz del calvario, pleno de significado. Porque únicamente en el sufrimiento se adquiere lacerante conciencia de nuestra frágil condición humana y nuestra indigencia existencial y se puede también llegar a comprender el amor, la solidaridad y la identificación divina con el ser humano que sufre, expresada a plenitud en la persona de Jesús de Nazaret, compartiendo no solo nuestra humana condición en virtud de la encarnación, sino también nuestro sufrimiento humano en grado superlativo en virtud de su pasión y muerte (Fil. 2:5-8; Heb. 2:14-18; 4:15). Bonhoeffer, con conocimiento de causa, expresó de la manera más incisiva y breve la solidaridad de Dios con el ser humano en el sufrimiento: «El hombre está llamado a sufrir con Dios en el sufrimiento que el mundo sin Dios inflige a Dios». Por eso, la verdad más reveladora de la cual se adquiere conciencia en medio del sufrimiento es la realidad de Dios. Más exactamente: «En las experiencias límite de sufrimiento el ser humano toca fondo y se da cuenta de que el horror más grande de esas profundidades es la ausencia de Dios... Esta es la razón por la que, en situaciones extremas de la vida, la palabra 'Dios' viene a los labios, incluso en aquellos que nunca la han usado seriamente con anterioridad... Se clama por lo que no se tiene y presente se debería tener. La ausencia de Dios es su presencia» (Ropero). La Biblia es concluyente en cuanto a los beneficios que el sufrimiento aporta: aprender a obedecer a Dios (Heb. 5:8), y el perfeccionamiento creciente y definitivo del creyente (Heb. 2:10). Por eso el clamor existencial por excelencia, cuya positiva respuesta divina está garantizada de forma anticipada por Dios, es el que surge desde la profundidad del sufrimiento:

A ti, Señor, elevo mi clamor desde las profundidades del abismo.

Salmo 130:1 NVI

13
de febrero

La dignidad del hombre

«Cuando hablo en público sobre el tamaño y la edad del universo, nunca falta quien me diga que semejantes magnitudes lo hacen sentirse realmente insignificante, a lo que contesto: 'Al contrario: cuanto más grande e impersonal es el universo, más importantes somos nosotros, porque tanto espacio vacío necesita algo significativo que lo llene'. Ya superamos la creencia de que la humanidad se encuentra en el centro físico del universo, pero debemos volver a creer que está en el centro de su significado»

Alan Dressler

El relato de la creación registrado en el Génesis revela que el ser humano fue el punto culminante de la creación material de Dios y que además fue creado con sentido y propósito: «y dijo: «Hagamos al ser humano a nuestra imagen y semejanza. Que tenga dominio sobre los peces del mar, y sobre las aves del cielo; sobre los animales domésticos, sobre toda la tierra… Y Dios creó al ser humano a su imagen; lo creó a imagen de Dios. Hombre y mujer los creó, y los bendijo con estas palabras: «Sean fructíferos y multiplíquense; llenen la tierra y sométanla…» (Gén. 1:26-28). Como colofón, el Génesis expresa, además, el juicio de valor emitido por Dios sobre su obra terminada: «Dios miró todo lo que había hecho, y consideró que era muy bueno» (Gén. 1:31), incluyendo, por supuesto, la belleza que caracteriza la creación de Dios: «Dios hizo todo hermoso en su momento…» (Ecl. 3:11). De esto se deduce que el ser humano no es de ninguna manera insignificante desde la óptica de Dios, a pesar de la impresión y el vértigo que pueda causar en nuestra mente la inmensidad y majestuosidad insondable y abrumadora del universo que nos rodea y el constraste de infinita pequeñez física que el ser humano ofrece al ser comparado con aquel. El rey David al reflexionar e inquirir sobre nuestra aparente insignificancia hizo, bajo la inspiración divina, las siguientes afirmaciones maravillosas en relación con el valor y la dignidad humanas:

Cuando contemplo tus cielos, obra de tus dedos, la luna y las estrellas que
allí fijaste, me pregunto: '¿Qué es el hombre, para que en él pienses?
¿Qué es el ser humano, para que lo tomes en cuenta?' Pues lo hiciste poco
menos que un dios, y lo coronaste de gloria y de honra; lo entronizaste sobre
la obra de tus manos, ¡todo lo sometiste a su dominio!... ¡Oh Señor,
soberano nuestro, ¡qué imponente es tu nombre en toda la tierra!.

Salmo 8:3-6, 9 NVI

14

de febrero

Medio y mensaje

«EL MEDIO es el mensaje»

MARSHALL McLUHAN

En la comunicación suelen identificarse los siguientes elementos básicos: emisor, receptor, medio y mensaje. No es, entonces, posible la comunicación si falta alguno de ellos. Pero la interdependencia entre medio y mensaje suele ser tal, que habría que estar de acuerdo con McLuhan, puesto que la eficacia e inteligibilidad del mensaje depende siempre de contar con un medio óptimo para su transmisión. Es, pues, posible no identificar un mensaje como tal, si el medio no es el apropiado; pero lo que no es posible es identificar un mensaje con claridad sin contar con un medio idóneo para ello y sin atribuirlo también a algún emisor inteligente que se haya tomado el trabajo de elaborarlo. La Biblia es por excelencia el más elevado, preciso y acabado mensaje de Dios a los hombres, no obstante lo cual no es el único medio por el cual Él se comunica con nosotros. La naturaleza, -o más específicamente la vida que ella contiene-, es otro medio óptimo por el cual Dios testifica de sí mismo a la humanidad (Sal. 8:3-9; 19:1-4; 104:10-30; Isa. 45:18; Rom. 1:19-20). En efecto, la vida contiene un mensaje divino tan claro que, hoy por hoy, no se puede apreciar la vida en toda su magnitud si no es identificando y adquiriendo conciencia del mensaje inherente a ella. Este mensaje es el código genético o ADN[9], respecto del cual el periodista de ciencia Fred Heeren dijo que el «... desciframiento del código del ADN... ¡debería ser el encabezado de todos los noticieros de cada noche, mientras los científicos no averigüen de donde proviene el mensaje» refiriéndose a él como una «clara marca de inteligencia». Por lo anterior, declaraciones de este estilo: «Para nuestras vidas carece de importancia si Dios es el mensaje, si escribió el mensaje, o si el mensaje se escribió por sí mismo... De modo que tenemos un mensaje sin remitente» (Pagels) solo muestran las absurdas y manifiestas contradicciones, -rayando en el ridículo-, en que caen los que quieren negar a como dé lugar a un Dios creador y sustentador de la vida. Sin embargo, por grandioso que pueda ser, el código del ADN no iguala al evangelio en el cual Cristo es al mismo tiempo medio y mensaje (Col. 1:27; 2:2-3).

> *En él [Cristo]... ustedes, cuando oyeron el mensaje de... el evangelio...*
> *y lo creyeron, fueron marcados con el sello que es el Espíritu Santo.*
> *Este garantiza nuestra herencia hasta que llegue la redención final.*

EFESIOS 1:13-14 NVI

15
de febrero

La confianza

«Tan malo es confiar en todos como no confiar en nadie»

Séneca

«Es mejor que nos engañen de tanto en tanto que vivir eternamente recelosos»

B. C. Forbes

Términos como «fe» y «creer» han sido víctimas de un evidente desgaste a causa de su uso y abuso, quedando reducidos a un simple asentimiento intelectual a un cuerpo de doctrinas y nada más. Pero la fe implica confiar. De hecho, la confianza es un valor fundamental en estos aciagos tiempos. Necesitamos confiar, aún a riesgo de ver traicionada nuestra confianza. Si bien esto último es, sin lugar a dudas, una experiencia dolorosa; la sombría alternativa a la que se ve abocado quien opta por no confiar en nada ni en nadie es mucho peor. Una vida en doloroso, amargado, solitario y egocéntrico aislamiento. Un anticipo del infierno. La actitud ideal al respecto se nos revela a través de las siguientes recomendaciones bíblicas: Primero que todo, ninguna criatura en uso de facultades personales es digna de una confianza absoluta (Job 4:18; Sal. 146:3-4), incluyendo la confianza desbordada que algunos hombres manifiestan en sí mismos en una censurable actitud de autonomía humanista (Pr. 28:26; Jer. 17:5, 9). En consecuencia, no parece sabio confiar tampoco de manera absoluta en nada de orden humano, ni en ninguna cosa de este mundo, en vista de su carácter contingente, efímero y voluble. Es necio, por lo tanto, confiar en las riquezas (Pr. 11:28; Mr. 10:24), en los ídolos (Sal. 115:8; Isa. 42:17), y en los poderes humanos (2 R. 18:21; Sal. 20:7; 118:8-9; Isa. 31:1). A este respecto lo único que cabe en el mejor de los casos es una confianza relativa que asume de manera consciente e inevitable algún grado de riesgo necesario, pues no podemos tampoco olvidar que Dios puede servirse a voluntad de hombres, gobiernos o instituciones para el cumplimiento de sus propósitos soberanos justificando en nuestra vida, hasta cierto punto, la confianza en las personas, en las instituciones humanas y en nosotros mismos, pero siempre de tal modo que si nuestra confianza relativa en todos o en alguno de ellos se ve de alguna manera defraudada, nuestra confianza absoluta en el Dios que no nos defrauda nunca, nos mantendrá en pie a pesar de todo.

Confía en el Señor y haz el bien... confía en él, y él actuará.

Salmo 37:3-5 NVI

16
de febrero

Letra y espíritu

«ALLÍ donde hay espíritu, y no mera letra de la ley, hay siempre riesgo»

PAUL TILLICH

Los creyentes espiritualistas, los que privilegian al Espíritu por sobre la letra, por oposición a los literalistas que hacen lo contrario; se equivocan y asumen riesgos innecesarios al pretender resaltar la obra del Espíritu en perjuicio de la letra escrita en la Biblia y reclamar así una peligrosa libertad respecto del mandamiento escrito de Dios. Las iglesias pentecostales son especialmente vulnerables a ello, pero sus excesos no son algo exclusivo de hoy. En la Iglesia Primitiva la iglesia de Corinto se anticipó en buena medida al pentecostalismo actual, -y no olvidemos que esta fue una de las iglesias más reprendidas por Pablo por sus excesos de todo tipo-, cuyo ejemplo fue seguido poco más de un siglo después por la secta cristiana de «los montanistas» que si bien comenzó a protestar en buena hora contra el creciente formalismo y mundanalidad de la iglesia oficial; al hacerlo terminó promoviendo los excesos y el desorden típico de los espiritualistas. Del mismo modo, también durante la época de la Reforma abundaron, al lado de las iglesias luteranas, calvinistas y anglicanas; sectas iluministas y milenaristas que, en nombre del Espíritu, impulsaron a sus miembros a la anarquía y la violencia para derribar el orden vigente, tanto en la Iglesia como en el Estado, pues presuntamente este orden era del diablo, y al hacerlo pasaron por alto de manera olímpica pasajes bíblicos fundamentales al respecto (Mt. 22:21; 26:52; Rom. 13:1-2). Los espiritualistas suelen ser unos románticos perdidos y empedernidos que subrayan tanto el sentimiento exaltado, las emociones desbordadas y la experiencia mística de corte sobrenatural y milagroso que se les olvida pensar y confrontar estas experiencias con la Palabra de Dios en la Biblia para ver si son legítimas y si provienen realmente del Espíritu Santo de Dios y no de su propia mente febril e incluso de los demonios. Y cuando las supuestas revelaciones que el Espíritu Santo presumiblemente les da de manera directa a estos personajes, contradicen lo escrito en la Biblia, ellos prefieren darle crédito a su revelación particular y no a la Biblia. Solo teniendo en cuenta estas salvedades se puede entender lo dicho por el apóstol:

Él nos ha capacitado para ser servidores de un nuevo pacto, no el de la letra sino el del Espíritu; porque la letra mata, pero el Espíritu da vida.

2 Corintios 3:6 NVI

17
de febrero

La sabiduría de la edad

«No HE encontrado entre la vida de Oriente y la de Occidente más diferencia absoluta que la del concepto de la edad. Una de las primeras preguntas que se hacen en China en una visita oficial es: '¿Cuál es su gloriosa edad?'. Si el interlocutor manifiesta... tener 23 o 28 años, el otro lo consolará con el argumento de que... algún día llegará a ser anciano. El entusiasmo crece en relación con la edad, y si esta sobrepasa los 50, la persona que interrogó baja humildemente la voz en señal de respeto. Allí la gente espera anhelante la celebración de su quincuagésimo primer cumpleaños»

LIN YUTANG

Es lamentable verificar este contraste entre Oriente y Occidente, no solo porque ha llevado a que en este último no se respete y honre a los viejos como debiera hacerse; sino porque, paradójicamente, el cristianismo imperante en Occidente heredó de los judíos su alto aprecio por la edad. En efecto, los líderes de Israel eran los ancianos del pueblo y posteriormente la iglesia cristiana designó a sus propios líderes con el título formal de «ancianos» o presbíteros, –aun cuando no lo fueran tanto en años–, como un reconocimiento a la sabiduría y dignidad usualmente adquiridas con la experiencia de los años, que debería reflejarse en los dirigentes de la iglesia con independencia de su edad. Esta convicción ha dado origen incluso a refranes populares como aquel que dice: «Más sabe el diablo por viejo que por diablo». En la cultura judía el disfrutar de una larga vida siempre ha sido considerado como una señal de la bendición de Dios, pero hay que precisar que las canas no constituyen honra ni ventaja alguna si no «se obtienen en el camino de la justicia» (Pr. 16:31). Solo así se podrá dar el caso por el cual «la edad y la astucia pueden vencer a la juventud y al entusiasmo» ya que, como lo expresó Richard Needham, «es más fácil tener el vigor de la juventud cuando se es viejo que la sabiduría de la edad cuando se es joven». El valor de la longevidad radica entonces en la sabiduría que otorga, como lo comprendió Diógenes cuando dijo que «la sabiduría sirve de freno a la juventud, de consuelo a los viejos, de riqueza a los pobres y de ornato a los ricos». Finalmente, con todo y lo difícil que puede ser obtener de joven la sabiduría de la vejez, para el que hace de la Biblia su norma de vida, este propósito es plenamente alcanzable:

Tengo más entendimiento que los ancianos porque obedezco tus preceptos.

Salmo 119:100 NVI

18
de febrero

Lo urgente y lo importante

«EL VALOR más urgente… prevalece sobre el valor superior… sobrevivir es más importante que vivir mejor»

HANS KÜNG

Lo urgente y lo importante son conceptos relacionados pero diferentes que suelen confundirse con frecuencia para nuestro propio perjuicio. Dicho de manera sencilla: lo urgente no siempre es lo importante, pero lo importante siempre será urgente. El problema es que el hombre de hoy marcha a un ritmo frenético, resolviendo urgencia tras urgencia, engañosamente convencido de que lo urgente es siempre lo importante. La Biblia brinda criterios éticos para que podamos distinguir adecuadamente lo urgente de lo que es verdaderamente importante, enfocando convenientemente ambos asuntos mediante una actitud bien balanceada que no privilegie a uno en detrimento del otro, pues tanto lo urgente como lo importante tienen su lugar en la vida cristiana y ambos son prioridades que, como tales, no se pueden descuidar. Es así como podríamos establecer un orden por el cual Dios tiene prioridad sobre la vida y la vida tiene prioridad sobre la calidad de la vida, sin que estos tres sean incompatibles entre sí o mutuamente excluyentes. Por el contrario, Dios es el principal promotor, no solo de la vida a secas, sino de la calidad de vida. Sin embargo, lo más importante en este esquema es Dios y no la vida o la calidad de la misma. Cuando exista un excepcional conflicto de intereses entre ellos, Dios tiene la prioridad y si para honrarlo como es debido hay que sacrificar calidad de vida o aún la vida misma, pues debe hacerse así (Dn. 3:16-18). Lo importante en estos casos es al mismo tiempo lo urgente. Pero cuando no exista un conflicto de intereses entre Dios, vida y calidad de vida (la generalidad de las veces), lo importante cede paso a lo urgente. Garantizar la vida puede ser, por ejemplo, lo urgente en un momento dado, pues sin vida no se puede obtener calidad de vida, ni tampoco honrar a Dios como corresponde (Sal. 6:4-5; 115:17-18). En esta línea Cristo nos reveló que lo urgente y lo importante convergen en aquellas acciones legítimas para las cuales no se tiene más que una oportunidad (Dt. 15:11; Mt. 26:10-11, Mr. 14:6-7; Lc. 10:41-42; Jn. 12:7-8), haciendo una declaración que bien podría aplicarse al equilibrio que debemos guardar entre lo urgente y lo importante:

Debían haber practicado esto sin descuidar aquello.

Mateo 23:23 NVI

19
de febrero

Justificarnos por comparación

«No IMPORTA el error que encuentres en otro ni cuanto lo culpes, eso no
te cambiará. Lo único que hace... es quitar el foco de atención cuando
buscas razones externas para explicar tu desdicha o frustración. Tal vez
triunfes al hacer que otro se sienta culpable... pero no vas a triunfar al
tratar de cambiar cualquier cosa que te haga infeliz»

WAYNE DYER

Dice la sabiduría popular que las comparaciones son odiosas. A pesar de ello, tenemos una tendencia natural a compararnos con los demás, con la esperanza de salir mejor librados que aquellos con quienes nos comparamos, imaginando ingenuamente que tal vez así podremos desviar la atención de Dios de nosotros mismos para dirigirla al otro. Somos como los niños pequeños que, al ser sorprendidos comiendo las galletas de lo alto del estante, señalan y culpan al que sostiene en sus manos el recipiente que las contiene, olvidando que los restos de galleta en sus propios rostros los delatan. Pero el hecho es que Dios no se deja enredar en estos necios e infantiles sofismas de distracción urdidos por el ser humano para tratar de justificarse. Él no evalúa por comparación, curvas ni promedios, pues de este modo tendría que nivelar a la humanidad por lo bajo; sino que más bien establece, de manera consecuente con su propio carácter, la norma absoluta y superlativa a la luz de la cual debemos evaluarnos si queremos ser merecedores de su aprobación y favor: perfección: «Por tanto, sean perfectos, así como su Padre celestial es perfecto» (Mt. 5:48) o santidad: ««Sean santos, porque yo, el SEÑOR su Dios, soy santo» (Lv. 19:2, Heb. 12:14). Si somos honestos tendremos que admitir nuestra impotencia para lograrlo puesto que «errar es humano» y «nadie es perfecto». A la vista de esto las comparaciones terminan siendo algo fútil e inoficioso y la única alternativa real y viable es dejarlas de lado para colocar nuestra confianza en el único que cumplió la norma: Jesús de Nazaret, el único ser humano que nunca cometió ningún pecado (2 Cor. 5:21; Heb. 4:15; 1 P. 1:19), y el único que puede, por lo mismo, perfeccionarnos ante el Padre (Col. 1:28; Heb. 10:14). He aquí, pues, el fundamento para la conocida admonición de los evangelios dirigida en especial a los que son dados a la comparación para justificarse ante Dios:

¿Por qué te fijas en la astilla que tiene tu hermano en el ojo,
y no le das importancia a la viga... en el tuyo?

Mateo 7:3 NVI

20
de febrero

La alegría de vivir

«La vida es demasiado importante como para ser tomada en serio»

Mark Twain

La actitud solemne, ceremonial, respetuosa y reverente tiene su momento oportuno y su lugar adecuado en la vida cristiana (Ecl. 3:1). Pero esto no significa que la gravedad de semblante y el rígido acartonamiento deba ser la tónica en el creyente (Isa. 58:5; Mt. 6:16). Por el contrario, la Biblia fomenta en el cristiano la actitud festiva y alegre, el buen humor, la espontaneidad, la autenticidad, el desenfadado disfrute de las cosas sencillas y cotidianas que no tienen precio, el deleite y el placer sano y responsable en la vida, sin que todo esto llegue a confundirse equivocadamente con el hedonismo[10], la relajación, las costumbres disolutas y la laxitud libertina e irresponsable de los que asumen el conocido lema: «¡Comamos y bebamos, que mañana moriremos!» (Isa. 22:13; 1 Cor. 15:32; Gál. 5:13), presumiendo que esta vida es todo lo que podemos esperar, caso en el cual sí se justificaría de sobra esta actitud, pues el mismo apóstol Pablo admitió, en gracia de discusión que: «Si la esperanza que tenemos en Cristo fuera solo para esta vida, seríamos los más desdichados de todos los mortales» (1 Cor. 15:19). Con todo, la revelación hecha por Cristo de la vida incorruptible (2 Tim. 1:10), no suprime la sana alegría de esta vida. El libro de Eclesiastés abunda en recomendaciones al respecto, basado en la imposibilidad de seguir participando por lo pronto de esta vida una vez que hayamos hecho el tránsito a la otra (Ecl. 9:4-10; Sal. 6:4-5; 115:17-18). Y a pesar de que no tengamos menciones detalladas de ello, todo el que lea con atención los evangelios estará de acuerdo en que a Jesucristo no le faltó un fino sentido del humor, además de rebosar alegría vital a pesar de la seriedad de su vocación. El escritor Luciano Jaramillo lo señala en su libro Un tal Jesús, dedicando un capítulo a este rasgo de la personalidad del Señor en el cual consigna, entre otras, afirmaciones como esta: «… Cometemos un error cuando para presentar a un Jesús serio y trascendente le negamos sus cualidades de personaje alegre, que contagiaba de alegría a sus oyentes». Por eso Salomón nos da el siguiente consejo sabio:

Alégrate, joven, en tu juventud; deja que tu corazón disfrute de la adolescencia. Sigue los impulsos de tu corazón y responde al estímulo de tus ojos, pero toma en cuenta que Dios te juzgará por todo esto…

Eclesiastés 11:9-12:1 NVI

21
de febrero

La alabanza hace la diferencia

«CUANDO yo era casi un adolescente, mi maestra,... me pidió que corriera a hacerle una diligencia... a la iglesia... Allí, me sorprendió oír una voz de hombre... que entonaba en latín una misa mayor. Cantaba con tal fuerza y devoción, que me detuve en seco. No había nadie... pero aquella voz de barítono lo llenaba todo. No pude reprimir la curiosidad y subí... pisando con cuidado para que la madera... no rechinara. De pie junto al asiento del organista, solo... estaba un hombre... de edad madura, que cantaba con los ojos cerrados... El piso crujió bajo mis pies, y él volvió el rostro con sobresalto. -¿Es usted el nuevo sacerdote? -pregunté. -No -me respondió. -Solo sentí deseos de cantarle a Dios,... En el mundo están sucediendo cosas tan terribles -dijo al pasar junto a mí-, que pensé que una tonadilla podría alegrar al Señor. Se paró, se volvió hacia mí y, mostrándome las manos, añadió: -Todo está en su sitio. No he tocado nada. Se refería a los objetos que había en el coro, pero cuando se marchó, me quede pensando, lleno de emoción, en cuan equivocado estaba»

O. J.

Cuan equivocados estamos cuando pensamos que un canto sincero de alabanza a Dios «deja todo en su sitio» sin hacer ninguna diferencia. La música que se dirige a Dios dignifica al hombre, honrando el propósito para el cual hemos sido creados (Dt. 10:21; Isa. 43:21; Efe. 1:12), y es especialmente meritoria cuando se ofrece en circunstancias difíciles o adversas en las cuales nos cuesta trabajo encontrar motivos para agradecer a Dios, demandando de nosotros un sacrificio de la voluntad (Heb. 13:15). En la Biblia encontramos varios casos que ilustran cómo la música dirigida a Dios con un corazón humilde y sincero, puede obrar cambios extraordinarios en las situaciones más disímiles y desventajosas. El rey Josafat ganó una de las batallas más desiguales en su contra sin siquiera combatir, mediante la alabanza (2 Cr. 20:21-22). David ahuyentaba a los demonios ejecutando música de alabanza en su arpa (1 S. 16:23); y Pablo y Silas fueron liberados del cepo y de la cárcel en Filipos, cuando entonaron canciones a Dios (Hc. 16:23-26). Por todo esto, podríamos ser gratamente sorprendidos por Dios al asumir la actitud que Pablo recomienda en sus epístolas.

... canten salmos, himnos y canciones espirituales a Dios,
con gratitud de corazón.

Colosenses 3:16 NVI

22
de febrero

La santidad de Dios

«Un Dios que trasciende el universo tiene que ser más que un artista de efectos especiales»

William A. Dembski

Uno de los atributos inherentes a Dios en toda perspectiva teísta[11] es la omnipotencia que se define así sencillamente: «... para Dios no hay nada imposible» (Lc. 1:37 cf. Gén. 18:14; Jer. 32:17, 27). Los milagros son, en consecuencia, una facultad divina que Él ejerce soberanamente en su creación. Sin embargo, la Biblia también nos dice que la identidad de Dios o la de sus profetas no queda automáticamente establecida por el hecho de que se verifique y confirme un episodio milagroso atribuible a Él, al margen de su magnitud, puesto que los demonios también pueden hacer milagros, imitando y plagiando a Dios en el proceso (Éxo. 7:11-12, 22; 8:7; Dt. 13:1-4; Mt. 24:24; 2 Cor. 11:14; 2 Tes. 2:9). De hecho las Escrituras nos revelan que existe algo esencial y exclusivo de Dios, más allá de su poder, que es lo que en últimas nos otorga un criterio confiable para asociar legítimamente un milagro o una persona con Él. Esto es lo que en teología se designa como «santidad» (Lv. 11:44-45; Sal. 99:3; Isa. 6:3; 12:6; 1 P. 1:16; Apo. 4:8), entendida en principio como la pureza, rectitud y justicia absolutas que caracterizan a Dios, pero haciendo al mismo tiempo la salvedad de que este es más bien un concepto derivado del significado primario del término que hace referencia directa a su trascendencia[12]. La santidad, más que la omnipotencia, es, pues, «la marca de fábrica» de Dios que lo distingue de los impostores. En la vida de Cristo la santidad fue algo más importante y revelador todavía que sus milagros. Todas sus acciones y conducta mostraban que no era un hombre ordinario. Él fue notoriamente diferente de todos los demás hombres. Los mismos demonios proclaman que él es «el santo de Dios» (Mr. 1:24). Indudablemente, sus milagros reflejaban su santidad produciendo una impresión extraordinaria en todos los que se acercaban a él; impresión caracterizada por la paradójica actitud de atracción y temor superlativo simultáneos que la fenomenología de la religión describe cuando el hombre es situado ante lo divino (Mr. 4:41; Lc. 5:8; 8:25). Porque definitivamente, un Dios que trasciende el universo tiene que ser más que un artista de efectos especiales.

Exalten al Señor nuestro Dios;
adórenlo ante el estrado de sus pies: ¡él es santo!

Salmo 99:5 NVI

23
de febrero

El toque de Dios

«Tocarnos constituye una necesidad fundamental... indispensable para nuestro crecimiento... Desde los mimos y las caricias entre la madre y el recién nacido... hasta el acto de estrecharse las manos que se da entre un hijo y su padre moribundo... el tacto es nuestro más íntimo y poderoso medio de comunicación. Miguel Ángel lo sabía: cuando pintó a Dios extendiendo una mano hacia Adán en el techo de la Capilla Sixtina, eligió el tacto para representar el don de la vida»

George Howe Colt

Es común que, para referirnos a una experiencia místico-espiritual que nos haya marcado y que haya llegado a constituirse en un hito en la línea continua de nuestra vida, utilicemos una declaración sencilla y gráfica como: *Dios me tocó.* Aunque no entendemos cómo opera, sabemos o por lo menos intuimos que el toque de Dios puede transformarnos. En la historia sagrada, como resultado del toque de Dios, Jacob se transformó en Israel y nunca más volvió a ser el mismo de antes (Gen. 32:25-28); Elías vio renovadas sus fuerzas y su ánimo cuando se sentía desfallecer por el peso de su ministerio (1 R. 19:5, 7-8); Isaías fue absuelto de culpa y limpiado de pecado, de tal modo que quedó facultado para ir como profeta al pueblo de Israel en el nombre de Dios (Isa. 6:7-10); Jeremías también recibió su ministerio profético mediante el toque divino (Jer. 1:9-10); Daniel fue llevado de manera consecutiva a incorporarse del sueño, a abandonar su silencio, y a ser fortalecido merced al reiterado toque de Dios (Dn. 10:10, 16, 18); y los discípulos fueron librados de su justificado temor ante la vista de la gloria de Cristo en la transfiguración (Mt. 17:7); todo esto por el sencillo y grandioso toque de Dios. Los evangelios dejan constancia de la multitud de oportunidades en que Cristo limpió, sanó enfermedades, devolvió la vista y el habla a ciegos y mudos y resucitó muertos con solo tocarlos. Pero lo mejor y más maravilloso de todo es que el Cristo resucitado sigue hoy manifestando su buena disposición y voluntad para tocarnos a todos los que nos acerquemos a él anhelando con humildad y arrepentimiento siquiera el contacto con el borde de su manto (Mr. 5:27; 6:56), o con la punta de su cetro (Est. 5:2), beneficiándonos de este gesto real de indulto y restauración inmerecida que nos limpia de nuestro pecado y nos habilita para permanecer ante él sin perecer en el intento.

Movido a compasión, Jesús... tocó al hombre, diciéndole:
Sí quiero. ¡Queda limpio!

Marcos 1:41 NVI

24
de febrero

Evolución o diseño inteligente

«LOS DARWINISTAS consideran la evolución como un hecho... les da una explicación satisfactoria de la pauta de relación que vincula a todos los seres vivos... para ellos la relación biológica *significa* relación evolutiva»

PHILLIP E. JOHNSON

La clasificación taxonómica[13] refleja similitudes entre los seres vivos que facilitan su clasificación y que podrían explicarse de diversas maneras. Las dos hipótesis que resumen el tema han sido el evolucionismo por una parte y el diseño por la otra. Corresponde a la ciencia establecer cual de las dos es la más plausible a la luz de los hechos y no propiamente suscribir a priori una de ellas para después tratar de demostrarla a como dé lugar manipulando y acomodando los hechos a la misma. Esto último es la gran equivocación del darwinismo que en las similitudes entre los seres vivos ha querido ver forzosamente una más bien dudosa genealogía común, dando por sentado de manera axiomática que todos los seres vivos tienen un ancestro común que supuestamente explicaría a satisfacción sus numerosas características comunes o semejantes que, no obstante su gran diversidad, permiten a la ciencia clasificarlos con exactitud. Pero la imposibilidad de demostrar lo anterior ha llevado a la ciencia a un callejón sin salida obligándola, pues, a considerar la hipótesis alterna del diseño, que brinda soporte a la postura bíblica creacionista que afirma la intervención de Dios creando directamente cada una de las especies conocidas conforme a un diseño o plan general que explicaría las similitudes apreciables entre ellas[14]. Ya lo dijo el biólogo y pastor A. Cruz: «el árbol de la evolución se ha convertido en un montón de ramas sueltas sin conexión entre sí... En lugar de un solo tronco inicial hay muchos distintos y sin relaciones evolutivas entre sí». La Biblia afirma que Dios creó a todo ser viviente «según su género, y... según su especie» (Gén. 1:21-25), estructura que el ser humano está en capacidad de ir descubriendo, reconociendo y clasificando, haciendo las asociaciones del caso (Gén. 6:19-20; 7:3; Lv. 11:1-23; Dt. 14:3-20), revelándonos tal vez uno de los propósitos por los cuales Dios delegó en el ser humano el dar nombre a los seres vivos[15], esto es que: «se necesita una causa inteligente para conocer una causa inteligente» (Dembski).

... Dios... formó de la tierra toda ave del cielo y todo animal del campo, y se los llevó al hombre para ver que nombre les pondría. El hombre les puso nombre a todos los seres vivos, y con ese nombre se les conoce.

GÉNESIS 2:19-20 NVI

25
de febrero

Los diferentes tipos de aflicción

«Primeramente hemos levantado la polvareda y luego nos quejamos de que no podemos ver»

George Berkeley

Cristo nos advirtió que la vida del creyente en este mundo no está exenta de aflicción (Jn. 16:33). Pero la Biblia también nos revela que la aflicción puede tener causas diferentes. En primer lugar, aquella que sobreviene por el hecho de vivir en un mundo indiferente a Dios e incluso antagónico y hostil a Cristo y a su iglesia, dentro de la cual encontramos todas las formas de persecución por motivos de conciencia (Jn. 15:18-20; 2 Tim. 3:12). En segundo lugar, –aunque muy ligada a la anterior, al punto de ser muy difícil diferenciarlas en casos concretos–, encontramos la aflicción como prueba de la fe (Sal. 17:3; 66:10-12; Jer. 9:7), atribuida a Dios considerando que, en última instancia, él debe al menos permitirla de algún modo (Job 1:12; 2:6), pero cuya responsabilidad recae de manera directa sobre Satanás y sus demonios y que tiene, no obstante, el potencial de fortalecer el carácter y la fidelidad del creyente, brindando ocasión para estrechar su relación con Dios y su confianza en Él, obteniendo finalmente beneficios insospechados que hacen que el sufrimiento asociado a ella no haya sido en vano. Estos fueron los casos clásicos de Abraham (Gén. 22:1-2) y Job, sin que ningún creyente esté exento de ninguna de las dos, como bien lo advierte el apóstol Pedro (1 P. 4:12-19), indicándonos cual es la mejor actitud para afrontarla y obtener todos los beneficios que de ella se pueden llegar a derivar (St. 1:2-4; Rom. 5:3-5; 1 P. 1:7; 2 Cor. 4:16-17). Por último tenemos la aflicción como disciplina divina, imputable a la misma persona atribulada, y que es similar a la que un padre responsable ejerce con su hijo (Dt. 8:5; Heb. 12:5-11), cuyo propósito es llevar a la persona al arrepentimiento y la corrección. Infortunadamente, el cristiano con frecuencia confunde esta última con alguna de las dos primeras y se niega a asumir su responsabilidad ante Dios reconociendo su falta, sino que, por el contrario, le reclama con vehemencia, prolongando innecesariamente su aflicción, ya que Dios no desistirá en su empeño de llamar a orden a sus hijos hasta que este cometido se cumpla. Y es en relación con estos casos que el rey Salomón escribió:

La necedad del hombre le hace perder el rumbo,
y para colmo se irrita contra el Señor.

Proverbios 19:3 NVI

26
de febrero

Asnos, caballos y Dios

«Dos cosas me admiran: la inteligencia de las bestias y la bestialidad de los hombres»

Tristan Bernard

La naturaleza es en la Biblia fuente de muchas útiles y gráficas ilustraciones para enseñar lecciones de vida al creyente. El Espíritu Santo nos conduce con mucha facilidad de la botánica y la zoología a la ética y la teología. Tomemos, por ejemplo, al caballo y al asno. El primero, con todo y sus elogiadas facultades características (Job 39:19-25), es símbolo de la hostilidad y el orgullo autosuficiente y ostentoso de los incrédulos en general y de un significativo número de creyentes. La caballería generaba una engañosa confianza entre los reyes de la antigüedad, incluyendo a los de Israel, siendo reprendidos por Dios y sufriendo aparatosas derrotas por esta causa (Dt. 17:16; 1 S. 8:11; 1 R. 10:26, 28-29; 2 Cr. 16:7-9; Isa. 31:1, 3). Por eso la dependencia y confianza del creyente debe tener siempre a Dios como término (Sal. 20:7-8; 33:16-17; 147:10-11), recordando que: «se alista el caballo para el día de la batalla, pero la victoria depende del Señor» (Pr. 21:31). El asno por su parte, contrario a su devaluada imagen popular, se halla asociado en los mejores términos a la tribu real de Judá y también a la de Isacar (Gén. 49:10-11, 14-15). Asimismo, Dios utilizó a una burra para reprender al profeta y hacerle ver su necedad (Nm. 22:21-33). Adicionalmente la iconografía clásica del nacimiento de Cristo ubica en el pesebre a un asno como testigo. Y aunque esto es muy probable, no deja se ser conjetural. Lo que si es seguro es que un asno estuvo con el Señor en los días previos a su muerte prestándole un importante servicio. La entrada triunfal de Cristo a Jerusalén en el domingo de Ramos fue en un asno, en notorio contraste y contravía con lo establecido y acostumbrado por los gobernantes de la época, marcando así distancias con ellos (Mt. 21:2-7; Mr. 11:2-7; Lc. 19:30-35; Jn. 12:14-15). El asno es, pues, un símbolo de la paz y del servicio humilde que debe caracterizar al creyente a imitación de su Señor. Por eso, antes de que Dios nos «tumbe del caballo» como a Pablo, debemos bajarnos nosotros mismo de él y ofrecerle nuestros lomos como honrosos asnos de carga para su causa. Porque ser la cabalgadura de Cristo es la honra más grande que ser humano alguno puede alcanzar en este mundo.

No seas como el mulo o el caballo, quo no tienen discernimiento, y cuyo brío hay que domar con brida y freno, para acercarlos a ti.

Salmo 32:9 NVI

27
de febrero

Alabados por Dios

«Se ha hecho tradicional en Praga que el festival anual de primavera se cierre con la ejecución de la *Novena Sinfonía* de Beethoven. En 1.963 la Filarmónica checa encargó a Zubin Mehta que la dirigiera en la Catedral de San Vito... Uno de los directores del festival le susurró a Mehta: '¿Le explicaron a usted que no habrá aplausos? Por tradición no está permitido aplaudir en la iglesia'... Cuando ya el conjunto orquestal entraba en el final... el director mismo sentía algo de la 'chispa divina' de alegría. Le hubiese agradado escuchar aplausos atronadores, pero al menos tenía la satisfacción de saber que había superado todos los obstáculos. Había triunfado. Mehta esperó a que el público abandonara la iglesia, entonces se dirigió al automóvil que le esperaba. Cuando el auto dobló la esquina frente a la catedral, le sorprendió un increíble espectáculo. Los 8.000 integrantes del auditorio, con el cuerpo diplomático y demás dignatarios, le estaban haciendo valla de honor a los lados de la calle. Comenzaron a aplaudir y a ovacionarlo... Mientras el coche atravesaba el puente, el conductor... observó algo insólito: las lágrimas rodaban por las mejillas de Mehta»

M. B. y R. Y.

Esta anécdota evoca el modo en que el autor Max Lucado encontró el título para uno de sus libros, llamado *Aplauso del cielo*. Dice Lucado que *la balanza se inclinó a favor de Aplauso del cielo cuando mi editora... leyó a algunos... ejecutivos... una porción del libro que describe nuestro viaje final a la ciudad de Dios. Leyó algunos... pensamientos... con respecto al anhelo de Dios de tener a sus hijos en casa... y hasta es posible que aplauda cuando entremos por sus puertas. Después... notó que uno de los hombres se secaba una lágrima. Explicó su emoción diciendo: 'Me resulta difícil imaginar a Dios aplaudiéndome'.* Pero ese es el mensaje de la Biblia. En efecto, cuando nuestros humildes y anónimos pero siempre significativos logros pasen desapercibidos y no sean apreciados en este mundo; en aquellas ocasiones en que anhelemos un aplauso que nos estimule en el desánimo, sin llegar a recibirlo; podemos estar seguros de que Dios no pasa por alto nuestros esfuerzos (Heb. 6:10-12; 10:32-39), y de que finalmente recibiremos el aplauso más anhelado por el hombre: el de Dios.

Entonces cada uno recibirá de Dios la alabanza que le corresponda.

1 Corintios 4:5 NVI

28

de febrero

Cristianismo integral o fanatismo parcial

«LOS ESFUERZOS por derrocar totalmente a la sociedad y reemplazarla por una nueva forma social cristiana fueron desarrollados vigorosamente por marginales religiosos... eran una parte indudable de la tradición cristiana... Pero les faltaba el equilibrio de la visión cristiana integral»

PAUL JOHNSON

El fanatismo puede estar a veces bien motivado y contener una dosis de verdad, pero adolece siempre de un fatal extremismo que echa a perder la pretendida validez que subyace en el fondo de sus posturas. Grupos fanáticos marginales como los descritos por Paul Johnson han existido a lo largo de la historia de la Iglesia. Y han sido mayormente sus énfasis extremos y desmedidos, concentrados en una parte o aspecto de la doctrina en detrimento del conjunto de la misma, los que los han descalificado de plano en la historia. No se trata de que no se puedan hacer ciertos énfasis particulares en ciertos aspectos de la doctrina cristiana que puedan ser más o menos pertinentes en un momento dado; sino de no ofuscarse y obnubilarse en el proceso, perdiendo de vista e ignorando el todo, es decir el trasfondo o el contexto doctrinal más amplio que da pie y brinda el apoyo necesario a estos énfasis específicos. Es así como, según lo expone el autor D. Silva-Silva, ignorar el contexto de un texto bíblico determinado puede terminar convirtiendo ese texto en un pretexto para los más disímiles y desmadrados fanatismos como los señalados por Johnson en relación con estos grupos: «Abrazaron la violencia, negaron la cultura, desvalorizaron la vida humana y adoptaron sistemas morales absolutamente arbitrarios e inestables» (Johnson). Ahora bien, desde la perspectiva cristiana bíblica no es correcto perseguirlos y silenciarlos por la fuerza para alinearlos así con la ortodoxia, de tal modo que es a la autoridad civil a quien corresponde controlar sus excesos y no a la Iglesia mediante extemporáneas, anacrónicas e igualmente fanáticas reediciones de movimientos inquisitoriales de nuevo cuño. Con todo, la Iglesia no puede permanecer tampoco en silencio ante estos brotes y debe señalarle con firmeza a estos cristianos[16] la necesidad de tomar en consideración todo el consejo o propósito de Dios (Hc. 20:27) y no solo una parte del mismo, pues la verdad es un concepto integral y no parcial. Ya lo dijo el rey David:

La suma de tus palabras es la verdad...

Salmo 119:160 NVI

29
de febrero

La excelencia

«Tengo cuidado de no confundir la excelencia con la perfección. Puedo aspirar a la excelencia; la perfección es asunto de Dios»

Michael J. Fox

El diccionario define la excelencia como la cualidad de aquello que tiene el grado más elevado entre los de su género, especialmente lo que sobresale en bondad, mérito y estimación. La excelencia desarrollada en grado absoluto es llamada perfección y, como bien se afirma arriba, este es un rasgo exclusivo de Dios. A los vanos intentos y pretensiones del hombre por alcanzar esta condición se le da el nombre de «perfeccionismo», pero el hecho es que la perfección es una meta imposible en esta vida, razón por la cual su fracasada búsqueda genera depresión y se constituye en una carga pesada para los que la promueven y los que los rodean, sobre todo en calidad de subordinados. Sin embargo, el apóstol Pablo nos dice que a pesar de ser un logro imposible en esta vida, hay que mantenerse en pos de él (Fil. 3:12-14), ya que en el proceso descubriremos y alcanzaremos la madurez y la excelencia, ambas metas que sí están al alcance de los seres humanos y en particular de los cristianos. Estos últimos deben caracterizarse por la excelencia en sus actividades, puesto que aunque todavía no seamos perfectos, sí podemos, con la gracia de Dios, irnos perfeccionando cada día más en aras de la excelencia. Por otra parte, el éxito es una consecuencia de la excelencia, aunque valga decir que este no es siempre bien recibido por aquellos que no están comprometidos con la excelencia, sino por el contrario, genera en ellos envidia debido, entre otros, a que pone en evidencia su propia mediocridad (Ecl. 4:4). Sea como fuere, la Biblia afirma que cuando el amor descrito en el capítulo 13 de primera de Corintios llegue a ser el motivo de nuestros actos, estaremos entonces recorriendo el camino de la excelencia (1 Cor. 12:31). Por último hay que señalar que Dios observa a sus hijos, los redimidos por la fe, pero no ve únicamente su condición actual, que puede ser mediocre, sino el potencial para la excelencia presente en ellos al irlos conformando gradualmente a su imagen, por su gracia (Efe. 4:13), puesto que Cristo es finalmente aquel que:

*... llegó a ser superior a los ángeles... el nombre que ha heredado
supera en excelencia al de ellos.*

Hebreos 1:4 NVI

de marzo

El pelagianismo

«ALÁ nunca cambiará la condición de una persona a menos que ella cambie por sí sola»

EL CORÁN

Es reconfortante y esperanzador verificar que existen sectores pensantes y progresistas en el islamismo que se oponen y condenan el integrismo fundamentalista musulmán que recurre sistemáticamente a la violencia para imponer sus ideas sobre los demás. Y lo es especialmente porque utilizan contra ellos las enseñanzas de su propio profeta Mahoma recogidas en su libro sagrado: el Corán. Sin embargo, en honor a la verdad y sin perjuicio de la capacidad de decisión y la consecuente responsabilidad que atañe a todos y cada uno de los seres humanos, revelada y subrayada abundantemente en la Biblia (llamada en teología «albedrío» o, de forma más inexacta y equívoca «libertad»); lo cierto es que es ingenuamente optimista pensar que las personas puedan cambiar por sí solas, sin la previa y decisiva intervención divina en lo que suele llamarse «gracia precedente» (Jn. 6:44, 65; 15:16). La impotencia humana a este respecto está igualmente documentada en las Escrituras (Jer. 13:23; Jn. 15:5; Rom. 8:7; 1 Cor. 2:14; 2 Cor. 3:4-6; Fil. 2:13), y pasar por alto esta contundente realidad es caer en una antigua herejía llamada «pelagianismo» que fue condenada unánimemente en su momento[17]. El pelagianismo sostiene, justamente, que el hombre posee las facultades necesarias para cambiar por sí mismo sin la intervención de Dios de modo tal que la gracia tan solo facilitaría el proceso, pero no sería estrictamente necesaria para tener éxito en el intento. Esto coloca el peso de la iniciativa en el ser humano y no en Dios, relegando a un ofensivo y secundario papel su participación en el proceso. Pero si hemos de honrar a Dios como corresponde la iniciativa siempre debe corresponderle a Él. Él es el primero y el último, el principio y el fin (Rom. 11:36; 1 Jn. 4:19; Apo. 1:8, 11; 2:8; 21:6; 22:13). Nuestra conversión es únicamente nuestra voluntaria respuesta a su iniciativa que accede humilde y finalmente a alinearse con su voluntad, con su resuelta intención de transformarnos para bien. Y debemos agradecer que sea así, pues solo de este modo el resultado final no dependerá de nuestras volubles voluntades, sino de esta firme convicción:

*Estoy convencido de esto: el que comenzó tan buena obra en ustedes
la irá perfeccionando hasta el día de Cristo Jesús.*

Filipenses 1:6 NVI

2
de marzo

La queja

«La queja... puede dar a la vida un aliciente que le haga soportable: en toda queja hay una dosis refinada de venganza»

Friedrich Nietzsche

Partiendo de la base de que la actitud quejumbrosa no es provechosa: *... pues el quejarse no les trae ningún provecho* (Heb. 13:17); hay que decir que las quejas pueden ser de dos tipos: justificadas o injustificadas. Aunque las circunstancias que dan lugar a la queja influyen en ello, no son necesariamente estas las que determinan si una queja es justificada o no. Lo que realmente determina el carácter de la queja es el objeto hacia el cual se dirige y ante quien se expresa. Las quejas de los hebreos ante el Faraón eran justificadas (Éxo. 5:15), porque este era el directo causante de lo que les sucedía y quién tenía también en sus manos aliviar el peso de su injusta condición; pero ninguna queja contra Dios estará nunca justificada, como pudieron comprobarlo los israelitas al quejarse del trato recibido de Dios (Núm. 11:1), provocando la justa indignación y censura divinas (Núm. 14:27; 17:5, 10). De cualquier modo, no se puede ignorar y hacer caso omiso de lo que sentimos, o mejor, del modo en que percibimos las condiciones y situaciones en que nos hallamos en un momento dado de nuestra vida y que suscitan muchas veces de forma inevitable la queja en nuestras almas: *Si acaso digo: 'Olvidaré mi queja, cambiaré de expresión, esbozaré una sonrisa', me queda el miedo de tanto sufrimiento...* (Job 9:27-28), pero antes de darle rienda suelta a manera de desahogo (Job 10:1), hay que considerar en primer lugar contra qué o quién va dirigida: Si es contra los hombres hay que evaluar con cabeza fría para ver si la razón nos asiste y si es así, formularla a aquel a quien le corresponde y atañe de manera directa (Mt. 18:15-17), e independientemente de la respuesta recibida, perdonar al causante de la situación en cuestión (Col. 3:13), y no seguir expresando las quejas con ánimo revanchista, para no ser juzgados por Dios (St. 5:9; Rom. 12:19). Si no es contra los hombres sino contra las circunstancias (Job 21:4), exponerlas en lo posible respetuosa pero sinceramente delante de Dios (Sal. 64:1), y confiar y esperar pacientemente, en oración, el alivio que solo Él puede proveer (Hab. 2:1).

Ante él expongo mis quejas; ante él expreso mis angustias.

Salmo 142:2 NVI

3

de marzo

Integralismo

«SEGUIMOS buscando con diligencia una teología integral. En ella, lo relativo no debe absolutizarse, ni lo absoluto relativizarse... La Iglesia Integral se sitúa en el centro, equidistante de interpretaciones extremas»

DARÍO SILVA-SILVA

En nuestro afán de hallar respuestas a las preguntas suscitadas en nuestro espíritu por la realidad que nos rodea, los seres humanos hemos tenido siempre la tendencia a asumir una perspectiva reducida de ella, abordándola desde un ángulo de visión demasiado estrecho para lograr proveer una explicación que le haga completa justicia. Y si bien es cierto que las ideas que así nos formamos no son necesariamente equivocadas, sí son cuando menos incompletas y entrañan el peligro de terminar explicando la totalidad de un fenómeno basándose solo en uno de sus aspectos constitutivos. Esto es lo que se designa como reduccionismo absolutista, porque toma un aspecto parcial y reducido de la realidad, cuyo valor explicativo es relativo, y termina absolutizándolo, desconociendo entre tanto la complejidad del fenómeno y la multitud de aspectos más o menos determinantes que entran en su conformación. Así sucede, por ejemplo, en la comprensión que el ser humano tiene de sí mismo. Es por eso que los científicos, en particular los que cultivan las ciencias de la naturaleza, al concentrar su atención en los aspectos físicos, químicos y meramente biológicos del ser humano, terminan omitiendo el alma y el espíritu e incurriendo en reduccionismo. Lo mismo sucede con los psicólogos cuando dirigen sus esfuerzos a los problemas del alma (psiquis) y omiten el cuerpo y el espíritu. E igualmente acontece con los consejeros y dirigentes religiosos al enfocarse en los problemas espirituales del hombre, prescindiendo con frecuencia del cuerpo y del alma. Lo que hoy se necesita es una colaboración interdisciinaria entre todas estas formas de acceso a los problemas existenciales de la humanidad, con miras a integrar las acertadas pero siempre parciales contribuciones que cada disciplina particular hace al entendimiento que el hombre tiene de sí mismo, evitando las interpretaciones extremas que caracterizan a cada una de ellas consideradas de forma aislada, y destacando en el proceso la revelación que Dios, el único Absoluto, hace en la Biblia sobre la naturaleza humana.

Que Dios mismo... conserve todo su ser
-espíritu, alma y cuerpo- irreprochable...

1 Tesalonicenses 5:23 NVI

4

de marzo

La representación de Adán

«ADÁN deja de ser aquel primer ancestro contra el que todos nos indignamos a causa de su pecado, para convertirse en el personaje que todos encarnamos»

ANTONIO SALAS

En conexión con el racionalismo y el naturalismo propios de la ciencia moderna así como el surgimiento del existencialismo; en el campo teológico ganó fuerza la creencia en que Adán, más que un personaje histórico como tal, es un personaje mítico o mitológico que simboliza nuestro trágico y universal drama existencial del pecado, al punto que podría decirse que «todos somos Adán» (Salas). Y aunque tal vez sea acertado afirmar que todos los seres humanos sin excepción encarnamos de algún modo a Adán, –dejando en buena hora sin fundamento la indignación que solemos sentir hacia él por el hecho de que su caída en pecado nos afecte de manera tan drástica y radical a todos sus descendientes y haciendo improcedentes nuestras protestas al respecto–; no podemos tampoco llegar a negarle su carácter histórico como el ancestro común de toda la humanidad, pues no es solo que nosotros hoy encarnemos a Adán, sino que antes de ello Adán también nos encarnó a nosotros. De hecho, la ortodoxia cristiana sostiene que Adán hace algo más que simplemente simbolizar a todos y cada uno de los seres humanos. Él nos representó a todos en el jardín del Edén de manera efectiva y perfecta como cabeza federal de la humanidad. Las referencias bíblicas a Adán posteriores al Génesis (1 Cr. 1:1; Job 15:7; 31:33; Ose. 6:7; Lc. 3:38, 1 Tim. 2:13-14, Jud. 14), no dan pie a la idea de que él es un mero símbolo, e interpretarlo de este modo únicamente para conciliar la Biblia con cuestionables teorías científicas o ideas filosóficas en boga es incurrir en una deficiente y condenable exégesis que en últimas pondría también en entredicho lo hecho por Cristo a nuestro favor, habida cuenta de los contrastantes paralelismos bíblicos entre Adán y Cristo (Rom. 5:12-19, 1 Cor. 15:45-49). Dio en el punto Sproul cuando, comentando Ezequiel 18:20: «… ningún hijo cargará con la culpa de su padre, ni ningún padre con la del hijo…», concluye: «El principio de Ezequiel permite dos excepciones: la Cruz y la Caída. De alguna manera no nos importa la excepción de la Cruz. Es la Caída la que nos irrita». Porque lo cierto es que, en lo que tiene que ver con los redimidos:

Así como en Adán todos mueren, también en Cristo
todos volverán a vivir.

1 Corintios 15:22 NVI

El don de la vida

«LA POETA estadounidense Maya Angelou recuerda que su abuela,... le decía... 'Escucha, hija, hay personas que anoche se fueron a dormir y ya no van a despertar. Esos muertos darían cualquier cosa con tal de poder disfrutar de este bendito calor o de trabajar la tierra, aunque solo fueran cinco minutos. Por eso, no te quejes. Si algo no te agrada, cámbialo, y si no está en tus manos hacerlo, cambia tu forma de verlo'»

-RANDOM HOUSE-

Se ha vuelto tan común la expresión «derecho a la vida» que hemos llegado a creer verdaderamente que la vida y todo lo bueno que ella conlleva, es un derecho inalienable que podemos exigir legítimamente en todos los frentes. En el prefacio a su hermosa canción, «Por la vida», compuesta en el marco de la primera «Marcha por la vida» en la Plaza Mayor de Madrid, en protesta por la despenalización del aborto; el pastor español Marcos Vidal, pianista, intérprete y compositor cristiano, afirma que *cada vez que oigo hablar del 'derecho a la vida' no puedo evitar pensar que, en realidad, la vida no es ningún derecho que hayamos adquirido. Lo que la hace tan única y preciosa es su carácter de regalo inmerecido. Nadie tiene el derecho de quitar la vida porque tampoco nadie se ganó nunca el derecho de adquirirla. Dios nos la dio porque él quiso. No la merecíamos.* El problema es que nos acostumbramos tanto a aquellos dones inmerecidos de los que disfrutamos únicamente debido a la misericordia y la gracia de Dios que los damos por sentados y ya ni siquiera los agradecemos, sino que los exigimos como derechos. Nos aferramos a la vida como si esta fuera un derecho que Dios en justicia nos debe, sin reparar en el hecho de que si Dios otorgara estricta justicia, todos los hombres moriríamos de manera sumaria e inmediata, porque esto es lo que en justicia merecemos (Gén. 2:17, Rom. 6:23). Por eso, para nuestro propio beneficio, haríamos bien en cambiar nuestra forma de ver este asunto y comenzar a agradecer siempre a Dios por su gracia y su misericordia al darnos la vida y, además de ello, por sostenerla y prolongarla en el tiempo lo suficiente para que podamos disfrutarla conscientemente de una manera responsable y agradable a Dios (Ecl. 9:4-10; 11:9), puesto que es un hecho que:

Por el gran amor del Señor no somos consumidos... cada mañana
se renuevan sus bondades; ¡muy grande es su fidelidad!

Lamentaciones 3:22-23 NVI ™

6
de marzo

La verdadera adoración

«Conocer a Dios es adorarle»

Martín Lutero

A despecho de la siempre aparente irreligiosidad y arreligiosidad de nuestros tiempos, tendríamos que estar de acuerdo en que: «Hay en la naturaleza del hombre, o en las circunstancias en que este se halla colocado, algo que le lleva a reconocer y adorar un ser superior» (anónimo). La disyuntiva no es, pues, adorar o no adorar, sino a qué o quién vamos a adorar (1 R. 18:21), independiente de que lo hagamos a conciencia en forma religiosa o de manera engañosamente inconsciente, al margen de la religión. El pacto establecido por Dios con su pueblo implica adorarlo y servirlo solo a Él en su condición de único Dios verdadero (2 R. 17:35-36; Mt. 4:10; Lc. 4:8; Jn. 4:21-24). Dios es celoso y demanda adoración exclusiva, pues nadie con algo de entendimiento podría negarle su legítimo y pleno derecho a recibir de nuestra parte el tributo y la gloria que le corresponde sin tener que compartirla con otros a su lado (Éxo. 20:4-5, 23; Isa. 42:8). La idolatría constituye entonces un extravío de la verdadera adoración, puesto que: «… sabemos que un ídolo no es absolutamente nada, y que hay un solo Dios…», sin embargo: «… no todos tienen conocimiento de esto» (1 Cor. 8:4-7). Pero más allá de que algunos ignoren algo que en términos normales debería ser de sentido común (Rom. 1:20-23), el mayor impedimento para la correcta adoración es no conocer a Dios, pues el que llega a conocerlo terminará postrado ante él en profunda adoración de manera gozosa, natural e inevitable. Lo adoramos en concreto por lo que Él es, tal como se nos ha revelado de modo concluyente en la persona y en la obra de Cristo, incluso sin tener en cuenta nuestras circunstancias personales, las cuales, cuando son favorables, conducen más a la alabanza que a la adoración, si bien ambas acciones no pueden separarse sino a lo sumo distinguirse. La alabanza puede, pues, fluctuar al ritmo de las circunstancias, pero no la adoración ya que: «Jesucristo es el mismo ayer y hoy y por los siglos» (Heb. 13:8; St. 1:17). En consecuencia: «quienes de verdad adoran son quienes mejor evangelizan en el acto mismo de adorar… la comunidad cristiana es primordialmente un cuerpo que adora. Tiene otras tareas, pero ninguna la supera en excelencia» (Ropero). Por eso:

… tributen al Señor la gloria que corresponde a su nombre…
adoren al Señor en su hermoso santuario.

1 Crónicas 16:29 NVI

7
de marzo

No afecta al misterio saber un poco de él

«Los POETAS dicen que la ciencia no valora la belleza de las estrellas... Pero yo también soy capaz de verlas y sentirlas en una noche limpia... mi imaginación se ensancha con la vastedad del firmamento; clavando los ojos en este carrusel, percibo luces que nacieron hace un millón de años. No afecta al misterio saber un poco de él»

RICHARD FEYNMAN

Patrick Morley decía que su mayor barrera para convertirse en cristiano era que pensaba que ya lo era, debido a que al conocer *un poco* acerca de Jesús, pensó que ya sabía *lo suficiente*. Concluye Morley esta reflexión diciendo que «*Algunas veces es mejor no saber nada que saber un poco. Un poco de conocimiento acerca de Dios puede ser peligroso para su salud eterna. Al menos cuando no sabe nada, no puede pretender saber más de lo que realmente sabe.* Frank Peretti se refirió en una de sus novelas a «las ambiciones de la vida adulta», aludiendo con ello al hecho de que cuando crecemos y adquirimos de la mano de la ciencia algunos conocimientos acerca del funcionamiento de las cosas que de niños nos asombraban y maravillaban con su misterio, dejamos entonces de maravillarnos con ellas. Esta actitud se manifiesta también en la manera en que solemos desechar las narraciones bíblicas que alguna vez nos impactaron, extraídas de la historia sagrada, por considerarlas como algo más que «historias para niños» demasiado rudimentarias y simples para nuestro «nuevo nivel de conocimiento». Max Lucado llama la atención a lo errado de esta actitud, afirmando que cuando hemos estudiado el Universo y estamos aprendiendo y comprendiendo su funcionamiento, *para algunos, la pérdida del misterio los llevó a perder la majestad. Mientras más sabemos, menos creemos... Saber cómo funciona no debería dejar de maravillarnos... Mientras más sabemos, más deberíamos maravillarnos. Es paradójico, pero mientras más sabemos, menos adoramos...* y termina diciendo con ironía: *No es de extrañarnos que no nos maravillemos. Ya lo sabemos todo.* La Biblia prevé esta actitud en el hombre cuando dice que *El conocimiento envanece... El que cree que sabe algo, todavía no sabe como debiera saber* (1 Cor. 8:1-2), anunciando las consecuencias de esta censurable actitud en estos términos:

Aunque afirmaban ser sabios, se volvieron necios.

Romanos 1:22 NVI

8
de marzo

Reforma y renovación

«Con frecuencia los reformadores fueron considerados innovadores por la iglesia católica apostólica romana, pero ellos refutaron tal acusación. Los innovadores habían sido los escolásticos medievales; mientras que los reformadores eran renovadores»

John W. Stott

En el campo de la ciencia la innovación es benéfica en la medida en que los descubrimientos se traducen en tecnología empleada de formas inéditas y cada vez más avanzadas para contribuir al mejoramiento de las condiciones de vida de las sociedades actuales y no pueden condenarse irreflexivamente. Pero en vista de que todo lo bueno puede llegar a desvirtuarse a través de aplicaciones o desarrollos éticamente cuestionables, las innovaciones tecnológicas deben evaluarse siempre con un adecuado criterio ético que las mantenga dentro del curso debido. Sin embargo, en el campo de la teología hay que ser cautos pues la innovación solo puede aplicarse al evangelio en cuanto a la forma y no en cuanto al fondo, que es siempre el mismo. Es decir que, si bien el «envoltorio» puede y debe en muchos casos cambiar adaptándose a los tiempos, el contenido debe ser igual al de siempre (actualismo teológico). El medio y aún el lenguaje pueden cambiar (transmodernismo), pero no el eterno mensaje (Silva-Silva). Visto así y sin perjuicio de las valiosas contribuciones al pensamiento y a la práctica cristiana que hay que reconocerles a los primeros escolásticos[18], la verdad es que el escolasticismo, con su énfasis en la razón, terminó haciendo muchas concesiones y avalando muchas de las innovaciones de los escolásticos en detrimento de la verdad revelada en la Biblia. Lo que los reformadores, pues, hicieron fue justamente reformar y renovar lo que el afán de innovación escolástico había acabado de deformar, formulando el lema de una eclessia semper reformanda, es decir, una iglesia en permanente reforma, pues «si la Reforma no se reforma, se deforma» (Silva-Silva). En conexión con ello el evangelio de Cristo surte para el creyente los recursos de la regeneración y la renovación (Tito 3:5). Ambas. Pues lo mismo que sucede a nivel institucional con una iglesia cerrada a una continua reforma, también sucede a nivel individual con el creyente. Esto es que si lo regenerado no se renueva (Sal. 51:10; Rom. 12:2; Efe. 4:23; Col. 3:10), entonces se degenera. Ya lo dijo el apóstol:

... aunque por fuera nos vamos desgastando,
por dentro nos vamos renovando día tras día.

2 Corintios 4:16 NVI

de marzo

Las perlas a los cerdos

«LAS GRANDES cosas exigen que no se hable de ellas o que se hable de ellas con grandeza»

FRIEDRICH NIETZSCHE

Gregorio de Nacianzo, uno de los tres padres de la iglesia conocidos como «Los grandes Capadocios» escribió lo siguiente: ... *no todos pueden filosofar acerca de Dios... El tema no es tan bajo y fácil. Y añado que no ha de discutirse ante toda audiencia, ni en todo tiempo, ni acerca de todos los puntos, sino solo en ciertas ocasiones, ante ciertas personas y dentro de ciertos límites.* Obviamente, Gregorio se refería de manera directa a las discusiones y controversias acerca de la doctrina de la Trinidad que se daban entre los teólogos trinitarios (llamados en ese entonces «católicos»)[19] y los teólogos arrianos en el siglo IV y que tenían lugar en todo tiempo y entre todas las personas[20]. Pero el principio que da pie a su afirmación no se aplica solamente a las grandes discusiones teológicas sino a toda conversación cotidiana que tenga como tema a Dios. Es decir que si se va a hablar de Dios (no digamos ya «hablar en el nombre de Dios»), es necesario hacerlo con «temor y temblor», es decir, con humilde reverencia. Consideración que todo cristiano está obligado a tomar en cuenta, puesto que en el cumplimiento de la Gran Comisión (Mt. 28:18-20), todo creyente tiene el deber de testificar de Cristo a los que no le conocen ni han oído de él (Hc. 1:8); pero sin olvidar que en esta labor la Biblia provee un criterio diferencial que está determinado por la actitud y el trasfondo del oyente. Es así como el apóstol Pablo adaptaba y modificaba su manera de transmitir el evangelio de acuerdo con las características de las personas a las que se dirigía: ... *Entre los judíos me volví judío... Entre los que viven bajo la ley me volví como los que están sometidos a ella... Entre los que no tienen la ley me volví como los que están sin ley... entre los débiles me hice débil... Me hice todo para todos, a fin de salvar a algunos por todos los medios posibles* (1 Cor. 9:19-22). De igual modo en la epístola de Judas se identifican tres tipos de personas cuya condición amerita un tratamiento diferente que corresponda a cada uno al compartirles el mensaje de salvación (Judas 22), y el propio Señor Jesucristo nos conmina en el sermón del monte a no hablar de nuestra fe con aquellos que no están dispuestos a tratarla con el debido respeto.

No den lo sagrado a los perros,... ni echen sus perlas a los cerdos...

Mateo 7:6 NVI

10

de marzo

El llamado

«Si no existe el llamado, no existe el sermón»

John A. Broadus

La Biblia utiliza el participio del verbo «llamar» (llamado), para referirse a la invitación que Dios formula a todos los seres humanos en general para que acudan con humildad y arrepentimiento a Cristo, creyendo y confiando sin reservas en Él y en su obra consumada en la cruz del Calvario para nuestra salvación y se comprometan así en el servicio de su causa (1 S. 3:5-8). El vehículo humano actual para formular este llamado divino suele ser la predicación (Rom. 10:14), sin que esto signifique que esté restringido tan solo a ella. Por eso desde los grandes avivamientos norteamericanos de los siglos XVIII y XIX un gran número de iglesias evangélicas ha incorporado en su liturgia «el llamado», … *que consiste en invitar a todos aquellos que no han nacido de nuevo a que experimenten la salvación y el arrepentimiento, repitiendo una oración a través de la cual reconocen sus pecados e invitan a Cristo a morar en sus corazones* (Beltrán Cely). Sin embargo, debe tenerse en cuenta que este recurso busca tan solo orientar al creyente potencial y no puede atribuírsele necesariamente efecto por sí mismo, a la manera del sacramento católico *ex opere, operato*; sino que sus efectos deben recibirse con «beneficio de inventario», pues la única evidencia externa, objetiva y visible de la auténtica conversión está descrita en la Biblia con estas breves palabras: *Así que por sus frutos los conocerán* (Mt. 8:20). De aquí que se distingan y entremezclen en teología el «llamado externo», instrumentado a través de la predicación y la evangelización de la iglesia, cuya eficacia no está garantizada en un cien por ciento; y el «llamado interno» formulado directamente por Dios al corazón del creyente, y cuyo resultado, -la voluntaria aceptación humilde que responde a este llamado por medio de la fe en Cristo y que nos califica para ser legítimamente llamados «hijos de Dios» (1 Jn. 3:1)-, es seguro en todos los casos en que se dé (Isa. 43:7; Jer. 20:7; Rom. 8:30). Se entiende así que muchos sean invitados a través del llamado externo de la Iglesia, pero pocos sean efectivamente escogidos mediante el llamado interno de Dios (Mt. 22:14). En cuanto a estos últimos:

Por eso yo… les ruego que vivan de una manera digna
del llamamiento que han recibido…

Efesios 4:1-6 NVI

11

de marzo

La humildad y la fe

«Yo CREO que entender a Dios no es una cuestión de inteligencia sino una cuestión de humildad»

PRABHUPADA

«EL SABIO moderno ha vuelto a encontrar el sentido de la humildad... puede agachar la cabeza y entrar en el templo de la fe».

JULIO J. VERTIZ

Albert Einstein, sabio por excelencia de nuestro siglo dijo que *El hombre solo es grande cuando está de rodillas,* queriendo expresar de este modo que la verdadera grandeza del ser humano reside en la actitud humilde ante Dios. Hay que reconocer que ser humilde en relación con los hombres, con todo y ser un mandamiento divino: *No hagan nada por egoísmo o vanidad; más bien, con humildad consideren a los demás como superiores a ustedes mismos* (Fil. 2:3), es difícil en muchos casos, ya que debido a los convencionalismos sociales tratar como superior a alguien que, de acuerdo con estos convencionalismos, es «inferior», no es siempre fácil. Pero ser humildes ante Dios es algo apenas natural y de simple sentido común en vista de nuestra manifiesta, indiscutible e infinita inferioridad ante él. Pretender relacionarnos con Dios en términos que no incluyan la humildad de nuestra parte es poco menos que locura y es una muestra evidente de altivez, soberbia y delirios de grandeza inadmisibles. Con todo, alguien decía con sarcasmo que, contra lo que muchos creen y a pesar de toda la evidencia en contrario, hay muchísimas personas que desean sinceramente servir a Dios... pero en calidad de asesores, es decir, de igual a igual, y no en condición de auténticos y humildes siervos. La Biblia contiene numerosas exhortaciones que nos instan a humillarnos ante Dios (Miq. 6:8), y nos comunica al mismo tiempo y por contraste las bendiciones y las lamentables consecuencias de obedecer o hacer caso omiso a este imperativo divino (Sal. 138:6; 147:6; Pr. 3:34; 11:2). Además, la Biblia también nos revela algunas promesas especiales de parte de Dios para los humildes, entre las cuales encontramos provisión (Sal. 22:26), dirección (Sal. 25:9), honra (Pr. 15:33), victoria (Sal. 149:4) y la presencia reanimadora y alentadora del mismo Dios (Isa. 57:15). Por todo esto, el apóstol Pedro es concluyente cuando dice:

Humíllense, pues, bajo la poderosa mano de Dios,
para que él los exalte a su debido tiempo.

1 Pedro 5:6 NVI

12

de marzo

Adiciones, supresiones y omisiones

«EL PREDICADOR de mente humilde evita las omisiones tanto como las adiciones… El agregar a la palabra de Dios fue el error de los fariseos, y el quitar de ella el de los saduceos. Jesús los criticó a ambos»

JOHN W. STOTT

La Biblia hace temibles advertencias a todo el que se atreva a agregar o a retirar algo de lo que está escrito en ella, cuyo contenido se encuentra ya cerrado y concluido con el libro del Apocalipsis del apóstol Juan, escrito cerca del año 90 d.C. (Dt. 4:2; Pr. 30:6; Apo. 22:18-19). Ya en su tiempo el Señor Jesús fustigó a los escribas y fariseos de la época por poner al mismo nivel y aún por encima de la Biblia las interpretaciones rabínicas de la misma, concediéndoles a estas un peso autoritativo igual o superior al de las Escrituras inspiradas y ya reconocidas como tales para ese entonces. Después de todo, esto era como proceder a agregar glosas a la revelación de Dios que, pretendiendo aclararla, en muchos casos lo que terminaban era invalidándola (Mt. 15:6). De forma similar los saduceos, -que solo consideraban inspirado y autoritativo al Pentateuco (los cinco primero libros de la Biblia)-, fueron reprendidos por el Señor por desconocer y no tomar en cuenta el resto de las Escrituras que conformaban el Antiguo Testamento (Mt. 22:29; Mr. 12:24). Y si bien hoy es casi seguro que ningún predicador osaría mutilar o agregar algo a las Sagradas Escrituras con carácter oficial, lo cierto es que a la hora de predicar muchos de ellos omiten de manera sutil o expresa y con mayor o menor grado de conciencia doctrinas fundamentales contenidas en la Biblia, ya sea porque no son de su agrado o porque no son del agrado de la congregación a la que se dirigen. Al mismo tiempo muchos de ellos enfatizan de tal modo los temas bíblicos de sus preferencias o de las de sus congregaciones, que se vuelven monotemáticos, especializándose en un aspecto específico de la revelación de Dios a tal punto que sus pronunciamientos sobre el particular llegan a constituirse virtualmente en adiciones a la Palabra de Dios que pueden llegar a tergiversar su auténtico sentido. Esto no es exclusivo de los predicadores sino también de muchos creyentes que únicamente toman en cuenta los temas bíblicos de sus predilecciones y no imitan ni escuchan al apóstol cuando declaró:

… no he vacilado en predicarles nada… sin vacilar
les he proclamado todo el propósito de Dios.

Hechos 20:20, 27 NVI

La conversión como experiencia

«EN LA VIDA real, los sucesos importantes no se anuncian. Las trompetas no suenan, ni se oye un redoble de tambores para avisarnos que vamos a conocer a la persona más importante de nuestra vida, o a leer lo más trascendental que hayamos leído, o a sostener la conversación más importante de todas,... Por lo general, algo que va a cambiar nuestra vida se convierte en un recuerdo antes de que nos impresione. No tenemos la oportunidad de emocionarnos por este tipo de cosas antes de tiempo»

EDITH SCHAEFFER

El ser humano tiene la tendencia a idealizar cualquier experiencia espiritual atribuyéndole tal carácter sobrenatural, que llega a imaginarla invariablemente como algo tan maravilloso, extraordinario y fuera de lo común, que impresionará sus sentidos y emociones de tal modo que a partir de ese momento se convertirá en el suceso más determinante y en el punto de referencia obligado para todas las acciones posteriores de su vida. Algunas de las conversiones de los más destacados hombres de Dios pueden haber tenido estas características. Pero la realidad es que las personas que tienen este tipo de experiencia inobjetable son una minoría, entre otras cosas, porque la validez de una conversión no está determinada por la experiencia en sí misma. La epístola de los Romanos nos habla de la sencillez que acompaña el acto de volvernos a Dios: «que si confiesas con tu boca que Jesús es el Señor, y crees en tu corazón que Dios lo levantó de entre los muertos, serás salvo» (Rom. 10:9-10). Toda emoción o vivencia sobrenatural en este acto constituye una ganancia adicional que no añade ni quita nada de lo esencial o necesario al mismo. Quien basa la validez de su encuentro con Dios en la intensidad de la experiencia en sí misma, se convertirá en un buscador de experiencias que revaliden su conversión inicial ya que, inevitablemente, los efectos emocionales de esta se irán atenuando con el tiempo y le harán sentirse inseguro y lleno de dudas acerca de su real condición espiritual. Pero la verdad es que el acto de conversión tiene en sí mismo valor eterno, aunque este solo puede apreciarse con el paso del tiempo al echar de cuando en cuando una mirada retrospectiva al mismo y evaluar el impacto favorable que ha tenido en nuestra vida.

Alaba alma mía al Señor; y no olvides ninguno de sus beneficios.

Salmo 103: 2 NVI

14

de marzo

La exclusividad e inclusividad cristiana

«CUANTO más exclusivamente reconozcamos a Jesucristo como nuestro Señor y lo proclamemos así, tanto más ampliamente se nos manifiesta la extensión del ámbito de su dominio»

DIETRICH BONHOEFFER

Reconocer a Cristo como único Señor es la forma correcta de responder a sus justificadas demandas de exclusividad (Dt. 4:35, 39; 5:6-7; 6:4; Hc. 4:12). Pero este reconocimiento exclusivo, lejos de restringir el ámbito de su dominio a los estrechos límites de la iglesia como institución, lo que hace más bien es ampliarlos para llevarnos a reconocer su dominio sobre el mundo y todo lo que existe. Paradójicamente, la exclusividad propia del cristianismo no excluye a ultranza a nadie de su círculo de influencia, sino que por el contrario, amplia este círculo para incluirlo todo dentro de él. Luis F. Cano Gutierrez lo ha expresado muy bien al afirmar que: «rechazamos a los teólogos que se creen poseedores exclusivos de la verdad, y aborrecemos a las iglesias que se creen únicas... Debemos rechazar la tendencia a reducir y no la de ampliar, no estar mirando hacia dentro para ver a quien quitar, sino hacia fuera, para ver quien falta» (Cano Gutierrez). Después de todo: «no ha habido teólogo en la Historia que no estuviera equivocado en algo» (íbid), a lo cual podría añadirse que no ha habido pensador pagano o incrédulo que no hubiera acertado en algo, lo cual lo coloca, aún a su pesar, bajo el dominio de la verdad, que no es otra que Cristo mismo (Jn. 14:6). Solemos citar con frecuencia Mateo 12:30: «El que no está de mi parte, está contra mi...» para excluir, pasando por alto el elemento de inclusividad que podemos encontrar en él en las versiones de Marcos y Lucas: «El que no está contra nosotros está a favor de nosotros» (Mr. 9:40; cf. Lc. 9:50). Es decir que, al margen de que profesen o no el cristianismo, todos los que de algún modo defienden, promueven e incluso sufren por la justicia, el derecho, la verdad, la libertad, la compasión, la responsabilidad, o en síntesis, la dignidad humana, están aún sin saberlo sirviendo a los intereses de Jesucristo, aunque lo hagan finalmente en perjuicio propio, pues sabemos que estas obras por sí solas no les garantizan el favor de Dios con miras a la salvación, sino que esto solo se obtiene por medio de la fe en Él (Efe. 2:8-9). Al fin y al cabo:

... nada podemos hacer contra la verdad, sino a favor de la verdad.

2 Corintios 13:8 NVI

15
de marzo

Somos insustituibles y necesarios

«CADA hombre tiene una misión de verdad. Donde está mi pupila no está otra; lo que de la realidad ve mi pupila no lo ve la otra. Somos insustituibles, somos necesarios»

JOSÉ ORTEGA Y GASSET

La singularidad e individualidad de cada ser humano permite afirmar que, no obstante el hecho de que nadie sea indispensable, de cualquier modo todos somos insustituibles y necesarios. En relación con lo primero, no hay nadie que sea indispensable para que Dios pueda llevar a feliz término sus propósitos soberanos debido a que por más que nos equivoquemos u opongamos, ninguno de nosotros tiene la capacidad para obstaculizar o echar a perder de manera absoluta o definitiva los planes divinos. Todo lo que sucede, sea bueno o malo, termina tarde o temprano concurriendo con la voluntad de Dios. Sin embargo, Dios ha determinado igualmente que nosotros podamos colaborar y concurrir voluntariamente con sus propósitos, participando activa y conscientemente en la realización de los mismos: *En efecto, nosotros somos colaboradores al servicio de Dios...* (1 Cor. 3:9). Y en este sentido cada creyente es insustituible y necesario. Porque no podemos olvidar que la posibilidad de hacer aportes favorables a los propósitos divinos en este mundo es un privilegio concedido por el Señor de manera especial y plena a los creyentes que forman su Iglesia, asimilada por el apóstol Pablo a un «cuerpo» del cual Cristo es la cabeza (1 Cor. 12: 13-27; Efe. 4: 11-15), y en el cual cada uno de los miembros tiene una función específica necesaria e insustituible para hacer un aporte a la monumental obra de Dios; aporte que a pesar de dar la impresión de ser poco significativo desde la perspectiva humana, es siempre importante desde la perspectiva divina: *Porque Dios no es injusto como para olvidarse de las obras y del amor que, para su gloria, ustedes han mostrado sirviendo a los santos, como lo siguen haciendo* (Heb. 6:10). Por lo tanto, el Señor espera que seamos conscientes de esta inapreciable concesión divina y valoremos así el hecho de poder contribuir de una manera única desde nuestra perspectiva y circunstancia particular al cumplimiento de sus propósitos, como personas necesarias e insustituibles dentro de sus planes para la humanidad.

Por su acción todo el cuerpo crece y se edifica en amor,
sostenido y ajustado por todos los ligamentos, según la actividad
propia de cada miembro.

Efesios 4:16 NVI

16
de marzo

Miopía espiritual

«Vuestro amor al prójimo es un mal amor a vosotros mismos. Vosotros huís de vosotros mismos hacia el prójimo… os aconsejo que huyáis del prójimo y améis a los lejanos»

Friedrich Nietzsche

Existen dos actitudes extremas igualmente inconvenientes y censurables en cuanto a la forma en que los creyentes suelen ver al prójimo y relacionarse con él. Estas actitudes podrían designarse como «hipermetropía» y «miopía» social respectivamente. La primera se caracteriza porque no ve al prójimo como alguien cercano y con nombre propio[21], sino lo concibe siempre por medio de abstracciones y generalizaciones grandilocuentes y ambiguas tales como: «la humanidad», «el hombre», «el género humano», «la sociedad», «la comunidad» etc., olvidando a las personas consideradas de manera individual. Esta deficiencia no nos permite, pues, «enfocar» al prójimo como alguien cercano sino como alguien cómodamente lejano. Pero por otro lado tenemos la «miopía» social que hace lo opuesto y de manera simplista y facilista enfoca a algunos pocos prójimos que se encuentran al alcance inmediato para ofrecerles ayuda, -lo cual hay que hacer-, pero después de favorecerlos acallando así la conciencia propia, se desentiende por completo de los graves problemas que aquejan a los grandes grupos o sociedades humanas propias o ajenas, como si se encontrara más allá del alcance de estos y pudiera así automarginarse de ellos con una actitud de indiferencia o de voluntaria ignorancia. Pero lo cierto es que los problemas que afectan a la humanidad nos afectan a todos y cada uno de nosotros en algún grado, puesto que todos sin excepción somos parte de ella y no podemos por tanto ser indiferentes a aquellos. El pecado es una tragedia universal (Rom. 3:10, 23) que el creyente no puede circunscribir a unos pocos a nuestro alrededor. El amor propio es requisito bíblico indispensable para poder amar también de la manera correcta al prójimo (Mt. 22:39), sin sesgos en ningún sentido sino balanceando adecuadamente a los individuos particulares y a los grandes grupos en general. El desequilibrio denunciado por Nietzsche denota pues un «mal amor» hacia nosotros mismos que debe corregirse ampliando nuestra perspectiva como lo indica el apóstol Pedro:

> … sabiendo que sus hermanos en todo el mundo están soportando
> la misma clase de sufrimientos.

1 Pedro 5:9 NVI

17
de marzo

La ignorancia

«Judy Sheindlin,... no olvida el consejo que le dio su padre... le dijo que un intelecto brillante, una mente inquieta y la pasión por aprender son dones que no tienen precio... Mil veces me han dicho: 'De haber sabido... No era mi intención...' En mi tribunal, la ignorancia de la vida no sirve de excusa»

Jueza Judy Sheindlin

La ignorancia es inevitable en relación con aquellos asuntos acerca de los cuales no tenemos -ya sea temporal o permanentemente- ni los medios ni la capacidad para llegar a conocerlos, entre los cuales encontramos aquellos que Dios se ha reservado para sí en contraste con los que sí ha decidido revelarnos (Jn. 16:12; Dt. 29:29; Ecl. 11:5), pero asimismo es inexcusable respecto de aquellas cosas que podemos conocer y que, por lo tanto, estamos obligados a indagar e inquirir (Rom. 1:20). La ignorancia nunca podrá ser entonces un pretexto o justificación válida para nuestros errores y faltas (Ecl. 5:6), puesto que la ignorancia constituye en sí misma una falta (Mt. 22:29; Mr. 12:24). En efecto, siempre que la Biblia se refiere a alguien como «ignorante» no lo hace simplemente para describir el bajo nivel de conocimiento del individuo, sino para formular una acusación de la cual la persona es directamente responsable al optar voluntariamente por esta censurable condición (Dt. 32:6; Pr. 1:32; 9:13; 12:1; Isa. 56:10; Jer. 4:22; Efe. 4:18; 2 P. 3:5). En el mejor de los casos la ignorancia solo puede esgrimirse como un atenuante (Lc. 12:47-48; Hc. 3:17; 1 Tim. 1:13), que mitiga en algo la severidad del castigo que esta merece, pero que no nos exime de ningún modo de ser castigados. El hecho de que en el Antiguo Testamento se llevaran a cabo sacrificios expiatorios por los pecados cometidos por ignorancia confirma lo dicho (Lv. 5:18; Nm. 15:24; Heb. 9:7). Por lo demás, la Biblia es clara al afirmar que la revelación del evangelio de Cristo está a la vista de todos, como lo sostuvo el apóstol Pablo ante el rey Agripa, quien, por cierto, no lo contradijo: *El rey está familiarizado con estas cosas... Estoy convencido de que nada de esto ignora, porque no sucedió en un rincón* (Hc. 26:26), y esta circunstancia debería conducir a todos a obrar en consecuencia, dejando atrás el estilo de vida que caracterizó los tiempos de ignorancia (1 P. 1:14). Después de todo:

... Dios pasó por alto aquellos tiempos de tal ignorancia, pero ahora manda a todos, en todas partes, que se arrepientan.

Hechos 17:30 NVI

18
de marzo

El cinismo

«PONER todo al descubierto es un acto cínico... desde la caída en pecado debe haber misterio y ocultamiento... Quien dice la verdad con cinismo, miente»

DIETRICH BONHOEFFER

Teniendo en cuenta que el cristiano responsable debe tomar en consideración a su prójimo y lo que sea más justo y conveniente para este (Fil. 2:4), el poner al descubierto sin más la verdad que un tercero nos ha confiado o que por alguna circunstancia conocemos acerca de alguien y dejarlo así expuesto a los inclementes señalamientos o ataques de los demás bajo el pretexto de que nuestra lealtad debe ser con la verdad antes que con alguien en particular, es una de las más cínicas formas de legalismo. Si bien es cierto que nuestra lealtad final es con la verdad, no podemos olvidar que la verdad no es un concepto abstracto, sino una persona: Jesucristo (Jn. 14:6). Por tanto, si hemos de honrar la verdad, hemos de preocuparnos también por las personas y estar dispuestos a veces a callar y a asumir los riesgos que esto implica, no en actitud cómplice, condescendientemente paternalista o dudosamente indulgente; sino compartiendo y cargando a veces a conciencia con la culpa que esta actitud nos puede acarrear al exponernos incluso a ser acusados de encubrimiento. José, el padre legal del Señor Jesucristo es un ejemplo gráfico de ello, quien ante el milagroso embarazo de María, «... resolvió divorciarse de ella en secreto», debido a que: «... era un hombre justo y no quería exponerla a vergüenza pública...» (Mt. 1:19). De aquí surgen los dilemas a los que se suelen ver enfrentados con relativa frecuencia los ministros del evangelio, católicos o protestantes indistintamente, en el llamado «secreto de confesión» o en la reserva y confidencialidad de la consejería pastoral cristiana, respectivamente. Y lo mismo podría decirse del llamado «secreto profesional» en muchas de las profesiones vigentes en la actualidad. No se puede, pues, argumentar la fidelidad a la verdad como excusa fácil para ventilar los secretos de los hombres y en ocasiones el callar y esperar el desenlace puede ser la mejor forma de ayudarnos cristianamente los unos a los otros, llevando nuestras cargas mutuas y cumpliendo así la ley de Cristo (Gál. 6:1-2). Decir la verdad puede ser a veces irresponsable en la medida en que implica ya un juicio que no nos corresponde a nosotros emitir (Rom. 2:16; 1 Cor. 4:5; 1 Tim. 5:24-25)

Gloria de Dios es ocultar un asunto, y gloria de los reyes el investigarlo.

Proverbios 25:2 NVI

19
de marzo

La murmuración

«La murmuración es el veneno de las personas con intelecto pequeño y gran complejo de inferioridad. Es... el microbio más mortífero. Carece de alas y de patas, y su cuerpo es todo lengua, en el cual lleva el aguijón ponzoñoso»

Morris Mandel

La murmuración es, sin lugar a dudas, un hábito censurable propio de personas de baja calidad humana. Sus nocivos efectos son particularmente destructivos en las iglesias, en donde, en términos generales, se observa un relativo éxito en la erradicación de pecados flagrantes y evidentes, a pesar de lo cual prácticas como la murmuración parecen recrudecerse, como si las pasiones reprimidas en los primeros casos tuvieran que desfogarse a través de esta última. La Biblia advierte gráficamente sobre los indeseables efectos de la murmuración al remitirnos a las consecuencias que la misma trajo sobre los israelitas en su peregrinaje por el desierto, donde, como resultado de su murmuración contra Moisés y Aarón (Éxo. 15:24; 16:2; Dt. 1:27), tuvieron que deambular por el desierto durante 40 años (Nm. 14:29), y perecer en él (Nm. 14:36-37; 16:41-49; 1 Cor. 10:10). En efecto, la murmuración va dirigida frecuentemente contra las autoridades delegadas por Dios, ya sea en el ámbito secular o en el eclesiástico, sin reparar en que esta actitud contra la autoridad es dirigida contra el propio Dios (Éxo. 16:8; Nm. 14:27; 16:11). La justificación que parece animar a los murmuradores en su continua murmuración, es que ellos suelen pensar que tienen una habilidad o talento especial y poco común para darse cuenta de las faltas de sus dirigentes, tanto en su carácter personal como en sus ejecutorias, arrogándose el derecho de ventilarlas y divulgarlas de manera subrepticia, soterrada y destructiva; pero lo cierto es que, como lo expresa Gene Edwards en su libro *Perfil de tres monarcas*: *Siempre hay problemas en los reinos... Además, la habilidad para ver esos problemas es realmente una facultad muy común.* Tan común que parece ser que nadie escapa a la ponzoña de la murmuración que envenena en primera instancia a quien la practica, puesto que aún el Señor Jesucristo tuvo que padecer de manera gratuita este tipo de actitudes mezquinas durante su ministerio (Lc. 15:2; 19:7; Jn. 6:43), incluso de parte de sus propios discípulos (Jn. 6:61). Y es por todo ello que las Escrituras nos exhortan con toda la seriedad del caso en los siguientes términos puntuales:

Hermanos, no hablen mal unos de otros....

Santiago 4:11 NVI

20
de marzo

Ley y evangelio

«La diferencia entre la impunidad y el perdón es la verdad, por más dolorosa que resulte»

Juan Manuel Santos

«La verdad duele», reza la sabiduría popular. No podría negarse que, en efecto, para quienes viven en la mentira, ser confrontados por la verdad es algo en extremo molesto y doloroso. Pero con todo y ello es absolutamente necesario (Jn. 3:19-21). De otro modo no es posible el arrepentimiento y la aceptación del consecuente perdón ofrecido por Dios a los hombres en el evangelio de Cristo y la alternativa, más que la impunidad, es el inminente juicio de Dios sobre los pecadores impenitentes. Los reformadores, -Martín Lutero en particular-, lo entendieron muy bien con su clásico esquema «Ley y Evangelio» que sostiene que en toda la Biblia, -tanto en el Antiguo como en el Nuevo Testamento-, se entremezclan de tal modo estos dos elementos de la revelación de Dios que no pueden llegar a separarse en la predicación si es que deseamos que esta produzca como fruto auténticas conversiones en todo el sentido de la palabra. La razón es que si se administra el evangelio sin la ley, el individuo no ve entonces la necesidad de este y lo rechaza menospreciándolo o, en el mejor de los casos, lo acepta sin cumplir con los requisitos bíblicos establecidos (humildad, arrepentimiento, confesión, fe) para poder beneficiarse del ofrecimiento de perdón y la efectiva justificación provista por Cristo para el pecador arrepentido que deposita su confianza en Él y en su obra consumada en la cruz. Esta parece ser la tendencia que se impone en nuestros días por cuanto la gente de hoy quiere «alivio sin arrepentimiento»[22]. Por otra parte, si se administra la ley sin el evangelio, las personas se ven abocadas a la desesperación y la desesperanza. Lo cierto es que la ley duele porque diagnostica nuestra condición caída dejando expuesta sin excusas ni atenuantes nuestra naturaleza pecaminosa en toda su ofensiva crudeza (Rom. 3:20; 7:7; 1 Tim. 1:9-11), y solo contra este trasfondo se puede apreciar en toda su magnitud la gracia del evangelio que provee la medicina para superar y dejar atrás esta trágica situación de la humanidad (Rom. 5:20). De nada sirve al diagnóstico sin la consecuente medicina correspondiente, como tampoco sirve la medicina sin un diagnóstico previo. Por eso:

... la ley vino a ser nuestro guía encargado de conducirnos a Cristo, para que fuéramos justificados por la fe.

Gálatas 3:24 NVI

La verdad divina y la opinión humana

«La verdad es aquello ante lo cual se desvanece la opinión»

Friedrich Hegel

El respeto por las opiniones ajenas es una elemental norma de cortesía y amabilidad que hace posible la vida en comunidad y que los cristianos en particular deben guardar sin excepción para no incurrir en condenables fanatismos sectarios (Rom. 13:7; Fil. 4:5; 2 Tim. 2:24; 1 P. 3:15-16). Pero al mismo tiempo el creyente debe ser radical en lo que tiene que ver con su postura y convicciones personales basadas en la revelación de la Biblia y estar dispuesto, si es el caso, a levantarse con firmeza y resolución para combatir y desenmascarar todas aquellas opiniones que, extralimitándose de una manera presuntuosa e insolente, pretendan equivocadamente ser la verdad, oponiéndose o distorsionando en el intento la verdad de Dios revelada en las Escrituras y en Jesucristo (Jn. 8:32, 36; 14:6; Jud. 3). Como lo dijo Walter Martin: *La controversia por causa de la verdad es un mandamiento divino.* No por nada en el campo del periodismo se afirma tajantemente que *la información es sagrada, mientras que la opinión es libre.* Sea como fuere, lo cierto es que la «opinión» de Dios tiene prioridad sobre cualquier otra, pues esta se erige como la verdad ante la cual toda opinión humana se desvanece y pierde toda su fuerza, tal y como lo expresa Frank Peretti en una de sus novelas, refiriéndose a Cristo: *La Palabra de Dios, y más: La Palabra final, el fin de toda discusión y desafío.* El Señor amonesta y señala repetidamente en la Biblia la necedad manifiesta de los hombres que conceden un valor desmedido a sus propias opiniones humanas y falibles, sin prestar la debida atención a lo declarado por Dios a este respecto (Pr. 3:7; 12:15; 26:5, 12, 16; 28:11; 30:12; Rom. 12:16). Pero al mismo tiempo el creyente que tiene el privilegio de conocer, comprender y amar la verdad divina (1 Cor. 2:9-16), debe tener mucha humildad y cuidado para no excederse en sus planteamientos e incurrir en dogmatismos sectarios y fanáticos, sin ningún fundamento escritural, por los cuales intente hacer pasar sus opiniones teológicas personales o de grupo como verdad revelada por Dios (Job 32:6; Rom. 14:1), ocasionando divisiones y desacuerdos innecesarios y destructivos en el seno de la iglesia, designada por Dios para ser justamente columna y fundamento de la verdad (1 Tim. 3:15), recordando siempre que:

A cada uno le parece correcto su proceder, pero el Señor juzga los motivos.

Proverbios 16:2 NVI

22

de marzo

El milagro y lo sobrenatural

«Dios no hará milagro alguno, mientras el asunto pueda resolverse mediante otros bienes otorgados por él»

Martín Lutero

La taumaturgia[23] cristiana ha degenerado en milagrerismo en el seno de muchas iglesias de marcado corte pentecostal, que hacen un despliegue sistemático y ostentoso de «milagros a la carta» mediante puestas en escena tipo espectáculo por medio de las cuales pretenden divulgar el evangelio de una manera más eficaz. Esta intención es loable, pero la forma de hacerlo está con frecuencia obrando el efecto contrario, es decir alejar a mucha gente del evangelio ya sea porque la impresión que se termina proyectando es la de un manifiesto montaje; o porque las personas que se acercan a la iglesia esperando el milagro que se les ha prometido y garantizado, no lo obtienen finalmente; o porque aún de obtenerlo, esto por sí solo sigue siendo una muy endeble motivación para llevarlos a comprometerse de lleno con la causa del evangelio de Cristo en su aspecto doctrinal, cultural y ético (Lc. 16:27-31), constituyéndose así en las iglesias multitudes numerosas pero también volubles de personas que profesan una fe superficial, siguiendo a Cristo solo por razón del poder y no de la verdad que él vino a revelarnos en sí mismo. Y si bien el elemento sobrenatural debe estar presente en el cristianismo, no puede estarlo en ruptura y oposición al natural, sino en línea de continuidad con este. El milagro no es, pues, el recurso fácil para eludir las soluciones naturales que Dios también ha implementado en la iglesia y en el mundo para resolver los problemas humanos, sino el recurso extremo por el cual lo sobrenatural perdura aún cuando lo natural se agote, siempre subordinado a la voluntad y soberanía divinas (Hc. 21:14). De hecho, aún los apóstoles dejaban a Dios la iniciativa en el milagro, responsabilizándose ellos tan solo de la divulgación valiente y consecuente del mensaje del evangelio (Hc. 4:29-30). Por otra parte, el milagro por excelencia es la experiencia de conversión por la cual, contra toda tendencia natural, el individuo deja de darle la espalda a Dios, para volverse a él con humildad siendo transformado en el proceso. El milagro es aquí estrictamente necesario porque la condición caída del ser humano no puede resolverse por medios naturales. Por eso:

Nadie puede venir a mí si no lo atrae el Padre que me envió...

Juan 6:44 NVI

23

Lo visible como sombra de lo invisible

«Todo lo que veo me enseña a confiar en el Creador por todo lo que no veo»

RALPH WALDO EMERSON

Los hombres saben intuitivamente que la realidad que perciben por medio de los sentidos es solo una parte de la realidad total, pero debido a que esa impresión es más bien vaga e indefinida, muchos han optado equivocadamente por ignorar o negar la realidad invisible, ya sea con plena conciencia y de forma voluntaria o también de manera sutil, velada e inconsciente al no tomarla en cuenta para ningún efecto práctico. Las realidades invisibles nunca podrán, por su misma naturaleza, hacerse concretas y tangibles para los sentidos, pues aunque la razón puede intuirlas, estas solo pueden ser captadas mediante la fe. Hacer caso omiso de estas realidades puede ser tan insensato y peligroso para el ser humano como lo es para el capitán de un buque ignorar que la parte del témpano de hielo que se halla a la vista es solamente la punta del mismo, y que lo que se encuentra bajo la superficie, oculto a los ojos, es mucho más voluminoso y tan real como lo primero. El apóstol Tomás no estaba dispuesto a creer sino en lo que podía ver y palpar y debido a ello fue reprendido por el Señor, culminando con la bienaventuranza pronunciada sobre los que creen sin haber visto: ... –Porque me has visto, has creído –le dijo Jesús–; dichosos los que no han visto y sin embargo creen (Jn. 20:24-29), ya que la misma fe se define como la garantía de lo que se espera, la certeza de lo que no se ve (Heb. 11:1), de tal modo que: Vivimos por fe, no por vista (2 Cor. 5:7). La Biblia dice que la realidad del Dios invisible se puede inferir de las cosas visibles: ... las cualidades invisibles de Dios... se perciben claramente a través de lo que él creó... (Rom. 1:20), y que estas últimas son, en contraste con las primeras, simplemente copia y sombra de las invisibles, que son las verdaderas: Estos sacerdotes sirven en un santuario que es sombra y copia del que está en el cielo (Heb. 8:5; 9:24), y por lo mismo, eternas: Así que no nos fijamos en lo visible sino en lo invisible, ya que lo que se ve es pasajero, mientras que lo que no se ve es eterno (2 Cor. 4:18), exhortándonos entonces a concentrar nuestra atención en las cosas de arriba, no en las de la tierra (Col. 3:2)

... en esa esperanza fuimos salvados. Pero la esperanza que se ve, ya no es esperanza ¿Quién espera lo que ya tiene?

Romanos 8:24 NVI

24

de marzo

Mente, emociones y voluntad

«En el conocimiento, la mente actúa independientemente de la voluntad, mientras que la sabiduría se preocupa de que la mente actúe subordinándose a la voluntad... la sabiduría es la mano derecha del conocimiento»

Martyn Lloyd-Jones

Mente, emociones y voluntad son los tres componentes inseparables del alma humana, que se expresan a su vez en el pensamiento, en el sentimiento y en el deseo. Dios quiere que el ser humano actúe integrando estos tres componentes de manera armoniosa bajo la luz y guía de la Biblia, la palabra inspirada de Dios (2 Tim. 3:16-17), y de Jesucristo, la palabra de Dios encarnada (Jn. 1:14), ambas confirmadas en unidad por la acción presente del Espíritu Santo en la Iglesia (Jn. 16:12-15). En este propósito la voluntad debe tomar siempre la iniciativa (Jn. 7:17), pero apoyada en gran medida en los argumentos razonables provistos por la mente aplicada al estudio de la revelación de Dios (Jn. 5:39; 1 P. 3:15), y enriquecida por la variada gama de contribuciones emocionales procedentes del sentimiento que habitualmente sigue y acompaña al pensamiento recto (Fil. 4:4-8). Este es el orden que caracteriza a la sabiduría, orden que no puede modificarse o invertirse, pues si es la mente la que toma la iniciativa, da lugar a la orgullosa y fríamente calculadora erudición racionalista henchida de conocimientos, que no toma en cuenta al sentimiento ni se traduce tampoco en decisiones consecuentes en la vida práctica del individuo (1 Cor. 8:1-3), disociando mente y voluntad. Pero si son las fluctuantes emociones desbordadas las que toman la iniciativa, subordinando la mente y la voluntad a ellas, el individuo se convierte en una veleta emocional que vive vacilando entre diversos y con frecuencia opuestos intereses, sin llegar a ninguna parte, sometido a la tiranía de los sentimientos plagada de todo tipo de altibajos (Ose. 6:4). No es, pues, el conocimiento en sí, el sentimiento exaltado, o aún la voluntad ciega (Rom. 10:2-3), la que equilibra este panorama poniendo orden en él, sino la sabiduría que halla su compendio en Jesucristo, la sabiduría de lo alto hecha hombre por nosotros (1 Cor. 1:24, 30; Col. 2:2-3; St. 3:13-17), desenmascarando de paso la falsa sabiduría humana y justificando abundantes recomendaciones de este estilo en la Biblia:

La sabiduría es lo primero. ¡Adquiere sabiduría!
Por sobre todas las cosas, adquiere discernimiento.

Proverbios 4:7 NVI

25

La solidaridad

«LA SOLIDARIDAD de los destinos espirituales no es solamente un hecho: es una necesidad... El verdadero lazo social del mundo moderno es la solidaridad... la solidaridad hace nacer la conciencia colectiva»

IGNACE LEPP

El hombre es responsable ante Dios de dos modos diferentes: como individuo y en su condición de miembro de una colectividad. En el Antiguo Testamento la nación de Israel es en muchos casos responsable ante Dios como un todo, o mejor; *como un solo hombre* (Jc. 20:1, 8, 11; 1 S. 11:7; Neh. 8:1). De cualquier modo la responsabilidad individual ya se encontraba suficientemente documentada en el Antiguo Testamento, quitando toda excusa a quien pretendiera eludirla escudándose en la responsabilidad colectiva: ... *–Solo borraré de mi libro a quien haya pecado contra mí... Todo el que peque merece la muerte, pero ningún hijo cargará con la culpa de su padre, ni ningún padre con la del hijo: al justo se le pagará con justicia y al malvado se le pagará con maldad* (Éxo. 32:33; Eze. 18:2-4, 20). Sin embargo, por efecto de la solidaridad, toda decisión individual ya sea buena o mala afecta de algún modo a los demás. Hoy en día estamos adquiriendo mayor conciencia de esto pues, a comienzos del siglo XXI es mucho más fácil entender, por ejemplo, por qué las crisis económicas de los países asiáticos afectan la vida cotidiana de un latinoamericano. Todos estamos vinculados los unos con los otros de una y mil maneras en el seno de la colectividad, conformando así una enmarañada e infinita red de relaciones entre los hombres de todo el orbe, en la cual no se puede halar un extremo de la red en un lugar sin que la tensión se perciba en las antípodas y sin que los cambios generados afecten de algún modo a las futuras generaciones. Paul Tillich dijo acertadamente que aunque los hombres no son culpables de los crímenes de que se acusa a su grupo, si lo son de haber contribuido al destino en el que estos tuvieron lugar y Albert Camus lo sentencia afirmando que: *El hombre no es enteramente culpable, pues no comenzó la historia; ni enteramente inocente, pues la continúa.* Pero esto también nos permite estar seguros de que toda buena obra que llevemos a cabo, por efecto de la solidaridad, afectará favorablemente a la sociedad en su momento:

No nos cansemos de hacer el bien, porque a su debido tiempo cosecharemos,
si no nos damos por vencidos.

Gálatas 6:9 NVI

26
de marzo

Revelación o exhortación

«UN SERMÓN es por naturaleza una revelación, no una exhortación»

THEODORE PARKER FERRIS

Hay tres características, entre otras, que distinguen a Dios en grado superlativo: la verdad, el bien y la belleza. Él es la verdad final y definitiva, el bien supremo y la belleza incomparable, y por todo ello es también la norma o punto obligado de referencia para calificar como tales cualquier verdad, valor u obra de arte humanas. La filosofía se ocupa indistintamente de la búsqueda de la verdad en el campo del conocimiento, de los valores y del arte. Pero existen dentro de ella tres disciplinas especializadas que se ocupan por separado de cada uno de los anteriores: la epistemología o teoría del conocimiento; la ética que guía el comportamiento humano con arreglo a un sistema de valores de aplicación y vigencia universal; y la estética que se ocupa de la belleza. Esta necesaria división ha sido a veces funesta, pues ha dado pie a la idea de que existen tres verdades sin mutua relación, lo cuál sería en sí mismo un contrasentido, pues por simple definición, la verdad tiene que ser una sola. Es por eso que la teología, más que de la búsqueda de la verdad, se ocupa más bien de estudiarla tal y como esta se nos ha revelado en la Biblia y en Jesucristo (Jn. 14:6; 18:37), considerando todos sus aspectos constitutivos e integrándolos como un todo dentro de la vivencia cristiana. La predicación debe, pues, ser más que una simple exhortación a que el creyente se comporte de una forma determinada. Esto debe ser tan solo el corolario lógico, la conclusión obvia de la revelación que la predicación pone al alcance del oyente, puesto que el cristianismo no es únicamente ética, como lo pretendió Kant y el racionalismo moderno. Reducir el cristianismo a ética es transformarlo en mero legalismo (Col. 2:20-23) y concentrarse solo en un aspecto de la verdad en detrimento de la verdad total. Es así como las epístolas (en especial las paulinas) siguen un esquema que se ocupa primero de la revelación de la verdad, para solo después hacer énfasis en el comportamiento del creyente que se puede inferir de la revelación previa y que se traduce en variadas exhortaciones prácticas que deben recibirse como simple conclusión de la revelación inicial (cf. Rom. 12:1y stes.). Así, pues, únicamente en el marco de la revelación que la antecede adquiere vigencia la siguiente apelación bíblica:

Hermanos, les ruego que reciban bien estas palabras de exhortación,
ya que les he escrito brevemente.

Hebreos 13:22 NVI

27
de marzo

El aprendizaje por imitación

«EL APRENDIZAJE por imitación es fundamental en muchas especies, incluida la humana. Cuando llegamos a adultos, tenemos una ventaja única: podemos escoger a quien imitar. También podemos elegir modelos nuevos que sustituyan a los que hemos dejado atrás»

MICHAEL GELB

La Biblia nos notifica que las consecuencias de los pecados de los padres terminan afectando a sus futuras generaciones: *… Cuando los padres son malvados y me odian, yo castigo a sus hijos hasta la tercera y cuarta generación… así quedan implicados ustedes al declararse descendientes de los que asesinaron a los profetas. ¡Completen de una vez por todas lo que sus antepasados comenzaron!* (Éxo. 20:5; Mt. 23:32). Es así como muchas prácticas moralmente censurables se repiten con mucha frecuencia de generación en generación. Pero a pesar de que, sin lugar a dudas, este ejemplo determina en buena medida la repetición de estos mismos actos por sucesivas generaciones; no por eso sus protagonistas pueden excusarse señalando el ejemplo de sus padres, escudándose en una mal entendida solidaridad de familia, como intentaron sin éxito hacerlo los judíos de la época de Ezequiel con un popular, amañado y engañoso refrán que, aludiendo probablemente al citado pasaje del Éxodo, pretendía eximirlos de cualquier responsabilidad personal. Refrán que el Señor se apresuró a desvirtuar y echar por tierra (Eze. 18:2-4, 18-20). Porque lo cierto es que el ser humano no se encuentra atrapado en un destino inmodificable, sino que puede romper los esquemas que se le han impuesto a pesar del poder determinante que estos tengan en su vida tal y como lo hicieron, entre otros, los hijos de Coré, reivindicando el tristemente célebre nombre de su padre (Nm. 16:31-33; 1 Cr. 9:19; 26:1; 2 Cr. 20:19); el rey Josías sobreponiéndose al legado de su padre Amón y su abuelo Manasés (2 R. 21:1-2, 19-20; 22.1-2; 23:25); su bisabuelo Ezequías haciendo lo propio en relación con el legado de su padre Acaz (2 R. 16:2-4), y hallando un ejemplo digno de imitar en su antecesor el rey David (2 R. 18:1-7), demostrando así el principio de que, aunque no podamos escoger a nuestros padres, si podemos escoger a nuestros mentores, estableciendo de paso esperanzadores precedentes para sobreponernos a cualquier legado trágico o estigma vergonzoso heredado de nuestros padres.

… la maldad del impío no le será motivo de tropiezo si se convierte.

Ezequiel 33:12 NVI

28
de marzo

Herencia o experiencia

«Los AUTORES bíblicos no nos han transmitido herencias, sino experiencias»

JUAN ANTONIO MONROY

Es comprensible que la Biblia dé gran importancia a la herencia si se tiene en cuenta que el judaísmo es una religión nacional en la cual el favor de Dios se obtiene básicamente por el hecho de haber nacido dentro de la nación escogida. El problema es que los miembros de la nación llegan a creer que sus creencias religiosas son ante todo un patrimonio o una tradición inerte compartida y heredada por una colectividad étnica que hay que defender a toda costa, utilizándolas como un recurso para nutrir su identidad y sentido de pertenencia y no como una posesión individual producto de una experiencia personal y directa con Dios mismo. La misma noción de «tierra prometida» conlleva la idea de herencia (Dt. 26:1), pero ya en el Antiguo Testamento se supera la estrechez de ver la herencia en términos estrictamente materiales y se va espiritualizando y humanizando el concepto de tal modo que la experiencia personal comienza a hallar cabida y a insinuarse y requerirse cada vez con mayor fuerza (Sal. 16:5; 127:3; Pr. 19:14; Isa. 54:17; Lc. 12:13-14; Hc. 20:32; 26:18; Rom. 8:17; Gál. 4:7; Efe. 1:11, 14; Col. 1:12; 3:24; Tito 3:7; Heb. 9:15; 10:34; 1 P. 1:4). La experiencia con Dios de los patriarcas debe, pues, repetirse y revalidarse de nuevo en cada creyente dentro de su propio y particular contexto histórico y existencial (Gál. 3:6-14, 18). Lo que aquellos nos heredaron fue el testimonio de su propia experiencia como guía para conducir la nuestra correctamente, no para prescindir de ella (Job 4:8; 5:27; 8:8; 15:10, 17; 32:7; Pr. 1:1-7), puesto que la carencia de una experiencia espiritual con Dios tiene un potencial destructivo en la vida de la persona (Pr. 1:22, 32; 7:7). La tradición cristiana se nutre de la experiencia de cada nueva generación de creyentes, experiencia que no se limita al habitualmente intenso pero breve momento de encuentro con Dios que marca la conversión o nuevo nacimiento, sino también a la menos intensa pero más continua vivencia diaria con Dios, salpicada de cuando en cuando, según Dios lo estime conveniente, por ocasionales y nuevas experiencias intensas comparables a las de los autores bíblicos, que nos permitan comprender y valorar mejor nuestra herencia.

Pido también que les sean iluminados los ojos del corazón para que sepan... cuál es la riqueza de su gloriosa herencia entre los santos.

Efesios 1:18-19 NVI

29
de marzo

Tocar fondo

«MIL VECES me he preguntado por qué fue tan repentina mi abstinencia... Para que ocurra este milagro solo hay que cumplir una condición: haber 'tocado fondo'... es decir, haber comprendido cabalmente que se está derrotado del todo... y que, por sí solo, uno nunca podrá... que necesita extender la mano y pedir ayuda»

ANNE V.

«Tocar fondo» es una expresión común utilizada para señalar que alguien ha llegado a la condición más baja, crítica y lastimosa a la que le es posible llegar, de tal modo que ya no es posible descender más abajo. Pero más que una descripción objetiva de una situación dada, el «tocar fondo» hace referencia a la percepción subjetiva que una persona tiene de su propia condición. Es decir que, al margen de la gravedad de la situación, solo se toca fondo realmente cuando la persona comprende y reconoce que está derrotada del todo al grado de ser incapaz de superar por sí sola su problema y que, por lo tanto, necesita imperiosamente pedir ayuda. Ahora bien, en relación con el pecado, se puede «tocar fondo» en cualquier dirección y no solo en un sentido socialmente degradante o culturalmente decadente, como si el «tocar fondo» únicamente tuviera que ver con seguir de manera necesaria una dirección vertical y un sentido siempre descendente. En otras palabras, los candidatos a ser el «hijo pródigo» de la parábola no son solo los indigentes drogadictos y viciados de nuestras calles, mal llamados «desechables»; sino también el ejecutivo «exitoso» y con una vida familiar deshecha, o cualquier persona que emprenda un camino divergente de Dios y de su propósito para nuestra vida, por más envidiable que este camino pueda parecer desde la siempre limitada y sesgada perspectiva humana (Lc. 15:13-16). Sin embargo, es justo cuando reconocemos que hemos «tocado fondo» en cualquier dirección que podemos estar más cerca de la cima, o dicho de otro modo, del milagro de la salvación. No es casual que el teólogo Paul Tillich se haya referido a Dios como «el fondo» o «la profundidad del ser», pues es en estas circunstancias críticas, precarias y lastimosas cuando estamos más dispuestos a reconocer, clamar e invocar a Dios sin condiciones, para descubrir que Él ha estado allí todo el tiempo esperándonos pacientemente y listo a extendernos la mano y salvarnos (Sal. 69:1-6, 13-18, 32-33; Jon. 2:1-7).

Puse en el Señor toda mi esperanza... Me sacó de la fosa...
del lodo y del pantano...

Salmo 40:1-2 NVI

30

de marzo

Hablar de Dios o hablar con Dios

«LA PREGUNTA acerca de quién es el Dios del que estamos hablando...
Bien planteada, debe decir: ¿A qué Dios estamos hablando? Solo podemos hablar de Dios, cuando hablamos a Dios»

DOROTHEE SÖLLE

Hablar de Dios o hablar a Dios, ¿cuál es la alternativa correcta? El Señor Jesús nos dio pautas claras al respecto cuando buscaba revelar a sus discípulos su condición de Hijo de Dios. En este caso, a la par que hablaba de su Padre, dando así a entender que era el Hijo de Dios; también hablaba a su Padre dejando que los que lo escuchaban y observaban sacaran sus propias conclusiones. En efecto, Jesucristo evitó referirse a sí mismo como «Hijo de Dios» de manera directa, no obstante lo cual este título le corresponde con plena justicia, no solo debido a que el Padre lo declaró como tal en más de una oportunidad (Mt. 3:17; 17:5; Mr. 1:11; 9:7; Lc. 3:22; 9:35), sino sobre todo porque Jesús nos reveló esta condición personal que ostentaba, hablando a su Padre, para solo después hablar de su Padre. Al hacerlo puso en evidencia una relación de cercanía e intimidad con Él que no tiene parangón. Es decir que, más que utilizar la expresión «Hijo de Dios», Jesús nos reveló por su trato con el Padre el verdadero sentido de la misma, introduciéndonos así en el misterio de su filiación divina, tanto por la manera como hablaba a su Padre (Mt. 11:25-26; 26:39, 42; Mr. 14:36; Lc. 10:21; 22:42; 23:34, 46; Jn. 17:1-26), como por la manera en que hablaba de Él. Hubo de hecho oportunidades en que hablar a su Padre tuvo como propósito expreso la edificación de sus oyentes (Jn. 11:41-42; 12:28-30). La iglesia primitiva lo imitó en esto, pues en épocas tan tempranas estaban aún lejos de ser expertos exponentes de teología sistemática (hablar de Dios), pero ya eran sin embargo expertos en oración (hablar a Dios), expresando su fe viva y profunda en frecuentes doxologías (Jud. 24-25; 1 P. 4:11; 2 P. 3:18), que fueron en gran medida el punto de partida de la posterior reflexión teológica trinitaria. Se concluye pues que no puede hablar de Dios el que no ha hablado primero a Dios. E incluso a veces lo único que se podrá y requerirá hacer para testificar de Dios es una oración y nada más. Lo suficiente tal vez para llevar a los que escuchan a confesar lo dicho por el centurión sobre Cristo:

¡Verdaderamente este era el Hijo de Dios!

Mateo 27:54 NVI

31
de marzo

Igualdad y fraternidad

«LA NATURALEZA ha hecho a los hombres tan iguales... que... la diferencia entre hombre y hombre no es tan considerable, de modo que no hay ventaja que alguno de ellos pueda pretender para sí»

THOMAS HOBBES

«GENÉTICAMENTE hablando, la raza no existe. Los estudios que se han realizado del ADN humano dejan en claro que la variabilidad genética es mucho mayor entre individuos que pertenecen a determinado grupo social que entre dos grupos raciales distintos»

DAWN STOVER

La decodificación del genoma humano representa, sin duda, un gran avance científico por las nuevas posibilidades que ofrece, pero también un riesgo por sus implicaciones éticas y las apresuradas inferencias que de él se han sacado. Lo cierto es que no debería causar tanto revuelo la similitud general entre el ADN de todos los seres vivos, incluyendo al hombre, pues además de que la misma Biblia parece indicar que la composición material de todos es la misma: la tierra (Gén. 1:24; 2:7a), también es de esperar que Dios, como buen diseñador, acuda a la mayor economía en el diseño. La proporción en que el ADN humano difiere del de los animales no es lo importante, pues la diferencia real entre ambos no es cuantitativa sino cualitativa (Gén. 1:27; 2:7b). El hecho es que, de cualquier modo, existe una diferencia genética cuantificable y significativa que confirma la diferencia cualitativa que se puede apreciar en el hombre con respecto a los demás seres vivos. Pero además, la genética ha descubierto que no existen en la humanidad diferencias individuales o étnicas sustanciales que justifiquen el orgullo de raza o las pretensiones de superioridad de un individuo respecto de otro. La Biblia lo ha dicho: todos los hombres somos iguales. Dios no tiene favoritos ni discrimina basado en criterios nacionalistas (Hc. 10:34-35), laborales (Efe. 6:9), o por convencionalismos (Gál. 2:6), o clases sociales (St. 2:1-9). Por el contrario, evalúa con completa imparcialidad a todos los hombres (Rom. 2:11; Col. 3:25; 1 P. 1:17). Y en esto el cristianismo es por excelencia el mejor promotor de la igualdad, dignidad y fraternidad universal de la humanidad.

Ya no hay judío ni griego, esclavo ni libre, hombre ni mujer...
todos ustedes son uno solo en Cristo Jesús.

Gálatas 3:28 NVI

1

de abril

El ejemplo del diablo

«EL DIABLO. Es el predicador más diligente... por lo tanto, vosotros, prelados que no predicáis, aprended del diablo: sed diligentes en vuestro oficio... Si no habéis de aprender de Dios, ni de los buenos hombres a ser diligentes en vuestro llamado, aprended del diablo»

HUGH LATIMER

Se cuenta que un hombre sabio y piadoso siempre se las arreglaba para encontrar algo bueno que decir de todo el mundo, aún de los personajes más despreciables. En cierta ocasión alguien le preguntó, para probarlo, si tenía algo bueno que decir del diablo a lo cual, después de pensarlo un poco, dijo: «Bueno, hay que admirarle su perseverancia». Efectivamente, no puede negarse el hecho que Satanás, con todo y tener perdida su causa (Col. 2:15), no deja de acechar a los hombres en general y nunca cesa de oponerse a Dios ni cede en sus ataques contra su pueblo (Job 1:7; 2:2; Lc. 22:31; 1 P. 5:8; Apo. 12:7-17). Con todo y ello, los creyentes suelen descuidarse y dejar su actitud alerta y diligente con más frecuencia de lo que se cree (Mr. 13:32-37; Lc. 12:35-38, 1 P. 4:7; 5:8), concediendo así notorias ventajas al enemigo que él suele aprovechar muy bien. La perseverancia, ligada por igual tanto a la paciencia (Gál. 5:22; St. 5:7-8; 1 P. 5:7), como a la constancia (St. 1:4), no es, sin embargo, un sinónimo de ellas pues posee un matiz diferente que amerita para sí un tratamiento aparte. Es así como la perseverancia (Mt. 10:22; 24:13; Mr. 13:13; Hc. 13:43; Rom. 2:7; Heb. 10:36; 12:1; St. 1:25; Apo. 2:2-3, 19; 13:10; 14:12) y la diligencia (Pr. 12:24, 27; 13:4; Rom. 12:11; 2 Cor. 8:22), es decir la fuerza de voluntad para continuar aún en circunstancias adversas y el celo en el cumplimiento del deber, son cualidades que deben caracterizar al auténtico cristiano para no ser menos que su adversario y poder así contrarrestar sus artimañas (2 Cor. 2:11). En especial en actividades tales como la oración (Mr. 14:38; Lc. 21:36; Hc. 1:14; Efe. 6:18; Col. 4:2; 1 Tim. 5:5) y la predicación (Mt. 28:18-20; Mr. 16:15; Hc. 20:31; 1 Cor. 1:17), a tal grado que los apóstoles hicieron arreglos para no descuidar estas dos cruciales actividades cristianas y concentrar todos sus esfuerzos en ellas (Hc. 6:2-4). Después de todo el Señor nos reveló en la parábola del sembrador que la iglesia victoriosa está formada por aquellos que:

... oyen la palabra... la retienen; y como perseveran,
producen una buena cosecha.

Lucas 8:15 NVI

El árbol de la vida

«En el otoño vemos la hoja que se va, pero no vemos el árbol que se queda... a veces pensamos más en la muerte que en la vida. La vida, sin embargo se impone... y acaba por triunfar con nuevas hojas, y otras flores, y frutos... el árbol es permanente origen de donde nacen una y otra vez. Somos los hombres las hojas que se caen. La vida, la eterna vida, es el árbol que siempre se renueva... Triste es mirar como las hojas caen. Se hará menor nuestra tristeza si contemplamos el árbol de la vida, tan lleno de promesas»

Armando Fuentes Aguirre

Una de las formas más dinámicas, evocadoras y sugestivas por medio de las cuales la Biblia se refiere a Dios es la expresión «Dios vivo» (Dn. 6:26; 1 Tes. 1:9; Apo. 7:2) o «Dios viviente» (1 S. 17:26; Jer. 10:10; Mt. 16:16; Hc. 14:15; 1 Tim. 3.15); señalando con ello, por una parte, a la dinámica vital de Dios que se traduce en esa incesante actividad renovadora que observamos en la creación (Sal. 104:24-30), y por otra, a la fuente sustentadora de esa vitalidad que no es otra que el mismo Dios en la persona del Verbo, nuestro Señor Jesucristo (Jn. 1:1-4; Col. 1:16-17; Heb. 1:3; 1 Jn. 1:1-2). Pero además de este sentido genérico de la palabra «vida» referida a Dios, -que viene siendo abordado y definido con acierto a través de la, aún en ciernes, teología integral, por medio de una de sus propuestas metodológicas centrales denominada «vitalismo espiritual»-, existe una aplicación muy específica e importante de este término que, más que con Dios, tiene que ver obviamente con el ser humano. Esta no es otra que aquella que define la vida como la participación y comunión íntima del hombre con Dios, hecha posible en virtud de la obra redentora de Cristo en la cruz, al punto que: «El que tiene al Hijo, tiene la vida; el que no tiene al Hijo de Dios, no tiene la vida» (1 Jn. 5:12), de modo tal que a pesar de que el hombre pueda disfrutar de la vida física determinada por los procesos biológicos comunes a todos los seres vivos, de poco le sirve si no está reconciliado con Dios por medio de Cristo, pues está muerto en este sentido particular (Efe. 2:1, 5), y completamente «alejado de la vida que proviene de Dios» (Efe. 4:18). A los que han alcanzado esta calidad de vida, descrita por Cristo como «vida... en abundancia» (Jn. 10:10), Dios les franquea nuevamente el acceso al «árbol de la vida» que había sido vedado en el principio (Gén. 3:22-24).

Dichosos los que lavan sus ropas para tener derecho al árbol de la vida....

Apocalipsis 2:7; 22:14 NVI

3

de abril

El dominio propio

«VENCE el que se vence»

ADAGIO LATINO

El dominio sobre sí mismo, y particularmente sobre los impulsos procedentes de lo que la Biblia designa como «la carne» o la «naturaleza pecaminosa» (Gál. 5:19-21), heredada de nuestros primeros padres por todos y cada uno de los seres humanos en virtud del también llamado «pecado original»; es uno de los triunfos o victorias más significativas y valiosas aportadas a la experiencia diaria del creyente por la fe en Cristo Jesús (Rom. 7:14-25). De hecho el dominio propio es uno de los rasgos del cristiano que más se aprecian en la Biblia, cerrando con broche de oro la lista de cualidades humanas tan características y especiales que se hallan comprendidas por el fruto del Espíritu Santo (Gál. 5:23), siendo al mismo tiempo un importante escalón en esa secuencia ascendente y acumulativa de rasgos que el apóstol Pedro nos exhorta a ir adquiriendo y acrecentando día a día sin cesar en la medida en que vamos madurando en la fe, para poder sortear el peligro de llegar a ser «... inútiles e improductivos» en la obra de Dios (2 P. 1:5-8). Pero la idea que transmite la expresión «dominio propio» no es exactamente la de una actitud pasiva, temerosa, pusilánime, cobarde o tímida ante la vida, ni tampoco se limita a señalar tan solo la facultad para refrenar con éxito las actitudes negativas procedentes de la naturaleza pecaminosa; sino que consiste también en la disponibilidad de un gran poder o fuerza interior sobre la cual ejercemos completo control: «Pues Dios no nos ha dado un espíritu de timidez, sino de poder, de amor y de dominio propio» (2 Tim. 1:7). La persona inmadura y con encubiertas debilidades de carácter suele empeñarse en suplir estas debilidades tratando de controlar o de dominar a los demás. Muchos de los grandes conquistadores de la humanidad lograron dominar a los demás por la fuerza, o la intimidación; pero nunca pudieron dominarse a sí mismos, brindando un lastimoso cuadro en lo que tiene que ver con su carácter personal, a pesar de la gloria que la historia les tributa. Por eso la Biblia tiene en más estima el dominio propio que la fuerza y la capacidad de conquista sobre los demás (Ecl. 9:16-17)

Más vale ser paciente que valiente; más vale dominarse
a sí mismo que conquistar ciudades.

Proverbios 16:32 NVI

4
de abril

La verdadera seguridad

«SE DICE que la seguridad pierde al hombre y esa paradoja contiene una de las mayores verdades de su existencia. Es curioso que los padres, para el porvenir de sus hijos,... aspiren a la seguridad... ¿a costa de qué?: de iniciativas, de movilidad, de viveza, de riesgo, de progreso. Es decir a costa de aquello que de más humano tiene el hombre»

ANTONIO GALA

El hombre suele buscar su seguridad en cosas accesorias, contingentes e inciertas como el dinero, la estabilidad laboral, el prestigio, las posiciones, la educación o la presunción de permanencia. Nada de esto es de desechar, pero toda seguridad que se fundamente en ello es muy frágil y engañosa, pues la verdadera seguridad se asocia con Dios, que es quien en últimas provee los medios que otorgan algún grado de seguridad en esta vida (Dt. 12:10; Job 11:13-19), pero que muchos terminan buscando como fines en sí mismos. David admitía que solo refugiándose en Dios se sentía seguro (Sal. 61:4; 71:5; 102:28), y en el Nuevo Testamento los apóstoles Pedro y Pablo refieren su seguridad respectivamente a la Palabra de Dios (2 P. 1:19), y al inmutable carácter divino expresado en el amor que Dios profesa hacia sus hijos (Rom. 8:38; 2 Tim. 1:12). Debido a ello debe ser Dios quien establece las condiciones para disfrutar de seguridad en este mundo (Lv. 25:18-19), pues esta es simple consecuencia de la bendición divina (Lv. 26:5). Por otra parte, es importante tener en cuenta que la seguridad que Dios provee no consiste por lo pronto en que las circunstancias siempre nos sean favorables, sino en la certeza de que él siempre está en control de ellas cualesquiera que sean, de tal manera que estas nunca le toman por sorpresa, permitiendo así que podamos confiar y tener seguridad «a pesar de», estableciendo una diferencia con aquella seguridad que se basa en las circunstancias externas y que de darse, termina fomentando una confianza ociosa y conformista (Jc. 18:7), que contiene en sí misma el germen de su destrucción (1 Cor. 10:12; 1 Tes. 5:3). El espíritu del mundo afirma que «seguro mata a confianza», pero el Espíritu de Dios declara que es la confianza en sus promesas temporales (es decir, para este tiempo), pero sobre todo en las eternas, la que da pie a la seguridad final del creyente.

Mediante la promesa... Tenemos como firme y segura ancla del alma una esperanza que penetra... hasta donde Jesús... entró por nosotros.

Hebreos 6:18-20 NVI

5
de abril

Revelación general y especial

«EL SENTIMIENTO más natural, que una mente bien dispuesta percibirá...
es un ardiente deseo y expectativa de que el cielo tendrá el placer de di-
sipar o, por lo menos aliviar, esta profunda ignorancia al permitir alguna
revelación más particular a la humanidad»

DAVID HUME

Hume fundamentó el escepticismo moderno que llegó a mermar la confianza de
la ciencia naturalista en su propio método al impugnar y cuestionar el entendimiento clásico que se tenía de la causalidad[24], pero sus efectos negativos más notorios se
dieron en el campo de la religión al pretender dejar a la fe sin ningún apoyo meta-
físico o sobrenatural. Pero la incertidumbre y el sin sentido al que nos vemos arro-
jados por sus ideas lo llevó a confesar su anhelo por lo que él llamó una «revelación
más particular». Justamente, la teología reconoce dos tipos de revelación: la general
y la especial. La primera es común a todos los seres humanos, al punto que ninguno
de ellos puede dejar de apreciarla o carecer de acceso a ella de manera intuitiva e
inmediata. La segunda es esa revelación particular a la que aspiraba Hume que adquiere forma concreta en la Biblia y en Jesucristo (Jn. 1:14-18; 2 Tim. 3:16-17; 2 P.
1:20-21), y que tiene su campo de acción particular en la iglesia, el conjunto de los
que creen en ella y la aceptan por lo que es. La revelación especial es, en efecto, una
revelación muy particular que, no obstante, incluye, avala, contiene y supera a la
revelación general, puesto que mediante esta última tan solo se puede adquirir un
conocimiento general acerca de Dios al ver en la naturaleza y en el universo multitud de efectos que, evaluados desprejuiciadamente por la mente del creyente de una
manera por demás razonable, requieren de una Causa: Dios, dando así pie a la
doctrina de la creación (Gén. 1:1; Sal. 19:1-6; 104; Isa. 45:18; Hc. 14:15-17; Rom.
1:19-20). Pero es mediante la revelación especial que se obtiene acceso personal a
Dios, pudiendo establecer con Él una relación mutua de intimidad en los mejores
términos posibles con base en la reconciliación provista por Él a través de Cristo, tal
como lo revelan las Escrituras y lo demuestra la historia y la experiencia de muchos
(2 Cor. 5:19-21; 2 Tim. 3:15), justificando de sobra esta reacción:

*... Jesús, lleno de alegría... dijo: Te alabo, Padre... porque habiendo
escondido estas cosas de los sabios e instruidos, se las has revelado a los que
son como niños... porque esa fue tu buena voluntad.*

Lucas 10:21 NVI

6
de abril

La reprensión y la adulación

«Cuanto más queremos a nuestros amigos, menos los lisonjeamos»

Molière

Thomas Paine decía que en vista de «las historias obscenas, las orgías voluptuosas, las ejecuciones crueles, la venganza implacable que llenan más de la mitad de la Biblia...» esta debería ser considerada «... una historia de maldad que ha servido para corromper y embrutecer al género humano». Siempre han existido personas que argumentan que las historias bíblicas son poco edificantes. El teólogo R. C. Sproul ante la acusación de uno de sus oyentes en el sentido de que el mensaje de la Biblia era obsceno y primitivo, respondió que, efectivamente, la Biblia era exactamente eso: obscena y primitiva. No podría ser de otro modo considerando la naturaleza pecaminosa del hombre, cuyas historias más truculentas y escabrosas quedaron registradas allí como situaciones de hecho sin que por ello deba presumirse que son aprobadas o tan siquiera toleradas por Dios. Por el contrario, si han quedado consignadas fue para reprenderlas y advertirnos gráficamente sobre las consecuencias del pecado (1 Cor. 10:6). En esta época de eufemismos que suavizan todo lo que no queremos escuchar o mencionar por su nombre porque nos parece «muy crudo», no podemos acercarnos a la Biblia con el deseo de escuchar lo que nos agrada o lo que nos conviene. Dios nos ama y precisamente por eso no está dispuesto a tratar lisonjeramente a la humanidad. Él mismo ha dicho «A fin de cuentas, más se aprecia al que reprende que al que adula» (Pr. 28:23). Confrontar la verdad de nuestra naturaleza pecaminosa no es grato, pero es necesario para poder apreciar y aplicar la solución que Dios en su amor ha provisto para el pecado. Definitivamente, no acudimos a la iglesia para oír lo que queremos sino lo que necesitamos oír. El Señor acusó a los falsos profetas que aplicaban «paños de agua tibia» a los problemas de fondo del pueblo: «han engañado a mi pueblo diciendo: '¡Todo anda bien!', pero las cosas no andan bien; construyen paredes endebles de hermosa fachada. Pues... sus fachadas se vendrán abajo...» (Eze. 13:10-16). En consecuencia, quienes piensan como Paine son personas prejuiciadas que temen verse reflejadas y expuestas por la Biblia.

La luz vino al mundo, pero la humanidad prefirió las tinieblas... porque sus hechos eran perversos.

Juan 3:19 NVI

7

de abril

Dios como ídolo

«POR ESO pido a Dios que me libere de Dios»

MAESTRO ECKHART

Ludwig Feuerbach sostenía que Dios es solo una imagen, un doble imaginario del ser humano, una idea creada por nosotros en la cual proyectamos nuestra propia realidad, nuestros propios atributos humanos idealizados y que, por lo tanto, el verdadero dios es el ser humano. Así, pues, si la Biblia dice que Dios creó al hombre a su imagen y semejanza (Gén. 1:26-27), Feuerbach termina diciendo que fue el hombre quien creó a Dios a la suya propia. A pesar de su equivocación, la idolatría sí es, en efecto, la adoración que el hombre rinde a dioses creados por él mismo, a su imagen y semejanza (Sal. 115:2-8; 135:15-18; Isa. 44:9-20). Porque por la forma en que este pensador alemán se refirió a Dios, describiéndolo como si se alimentara del ser humano y lo despojara de sus atributos más propios y nobles, es claro que confundió a Dios con los ídolos, pues atribuía a Aquel lo que hacen estos y por eso, en mala hora, terminó renegando de Dios. La iglesia ha tenido responsabilidad en ello al predicar a veces a un dios que no es el Dios vivo y verdadero revelado en la Biblia. También la iglesia ha sido dada a través de la historia a erigir ídolos. No solo esa parafernalia de estampas, esculturas, cuadros y reliquias del catolicismo romano, sino también ideas y conceptos distorsionados de la deidad que no le hacen justicia a Dios. Esto explica lo dicho por el maestro Eckhart, quien pedía al Gran Dios vivo y verdadero que lo liberara de los pequeños y limitados dioses o ídolos que se quieren hacer pasar por Él, aún en la iglesia. La prohibición bíblica dada por Dios a su pueblo: *No hagáis conmigo dioses de plata, ni dioses de oro os haréis* (Éxo. 20:23 RVR), se entiende no solo como la orden de no erigir ídolos *junto* a Él (BJ), a su lado; sino, literalmente, *con* Él. Es decir imágenes que utilizando el nombre de Dios estén realmente promoviendo ídolos. Debemos entonces tener cuidado aún con las imágenes que utilizamos para referirnos a Dios, puesto que: *Satanás ha creado una cultura de la imagen... Las imágenes suelen conducir a la idolatría* (Silva-Silva). Mantienen toda su actualidad las siguientes palabras del decálogo:

> *No te hagas ningún ídolo... que guarde semejanza*
> *con lo que hay arriba en el cielo... ni los adores.*

Éxodo 20:4-5 NVI

Las dos opciones del hombre libre

«TODO ADULTO, por desdichada que haya sido su infancia o por mucho que lo limiten sus hábitos, es libre de decidir el rumbo de su vida. Decir que Hitler, o que cualquier criminal, no eligieron el camino del mal sino que fueron víctimas de su crianza equivale a anular la moralidad y todo debate sobre el bien y el mal. Semejante punto de vista no explica por qué otras personas en circunstancias similares no se convirtieron en un Hitler. Peor aún, decir: 'No es su culpa; no era libre de elegir', es despojar a la persona de su humanidad...»

RABINO HAROLD KUSHNER

La evidencia abundante de personas sometidas a condiciones similares pero con rumbos diametralmente diferentes en la vida echa por tierra la conocida frase de Rousseau: *el hombre nace puro y la sociedad lo corrompe.* Viktor Frankl, psiquiatra judío sobreviviente de los campos de concentración nazis se dio a la tarea de observar y registrar desde una perspectiva científica la conducta de los hombres sometidos a las inhumanas condiciones de un campo de concentración y llegó al convencimiento de que *Al hombre se le puede arrebatar todo salvo... la última de las libertades humanas -la elección de la actitud personal ante un conjunto de circunstancias- para decidir su propio camino».* En efecto, continua diciendo Frankl que *o bien se reconoce la libertad decisoria del hombre a favor o contra Dios,... o toda religión es un espejismo.* Concluye Frankl diciendo que *En los campos de concentración,.. aquel laboratorio vivo,... observábamos y éramos testigos de que algunos de nuestros camaradas actuaban como cerdos mientras que otros se comportaban como santos. El hombre tiene dentro de sí ambas potencias; de sus decisiones y no de sus condiciones depende cuál de ellas se manifieste... hemos llegado a saber lo que realmente es el hombre. Después de todo, el hombre es ese ser que ha inventado las cámaras de gas de Auschwitz, pero también es el ser que ha entrado en esas cámaras con la cabeza erguida y el Padrenuestro o el Shema Yisrael en sus labios.* Lo cierto es que hoy, al igual que en Edén, el ejercicio de nuestra libertad sigue, en últimas, reducido solo a dos opciones:

> *Hoy les doy a elegir entre la bendición y la maldición:*
> *bendición, si obedecen... maldición si desobedecen.*

Deuteronomio 11:26-28 NVI

9

de abril

En el nombre del Señor

«ESTA revelación del nombre significa la disolución de todas las representaciones antropomórficas… El Nombre está en contra del ídolo»

PAUL RICOEUR

En la cultura semita los nombres propios son muy importantes y usualmente se asignaban aludiendo a alguna característica o coyuntura particular del nacimiento o de la vida de la persona en mención (Gén. 29:32-30:24). Por eso un cambio de nombre implicaba una transformación evidente y drástica en el carácter y las circunstancias de una persona y aún en el propósito de Dios para ella, tal como se puede observar en los más representativos ejemplos bíblicos, destacándose entre ellos Jacob, a quien Dios le cambió el nombre por el de Israel (Gén.32:27-28). Pero también podríamos mencionar a Abram, mejor conocido como Abraham (Gén.17:5), así como a Simón, a quien el Señor designó con el nuevo nombre de Pedro (Mt.16:17-18), y el fariseo Saulo de Tarso, el cual llegó a convertirse, por la gracia de Dios, en el gran apóstol Pablo (Hc.13:9). A raíz de esto, una de las maneras en que el pueblo de Dios está llamado a sortear el peligro de la idolatría consiste no solo en la prohibición de erigir imágenes reales o virtuales, antropomórficas o no, que pretendan incluso representar al mismo Dios (Éxo. 20:4-5, 23); sino también mediante la revelación e invocación del Nombre de Dios (Éxo. 3:13-14), puesto que la invocación del nombre evoca la persona y la autoridad ostentada por quien se identifica con el nombre en cuestión (Jn. 14:12-14; Hc. 9:15, 21). Es así como el nombre «Jesucristo» pronto dio paso entre la primera generación de cristianos al de «Señor» (Heb. *Adonai,* Gr. *Kyrios*), reservado solo para Dios en el Antiguo Testamento, como inobjetable conclusión de que Jesucristo es Dios, al punto que la invocación de su nombre (Jl. 2:32; Mr. 16:17; Hc. 2:21; 3:6; 4:7-10, 12; Rom. 10:13), se constituye desde entonces en uno de los datos esenciales del cristianismo gracias al cual se accede a la salvación y se operan milagros, recordando eso sí que la apelación al nombre de Cristo solo es eficaz entre aquellos que están relacionados con él por medio de la fe (Hc. 19:13-17).

Por eso Dios lo exaltó hasta lo sumo y le otorgó el nombre que está sobre todo nombre para que… toda lengua confiese que Jesucristo es el Señor.

Filipenses 2:9-11 NVI

Los errores del creyente

«LOS ERRORES suelen ser el puente que media entre la inexperiencia y la sabiduría»

PHYLLIS THEROUX

«CUANDO se comprende que la condición humana es la imperfección del entendimiento, ya no resulta vergonzoso equivocarse, sino persistir en los errores»

GEORGE SOROS

Uno de los eufemismos que el hombre moderno utiliza para eludir su responsabilidad mitigando el impacto del término «pecado», despojándolo de sus connotaciones éticas y morales, es la palabra «error». Si bien es cierto que, por definición, no todo error es necesariamente un pecado, en la existencia humana ambos se suelen mezclar y confundir con mucha facilidad. No en vano el rey David apelaba a Dios diciendo: «¿Quién está consciente de sus propios errores? ¡Perdóname aquellos de los que no estoy consciente!» (Sal. 19:12) En efecto, muchos errores son básicamente pecados cometidos por ignorancia, ya sea porque, incitados por el temor y la necesidad inmediata, racionalizamos, cuestionamos e ignoramos el mandato de Dios, incurriendo así en decisiones apresuradas y equivocadas (Gén. 12:1, 4, 10-13; Pr. 21:5); o porque al llevar a cabo una acción correctamente motivada, ignoramos u olvidamos el procedimiento correspondiente (Éxo. 2:11-12; Hc. 7:23-25; 1 Cr. 13:5-14; 15:1-15); o también debido a que somos negligentes al ignorar la importancia que un asunto tiene en el cumplimiento de nuestros deberes (1 S. 3:13). Dando entonces por cierto que «errar es humano», la sabiduría popular ha añadido que «perdonar es divino». Pero lo que sucede es que en muchos casos lo último se vuelve pretexto para lo primero (Rom. 3:8). Por eso resulta oportuno tener en cuenta el buen balance que nos brindan las dos citas aludidas arriba. Es verdad que aún nuestros pecados deben dejarnos lecciones positivas de conformidad con Romanos 8:28 «Dios dispone todas las cosas para el bien de quienes lo aman», pero también lo es que: «Ninguno que haya nacido de Dios practica el pecado...» (1 Jn. 3:9). Así, pues, el pecado puede ser algo ocasional en la vida del creyente, pero no la práctica continua de ella.

¿Vamos a persistir en el pecado, para que la gracia abunde?
¡De ninguna manera!....

Romanos 6:1-2 NVI

11
de abril

Devoción sin fe

«No CREO en ese sentimiento religioso... de afiliación, casi política, de un grupo religioso como si fuera un partido político... hay mucha 'devoción'... pero poca fe»

FEDERICO GALLO

Devoción sin fe parece un contrasentido. Pero siempre es factible que personas religiosas vivan su religión de manera marcadamente disfuncional, con mucha devoción pero con poca o ninguna fe. Y a pesar del lugar fundamental que la fe ocupa dentro del evangelio (Jn. 1:12; Rom. 10:8-10; Efe. 2:8; Heb. 6:1; 11:6), muchos supuestos «cristianos» son víctimas de esta anomalía con más frecuencia de la que estarían dispuestos a reconocer. Sucede habitualmente cuando la propia religión se ve sobre todo como un patrimonio o una herencia de familia, tribu, pueblo o nación que hay que defender a toda costa, utilizándola como un recurso para nutrir el sentido de pertenencia del sujeto y no como una posesión individual, un don de lo alto, que posibilita y determina la relación personal con Dios en los mejores términos posibles (Rom. 5:1). La fe se confunde o se sustituye así por una devoción mal entendida, dando cumplimiento a lo dicho por Elifaz: «Tú, en cambio, restas valor al temor a Dios y tomas a la ligera la devoción que él merece» (Job 15:4), equiparando esta última a un simple compromiso con una causa muy cercano a la filiación de tipo político o ideológico, que puede prescindir por completo de la experiencia religiosa por excelencia, aquella que es producto del encuentro con Dios, conocida en el contexto cristiano como conversión, arrepentimiento o nuevo nacimiento (Eze. 18:32; Jn. 1:13; 3:3-8; Hc. 15:3; 26:20), y se termina así estableciendo un terreno abonado para los más desmadrados fanatismos que optan por defender de manera agresiva lo que no comprenden realmente. Pero la fe y la devoción no pueden igualarse sin más, pues aunque están íntimamente relacionadas, la fe siempre debe tener prioridad sobre la auténtica devoción, precediéndola y fundamentándola en todos los casos, como se puede ver en esa sublime secuencia revelada por Dios por intermedio del apóstol Pedro, en la cual solo a partir de la fe se puede alcanzar la verdadera devoción y coronarlo todo con el amor.

... por eso, esfuércense por añadir a su fe, virtud...
entendimiento... dominio propio...constancia...
devoción a Dios... afecto fraternal; y... amor.

2 Pedro 1:5-7 NVI

Disfrutando del peregrinaje

«Una cosa es haber andado más camino y otra, haber caminado más despacio»

Agustín de Hipona

Antes de que los cristianos fueran llamados de este modo en la ciudad de Antioquía de Siria (Hc. 11:26), eran conocidos por el apelativo de *los del Camino* (Hc. 9:2; 19:9, 23; 22:4; 24:14, 22), tal vez en clara alusión a las palabras del Señor Jesucristo en Juan 14:6 en el sentido que Él es el camino, la verdad y la vida. En este orden de ideas, la vida cristiana es descrita como un peregrinaje emprendido por el creyente desde el momento de su conversión, en condición de extranjero en este mundo, hasta alcanzar la vida eterna en la patria celestial (Heb. 11:13-16). Pero si bien es cierto que el objetivo principal es alcanzar esta meta (Fil. 3:14), también lo es que en el proceso no debemos dejar de disfrutar del recorrido. El camino puede llegar a ser accidentado, pero aún así el peregrinaje puede no obstante deparar grandes satisfacciones antes de llegar al destino final. Muchos están tan afanados por llegar que no valoran el privilegio de poder emprender nuestro paso por este mundo a través de un Camino tan seguro, confiable y deleitoso como el que Dios nos ha provisto en la persona de Cristo (Isa. 35:8-10; Jer. 6:16). Juan Bunyan, el gran predicador y escritor puritano en la Inglaterra del siglo XVII escribió su clásica obra, *El Peregrino*, ilustrando y expresando de una manera metafórica, poética y colorida, no solo la llegada a la patria celestial, sino también y de manera especial, la emoción del recorrido con todas sus vicisitudes. Louis L'Amour decía que: *Lo importante no es el fin del camino, sino el camino. Quien viaja demasiado aprisa se pierde la esencia del viaje.* Es tan cierto esto que existen obras alusivas al tema, tal como la llamada *El arte de la peregrinación* en la cual su autor escribió, entre otras cosas, *Un viaje sin desafío no tiene significado... un viaje sin propósito no tiene alma.* Los judíos de la dispersión, que emprendían cada año el camino a Jerusalén con ocasión de las fiestas de la Pascua, Pentecostés y los Tabernáculos, recorrían la distancia que los separaba de la ciudad expresando su alegría durante el trayecto por medio de los salmos 120 al 135, llamados por ello «cánticos de los peregrinos». Y es que solo si disfrutamos del camino es probable que veamos en el trayecto el cumplimiento de lo dicho por David al respecto:

> *... cuando pasa por el valle de las Lágrimas*
> *lo convierte en región de manantiales...*

Salmo 84:5-7 NVI

13
de abril

La sabia locura

«LA VERDADERA locura quizá no sea otra cosa que la sabiduría misma que, cansada de descubrir las vergüenzas del mundo, ha tomado la inteligente resolución de volverse loca»

HEINRICH HEINE

En la tradición bíblica veterotestamentaria de los judíos la sabiduría ocupa un lugar central en la revelación de Dios al hombre. Justamente en la llamada «literatura sapiencial», entre la cual sobresale el libro de los Proverbios, se hace abundante mención de ella al punto que la sabiduría adquiere allí la forma de una persona que formula invitaciones y da convenientes consejos a todo el que acude dócilmente a escucharla y se dispone a adquirirla con humildad (Pr. 1:20; 7:4-5; 8:1-9:6), hallándose indisolublemente ligada a Dios desde la eternidad (Job 12:13; 28:12-28; Pr. 3:19; 8:22-31). En línea de continuidad, las posteriores tradición y teología cristianas neotestamentarias han identificado a esta sabiduría personificada en el Antiguo Testamento con la segunda persona de la Trinidad, el Verbo eterno, la Palabra de Dios encarnada en Jesús de Nazaret (Jn. 1:1-14), el Cristo, el Hijo de Dios hecho hombre, en quien habita corporalmente toda la plenitud de la divinidad (Col. 2:9), y de quien Pablo afirma: «… Cristo Jesús, a quien Dios ha hecho nuestra sabiduría…» (1 Cor. 1:30), respecto de quien ya había declarado categóricamente un poco antes que: «Cristo es el poder de Dios y la sabiduría de Dios» (1 Cor. 1:24). Pero esta «… sabiduría que desciende del cielo…» contrasta drásticamente con la sabiduría humana la cual, a pesar de sus logros e ínfulas desmedidas, no pasa de ser: «terrenal, puramente humana y diabólica…» (St. 3:13-17). Es por eso que Dios resolvió asombrar a la humanidad mediante el evangelio, calificado como una locura por el mundo (1 Cor. 1:18, 23; 2:14), no obstante lo cual ante él perece la sabiduría de los sabios y, al pretender compararse con la sabiduría divina, se convierte en absurda necedad y locura (Isa. 5:21; 29:14; 44:25; 1 Cor. 1:19-21; 2:1-5; 3:18-20; 8:2), pues: «la locura de Dios es más sabia que la sabiduría humana…» (1 Cor. 1:25). Los cristianos, entonces: «… hablamos sabiduría… no… de este mundo… Más bien, exponemos el misterio de la sabiduría de Dios…» (1 Cor. 2:6-9). Porque finalmente:

… la sabiduría queda demostrada por sus hechos.

Mateo 11:19 NVI

Al pan, pan y al vino, vino

«Cuando la actriz (sorda) Marlee Matlin... apareció en el programa 'Aventuras en el país de las maravillas'... a muchos televidentes les sorprendió escuchar la palabra 'sordo' en referencia al personaje de Matlin, pues se trata de un término que algunos consideran ofensivo. Pero Matlin asegura que a ella no le molesta en absoluto. 'La vida es demasiado breve para andarse con rodeos', señala. 'Un sordo es un sordo y no hay más vueltas que darle»

TV Guide

Una de las líneas de evidencia que sustenta la pretensión de la Biblia de ser inspirada por Dios, es su autoridad sin prejuicios. Esta evidencia se refiere al hecho de que la Biblia registra y señala, sin vacilar, aún el pecado de los mejores hombres, sin que exista ningún sesgo de parcialidad a favor del hombre. Es así como vemos, por ejemplo, que aunque el rey David es descrito como un hombre conforme al corazón de Dios, o dicho de otro modo, de su completo agrado (Hc. 13:22; 1 S. 13:14); también se señala con firmeza su pecado flagrante de adulterio y homicidio (2 S. 11:27-12:12). De ser la Biblia una obra meramente humana, sería de esperarse que tuviera una tendencia más o menos marcada a mitigar o aún a ocultar las manchas en el carácter de aquellos hombres que se distinguieron por su virtud, valentía o heroísmo, como en efecto sucede de una forma generalizada y que contrasta fuertemente con la narración bíblica en los anales históricos de otros pueblos de la antigüedad tales como los egipcios, los asirios, los caldeos, los persas, etc; en los cuales se aprecia que, a la par que se exaltan las virtudes de sus líderes, también se suavizan o callan sistemáticamente sus defectos y faltas. Como lo expresó bien el autor cristiano Charles Swindoll: *... la Biblia es un libro de realidades... no ensalza a los santos; dice la verdad acerca de ellos. Los pinta como son. Cuando actúan como hombres de Dios... los presenta como tales. Y cuando fracasan, descubre eso. La Biblia no anda con rodeos.* La vida es muy breve (St. 4:14) y por lo tanto urge que, para nuestro propio beneficio, Dios llame siempre las cosas por su nombre, de modo tal que toda la humanidad tenga que suscribir lo ratificado por el apóstol Pablo, citando lo dicho inicialmente por el salmista:

... Dios es siempre veraz, aunque el hombre sea mentiroso.

... por eso, tu sentencia es justa, y tu juicio, irreprochable.

Romanos 3:4; Salmo 51:4 NVI

15
de abril

Mirando hacia atrás

«Nunca puedo conocer y entender creyentemente más que mirando hacia atrás: por más que los acontecimientos fueron a veces penosos, resultaron realmente buenos… mediante la fe puedo descubrir en mi vida un orden, quizá incluso un gobierno… solo después puedo descubrir cuál era antes el sentido más profundo»

Hans Küng

Mirar nostálgicamente hacia atrás no suele ser una recomendación muy conveniente desde el punto de vista del evangelio (Gén. 19:17, 26; Ecl. 7:10; Lc. 9:62). Pero esta acción es censurable únicamente cuando responde a una actitud que se aferra necia e infructuosamente a lo que se ha dejado atrás (Lc. 9:59-61), pero no cuando se trata de hacer los cierres del caso en cada uno de los ciclos propios de la vida humana (1 R. 19:20-21). De hecho, al cristiano se le impone recordar el pasado con sus lecciones, no con nostalgia, sino con respeto y humildad, y al mismo tiempo con una mentalidad pragmática y responsable que se proyecte al futuro con optimismo, esperanza y compromiso. No podemos ignorar ni olvidar nuestras raíces, pues estas nos configuran de un modo u otro, para bien y para mal. Incluso Dios considera oportuno recordárnoslo de vez en cuando (Eze. 16:3-14), para que no olvidemos de donde nos sacó. Importantes teólogos contemporáneos recientes como O. Cullman y W. Pannenberg resaltan la importancia que el conocimiento de la historia tiene para la comprensión de la fe. Precisando un poco sus ideas tendríamos que decir que no se trata tan solo del conocimiento de la historia de la salvación (Cullman), o de la historia universal (Pannenberg), sino de nuestra historia, más exactamente de mi historia personal, porque si bien existe en la historia humana un a.C. (antes de Cristo) y un d.C. (después de Cristo) que cambia completamente la perspectiva que teníamos de ella, también existe en mi historia personal y en la de todo creyente, -no obstante haber nacido con posterioridad al evento de Cristo-, un a.c. (antes de la conversión) y un d.c. (después de la conversión), de tal modo que todos los acontecimientos penosos, fragmentarios, incoherentes, absurdos y sin sentido aparente que vivimos a.c. adquieren sentido, coherencia, ilación y propósito cuando los recordamos y evaluamos d.c., a la luz de la revelación del evangelio. Por eso:

Miren la roca de la que fueron tallados,
la cantera de la que fueron extraídos.

Isaías 51:1 NVI

16
de abril

La identidad y la apariencia

«Viste como vagabundo y actuarás como vagabundo; viste como caballero y actuarás como caballero. La ropa causa una impresión con la que hay que ser congruentes»

Jack Wood

Son de público dominio refranes populares como *El hábito no hace al monje* y *aunque la mona se vista de seda, mona se queda*, que echan por tierra lo afirmado en la cita de arriba. Pero el hecho es que en los dos puntos de vista hay una buena dosis de verdad, y ambas perspectivas se complementan mutuamente. Para poder conciliarlas necesitamos entender primero la noción de «identidad» y, en consecuencia, la diferencia entre «ser» y «parecer». Ciertamente, nuestra conducta o nuestra apariencia no determina lo que somos. Podemos «parecer» pero no necesariamente «ser». Es más, es imposible llegar a «ser» solo esforzándonos en «parecer». La Biblia habla de personas que *aparentarán ser piadosos, pero su conducta desmentirá el poder de la piedad* (2 Tim. 3:5), es decir que, aunque parecen, no son. En este sentido los refranes citados tienen razón. Pero al mismo tiempo lo que parecemos, -nuestra apariencia-, debe ser congruente con lo que somos, -nuestra identidad-. El hecho es que no solo hay que ser, sino también parecer. En ese orden. Primero ser para después parecer. Si invertimos la secuencia no funciona. Es por eso que Dios, antes que transformar nuestra conducta y hábitos pecaminosos, lo que hace es ofrecernos primero una nueva identidad en virtud de la *nueva creación* que Él lleva a cabo en nosotros: *Por lo tanto, si alguno está en Cristo, es una nueva creación.¡Lo viejo ha pasado, ha llegado ya lo nuevo!* (2 Cor. 5:17), todo ello mediante la fe: *... a cuantos lo recibieron, a los que creen en su nombre, les dio el derecho de ser hijos de Dios* (Jn. 1:12). Y entonces, una vez que somos constituidos hijos de Dios, él puede pedirnos con pleno derecho un comportamiento congruente y acorde con esta nueva identidad recibida, porque sabe que esta identidad es la que nos hace aptos, de manera fluida, natural o no forzada, para comportarnos de manera correcta y agradable ante sus ojos, de modo que la apariencia reflejada en nuestra conducta sea cada vez más consecuente con nuestra nueva identidad. Ese es el sentido auténtico de las porciones bíblicas que describen al creyente en términos de su vestidura.

Por lo tanto... revístanse de afecto entrañable y de bondad,
humildad, amabilidad y paciencia.

Colosenses 3:12 NVI

17
de abril

Mestizaje espiritual

«SIN DARSE cuenta, muchos grupos incorporan elementos exógenos... Lo que se formó en América Latina no fue el cuerpo de Cristo, sino un peligroso mestizaje espiritual que combina elementos de rito católico con religiones indígenas y africanas... Y muchas veces, lamentablemente... hasta camuflaje... la Biblia no permite concesiones a otros credos»

DARÍO SILVA-SILVA

El comportamiento de muchos cristianos profesantes está determinado con frecuencia por creencias sincréticas, eclécticas y aún ecumenistas, plagadas de riesgos en el propósito de preservar la integridad de conducta y doctrina que debe caracterizar al creyente, agravadas además por el hecho de que no se es consciente de ello. Si bien es cierto que para la sana convivencia en sociedad es imprescindible el respeto y la tolerancia con las opiniones ajenas, esto no implica que tengamos que contemporizar con ellas. Podemos y debemos adaptar el mensaje cristiano a las circunstancias que nos ha tocado vivir, pero no podemos acomodarlo a ellas puesto que no es lo mismo adaptación que acomodación. Adaptar es meter en contexto, sin hacer concesiones. Acomodar es hacer lo mismo, pero por medio de todo tipo de concesiones. El sincretismo, mezcla indiscriminada de creencias de la más diversa y disímil procedencia; y el eclecticismo, actitud que busca incorporar en un todo lo mejor de cada sistema de pensamiento, muchos de ellos sin nada en común, utilizando criterios muy subjetivos y cuestionables; siempre terminan haciendo lamentables concesiones a otros credos incompatibles con la doctrina cristiana. La ley judía contenía ilustrativas instrucciones sobre el cruce, la siembra, la yunta y las vestiduras (Lv. 19:19; Dt. 22:9-11), que nos advierten gráficamente sobre el peligro e inconveniencia de las mezclas, especialmente de carácter doctrinal (Efe. 4:14; Col. 2:8). «Juntos pero no revueltos» reza la sabiduría popular. En efecto, aunque estamos en el mundo, podemos con todo diferenciarnos del mundo por medio de la singularidad, firmeza y solidez de nuestras convicciones, sin hacer concesiones a los diversos sistemas promovidos por el mundo y antagónicos al cristianismo que buscan infiltrarse y camuflarse en él.

¿Qué tienen en común la justicia y la maldad?...
la luz con la oscuridad?... un creyente con un incrédulo?

2 Corintios 6:14-15 NVI

18
de abril

Dios a boca de jarro

«DIOS existe porque yo lo encontré, porque me tropecé bruscamente con él cuando ni siquiera lo buscaba»

ANDRÉ FROSSARD

Si bien hay que estar de acuerdo con Sir John M. Templeton cuando dice que: «los humanos buscando evidencia de Dios, se parecen mucho a una ola del océano buscando evidencia de que el océano existe», también lo es que, en realidad: «no hay nadie... que busque a Dios» (Rom. 3:11; Sal. 14:2; 53:2), y por eso sorprende que los creyentes puedan, no obstante, encontrarlo. La verdad es que encontrar a Dios no es, con frecuencia, producto de una búsqueda consciente y sistemática, sino el resultado de tropezar con Él a boca jarro, cuando lo que se está buscando a lo sumo no son más que los beneficios que proceden de Él tales como el propósito de la vida, el sentido de la existencia, la provisión material, la salud física, la eliminación de la culpa, la paz espiritual, la armonía interior, la reconciliación interpersonal o en síntesis: la plenitud de la vida. Pero una vez tropezamos de frente con Dios y nos vemos abocados sin más a reconocer su realidad sin atenuantes, sin salidas y sin ninguna posibilidad de esgrimir excusas o efectuar maniobras evasivas que nos permitan sacarle el cuerpo a esta inevitable confrontación (Gén. 28:16-19); la reacción que sigue es caer postrados, de rodillas, abatidos (Sal. 34:18; 147:3) y humillados por nuestra propia indignidad, por el peso de nuestro pecado que no es posible seguir negando con ejercicios paliativos, puesto que ante la santidad y majestad divinas el pecado resalta como nunca antes en toda su ofensiva fealdad y crudeza y no se puede seguir encubriendo impunemente. Pero de manera maravillosa, justo en esta lastimosa condición, Dios nos extiende su cetro de perdón (Sal. 51:17; Isa. 57:15-16), y nos permite sobrevivir al encuentro conservando la vida a la manera de Baruc (Jer. 45:5), o de Ester ante Asuero (Est. 4:11-5:2), obteniendo de paso, a modo de añadidura y contra todo pronóstico lo que ni en nuestras más optimistas predicciones hubiéramos podido anticipar: «vida... en abundancia» (Jn. 10:10), constituida por todos los beneficios asociados a Dios en grado superlativo, o lo que es lo mismo: «la plenitud de Dios» (Efe. 3:19). Adquieren así significado las siguientes palabras:

> *Deje que me hallaran los que no me buscaban;*
> *me di a conocer a los que no preguntaban por mí.*

Romanos 10:20 NVI

19
de abril

La duda en la mente

«EL ESCEPTICISMO significa, no solo la duda intelectual, sino la duda moral»

CARLYLE

«LA DUDA es más cruel que la peor de las verdades»

MOLIÈRE

La Biblia dice que *sin fe es imposible agradar a Dios* (Heb. 11:6), pero esto no significa que la fe resuelva y elimine toda duda. Hay una gran diferencia entre un escéptico incrédulo y un creyente que duda. Todos los grandes hombres de Dios registrados en el relato bíblico y en la historia posterior del cristianismo tuvieron periodos de duda en sus vidas, pero no por eso dejaron de ser reputados como hombres de fe. Debido a ello, pueden parecer contradictorias las repetidas y explícitas condenaciones que en las Escrituras se dirigen contra la duda. Así, encontramos al apóstol Pablo advirtiéndonos que ... *el que tiene dudas... se condena; porque no lo hace por convicción* (Rom. 14:23). De igual modo el apóstol Santiago nos dice en su epístola que ... *quien duda es como las olas del mar, agitadas y llevadas de un lado a otro por el viento* (St. 1:6), concluyendo de manera sentenciosa con la amonestación del Señor Jesucristo al apóstol Pedro: *-¡Hombre de poca fe! ¿Por qué dudaste?* (Mt. 14:31). Esta aparente discrepancia se explica al considerar que la fe en Dios no es un asunto del intelecto, sino del corazón (Rom. 10:9-10), que aunque no es contraria a la razón, si la supera y no puede por lo tanto reducirse a ella. Es posible entonces tener una firme e inconmovible convicción en el corazón, a pesar de que persistan las dudas intelectuales suscitadas por las circunstancias incomprensibles, algunas de las cuales es posible que permanezcan siempre en el misterio. Con todo, el hombre de fe puede continuar adelante a pesar de sus dudas razonables, confiando en que Dios tiene el control de lo que él no alcanza a comprender. La duda intelectual no es grave siempre y cuando no comprometa el corazón, como lo precisó el Señor Jesús en Marcos 11:23: ... *y no dudare en su corazón...* (RVR). Es por eso que Abraham, a pesar de sus evidentes dudas, puede seguir ostentando al calificativo de «Padre de la fe».

Contra toda esperanza, Abrahám creyó...
[y] no vaciló como un incrédulo, sino que se reafirmó en su fe.

Romanos 4:18, 20 NVI

20
de abril

Muerte, libertad y responsabilidad

«EL ALMA accede, por el tránsito de la muerte, a su propia libertad»

JACQUES DERRIDA

Uno de los elementos más rescatables de la filosofía existencialista moderna son sus amplias disertaciones sobre el sentido de la muerte, aunque desde la óptica cristiana no puedan compartirse muchas de sus conclusiones al respecto. Derrida, en la línea de Kierkegaard y Heidegger, especula de manera interesante sobre el elemento de sacrificio implícito en ella que puede matizarla y elevar su significado, dignificando la vida del ser humano en un ejercicio responsable de su libertad. Es, por tanto, importante notar que así como el Señor Jesucristo le dijo a Nicodemo que había un requisito o condición imprescindible para poder entrar al reino de Dios: la experiencia que la Biblia llama un «nuevo nacimiento» (Jn. 3:3-8), oportunidad que solo Dios puede concedernos pues depende por completo de su iniciativa (Jn. 1:13); las Escrituras también afirman que, de manera consecuente y simultánea, Dios también nos ofrece la posibilidad de morir anticipadamente al pecado y a la vida que antes llevábamos (Rom. 6:1-14; Efe. 4:22; Col. 2:20; 3:3-11), para disfrutar así de la libertad con la que Él nos hace libres (Gál. 5:1, 13). La regeneración y la muerte al pecado son, pues, las dos caras de la misma moneda. Con la ventaja de que únicamente en virtud de esta doble y simultánea experiencia podremos escapar de la verdadera sentencia de muerte definitiva e irrevocable. Aquella que la Biblia llama *muerte segunda* (Apo. 20:14-15), que será la que padecerán al final de los tiempos los que no se hallen inscritos por nombre en el libro de la vida, que no es otra cosa que el registro celestial de los que han nacido de nuevo. En otras palabras, en una combinación de maravillosas paradojas, las personas que solo experimenten el nacimiento físico-biológico, padecerán indefectiblemente dos muertes: la muerte física y la muerte segunda. Mientras que los que experimentan dos nacimientos: el físico-biológico y la regeneración espiritual, solo padecerán, en el peor de los casos, la muerte física, pues por haber muerto en vida al pecado, su esperanza cierta y segura es la de resucitar posteriormente en gloria para vivir eternamente con Cristo en plena libertad, convicción que debe motivar a los cristianos a que:

No ofrezcan los miembros de su cuerpo al pecado...
al contrario, ofrézcanse más bien a Dios como
los que han vuelto de la muerte a la vida...

Romanos 6:13 NVI

21
de abril

El temor

«EL TEMOR es capaz de mantenernos despiertos toda la noche, pero la fe es una magnífica almohada»

PHILLIP GULLEY

En la Biblia encontramos, entre otros conceptos paradójicos, el de la fe y el temor. El carácter paradójico que ostentan se debe a que, si bien en términos generales la fe y el temor son nociones enfrentadas entre sí, no por ello son mutuamente excluyentes, ya que la fe implica una forma particular de temor: el temor de Dios, señalado en la Biblia como el principio del conocimiento (Pr. 1:7). Sin menoscabo del temor racional y lógico que el hombre experimenta como parte de su instinto de conservación ante amenazas reales a su vida y a su integridad, en las Escrituras se utilizan tres términos diferentes que se traducen indistintamente como «temor». Dos de ellos son el hebreo «pahad» y el griego «fobos», que designan ambos un temor servil, compulsivo e irracional, o lo que es lo mismo: miedo, terror o pavor. Este temor asume formas muy variadas (v.g. las múltiples fobias existentes), muchas de ellas indiscutiblemente patológicas, pero su origen se puede seguir hasta la conciencia de culpabilidad que todo hombre experimenta en mayor o menor grado a causa del pecado y el consecuente temor al castigo bajo el cual se siente existencialmente amenazado: «... El que teme espera el castigo...» (1 Jn. 4:18). Esta condición genera una sensación de vulnerabilidad que se constituye en terreno abonado para las maquinaciones de Satanás y los demonios en contra del ser humano (Job 3:25; Pr. 10:24; Jn. 10:10; 1 P. 5:8). Pero en contraste, la palabra hebrea «yi'ra», que también se traduce como temor «–No tengan miedo... Dios ha venido a ponerlos a prueba, para que sientan temor de él y no pequen» (Éxo. 20:20), hace alusión a un temor reverente y confiado, es decir, el «temor de Dios», definido por Scofield precisamente como: «confianza reverente acompañada de odio contra el mal». Este temor es el fundamento de la fe en Dios y nos libra de los temores serviles y compulsivos ya mencionados previamente (1 Jn. 3:20-21; 4:16-18; 5:18), de manera que podamos dormir tranquilos y confiados en que Dios tiene a su cargo nuestra causa, de manera personal (Sal. 127:2).

Yo me acuesto, me duermo y vuelvo a despertar,
porque el Señor me sostiene.

Salmo 3:5 NVI

De rodillas ante Dios

«Todo lo que se necesita es una gran catástrofe para poner a una nación de rodillas»

Ravi Zacharias

La tragedia del 11 de septiembre dio lugar en los Estados Unidos a una escena generalizada, aludida por el pastor Darío Silva-Silva con la expresión «El Tío Sam de rodillas» y descrita así por el mismo autor: «el espectáculo más notable derivado de la tragedia septembrina fue ver al Tío Sam postrado humildemente ante su Dios, como cumpliendo la afirmación de Einstein de que el hombre solo es grande cuando está de rodillas». Estar de rodillas es una postura que indica humillación por parte de quien la asume hacia otro a quien se considera superior y digno de recibir este tipo de demostración (Lc. 5:8; Efe. 3:14), al tiempo que se espera de él misericordia y alguna gracia especial. Es, entonces, natural que esta sea la postura clásica asociada a la oración (1 R. 8:54; Esd. 9:4; Lc. 22:41; Hc. 9:40; 20:36; 21:4). Y puesto que las rodillas son un punto de apoyo primordial para el cuerpo humano, el temblor en las rodillas se considera, pues, una señal de debilidad (Sal. 109:24; Dn. 5:6; Nah. 2:10). Pero, en la perspectiva bíblica, fortalecer las rodillas que flaquean (Job. 4:3-4) no significa afirmarlas de tal modo que se pueda sin más permanecer de pie, bien plantado en su lugar; sino más bien llevarlas a doblarse con decisión en humilde postración ante Dios, reconociendo la profunda necesidad que se tiene de Él, e invocando con espíritu contrito su misericordia y su favor. Solo después de este fundamental ejercicio puede el ser humano ponerse de pie para continuar andando sin temor y con toda confianza la jornada de cada día en la dirección correcta. Justamente, los trágicos episodios dolorosos de la vida y de la historia humana, pueden asimilarse en muchos casos a actos disciplinarios por parte de Dios o simplemente a ocasiones que, con todo y ser penosas y nada agradables en el momento, si logran llevarnos a doblar nuestras rodillas de nuevo ante Él no habrán sido perdidas sino que, por el contrario, habrán incluso valido la pena: «Por tanto, renueven las fuerzas de sus manos cansadas y de sus rodillas debilitadas. «Hagan sendas derechas para sus pies», para que la pierna coja no se disloque sino que se sane» (Isa. 35:3; Heb. 12:11-13). Con todo esto en mente, debemos imitar al apóstol, quien no esperaba a las catástrofes para actuar de este modo siempre:

Por esta razón me arrodillo delante del Padre.

Efesios 3:14 NVI

23
de abril

El sacrificio

«Es NOBLE el poder renunciar a la porción de felicidad propia... pero, después de todo, este sacrificio de sí mismo tiene que ser por algún fin. El sacrificio no es su propio fin... ¿Se llevaría a cabo el sacrificio si el héroe o el mártir no creyeran que sirve para librar a otros de la necesidad de sacrificios similares?»

JOHN STUART MILL

Desde una perspectiva cristiana y al margen de que estemos o no de acuerdo con el utilitarismo defendido por J. Stuart Mill, lo dicho arriba no puede discutirse. La reciente disciplina de la fenomenología de la religión ha demostrado que todas las religiones de la historia de la humanidad incluyen alguna forma de sacrificio ritual, ya sea que este se lleve a cabo de manera literal o simbólica en el presente, o se haya llevado a cabo así en el pasado histórico de cada religión particular. Ahora bien, el cristianismo no es sacrificial (Mt. 9:13; 12:7), a diferencia del judaísmo del Antiguo Testamento, ya que Cristo nos sustituyó y llevó a cabo el único sacrificio requerido en la cruz del calvario y por lo tanto ha librado a la humanidad de sacrificios similares, innecesarios e insuficientes (Heb. 7: 26-27; 9:12, 26; 10:12, 14). Muchos personajes del Antiguo Testamento lo intuyeron y anunciaron de este modo anticipadamente (Sal. 40:6; 51:16-17; Ose. 6:6), pero esto no nos exime de llevar a cabo ciertos sacrificios virtuales que no añaden ni quitan nada a la obra consumada por Cristo en la cruz, pero que, además de honrar al Dios que nos salvó, redundan tarde o temprano en el beneficio de quien los ofrece. Estos son el sacrificio de alabanza (Heb. 13:15), es decir, confesar el nombre de Dios aún en los momentos difíciles en los que demanda un sacrificio de la voluntad. El sacrificio de todo nuestro ser (Rom. 12:1-2; 6:12-14), que consiste en un acto de entrega, rendición total y obediencia voluntaria e incondicional a Dios, en oposición a la conducta y los valores promovidos por el mundo; y el sacrificio de aroma grato, que es aquel por medio del cual Dios nos lleva triunfantes en Cristo y por medio de nosotros, en particular de nuestros actos de amor y generosidad (Efe. 5:2; Fil. 4:18), esparce la fragancia de su conocimiento en todas partes, para bien preferiblemente, pero también para mal (2 Cor. 2:14-16). Sea como fuere:

... somos santificados mediante el sacrificio del cuerpo de Jesucristo,
ofrecido una vez y para siempre.

Hebreos 10:10 NVI

24

El orden y las ordenes

«La propensión del hombre al orden se funda en la confianza o la fe de que la realidad en definitiva está 'en orden, es 'correcta', 'tal como debe ser'... Insistir en su realidad... ya es de por sí un acto de fe»

Peter Berger

Nuestro universo ordenado ha suscitado siempre la inevitable pregunta por Dios entre físicos y astrónomos a través de la historia. Pero los cultivadores de la sociología, ciencia surgida a la sombra del positivismo de Comte, -menospreciador sistemático de la religión-, y desarrollada posteriormente en la línea del materialismo ateo de Marx; fueron por lo regular reacios a reconocer cualquier indicio que apuntara a Dios. Por eso sorprende que hoy representativos sociólogos de la religión consideren que la propensión del hombre al orden es un «signo de la trascendencia», expresión que nos remite a Dios. La palabra «orden» es rica en significados. Posee tanto género femenino como masculino. Por un lado está la orden que indica una instrucción de obligatorio cumplimiento. Y por el otro está el orden que designa la organización o disposición de los elementos de un conjunto en función de una norma determinada. En la Biblia se revela un Dios de orden (1 Cor. 14:33, 40) que, en virtud de ello, nos imparte órdenes que al ser obedecidas, nos permiten vivir en paz y armonía con el orden de la realidad. Sin perjuicio de la doctrina de la creación ex-nihilo, es decir de la nada (Gén. 1:1), la creación es descrita enseguida como la labor de poner orden en medio del caos (Gén. 1:2-31). Asimismo, Dios estableció un orden social para facilitar la convivencia entre los hombres (Hc. 17:26), y también un orden para los eventos escatológicos (1 Cor. 15:23-24). En consecuencia sus mandamientos nunca son arbitrarios, sino que reflejan el orden o la estructura de su creación. Es, pues, el orden el que fundamenta la orden. Y al margen de diferencias de grado, todos tendemos en mayor o menor medida al orden de modo natural (Lc. 1:1-4; Hc. 11:4). Pero es solo la salvación de Cristo la que puede poner en cabal orden la vida del individuo, pues el orden sacerdotal según el cual Él vino a restablecer el orden en la tierra en su condición divina/humana, es superior a cualquier precario orden alcanzado por meras y defectuosas instancias humanas (Heb. 6:20; 7:11). La fe y el orden van así juntos en la vida, como lo deja ver el apóstol Pablo:

... me alegro al ver su buen orden y la firmeza de su fe en Cristo.

Colosenses 2:5 NVI

25
de abril

Ceder el derecho

«Para complacer a mis hijos, les compré una pecera y dos carpas doradas idénticas. Un día, al levantarse, la niña encontró una de ellas flotando sin vida y de inmediato fue a avisarle a su hermanito: ¡Michael, ven a ver. Se murió tu pez!»

GINETTÉ BÉRUBÉ

La anécdota anterior registra de manera precisa la tendencia egoísta y ventajosa de nuestra naturaleza pecaminosa. Todos, en nuestro estado natural, somos en mayor o menor grado como esa niña. Si bien es cierto que el amor propio o auto estima son necesarios para una vida sana y equilibrada, de modo que podamos relacionarnos positivamente con los demás: «... Ama a tu prójimo como a ti mismo» (Mt. 22:39); también lo es que ceder nuestro legítimo derecho en situaciones conflictivas y poco claras demuestra humildad y grandeza de espíritu, además de demostrar de forma evidente que el Señor Jesucristo, en efecto, ha obrado transformaciones significativas en nuestra vida. El apóstol Pablo exhorta a los cristianos a que: «consideren a los demás como superiores a ustedes mismos» velando «... no solo por sus propios intereses sino también por los intereses de los demás» (Fil. 2:3-4), pasando luego a colocar como ejemplo supremo de esta actitud al Señor Jesucristo, afirmando finalmente que debido a ello: «... Dios lo exaltó hasta lo sumo y le otorgó el nombre que está sobre todo nombre» (Fil. 2:9). Ceder nuestro derecho exige asumir una actitud humilde, recordando las palabras del Señor cuando dijo: «... el que se humilla será enaltecido» (Mt. 23:12), como pudo comprobarlo el patriarca Abraham al ceder su derecho a favor de su sobrino Lot en la disputa territorial que se suscitó entre sus respectivos pastores (Gén. 13:7-11), solo para tener que acudir más adelante en su auxilio (Gén. 14:14-16), y recibir de Dios para sí mismo y sus descendientes un territorio poco fértil, pero que más adelante llegó a ser descrito como «tierra que fluye leche y miel» en virtud de la gran fecundidad y productividad que llegaría a ostentar. El apóstol Pablo dijo incluso que, entre hermanos en la fe, es mejor un mal arreglo que un buen pleito: «En realidad, ya es una grave falla el solo hecho de que haya pleitos entre ustedes. ¿No sería mejor soportar la injusticia? ¿No sería mejor dejar que los defrauden?...» (1 Cor. 6:7-8). Por eso:

Si alguien te pone pleito para quitarte la capa, déjale también la camisa.

Mateo 5:40 NVI

26
de abril

La responsabilidad histórica del creyente

«No hay genes corruptos ni violentos. No somos mejores ni peores por los genes, pero podemos ser mejores o peores por la historia»

Emilio Yunis

La responsabilidad en la historia es una obligación del cristiano. Pero la historia no es propiamente la que dicta la última palabra de manera inapelable, como lo promulga el llamado «historicismo», sino más bien el Dios que actúa en la historia, -justamente llamado el Señor de la historia-, que se encuentra por encima de ella como autor (Hc. 17:26), y actor principal de la misma, en virtud de la encarnación de Cristo como hombre (Jn. 1:14; Gál. 4:4-5), y a quien sí es posible apelar de manera personal, enhorabuena. En conexión con ello, se observa últimamente un renovado interés de los intelectuales por los condicionamientos históricos que influyen en la esencia y la identidad de los diferentes grupos humanos, relacionando las influencias que determinan las diferentes idiosincrasias de los pueblos, en libros de este talante: ¿Cómo somos? Los Colombianos, de Germán Puyana G. (2002); ¿Por qué somos así?, del genetista Emilio Yunis (2004); y Quiénes somos, de Samuel Huntington (2004), entre otros. Esta tendencia genera al mismo tiempo esperanza y cautela. Esperanza, porque solo a partir de lo que somos se puede entender lo que hacemos y lo que debemos hacer en el momento histórico que nos ha tocado vivir. Y cautela, porque las razones que supuestamente explican nuestra forma de ser pueden terminar utilizándose como justificaciones conformistas para seguir siendo como somos y por ende, actuando como actuamos, excusando nuestra mediocridad e incurriendo en censurables actitudes deterministas y fatalistas. La explicación se termina así usando como una disculpa que busca en vano eximirnos de nuestra responsabilidad, como lo vemos en el «darwinismo social» y la «sociobiología» con su absurda teoría del «gen egoísta». Porque en el evangelio no importa cuan determinantes puedan llegar a ser las influencias que definen nuestro ser, puesto que la conversión opera en el individuo un cambio drástico y favorable de identidad, creando y potenciando un nuevo ser plenamente facultado para asumir con ventaja su responsabilidad en la historia.

Por lo tanto, si alguno está en Cristo, es una nueva creación.
¡Lo viejo ha pasado, ha llegado ya lo nuevo!

2 Corintios 5:17 NVI

27
de abril

La pasión

«LO QUE nos atrapa es la pasión. Cuando un libro se escribe sin pasión, el lector pierde el interés. Cuando un equipo juega sin pasión, el partido resulta aburrido... para nutrir este apetito, recompensamos a quienes son capaces de estimular nuestras emociones al punto de hacernos volar: los actores, los atletas y los cantantes... ganan millones porque saben como despertar nuestra pasión»

BÁRBARA DE ANGELIS

La pasión podría definirse como la concurrencia de sentimientos y emociones intensas a causa y en pos de un objetivo determinado. Es posible entonces identificar pasiones nobles y pasiones pecaminosas. La Biblia condena estas últimas (Rom. 7:5; St. 4:1-3), urgiéndonos a no dejarnos arrastrar por ellas (2 Tim. 2:22; Col. 3:5), como corresponde a un verdadero cristiano (Gál. 5:24). Pero por otra parte, Jorge Eliecer Gaitán, hombre apasionado y generador de pasiones decía, citando a Kant, que la verdadera pasión debe ser crónica y no aguda, es decir, que la pasión debe hacerse manifiesta durante toda la vida de manera constante y no en algunos breves y ocasionales momentos de entusiasmo intenso pero momentáneo. Y es que las pasiones nobles difieren de las pecaminosas en que las primeras son dosificadas, continuas y crecientes, mientras que las segundas son desbordadas, desordenadas y caprichosas. El Señor demanda y espera una pasión crónica de sus hijos por la causa del Padre Celestial. Al fin y al cabo él ha mostrado una pasión ejemplar a través de la historia para salvar al hombre. La pasión de Cristo no se limita a la Semana Mayor, como muchos suelen creerlo. La pasión de Dios por el hombre comienza en el Génesis al prometer un redentor (Gén. 3:15), y continúa manifestándose crecientemente a través de apasionadas declaraciones y acciones divinas a favor de su pueblo a lo largo de todo el Antiguo Testamento (Dt. 4:31-35, 5:29; Isa. 49:15; Eze. 33:11; Ose. 11:8-9; Miq. 7.18-19), hasta la venida del Señor Jesucristo, expresión suprema de esta pasión (Jn. 3:16; Mt. 23:37; Lc. 19:41). Como lo dice Max Lucado. *La creación más grande de Dios es su plan para llegar a sus hijos. El cielo y la tierra no conocen una pasión mayor.* El cristiano que comprende esto, vivirá siempre su fe de manera fervorosa y apasionada, como Dios lo amerita.

... sirvan al Señor con el fervor que da el Espíritu.

Romanos 12:11 NVI

28
de abril

La nobleza del creyente

«La iglesia es una *aristocracia* del espíritu»

Alfonso Ropero

Entre todas las formas de gobierno que han desfilado por la historia humana, la aristocracia, es decir el gobierno de los nobles, sigue siendo sobre el papel una de las más benignas y convenientes. Si bien los privilegios de la nobleza se obtienen por herencia usualmente y no por elección popular, de tal modo que la aristocracia carece por lo general de la representatividad que poseen los gobiernos democráticamente elegidos; también lo es que la democracia busca, precisamente, colocar en el gobierno a los más capaces, los mejores, lo cual ha sido siempre en el fondo el objetivo de los gobiernos aristocráticos, pues la nobleza no debe entenderse simplemente como la posesión de títulos nobiliarios, sino más bien como la cualidad que se le reconoce y atribuye a alguien en vista de su magnanimidad, señorío, distinción, sentimientos elevados, capacidad o, en síntesis, lo que se conoce como calidad humana. La iglesia debe distinguirse justamente por esta noble calidad humana en todos los frentes de la vida, puesto que hemos sido constituidos por Dios, de manera por demás inmerecida, como una élite o nobleza espiritual. Y aquí sí que se aplica la conocida máxima del duque francés del siglo XIX, Gastón Pierre Marc: «la nobleza obliga». Es decir que estamos obligados por razón de nuestra privilegiada posición o «rango» espiritual a comportarnos de manera noble y responsable con los demás. Y aunque Dios nos haya concedido este privilegio sin que hubiera méritos de nuestra parte (1 Cor. 1:26-29), una vez en posesión de él debemos comportarnos a la altura. No en vano se dice que el mundo llama a los capacitados, pero que Dios capacita a los llamados (1 Cor. 4:2; 2 Cor. 3:5-6). La iglesia ha recibido mucho de Dios y en la misma medida debe fructificar, dar y responder (Mt. 10:8). Los evangelios abundan en pasajes que nos advierten solemnemente al respecto (Mt. 25:29; Lc. 12:47-48; 16:10-12; 1 Tim. 3:1-7, 10; 2 Tim. 2:1; St. 3:1), porque en últimas todos los cristianos: «somos embajadores de Cristo» (2 Cor. 5:20), y estamos en deuda con todos (Rom. 1:14; 13:8). Ya lo dijo el apóstol:

… ustedes son linaje escogido, real sacerdocio, nación santa,
pueblo que pertenece a Dios, para que proclamen las obras maravillosas
de aquel que los llamó de las tinieblas a su luz admirable…

1 Pedro 2:9-12 NVI

29
de abril

La obediencia por amor

«EL HOMBRE es una criatura que obedece a una criatura que ama»

VOLTAIRE

La anterior sentencia expresa un principio indiscutible de la naturaleza humana. Esto es, que la obediencia solo se otorga de buen grado a aquel que ha demostrado exhaustivamente que los mandatos que formula están motivados por el amor e interés sincero que profesa a la persona de la cual se espera la obediencia a ellos. Cuando se cumple esta condición, la obediencia es algo que surge de manera fluida, fácil y natural, como expresión de gratitud y correspondencia obvias. Este principio justifica en buena medida el hecho de que Dios hubiera permitido la caída en pecado de nuestros primeros padres, Adán y Eva, habiendo podido evitarlo en virtud de su presciencia y omnipotencia, con las consecuencias funestas que la humanidad ha lamentado desde entonces. En efecto, Dios es amor (1 Jn. 4:8-9), y creó al ser humano para que fuera objeto de su amor en una relación libre de íntima y mutua comunión, y sometimiento voluntario por nuestra parte (Jer. 31:3). Pero, por lo visto, la convicción y sinceridad que debería haber caracterizado este sometimiento del hombre hacia Dios era muy frágil, pues estaba basado solamente en el reconocimiento por parte de aquel de deberle su existencia a Este, pero no en la plena seguridad de haber sido creados en inmejorables condiciones existenciales como las que estaban vigentes en el jardín del Edén antes de la caída en pecado. En efecto, del relato del Génesis puede presumirse que Adán y Eva albergaban latentes e ingenuas dudas respecto a Dios que fueron muy bien explotadas por Satanás para inducir el pecado y la caída, pero Dios tenía previsto que solo de este modo podría finalmente mostrar sin lugar a dudas el amor que nos profesa, al enviar a su propio Hijo a morir por nosotros para redimirnos de nuestra actual condición caída (Ose. 11:4; Jn. 3:16, 15:13; Rom. 5:8), y una vez que adquirimos plena conciencia de ello, también puede esperar ser libre y plenamente correspondido por el hombre: *Nosotros amamos a Dios porque él nos amó primero* (1 Jn. 4:19), recibiendo de nosotros una obediencia completamente voluntaria, sin imposiciones de ninguna índole, de conformidad con lo dicho por el apóstol Juan en su evangelio:

El que me ama, obedecerá mi palabra...

Juan 14:23 NVI

Fanático o radical

«EL FANÁTICO cree que con la pureza de su voluntad y de sus principios se puede enfrentar con el poder del mal. Pertenece a la esencia del fanatismo perder de vista la totalidad del mal y como el toro lanzarse contra el trapo rojo en lugar de hacerlo contra su portador»

DIETRICH BONHOEFFER

«EL VALOR para morir por sus convicciones solo se concede a quien tiene el valor de vivir para defenderlas»

SHEILA CASSIDY

Atacar las convicciones de otros o defender las propias (1 P. 3:15) son, en su orden, las dos alternativas que hacen la diferencia entre el fanático y el radical. Los periodos históricos de fanatismo exacerbado por parte de la iglesia han desprestigiado de manera lamentable al cristianismo ante el mundo, de tal modo que este termina pensando que esta censurable actitud es la norma en el cristianismo. No se equivocó Xavier Zubiri cuando dijo que el fanatismo es hacer de la propia religión un ídolo. La Biblia afirma que el cristiano debe ser radical, pero no fanático. El fanático mata por sus ideas mientras que el radical muere por ellas. El contraste entre ambos lo encontramos en el episodio protagonizado en los inicios de la iglesia por el radical Esteban y el fanático Saulo de Tarso (Hc. 7). Al cotejarlos se pueden inferir algunos otros rasgos propios de ambas actitudes así: el fanático es temerario (Dt. 6:16; Mt. 4:7; Lc. 4:12), el radical es valiente (1 Tim. 6:11). El fanático lucha contra los «títeres», el radical contra el «titiritero» (Efe. 6:12). El fanático aborrece al pecador, el radical aborrece el pecado, pero ama al pecador (Mt. 18:15). El fanático critica, juzga y condena (Rom. 2:1-4); el radical reprende, disciplina y restaura (Pr. 27:5-6; Mt. 7:1-5; Heb. 12:6; Gál. 6:1). El fanático es jactancioso (Isa. 65:5; Pr. 16:5), el radical es humilde (Fil. 2:3-4). El fanático es inmaduro, el radical es maduro (1 Cor. 3:1-4; 1 P. 2:2; Heb. 5:12-14). El fanático es legalista (Col. 2:20-23), el radical es libre (Gál. 5:13). En fin, el fanático *parece* (2 Tim. 3:5), el radical *es* (Lv. 19:2). No debemos, pues, esperar a ser confrontados con el martirio para empezar a defender nuestras convicciones con radicalismo pero sin fanatismos.

... un siervo del Señor no debe andar peleando; más bien...
humildemente, debe corregir a los adversarios, con la esperanza de que
Dios les conceda el arrepentimiento para conocer la verdad...

2 Timoteo 2:24-26 NVI

1
de mayo

La maternidad

«EL CORAZÓN de la madre es la escuela del niño»

H. W. BEECHER

Decía J. L. Martín Descalzo: *...el amor es bastante más frecuente de lo que nos imaginamos. Lo que ocurre es que la bondad tiene muy poca prensa. Si una madre maltrata a su hijo, nos enteramos todos, y si 5 millones de madres se sacrifican por los suyos, nadie habla de ello. Y así acabamos pensando que solo existe lo que nos cuentan..* La gran importancia de la vocación maternal de la mujer ha sido hoy por hoy opacada por causa de su irrupción masiva en el campo laboral y profesional, en franca y abierta competencia con los hombres, al punto que las madres suelen avergonzarse cuando se les pregunta por su profesión u oficio, por tener que responder escuetamente: «hogar» o «ama de casa», expresiones que implican por lo general el ejercicio activo de la maternidad, como si esta ocupación fuera menos digna que el desempeño de una profesión formal. Pero los requisitos, la preparación y la responsabilidad necesaria para cumplir con éxito el rol de madre son mucho más exigentes que los requeridos para ejercer cualquier profesión reconocida. La esposa del sociólogo y predicador Antony Campolo lo ilustra muy bien cuando, ante la inevitable pregunta: *Y... ¿a qué te dedicas?*, formulada por exitosas mujeres profesionales en medio de reuniones sociales a las que solía acompañar a su esposo; ella respondía con gran fluidez diciendo: *Estoy socializando a dos homo sapiens dentro de los valores dominantes de la tradición judeocristiana, a fin de que lleguen a transformar el presente orden social en la clase de utopía escatológica que Dios ha deseado para nosotros desde la fundación del mundo.* Después de dar esta definición precisa y detallada del rol materno, a sus interlocutoras ya les quedaba muy difícil ostentar con sus respectivas profesiones presentándose tan solo como «abogadas» o «economistas». Es por eso que, a todas estas exponentes de la bondad, el amor y el sacrificio; a todas estas heroínas anónimas queremos hacerles un sentido y merecido reconocimiento a su labor en el mes de la madre. Al fin y al cabo, de no haber existido una de ellas bien dispuesta, nuestra salvación no habría sido posible.

Pero la mujer se salvará siendo madre y permaneciendo
con sensatez en la fe, el amor y la santidad.

1 Timoteo 1:15 NVI

La verdad

«Es TAL la fuerza irresistible de la verdad, que lo único que pide y lo único que necesita es libertad para mostrarse. El sol no necesita ningún rótulo para que se le distinga de la oscuridad»

THOMAS PAINE

«LA VERDAD entra en el espíritu con tanta facilidad que cuando la oímos por vez primera nos parece simplemente que no hacemos más que recordar algo que sabíamos de memoria»

FONTENELLE

Cristo hizo una declaración revolucionaria cuando dijo: *Yo soy... la verdad* (Jn. 14:6), pues la idea en boga durante su tiempo es la misma que ha dominado desde entonces en Occidente. Esto es, que la verdad es un asunto de los filósofos y que se trata por tanto de un concepto abstracto, intangible y muy elevado que hay que llegar a descubrir, propósito en el cual los únicos que pueden llegar a conocerla son solo los hombres ilustrados y especialmente dotados intelectualmente. Pero lo cierto es que la pregunta por la verdad, a pesar de ser intensamente debatida por los filósofos griegos, no había obtenido una respuesta satisfactoria (Jn. 18:38), ni accesible al común de la gente. Con su declaración Cristo desmintió la creencia de que la verdad *se descubre* después de una ardua y calificada dedicación, sino que más bien la verdad *se revela* a sí misma. E hizo además dos cosas que ningún filósofo había podido hacer. Dio una respuesta concreta y categórica a la pregunta y colocó la misma al alcance de todos los hombres (Jn. 18:37). En efecto, la verdad no es un concepto abstracto, difícil y limitado a unos pocos, sino *una persona*, Jesucristo, que por su misma condición personal trascendente, no limitada ni por el tiempo ni el espacio, puede ser conocida por todos los hombres sin excepción y sin importar su condición. Por lo tanto, en la intención de conocer la verdad no se trata, pues, de querer y no poder, sino de poder y no querer. En otras palabras, el problema no es la incapacidad o carencia de las facultades y recursos necesarios para hacerlo, como lo argumentan los librepensadores y agnósticos de nuestro tiempo, sino las actitudes prejuiciadas y las ideas preconcebidas que nublan el entendimiento y generan resistencia a aceptar lo que es obvio y claro para el espíritu.

El que esté dispuesto a hacer la voluntad de Dios
reconocerá si mi enseñanza proviene de Dios....

Juan 7:17 NVI

3

de mayo

Dios no existe, Dios es

«No existe un Dios que 'exista'... Dios 'es'...»

Dietrich Bonhoeffer

El existencialismo moderno con toda y su ya característica negación de Dios ha, sin embargo, establecido y aportado útiles categorías para tratar de expresar de manera teológicamente novedosa la diferencia o distancia entre el Creador (Dios) y la criatura. Una de ellas es no utilizar la palabra «existencia» para referirse a Dios, puesto que el verbo «existir» nos remite a una criatura o realidad que depende o participa de otra para poder ser. En otras palabras, desde el punto de vista de la etimología, todo lo que «existe» debe su existencia a un ser diferente anterior y superior a sí mismo. Por esta razón, hablando en rigor, Dios, el Creador cuya realidad no depende de nada ni de nadie más que de sí mismo no puede entonces «existir», pues atribuirle la existencia sería rebajarlo y ponerlo al nivel de sus criaturas. Heidegger distinguió entre el ser y el ente. Siguiendo esta línea el Creador sería entonces el Ser, mientras que las criaturas serían los entes. A la luz de todo esto, no se equivocó el teólogo Paul Tillich al designar a Dios como «el Ser en sí», «la profundidad del ser» o «el abismo del ser», a pesar de lo abstracto e impersonal que pueda sonar y lo insatisfactorio que pueda ser para el sentimiento religioso. De cualquier modo la Biblia no desmiente este enfoque pues la traducción literal del hebreo y el griego indica las preferencias por el verbo «haber» por encima de «existir» al aludir a Dios (2 S. 7:22; 1 Cr. 17:20; Heb. 11:6 RVR), además de que el nombre más personal con el que Dios se nos revela es: *YO SOY EL QUE SOY* (Éxo. 3:13-14). Nombre que Jesucristo se atribuyó con toda la propiedad, autoridad y legitimidad del caso en su condición de Hijo de Dios (Jn. 8:23-24, 28, 13:19; 18:5-6, 8), revelándonos de este modo su indisputada identidad divina, su unicidad y su unidad con el Padre por medio de afirmaciones que recurren a fórmulas plenas de significado, introducidas así con su nombre propio: *Yo soy...,* el pan de vida (Jn. 6:35, 48, 51); la luz del mundo (Jn. 8:12); la puerta de las ovejas (Jn. 10:7, 9); el buen pastor (Jn. 10:11, 14); la resurrección y la vida (Jn. 11:25); el camino, la verdad y la vida (Jn. 14:6) y la vid verdadera (Jn. 15:1).

Ciertamente les aseguro que, antes de que Abraham naciera, ¡yo soy!

Juan 8:58 NVI

La ira

«La ira es una sombría pasión; pero de ello no se sigue que no pueda existir una ira noble»

Sören Kierkegaard

Ira, cólera o enojo son diferentes formas de referirse a esa emoción humana inevitable que, ya sea que se exprese de manera desbordada y explosiva o refrenada y contenida, puede en cualquier caso ser destructiva. Pero esto no significa que las emociones en general -y la ira en particular- sean malas por sí mismas. La Biblia hace mención de la «ira de Dios», como uno de los atributos divinos asociados con su perfecta justicia. Y es aquí donde encontramos una clave para distinguir la ira legítima de la que no lo es. Esta clave consiste en que la ira que pretenda estar justificada, debe producir *la vida justa que Dios quiere*, condición que, lamentablemente, no se cumple en la generalidad de los casos (St. 1:20). Sin embargo, pueden existir excepciones y el creyente debe procurar que sus manifestaciones de enojo cumplan de tal modo estas condiciones que se puedan encuadrar dentro de este grupo. Es así como la ira de Moisés ante la idolatría del pueblo (Éxo. 32:19-20), y la ira del Señor Jesús ante la mala utilización que los judíos hacían del Templo (Mr. 11:15-17), estaban ambas plenamente justificadas, pues cada una de ellas buscaba producir la vida justa que Dios quiere (*no* a la idolatría y *no* al comercio deshonesto y utilitarista con las cosas sagradas). Una útil manera de verificar si nuestro enojo es legítimo es considerar si nuestra posición en relación con el asunto que lo ha generado puede sostenerse por sí sola con la fuerza de los argumentos, al margen de que estos se expresen airadamente, y entonces, en cuanto sea posible, prescindir de su expresión airada, pues como lo dijo Alejandro Casona: *No es más fuerte la razón porque se diga a gritos*. Muchos optan por la ira ante la imposibilidad de defender su postura con argumentos válidos. Bien se dice que *la diferencia entre una convicción y un prejuicio, es que se puede explicar una convicción sin montar en cólera*. La ira justificada, más frecuentemente llamada «indignación», debe estar respaldada por la razón aplicada a la búsqueda de los propósitos de Dios para la humanidad. Si no es así debe entonces evitarse o desecharse. Solo entonces estaremos en condiciones de comprender y obedecer lo dicho al respecto por el salmista:

Si se enojan, no pequen...

Efesios 4:26 NVI

5

de mayo

La verdadera fuente de la sanidad

«SOLO una persona puede curar a una persona»

MAX SCHELLING

Aunque en rigor no signifiquen lo mismo, sanar y salvar son términos tan cercanos entre sí en las Escrituras que en ocasiones son intercambiables el uno con el otro (Mt. 9:21-22; Mr. 5:23, 28, 34; 6:56; 10:52; Lc. 8:36, 48, 50; 17:19; 18:42). Por eso, teniendo en cuenta que salvar es algo que solo Dios puede hacer (2 R. 6:26-27; Sal. 49:7-8), sanar también es en últimas algo reservado a Él en la vida del creyente (2 R. 5:7). En otras palabras, no podemos ni salvarnos ni curarnos a nosotros mismos. La Biblia identifica a la única persona que hace posible nuestra salvación y curación (Isa. 53:4-5). Isaías no se presta a equívocos. Su anuncio apunta claramente a la segunda persona de la Trinidad, el Verbo hecho hombre en la persona de Jesús de Nazaret, crucificado, muerto y resucitado para nuestra salvación y curación (Lc. 19:10; 1 Tim. 1:15; Heb. 7:25). Porque la enfermedad física solo es un síntoma de la verdadera enfermedad: el pecado. Por eso, sin perjuicio de la participación y de los invaluables aportes de la ciencia médica y demás ciencias afines a estos temas; una sanidad consistente debe, sin embargo, comenzar por la solución divina provista para el pecado en la cruz del calvario. Solución que se aplica al creyente en el momento de la conversión: «Convertíos, hijos rebeldes, y sanaré vuestras rebeliones» (Jer. 3:22 RVR). El pecado es la enfermedad espiritual por antonomasia que agobia con todo el peso de la culpa al alma y al espíritu humano al punto que la enfermedad física es con frecuencia solo una consecuencia de aquel. Resuelto el primero es mucho más probable que se resuelva la segunda de manera fluida y natural, como se ve ratificado en la identificación y tratamiento de las llamadas «enfermedades psicosomáticas», es decir enfermedades del alma (psiquis) que afectan al cuerpo (soma). Cristo lo sabía bien y debido a ello daba prioridad a la salvación y al perdón de pecados antes que a la sanidad, pues una vez hecho lo difícil (el perdón y la salvación), lo fácil (la sanidad) se convertía casi en cuestión de trámite para Él (Mt. 9:2-8; Mr. 2:3-12; Lc. 5:18-26). Y en virtud de ello Cristo ha facultado a su iglesia para obrar en consonancia:

¿Está enfermo alguno de ustedes? Haga llamar a los ancianos de la iglesia para que oren por él… en el nombre del Señor… La oración de fe sanará al enfermo… Y si ha pecado, su pecado se le perdonará…

Santiago 5:14-16 NVI

La fe y la salud

«LA IDEA de que la práctica de una religión puede propiciar la salud no es nueva... Lo nuevo es que los beneficios de la fe se han vuelto objeto de investigación científica. 'No hay manera de probar científicamente que Dios cura; lo que si me parece susceptible de demostración es que creer en él tiene efectos benéficos... Es casi indudable que la fe y las prácticas religiosas saludables contribuyen a la mejoría de los enfermos»

PHYLLIS MCINTOSH

Es significativo y estimulante que la ciencia de hoy, metodológicamente atea y con una orientación espiritual mayoritariamente humanista; esté reconociendo y estudiando formalmente las evidentes incidencias objetivas que la fe en Dios tiene en el área de la salud. Aceptando las limitaciones propias de la ciencia para establecer concluyentemente que la sanidad de una persona dependa directamente de Dios y dejando así abiertas las posibilidades a otras explicaciones que prescindan de Dios, incluyendo a las que reducen la fe a un mero placebo; lo cierto es que el estudio científico de ese gran cúmulo de evidencias circunstanciales en las cuales la fe en Dios ha hecho una diferencia apreciable, demuestra sin duda que esta no es tan solo un ejercicio intelectual, volitivo o emocional (o todos juntos) vano y sin provecho y que, desde la perspectiva del creyente, Dios no es un ser impasible e indiferente al clamor de sus hijos. No es solo entonces que Dios sea una realidad necesaria desde el punto de vista de la razón, sino que este Dios es real en tal grado que está dispuesto a manifestar su buena voluntad, poder y favor de manera específica a los que confían en él y le buscan (Esd. 8:22-23; 2 Cr. 16:9; Sal. 69:13; Jer. 29:11). Hoy por hoy pocas personas dejarían de reconocer *razonablemente* que Dios se manifiesta a sí mismo con poder en su creación (Sal. 19:1-4; Rom. 1:19-20), pero muchos, sin embargo, ponen en duda *su voluntad* para manifestarse de igual modo en las circunstancias concretas de la persona. Hoy seguimos mostrando al respecto nuestras reservas junto con el leproso que le dijo a Cristo: *Si quieres, puedes...* a lo cual el Señor sigue respondiendo: *Sí quiero...* (Mr. 1:40-42)

Sin fe es imposible agradar a Dios, ya que cualquiera que se acerca a Dios tiene que creer que él existe y que recompensa a quienes lo buscan.

Hebreos 11:6 NVI

7
de mayo

La actitud festiva en la iglesia

«EL MUNDO no se pierde solo por falta de conocimiento y carencia de justicia. Este mundo corre el riesgo de acabarse porque falta fiesta... falta buena religión abierta al gozo de la vida»

XABIER PIKAZA

La fenomenología de la religión ha establecido que una de las más sanas y universales manifestaciones de la religiosidad humana es el entusiasmo, término que se define como esa atmósfera festiva y contagiosa que caracteriza cada reunión o asamblea de creyentes. Se explica que el sociólogo cristiano A. Campolo escribiera un libro con un muy expresivo título: El Reino de Dios es una fiesta. En él que argumenta que una de las más eficaces figuras para transmitir el evangelio es la idea de fiesta asociada a él. Incluso imágenes tan tradicionales en la Biblia como el año sabático, el año del jubileo (Lv. 25:1-17), el vocablo shalom e incluso el concepto de «reino de Dios», son por sí solas y a pesar de su gran riqueza simbólica, expresiones demasiado elaboradas que requieren mucha explicación para transmitir las maravillosas consecuencias que implica la fe en Cristo para la vida del que cree. La noción de fiesta que se halla implícita en todas las anteriores imágenes es, por el contrario, un sencillo medio para lograr este cometido que puede ser comprendido fácilmente por todos. No es casual la importancia asignada por Dios a las fiestas de Pentecostés, Pascua y los Tabernáculos entre el pueblo judío (Éxo. 23:14-17; Dt. 16:1-17); ni tampoco el hecho de que el ministerio público del Señor comience en una fiesta de bodas, las de Caná (Jn. 2:1-11), en la cual, dicho sea de paso, realizó su primer milagro. Asimismo, la repetida alusión a la fiesta y la celebración (Nah. 1:15), es algo característico de las enseñanzas del Señor (Lc. 15:3-10; 23-24, 32). Celebrar es, pues, algo inherente al evangelio, pero la fiesta que Dios promueve se guía por parámetros diferentes y opuestos a los criterios elitistas, frívolos y discriminatorios del carnaval del mundo (Lc. 14:16-23), constituyéndose en un anticipo de la fiesta de bodas preparada para la iglesia en los últimos tiempos (Mt. 22:1-14; Apo. 19:7-9). Los cristianos deben, pues, empeñarse en su celebración a pesar de las acartonadas censuras del mundo (2 S. 6:12-23; Zac. 9:9; Mt. 21:14-16; Lc. 19:37-40), porque:

... Cristo, nuestro cordero pascual, ya ha sido sacrificado.
Así que celebremos nuestra Pascua...

1 CORINTIOS 5:7-8 NVI

8
de mayo

La vacilación

«La vacilación se corrige a menudo con la fidelidad, pues la causa dice claramente al hombre fiel lo que debe hacer»

Josiah Royce

La vacilación es una de las marcas de nuestros tiempos. El hombre de hoy vive fluctuando entre muchos intereses diversos debido a que no sirve a ninguna causa que lo trascienda o a que ha asumido para sí vanas y variadas causas que no perduran en el tiempo y pierden con rapidez su sentido o razón de ser. La Biblia ilustra gráficamente esta actitud diciendo que el vacilante es *como las olas del mar, agitadas y llevadas de un lado a otro por el viento* y que como resultado de ello *es indeciso e inconstante en todo lo que hace* (St. 1:6, 8). La vacilación desemboca en una vida estéril e infructuosa, además de que las causas vanas asumidas por el hombre terminan siempre defraudándolo y dejándolo sumido en la vergüenza (Jer. 2:36). Aún entre cristianos que asisten a la iglesia y dicen servir a Dios se hace patente este tipo de conducta titubeante, denunciada por el Señor a través del profeta Oseas de manera muy punzante cuando dijo: *¿Qué voy a hacer contigo, Efraín? ¿Qué voy a hacer contigo, Judá? El amor de ustedes es como nube matutina, como rocío que temprano se evapora* (Ose. 6:4), denuncia ratificada a su vez en la parábola del sembrador: *El que recibió la semilla que cayó en terreno pedregoso es el que oye la palabra e inmediatamente la recibe con alegría; pero conmo no tiene raíz, dura poco tiempo* (Mt. 13:20-21). El profeta Elías confrontó en su momento al pueblo de Israel por su actitud vacilante, amonestándolos en estos términos: *¿Hasta cuando van a seguir indecisos? Si el Dios verdadero es el Señor, deben seguirlo; pero si es Baal, síganlo a él.* (1 R. 18:21). La vacilación puede entonces ser consecuencia de permitir que haya ídolos en nuestra vida que demanden fidelidad de nuestra parte, en contraposición a la fidelidad de carácter exclusivo que Dios espera de nosotros (Lc. 16:13), o también el resultado de una fe infantil, inmadura y superficial que, por lo mismo, puede ser extraviada con facilidad por filosofías humanas (Col. 2:8), o por herejías doctrinales mal intencionadas (Efe. 4:14). De cualquier modo, la vacilación conduce a la tibieza en el mejor de los casos (Apo. 3:15-16), o al abandono de la fe en el peor de ellos (1 Tim. 4:1). Por eso:

... mis queridos hermanos, manténganse firmes e inconmovibles,
progresando siempre en la obra del Señor, conscientes de que su trabajo
en el Señor no es en vano.

1 Corintios 15:58 NVI

9

de mayo

El pecado de omisión

«Con la huida de la discusión pública, este o aquel alcanzan el refugio de la *práctica privada de la virtud*… Solo a costa de engañarse a sí mismo puede conservar su intachabilidad privada de la contaminación que produce una conducta responsable en el mundo. Todo lo que hace, jamás le compensará de lo que omite»

Dietrich Bonhoeffer

Se ha hecho común hoy pensar que la fe, la piedad y las convicciones religiosas son algo que concierne estrictamente al fuero íntimo y a la esfera privada del individuo y que es ahí a donde debe restringirse o limitarse, pues la vida pública debe dirigirse con criterios diferentes. Esta idea se ha impuesto de tal modo que ha terminado promoviendo una sospechosa «tolerancia» secularista hacia la religión que está dispuesta, de manera condescendiente, a hacer la vista gorda ante ella siempre y cuando su práctica se circunscriba al ámbito rigurosamente personal o, a lo sumo y como gran cosa, al reducto eclesiástico del templo y sus instalaciones. De exceder estos delimitados linderos la fe corre el riesgo de ser atacada y descalificada. La ética social y pública se concibe así desligada, separada y sin ninguna relación con su matriz religiosa. El censurable secularismo triunfa así sobre la sana secularización. Lo triste es que un gran número de creyentes han terminado creyendo esta mentira, -con una condenable actitud crédula y facilista-, engañándose a sí mismos, pretendiendo conservar su supuesta «intachabilidad privada» al mismo tiempo que eluden su responsabilidad pública en el mundo (Mt. 7:21; Lc. 6:46; 11:28; Jn. 13:17; Rom. 2:13; 1 Jn. 3:7; St. 1:22-25; 2:14-18). Pero estos malabares son inadmisibles para un cristiano auténtico, pues no son más que peligrosos actos de equilibrismo sobre una cuerda demasiado floja para podernos sostener. Lo público y lo privado no pueden, pues, desvincularse impunemente en la vida cristiana. Y en conexión con ello el pecado de omisión, aquel que «no le hace mal», pero tampoco ningún bien a nadie, no puede seguirse justificando al amparo de este equivocado esquema que termina legitimando «la inanidad religiosa»: «Si alguien se cree religioso pero no le pone freno a su lengua, se engaña a sí mismo, y su religión no sirve para nada…» (St. 1:26-27), que como bien lo señala el autor sagrado, no es otra cosa que una religiosidad pueril e insubstancial. En síntesis, tanto en lo público como en lo privado:

… comete pecado todo el que sabe hacer el bien y no lo hace.

Santiago 4:17 NVI

10
de mayo

El pretexto de la imparcialidad

«No hay en el fondo, más que dos tendencias del espíritu: Una por Dios y otra contra Dios»

Alphonse Gratry

Muchos hombres posan afectada y fingidamente como imparciales en relación con aquellos asuntos que reclaman de ellos un compromiso que no se atreven a descartar pero tampoco a asumir. Esta forma de evadir la responsabilidad, posponiendo indefinidamente el momento ineludible en que hay que decidir eligiendo en contra o a favor de algo, es ya de por sí una toma de decisión al respecto. Viene al caso la afirmación de Blondel: *No tengo el derecho de esperar o dejo de tener el poder de elegir*. Confundimos la imparcialidad con la vacilación y la indiferencia. El brasileño Milhor Fernándes dice acertadamente que *Hay gente tan temerosa de asumir posiciones que cuando rezan dicen: 'Danos hoy el pan de cada día que el diablo amasó,* y de hecho, en el contexto cristiano católico ha hecho carrera la expresión: «Prenderle una vela a Dios y otra al diablo». Por otro lado, Elie Wiesel, sobreviviente de los campos de concentración nazis dijo: *Hay un derecho que yo no le concedería a nadie: el derecho a ser indiferente*, entre otras cosas porque los indiferentes no hacen ninguna diferencia favorable en el actual estado del mundo. La imparcialidad u objetividad absoluta es una utopía, pues nuestros motivos ocultos la hacen imposible de alcanzar. No obstante, debe seguir siendo un ideal hacia el cual esforzarnos, sin que tengamos que ser indiferentes en el intento. Es posible asumir una posición firme y resuelta a favor o en contra de algo sin perder en el proceso la capacidad de evaluar las cosas con imparcialidad. Tal vez existan asuntos cotidianos en los que podamos ser imparciales e indiferentes al mismo tiempo, pero Dios no nos ha dado esta opción en lo que a Él concierne. El Señor Jesucristo nos pone ante la disyuntiva de aceptarlo de manera plena y sin reservas, haciendo nuestra la causa de su reino, o rechazarlo sin atenuantes, con todas las consecuencias que esto acarrea, afrontando los funestos resultados que esta decisión trae para nuestra existencia temporal y para nuestro destino eterno. Definitivamente, no existe movimiento de los «no alineados» en el ámbito espiritual y eterno, como bien lo afirmó el Señor cuando dijo:

El que no está de mi parte, está contra mí;
y el que conmigo no recoge, esparce.

Mateo 12:30 NVI

11

de mayo

El personalismo bíblico

«LA VERDADERA dialéctica no es un monólogo del pensador solitario. Es un diálogo entre el Yo y el Tú»

LUDWIG FEUERBACH

El teólogo suizo Emil Brunner afirmó que la verdad no consiste tan solo en una proposición a la cual damos nuestro asentimiento intelectual, sino en un encuentro entre personas. Propuso así una distinción entre la verdad-esto, -relativa a los objetos-, y la verdad-Tú, -la que concierne al conocimiento entre personas-, siendo la última superior a la primera por cuanto la incluye pero al mismo tiempo la supera. La verdad-Tú sería, pues, la categoría que hay que aplicar al conocimiento de Dios por parte del hombre, el cual no puede reducirse a meros conceptos teológicos, por veraces o correctos que sean puesto que, en lo que atañe a Dios, la verdad no puede ser menos que un encuentro personal entre el yo humano y el Tú divino que, en último término, es el resultado de la interpelación que el Yo divino hace al tú humano. Es por ello que la verdad del evangelio consiste en el encuentro consciente de cada ser humano con Dios mediante el conocimiento personal y directo de Jesús de Nazaret. Solo así hallan su auténtico sentido declaraciones como estas, en boca del Señor: «y conocerán la verdad, y la verdad los hará libres... Así que si el Hijo los libera, serán ustedes verdaderamente libres... Yo soy... la verdad...» (Jn. 8:32, 38; 14:6). La verdad es una persona, no un concepto. Y por lo mismo Dios no puede ser menos que un Dios personal que desea relacionarse con cada uno de nosotros, sus más privilegiadas criaturas, en términos profundamente personales. Y las personas se conocen mediante el trato mutuo. Es por eso que en la Biblia «conocer» significa más que el simple acto de «saber» algo en términos intelectuales o poseer alguna información particular y designa más bien el punto más elevado y culminante que es posible alcanzar en una relación entre personas, como el que se da por ejemplo en las relaciones íntimas de la pareja bendecida por Dios en el vínculo matrimonial: «Conoció Adán a su mujer Eva, la cual concibió y dio a luz a Caín» (Gén. 4:1 RVR). Y de manera análoga, este es el sentido íntimo y profundo en que Dios conoce a los suyos (Rom. 8:29; 11:2; 1 Cor. 8:1-3; 2 Tim. 2:19) y espera ser conocido y correspondido por nosotros (Heb. 8:11-12):

Conozcamos al Señor; vayamos tras su conocimiento.

Oseas 6:3 NVI

12

El poder de Dios

«TANTO unas veces no hago todo lo que quiero, como otras hago, casi sin saberlo, lo que no quiero»

MAURICE BLONDEL

La anterior frase resume la radical impotencia del hombre, la falta de poder, la trágica debilidad humana a la que hizo alusión mucho antes el apóstol Pablo de manera extensa (Rom. 7:14-25). El hombre sin Cristo no quiere, y ni aun puede, hacer la voluntad de Dios (Rom. 8:7). Es incapaz de obedecer los mandamientos de Dios según el testimonio que le dicta su conciencia y en consecuencia también es impotente para salvarse a sí mismo, teniendo que pagar por ello un costo demasiado elevado para poder sobrellevarlo. Por una parte, en el plano temporal actual, una vida miserable llena de problemas, de conflictos y de dolor. Y por otro, en el plano eterno, la perdición y condenación definitiva e irreversible. El Señor lo dijo con toda claridad: ... *separados de mí no pueden ustedes hacer nada* (Jn. 15:5b). Pero Cristo provee otro camino para satisfacer sus demandas y alcanzar la salvación, ante la impotencia e incapacidad del hombre para hacerlo por sí mismo. Este Camino no es otro que su propia persona (Jn. 14:6). Y es por eso que el apóstol Pablo puede decir ahora con toda la confianza del caso: *Todo lo puedo en Cristo que me fortalece* (Fil. 4:13). Este es el verdadero poder de Dios. No propiamente las señales externas y los milagros sobrenaturales visibles de manera inmediata, sino más bien el milagro interior de la conversión que opera el prodigio más maravilloso de todos: la transformación de nuestro carácter para conformarlo al carácter santo de Cristo. Víctor Hugo lo comprendió bien cuando dijo: *No hay más que un poder: la conciencia al servicio de la justicia.* Cristo resuelve de una vez por todas los dos problemas más fundamentales del hombre: la falta de voluntad y la carencia de poder. Ambas: *Pues Dios es quien produce en ustedes tanto el querer como el hacer para que se cumpla su buena voluntad* (Fil 2:13). Esta maravillosa realidad es la que justifica de sobra la osada y esperanzadora proclamación de Pablo en el sentido que el mensaje del evangelio tiene plena validez porque está respaldado por el poder de Dios, en estos confiados y concluyentes términos:

Porque el reino de Dios no es cuestión de palabras sino de poder.

1 Corintios 4:20 NVI

13

de mayo

Pecado y culpabilidad

«SER CULPABLE no es el resultado de un acto culpable, sino a la inversa, el acto es posible solo porque hay un 'ser culpable' original»

MARTIN HEIDEGGER

El viejo dilema expresado en la coloquial, gráfica y conocida frase que plantea: «¿qué fue primero: el huevo o la gallina?», se suscita también en el marco de la existencia humana en la relación de causa que se da entre nuestra condición y nuestros actos. Esto es: ¿somos culpables por causa de nuestras acciones pecaminosas o son estas simple consecuencia de nuestra previa condición de culpables? Y no obstante su ateísmo, el análisis de Heidegger de la experiencia humana en la existencia confirma la revelación que la Biblia hace de nuestra naturaleza al sostener que nuestra culpabilidad no procede tan solo *de nuestros* pecados (en plural), sino *del* pecado original (en singular). En efecto, todos somos culpables (Rom. 3:10-12, 23), por causa de nuestra solidaridad de género con nuestros primeros padres, Adán y Eva, quienes obraron en representación de toda la especie humana (Rom. 5:12). Pero del mismo modo la iglesia, el conjunto de los redimidos y justificados por Dios, estuvo también solidariamente representada por partida doble en el juicio de Cristo. Por un lado, en Barrabás, el delincuente que al igual que todos nosotros merecía la muerte por sus múltiples crímenes y pecados, pero que fue indultado por gracia de la pena capital (Mt. 27:16-26; Mr. 15:7-15; Lc. 23:18-25; Jn. 18:40); y por el otro, en Jesucristo, el inocente que asumió sobre sí mismo los pecados de todos los hombres, creyentes con especialidad, y la pena de muerte que correspondía a estos, que no llega entonces a hacerse efectiva en los verdaderos culpables (Rom. 5:15-19). Contra esta interpretación algunos esgrimen el principio bíblico de que: *ningún hijo cargará con la culpa de su padre, ni ningún padre con la del hijo* (Eze. 18:20). Pero como lo dice Sproul: *El principio de Ezequiel permite dos excepciones: la Cruz y la Caída*, añadiendo: *De alguna manera no nos importa la excepción de la Cruz. Es la Caída la que nos irrita*, sesgo que pone aún más de manifiesto nuestra culpabilidad. Sea como fuere, el ofrecimiento sigue en pie para los que aceptan humildemente su culpa y se acogen a Cristo con arrepentimiento y fe.

Al que no cometió pecado alguno, por nosotros Dios lo trató como pecador, para que en él recibiéramos la justicia de Dios.

2 Corintios 5:21 NVI

14
de mayo

Los suspiros

«LA RELIGIÓN... es una desdicha... cuya presión hace que un suspiro prolongado tan conmovedor como la segunda carta a los Corintios quede plasmado en palabras... Ella es la desdicha bajo la que probablemente tiene que suspirar en secreto todo el que se llama hombre»

KARL BARTH

Los suspiros (Job 3:24), son los gemidos más leves, sutiles y breves de todos, pero son al mismo tiempo los que tal vez expresan algunas de las emociones más profundas y existenciales de las personas. Si existe algún gemido humano que esté diseñado para expresar de la manera más exacta la angustia existencial, la congoja humana; ese es el suspiro. Max Lucado dice que el suspiro es una combinación híbrida entre frustración y tristeza. Es un gemido que se ubica en un punto medio entre un arranque de enojo y un estallido de llanto. Y continua diciendo que, en efecto, todos cumplimos con nuestra cuota diaria de suspiros. Si tiene hijos adolescentes, seguramente ha suspirado. Igualmente, si ha tratado de resistir una tentación, o si alguien lo ha calumniado o ha puesto en tela de juicio sus motivos y ha dañado su reputación. Y Jesús de Nazaret, Dios con nosotros, también suspiró en su paso por este mundo (Mr. 7:31-35). El desequilibrio de todo el sistema provocó el lánguido gemido del Maestro. Era una forma de decir: «No se planeó de esta manera». Pero mientras llega el momento de restaurar el orden original, suspira sobre todo por nuestra dureza de corazón (Mr. 8:11-12), suspira cuando experimenta nuestro rechazo, pues solo Él puede darle un propósito sublime a nuestros suspiros. Solo Él puede poner en orden nuestra vida, como lo hizo con el sordo tartamudo de modo que, como concluye Barth, lleguemos a suspirar por la redención a causa, precisamente, de que ya estemos redimidos. Solo Él puede darnos una visión tan clara y segura de nuestra patria celestial que pueda sustentarnos mientras se realiza plenamente (Heb. 12:22-24, 28; Rom. 8:18), haciendo brotar de nuestro corazón suspiros que, a pesar de ser tales, no son sin embargo resignados sino esperanzadores.

... suspiramos, anhelando ser revestidos de nuestra morada celestial...
Realmente, vivimos en esta tienda de campaña, suspirando...

2 Corintios 5:1-4 NVI

15

de mayo

Proselitismo o evangelización

«DESEAMOS traer a los hombres a Cristo y no a nuestro concepto particular del cristianismo... Hacer prosélitos es buena labor para fariseos: guiar las almas a Dios es... el honorable propósito del ministro de Cristo»

CHARLES SPURGEON

Proselitismo o evangelización, he ahí el dilema de muchos creyentes en el cumplimiento de la gran comisión, laicos o ministros, indistintamente. El teólogo Richard Niebur dijo en cierta ocasión observando, entre otros, la manera en que los cristianos norteamericanos luchaban por ganar adeptos para su propia y particular denominación más que para la causa universal de Cristo: «El denominacionalismo es la fuente de la debilidad moral de la cristiandad, no primeramente porque divide o dispersa sus energías, sino sobre todo porque señala la derrota de la ética cristiana de la fraternidad por la ética de la casta». En efecto, procurar, de manera prioritaria, traer a los hombres a nuestro concepto particular del cristianismo puede significar sacrificar la fraternidad cristiana universal en el altar de un censurable sectarismo denominacional exclusivista y hasta elitista. El sectarismo que presume que la verdad solo se encuentra dentro de nuestro grupo o congregación particular y que el verdadero servicio a Dios solo es posible dentro de la organización eclesiástica de la que somos miembros, está condenado expresamente en la Biblia (Nm. 11:26-29; Mr. 9:39; Lc. 9:50). Por eso, sin perjuicio de la sana doctrina en sus aspectos esenciales y, por lo mismo, aplicado solo al amplio marco de la cristiandad en cualquiera de sus tres vertientes reconocidas: católica romana, ortodoxa griega o protestante evangélica; debemos recordar que, como lo dijo Max Lucado: «el corazón correcto con el credo incorrecto es mejor que el corazón incorrecto con el credo correcto», por lo cual: «... no juzguen nada antes de tiempo; esperen hasta que venga el Señor...» (1 Cor. 4:5-6). No podemos olvidar que Jesucristo habló duramente en contra del proselitismo judío que buscaba tan solo ganar y formar adeptos para su secta particular (Mt. 23:15). Por el contrario, la iglesia debe tener presente que la conversión tiene a Cristo como término, y no a nuestra denominación particular, porque es solo cuando «alguien se vuelve al Señor, [que] el velo le es quitado» (2 Cor. 3:16)

Así enseñaré a los transgresores tus caminos, y los pecadores se volverán a ti.

Salmo 51:13 NVI

16
de mayo

La verdadera libertad

«No existe libertad. Existe liberación»

PAUL LA COUR

Dios ha provisto para las criaturas inanimadas e irracionales las leyes de la naturaleza y el instinto para guiar los procesos cósmicos y vitales de tal manera que confluyan en el bien de todo el universo, pero con el ser humano no hace lo mismo puesto que este fue creado con capacidad de decisión. Y Dios respeta la libre voluntad humana. Pero el ser humano no es siempre igualmente libre, pues para que haya libertad es necesario que se den las siguientes condiciones: 1. La libertad de contradicción (poder decir «sí» o «no»); 2. La libertad de especificación (especificar de qué manera «sí» y de qué manera «no»); 3. La ausencia de coacción; 4. La dotación de medios. Los hombres de hoy que claman por libertad -y particularmente los teólogos de la liberación-, han concentrado su atención en las últimas dos condiciones para justificar así el uso del término «liberación» por encima del de «libertad». La diferencia entre ambas nociones radica en que la última hace tan solo referencia al hecho de que el hombre es libre *para* materializar a voluntad las posibilidades que tiene por delante, mientras que la primera enfatiza que antes de eso el hombre debe ser libre *de* los condicionamientos que coartan e impiden la realización de estas posibilidades. Y si bien la Biblia está en principio de acuerdo con esto, pues de otro modo no se explican las hazañas liberadoras que Dios emprendió en el Antiguo Testamento a favor de Israel, lo cierto es que a la luz del evangelio lo que coarta e impide la realización de las potencialidades del hombre no son fundamentalmente los condicionamientos externos; sino las fuerzas internas, tales como las tendencias y los malos hábitos personales, las conductas egoístas reafirmadas desde el mismo núcleo familiar, los comportamientos sociales generalizados injustos e insolidarios, o en síntesis lo que la Biblia llama «pecado», de tal modo que los condicionamientos externos de índole político, económico y social no son sino consecuencias y únicamente cederán de manera consistente cuando seamos liberados por Dios de la tiranía del pecado a nivel individual. Es por eso que Agustín sostenía que, sin la gracia de Dios, el hombre tiene libre albedrío, pero no tiene libertad, porque puede elegir, pero elige siempre mal. Pero fue para romper este sino trágico que Cristo se encarnó como hombre y proclamó a los cuatro vientos:

... si el Hijo los libera, serán ustedes verdaderamente libres.

Juan 8:36 NVI

17

de mayo

Los autoengaños del creyente

«Peligrosa es la mentira que nos decimos a nosotros mismos»

Gabriel o Pensador

La Biblia identifica al diablo como «el padre de la mentira» (Jn. 8:44). Por contraste, Cristo es presentado como la verdad misma (Jn. 14:6), que libera a quien se acoge a Él por la fe (Jn. 8:32, 36). Todo aquel que miente o cree en la mentira le hace, pues, el juego al diablo y permanece bajo su nefasto dominio e influencia. Debido a ello uno de los cambios más inmediatos que el creyente está llamado a experimentar es su resuelto compromiso con la verdad (Jn. 18:37), no solo en cuanto a hablar con veracidad (Zac. 8:16; Efe. 4:25), sino en lo que respecta a vivir la verdad, haciendo de ella una práctica vital (Jn. 3:21). El pecado es, de hecho, un engaño fomentado por el diablo (Gén. 3:13; Heb. 3:13), que nos lleva a vivir vidas mentirosas o, en otras palabras, a vivir engañados. Por eso el engaño más insidioso y destructivo es aquella mentira que, a fuerza de repetirse una y otra vez al oído, hemos llegado a creer de tal modo que ya no necesita ningún refuerzo exterior, sino que es nuestro propio corazón engañado y engañoso el que continua manteniéndola vigente en nuestra vida para nuestro propio perjuicio (Jer. 17:9). Las Escrituras señalan algunos de estos auto-engaños o mentiras arraigadas que terminamos diciéndonos y creyéndonos para vivir y pretender justificarnos por ellas. Entre inconversos el primero y más generalizado es el orgullo (Jer. 49:16; Abd. 3; Gál. 6:3-5), que es con mucha probabilidad el origen de todos los demás. ¿No fue este el pecado de Satanás por antonomasia? (Isa. 14:12-15; Eze. 28:12-19). Paralelo a él marcha el de la idolatría (Isa. 44:9-20), y el de la impunidad (Gál. 6:7; Ecl. 8:11-13). Aún entre creyentes se observan auto-engaños típicos tales como: escuchar y no practicar o el pecado de omisión (St. 1:22; 4:17); la inanidad religiosa y el pecado de palabra (St. 1:26-27); la presunción de perfección (1 Jn. 1:8); la confianza desbordada en el saber humano (Isa. 47:10; 1 Cor. 3:18-19); la envidia (1 Cor. 6:9-10; Sal. 73:2-3; 37:1-2); el cuestionamiento de la recompensa al esfuerzo (Gál. 6:7-10); la responsabilidad personal en medio de la tentación (St. 1:13-17); y la supuesta inocuidad de las malas amistades (1 Cor. 15:33). Es imperativo, entonces, obedecer al apóstol:

> *Por lo tanto, abandonando toda maldad y todo engaño…*
> *deseen con ansias la leche pura de la palabra…*
> *Así, por medio de ella, crecerán en su salvación.*

1 Pedro 2:1-2 NVI

La naturaleza de la tentación

«Todo ser humano lleva dentro de sí las siete virtudes y sus siete opuestos vicios capitales: es orgulloso y humilde, glotón y sobrio, rijoso y casto, envidioso y caritativo, avaro y liberal, perezoso y diligente, iracundo y sufrido. Y saca de sí mismo lo mismo al tirano que al esclavo, al criminal que al santo, a Caín que a Abel»

Miguel de Unamuno

Dice el teólogo R.C. Sproul que *Existe una línea estrecha entre la maldad y la nobleza. Los siete pecados capitales no son sino siete aspiraciones creadas que se han pervertido. Son siete virtudes benditas que han llegado a ser siete distorsiones mortales. La autoestima se corrompe y se convierte en orgullo; la búsqueda del bienestar material cruza el límite y llega a ser codicia; la necesidad de intimidad personal degenera en lujuria; el dolor se convierte en ira y el hambre en glotonería. La admiración y el honor son manchados por la envidia y nuestra necesidad de descanso se rinde a la pereza.* La tentación, pues, no se define tan solo como la incitación a cometer un acto de inmoralidad, sino que se trata, más bien, de la tendencia a satisfacer en exceso necesidades legítimas a través de medios o métodos ilegítimos. Y en este contexto, los mandamientos de Dios no son prohibitivos o impositivos sino más bien protectores. No pretenden privarnos arbitrariamente de un disfrute o beneficio particular, sino que buscan protegernos de los peligros que nos acechan cuando intentamos satisfacer nuestras necesidades por caminos equivocados. La tentación puede ser mucho más sutil que, por ejemplo, la lujuria o tentación sexual, y ceder a ella no siempre implica cometer un acto de inmoralidad. Neil Anderson dice que hay dos formas en que los creyentes pueden vivir. Vivir al modo de Dios al que él llama «Plan A», o vivir a nuestro modo o «Plan B». La tentación es, entonces, una invitación para vivir adoptando el «Plan B» para nuestras vidas, que no necesariamente es inmoral (aunque con frecuencia termina siéndolo), pero siempre será inferior al «Plan A» y acarrea tarde o temprano indeseables, perjudiciales e inevitables efectos colaterales que, en el mejor de los casos, reducen ostensiblemente la calidad de vida de la persona.

Les advertiste que volvieran a tu ley, pero ellos actuaron
con soberbia y no obedecieron tus mandamientos... tus normas,
que dan vida a quien las obedece...

Nehemías 9:29 NVI

19

de mayo

La alegría de Cristo

«LA MISMA salvación se explicita como… alegría de vivir… La experiencia de Dios en la vida es placer integral… Descansar en la alegría de la vida, compartir la paz gozosa con los otros: tal es el culmen de la experiencia religiosa… Aprender a gozar en cuerpo y alma… es la primera y más grande de todas las tareas religiosas… Quien no sepa gozar será difícilmente un ser religioso»

XAVIER PIKAZA

En el Antiguo Testamento el anuncio profético acerca del advenimiento del evangelio de Jesucristo incluía la promesa de otorgar: «… aceite de alegría en vez de luto…» (Isa. 61:3; cf. Sal. 16:11), ratificada por el Señor Jesús en varias ocasiones en vísperas de su muerte (Jn. 15:11; 16:20, 22; 17:13). Después de su resurrección y partida y la inmediata efusión del Espíritu Santo para venir a morar en la iglesia (Hc. 2:1-4), el «gozo del Señor» (Neh. 8:10), es señal distintiva e inseparable del «fruto del Espíritu» en la vida del creyente (Gál. 5:22), y elemento constitutivo fundamental del reino de Dios en la tierra (Rom. 14:17). No puede, pues, discutirse la relación directa que existe entre la alegría y la experiencia única de la salvación por la fe en Jesucristo (Sal. 51:12; Isa. 12:3; 61:10; Lc. 1:47; Hc. 8:39; 16:34; Rom. 10:9). Una alegría por demás indescriptible y gloriosa (1 P. 1:8-9), que no depende, por tanto, de las circunstancias externas sino de la relación vital con el Cristo resucitado y que, por lo mismo, aún en situaciones difíciles, si bien puede menguar en algo y dar la impresión de desaparecer, en realidad nunca se encuentra ausente de la vida del cristiano (Hab. 3:17-18; Hc. 5:41; 2 Cor. 6:10; Heb. 10:34; St. 1:2; 1 P. 4:12-13). Por el contrario, en el evangelio se nos ofrecen fuentes suplementarias extrañas y ajenas al mundo por las cuales podemos acrecentar permanentemente esta alegría, tales como: el disfrute de la revelación de Dios en las Escrituras (Jer. 15:16; Lc. 10:21); la liberación y la sanidad divinas (Hc. 8:7-8); la certeza de que nuestros nombres se encuentran escritos en el cielo (Lc. 10:20); la alegría compartida por los pecadores que se arrepienten (Lc. 15:4-10; 1 Tes. 2:19-20); y la satisfacción y recompensa del deber cumplido (Heb. 12:2). Por todo ello que el Señor puede dirigirse a los suyos con estas palabras:

Alégrense siempre en el Señor. Insisto: ¡Alégrense!

Filipenses 4:4 NVI

Eligiendo lo mejor

«PARA entender la vida de un hombre, es preciso saber no solo aquello que hace, sino también lo que a propósito deja de hacer. El trabajo que pueden producir el cuerpo y el cerebro humanos tiene un límite, y es sabio aquel que no desperdicia energías en las labores para las que no está capacitado; y más sabio aún es quien, entre las cosas que sabe hacer bien, elige las mejores, y las realiza con perseverancia»

WILLIAM GLADSTONE

La auténtica conversión genera transformaciones visibles en las personas, entre las cuales encontramos una creciente disposición a escoger y decidirse por aquellas opciones estimadas como buenas o virtuosas desde la perspectiva bíblica, al tiempo que se rechaza y abandona las que se consideran malas o pecaminosas en la misma perspectiva. Pero en muchos casos no llegamos a adquirir conciencia de la diferencia que existe entre elegir algo bueno y elegir lo mejor. Un significativo número de cristianos se esmera en tomar buenas decisiones, pero este número se reduce notoriamente cuando se trata de elegir, no solo lo bueno, sino lo mejor. Para poder escoger lo mejor debemos tener en cuenta primero que todo el criterio divino sobre lo que es mejor (Heb. 11:40), y en segundo término los dones recibidos y las habilidades adquiridas que nos pueden conceder ventaja para que aquello que emprendemos no sea solamente bueno, sino excelente, o dicho de otro modo, lo mejor (Rom. 12:6-8; 1 Cor. 12:4-6; 14-20; Efe. 4:16; 1 P. 4:10). Así seremos concientes de nuestra «medida de fe» personal (Rom. 12:3; 2 Cor. 10:13-14) y evitaremos involucrarnos en tareas para las cuales no estamos preparados o que no son de nuestra competencia. Al fin y al cabo, la realización en la vida cristiana no está determinada por la cantidad de proyectos que se emprendan, sino por la calidad de uno solo o unos pocos de ellos, particularmente apropiados para aprovechar al máximo nuestras fortalezas. Por eso hay que ser sabio para escoger, entre muchas buenas posibilidades y bajo la guía y consejo divinos, la mejor opción personal en cada momento, de modo que nuestro proyecto de vida sea el más agradable y útil al Señor y a su causa, como lo entendió María en su momento en contraste con su hermana Marta, y a quienes el Señor se dirigió en estos términos:

... estás inquieta y preocupada por muchas cosas, pero solo una es necesaria. María ha escogido la mejor, y nadie se la quitará.

Lucas 10:41-42 NVI

21
de mayo

Cristianismo y colonialismo

«LA ACTITUD [cristiana] hacia otras religiones ha sido moldeada por la
mentalidad colonial»

WILLIAM TEMPLE

Al margen de las legítimas críticas a que se haya hecho merecedor; el colonialismo
trajo notables beneficios a los pueblos colonizados por las naciones cristianas del norte
que perduran aún después de obtenida la independencia. Uno de ellos es que, –no obstante la mayor o menor distorsión de que fue víctima por parte de sus portavoces y los
lastres políticos heredados por las ex-colonias–; el evangelio fue traído a estas latitudes
del sur y del lejano oriente y de algún modo se reflejó favorablemente en muchos aspectos sociales que representan un incuestionable progreso en relación con su pasada condición. Esto cobija tanto al temprano colonialismo español y portugués, como al más
tardío a cargo del resto de naciones europeas con Inglaterra a la cabeza, sin perjuicio de
las diferentes valoraciones y juicios históricos a que haya lugar a raíz de las distintas
versiones del cristianismo que promovieron en sus respectivos dominios, justificando así
señalamientos que no se pueden de todos modos soslayar. Vemos, pues, al catolicismo
romano de la mano de una cruzada de conquista y despojo a sangre y fuego por parte
de los conquistadores españoles y portugueses que disocia drásticamente la doctrina, -ya
de por sí desdibujada-, de la práctica cristiana; mientras que por otro lado encontramos
al protestantismo introducido mediante una positiva empresa de colonización iniciada
por los ingleses en cabeza de los perseguidos puritanos y los exploradores europeos en
Asia y África, mucho más consecuente, -comparativamente hablando-, con el auténtico
espíritu de amor cristiano, sin que esté exenta tampoco de disonantes discrepancias
entre teoría y práctica que no son, sin embargo, excusa para rechazar el mensaje del
evangelio (Mt. 23:1-3). Con todo, la mentalidad colonial debe ser desechada del espíritu
misionero cristiano por anacrónica y por generar una resistencia adicional de parte del
evangelizado, fomentando también una equivocada y orgullosa identificación entre la
cultura propia del misionero y la universal doctrina cristiana que está llamado a predicar. Cobran renovada vigencia las palabras del profeta:

No será por la fuerza ni por ningún poder, sino por mi Espíritu
-dice el Señor Todopoderoso-

Zacarías 4:6 NVI

22
de mayo

La reflexión del hijo pródigo

«MUCHOS de nosotros abandonamos el hogar con la absoluta certeza de que vamos a conquistar el mundo... En algún punto del camino nos percatamos de que no sabíamos tanto como habíamos pensado; de que nuestras ideas no eran tan originales como habíamos supuesto. De pronto, la 'anticuada' y sencilla sabiduría que una vez rechazamos adquiere nueva vida. El primer viaje a casa después de ese despertar es una vuelta a la realidad»

GARY BAUER

La anterior reflexión evoca la parábola del hijo pródigo o perdido (Lc.15:11-32), historia que en realidad refleja el itinerario que todos los seres humanos emprenden en un momento dado, pero que, lastimosamente, solo un pequeño porcentaje de los mismos recorre en su totalidad. En efecto, es posible distinguir en la parábola en cuestión distintos pasos o momentos muy definidos tales como: el de la irresponsabilidad (v. 12), cuya actitud típica es la de reclamar nuestros derechos sin atender a nuestros deberes, pretendiendo ejercer nuestros privilegios sin cumplir con las obligaciones que estos traen aparejadas. El de la independencia y autosuficiencia (v.13), que nos lleva a tomar distancia de Dios para vivir según nuestros propios criterios, sin injerencias de su parte, despreciando el consejo y la sabiduría del Padre (Isa. 53:6). El de la miseria (v. 14-16), que es aquel en el cual, como consecuencia de los dos anteriores, nuestra condición se torna lamentable. El de la toma de conciencia (v. 17), por el cual se comienza a revertir el anterior camino descendente y la esperanza renace. El del arrepentimiento y confesión (v. 18); y el de la humildad (v. 19), que nos sirven para emprender con decisión el camino de regreso al Padre (v. 20a). El del amor paternal (v. 20b), que nos lleva a descubrir que, a pesar de todo y contra todo pronóstico, el Padre celestial esperaba con paciencia a que entráramos en razón para recibirnos con los brazos abiertos. Por último, los pasos de la justificación, la restauración y la preservación (v. 22), donde el Padre nos perdona, nos restaura a nuestra anterior condición y nos garantiza que permaneceremos en ella; y el de la celebración (v. 23-24, 32), punto culminante que cierra con broche de oro este itinerario existencial del creyente.

Les digo que así mismo se alegra Dios con sus ángeles
por un pecador que se arrepiente.

Lucas 15:10 NVI

23
de mayo

La singularidad de Cristo

«No hay universalidad alguna si no existe un evento único»

VISSER'T HOOFT

Vivimos en un mundo globalizado que promueve abiertamente el pluralismo, el multiculturalismo, la tolerancia sin criterio y los nuevos sincretismos que parten de la creencia de que no hay ninguna revelación de carácter único en la historia y que por eso, como lo describe muy bien Visser't Hooft: «es necesario armonizar hasta donde sea posible todas las ideas y experiencias religiosas con el fin de crear una religión universal para la humanidad». En este contexto, afirmar entonces que algo es único e irrepetible se juzga como arrogancia inaceptable y se ve como el reflejo de una actitud elitista y exclusivista de intolerable superioridad. Pero a despecho de los que así piensen y sin dejar de reconocer la necesidad de una armonía global, de una actitud respetuosa hacia las creencias de los demás y de que, ciertamente, la iglesia de Cristo ha mostrado en ocasiones censurables actitudes de arrogante superioridad; no podemos dejar de afirmar que, sea como fuere, la verdad es superior a la falsedad. Y el hecho contundente es que el carácter único del Dios revelado en la Biblia y de sus actuaciones en la historia hablan por sí mismos a favor de su veracidad y legitimidad, tal como la iglesia lo ha creído y proclamado desde hace dos mil años. En efecto, el Señor nuestro Dios es el único Dios verdadero (Jn. 17:3; Sal. 96:4-6; Isa. 42:8); el único Todopoderoso (Gén. 17:1; Sal. 72:18; 136:4; Lc. 1:37); el único Soberano (1 Tim. 6:15; Judas 4); y el único bueno (Mt. 19:17; Mr. 10:18; Rom. 3:10, 12, 23). Asimismo, Jesucristo es el único Señor, nuestro Dios (1 Cor. 8:4-6; Col. 2:9); el único (unigénito) Hijo de Dios que se encarnó como hombre (Jn. 1:14, 18; 1 Jn. 4:9); el único que murió una única vez por nuestros pecados (Heb. 9:28; 10:12; 1 P. 3:18); el único que, por lo pronto, ha resucitado de los muertos (1 Cor. 15:20, 22-23; Apo. 1:17-18); el único que ascendió al cielo (Jn. 3.13; Fil. 2:5-11); y el único que volverá a poner orden en este mundo (Hc. 1:10-11; Heb. 9:28). La iglesia es, por lo tanto, un pueblo único (Dt. 14:2), que debe seguir sosteniendo y proclamando el carácter único de nuestro Dios y su consecuente validez universal, puesto que, como lo ha venido afirmando el judaísmo desde el Antiguo Testamento y lo suscribe la Iglesia en el Nuevo:

Escucha, Israel: El Señor nuestro Dios es el único Señor.

Deuteronomio 6:4 NVI

24
de mayo

La verdadera utilidad de la escatología

«HABLAR del futuro solo es útil si nos hace actuar ahora»

E. F. SCHUMACHER

Muchas personas tienen alguna noción de las predicciones contenidas en una gran cantidad de pasajes proféticos en la Biblia. No en vano en ella se nos dice que el Espíritu Santo ... *les anunciará las cosas por venir* (Jn. 16:13). Pero esto no significa que profecía sea sinónimo de predicción. Hay muchos pasajes proféticos que no contienen predicciones explícitas y aún en aquellos que las contienen, no son ellas las que les confieren su carácter profético a los respectivos pasajes, sino más bien el hecho de que en ellos se exhorte, anime y consuele a los oyentes (1 Cor. 14:3). Las predicciones son algo contingente en las profecías y no esencial ni necesario a ellas, además de que una predicción por sí sola puede llegar a ser censurable adivinación (Dt. 18:10-12; Hc. 16:16-18). Por otra parte la escatología, rama de la teología que estudia las doctrinas de los últimos tiempos, no tiene que ver propiamente con el futuro de la Iglesia, sino que ella misma desde su fundación en Pentecostés está viviendo en los últimos tiempos (Hc. 2:16-18), y cada uno de los creyentes es un protagonista de ellos. Por eso, el propósito de los pasajes predictivos en la Biblia no es la especulación sin sentido que ha caracterizado a muchos grupos cristianos hasta desembocar en sectas de corte apocalíptico visiblemente apartadas de la realidad del momento y de la sana doctrina, sino exhortarnos a obrar cambios permanentes en nuestra vida actual que nos permitan estar preparados en todo momento para asumir de la forma más conveniente y provechosa ese futuro inminente que marca el fin de la historia tal como la conocemos. Se ha confundido *inminencia* con *cercanía*. Para el creyente lo importante no es si el regreso de Cristo[25] es cercano o lejano, sino que es inminente, porque puede suceder en cualquier momento, sin previo aviso; y esto aplica tanto a la iglesia apostólica como a la iglesia del siglo XXI. No es casual que el Señor no diera fechas exactas de ninguno de los hechos predichos (Hc.1:6-7), con el fin de que estemos expectantes y preparados para su venida (Mt. 24:32-51), pero no alarmados por su causa (2 Tes. 2:1-2).

... ustedes no necesitan que se les escriba acerca de tiempos y fechas... ya saben que el día del Señor llegará como ladrón en la noche... no están en la oscuridad para que ese día los sorprenda como un ladrón.

1 Tesalonicenses 5:1-4 NVI

157

25

de mayo

Dividiendo para unir

«SERÍA necio buscar la unidad a expensas de la verdad… Cristo inevitablemente divide y a la vez une a la gente»

JOHN R. W. STOTT

La unidad a expensas de la verdad es lo que parecen pretender proyectos actuales de gran envergadura, englobados en iniciativas peligrosamente sincréticas y eclécticas tales como el sospechoso ecumenismo al interior de la iglesia, el universalismo de esa pseudo religión llamada «La Nueva Era» y los muy divulgados conceptos y actitudes «pluralistas» y «multiculturalistas» de nuestra globalizada sociedad secular. Ahora bien, Cristo vino a promover la fraternidad de todo el género humano por encima de diferencias nacionales, culturales, étnicas e incluso ideológicas sobre la base de la reconciliación por él provista (2 Cor. 5:18-20; Gál. 3:28). Pero esta unidad fraternal de todos los seres humanos no es posible si no se apoya en la verdad revelada en el evangelio. De hecho, el Señor nos advirtió sobre la paradoja de que Él, anunciado como «El Príncipe de paz» (Isa. 9:6), no vino a traer paz, sino espada (Mt. 10:34-36; Lc. 12:51-53), puesto que la fidelidad a Dios y a la verdad tiene prioridad sobre cualquier otra, aún sobre aquella que tiene que ver con los afectos y los vínculos de consanguinidad, de modo que si existen conflictos de intereses entre ambas, se debe dar prelación a la primera. Al hablar de unidad la Biblia implica una común y veraz base doctrinaria (Efe. 4:3-6; 13-16), como de hecho la poseen todas las denominaciones protestantes en torno a los lemas de la Reforma de «sola escritura, sola gracia, sola fe y solo Gloria de Dios», y en un marco más amplio la poseen también las tres vertientes de la cristiandad a saber: católicos, ortodoxos y protestantes. Pero a la hora de defender la verdadera unidad cristiana no podemos sacrificar las diferencias doctrinales que, en conciencia, nos separan y debemos debatirlas más que discutirlas, en un espíritu de amor y de respeto mutuo, exento de sectarismos de parte y parte, por la vía del argumento y de la persuasión que apele de manera consistente a las Escrituras y a la tradición histórica de la iglesia que armonice con ellas, de conformidad con la verdad revelada en la Palabra de Dios (2 Tim. 2:23-26). Únicamente así halla sentido la emotiva oración de Cristo en vísperas de su muerte:

Ruego también por los que han de creer en mí por el mensaje de ellos, para que todos sean uno…

Juan 17:20-21 NVI

Los beneficios del consejo

«NO HAY hombre tan sabio que no tenga necesidad de consejo ajeno»

ANTONIO DE GUEVARA

«NUNCA dejes de oír un buen consejo solo porque quien te lo da no es de tu estatura»

NINA YOMEROWSKA

El creyente maduro debe estar en capacidad de distinguir en la Biblia los mandamientos de los consejos divinos. Los primeros caen en el campo de la ética y tienen por lo tanto carácter obligatorio, razón por la cual en caso de quebrantarlos pecamos y nos vemos forzados a afrontar tanto la culpa como las consecuencias de ello; mientras que los segundos caen en el campo de la sabiduría y aunque conviene seguirlos, no son de carácter imperativo, pero si no les prestamos atención corremos el riesgo de cometer dolorosos errores (no necesariamente pecados) y tener que afrontar, ya no la culpa, pero sí las consecuencias de los mismos. En otras palabras, el que quebranta el mandamiento es un pecador, mientras que el que ignora el consejo es un necio. Los consejos abundan en la Biblia en los libros catalogados como «literatura sapiencial» (Proverbios y Eclesiastés principalmente), y en los Proverbios encontramos, entre otros muchos consejos, numerosas sugerencias para que, justamente, nos dejemos aconsejar. De hecho, la Biblia afirma que una de las señales más claras de que ya se posee sabiduría es, precisamente, atender el consejo (Pr. 12:15), pues solo así se llega a ser sabio (Pr. 19:20). Pero si bien es cierto que las Escrituras nos recomiendan solicitar consejo de otros antes de hacer planes o tomar decisiones (Pr. 11.14; 15:22), y que un buen consejo puede provenir incluso de quien menos lo esperamos (Ecl. 9:13-18); también lo es que debemos procurar rodearnos de buenos consejeros para evitar situaciones como la vivida por el necio rey Roboán, que aunque buscó consejo, no atendió el que le convenía y ocasionó la ruptura y división del reino de Israel (1 R. 12:1-16). Aquí si viene al caso la mordaz frase de Pitigrilli: *No me déis consejos; sé equivocarme por mí mismo.* Porque únicamente los consejos que estén de acuerdo con el orden y los propósitos de Dios en la persona de Cristo tendrán finalmente éxito (Pr. 19:21), pues Él es por excelencia el *Consejero admirable, Dios fuerte, Padre eterno, Príncipe de paz* (Isa. 9:6)

El Espíritu del Señor reposará sobre él... espíritu de consejo y de poder...

Isaías 11:2 NVI

27
de mayo

El hambre verdadera

«QUE ALGO nos falta, esto es lo primero que aparece. Todos los demás impulsos tienen su raíz en el hambre»

ERNST BLOCH

El hambre ha sido a través de la historia uno de los más temidos flagelos que ha azotado a los diferentes pueblos de la humanidad, incluyendo por supuesto al pueblo de Israel. De acuerdo con las Escrituras, el hambre es en muchos casos consecuencia del juicio de Dios sobre la nación como resultado de su mal comportamiento y alejamiento de Dios (Dt. 28:45-48; Lc. 15:14-17). Pero por otra parte y como complemento de lo anterior, Dios ha prometido bendecir a los suyos supliendo lo necesario para satisfacer el hambre de los que le obedecen y actúan de manera agradable ante sus ojos (Sal. 33:18-19; 34:10; 37:18-19, 25; Fil. 4:19). Por eso, al margen de sus causas y enfocando más bien sus efectos más inmediatos, el hecho es que el hambre ha sido por igual un estímulo que ha dado lugar a acciones censurables por parte de los que la padecen (Pr. 30:8-9), siendo en sí misma un atenuante en estos casos (Pr. 6:30); así como también un acicate para desarrollar creativa, legítima y esforzadamente las a veces dormidas facultades y potencialidades (Pr. 19:15) de muchos de los que sufren sus rigores para poder, justamente, superarlos (Pr. 12:27; 21:5). Existe, sin embargo, un hambre muy particular que merece tratamiento aparte. Se trata de aquella anunciada por el profeta Amós (Am. 8:11), que se designa hoy por hoy como «el hambre de trascendencia» o de significado, marcada señal de nuestros tiempos que incluso los sociólogos que en general pronosticaron, -más con el deseo que con la razón-, la desaparición de la religión de las sociedades modernas, han tenido que reconocerla como un síntoma inequívoco del resurgir de lo religioso, según lo señala el erudito cristiano Ravi Zacharias: «Pese a los variados y espontáneos intentos hechos por el antiteísmo... el hambre por lo trascendente permanece en pie». A ella se refirió el Señor en las bienaventuranzas del Sermón del Monte, prometiendo de paso saciarla (Mt. 5:6; Lc. 6:21), identificándose a sí mismo como «el pan de vida» que elimina para siempre el hambre fundamental del género humano (Jn. 6:35). Es concluyente al respecto su sentenciosa declaración cuando fue tentado por el diablo:

No solo de pan vive el hombre, sino de toda palabra
que sale de la boca de Dios.

Mateo 4:4 NVI

28
de mayo

Viviendo el Padre Nuestro

«Todos piensan en cambiar a la humanidad, y nadie en cambiarse a sí mismo»

León Tolstoi

«La oración debe ir menos encaminada a cambiar el mundo que a cambiarnos a nosotros mismos»

David Wolpe

La oración es tal vez el mejor recurso del que dispone el cristiano para cambiar favorablemente su entorno. Pero no podemos olvidar que los cambios positivos en nuestro entorno comienzan primero por la transformación personal de cada uno de nosotros. Por eso la oración, además de ser una humilde y confiada apelación a Dios, debe ser al mismo tiempo una oportunidad para «examinarnos a nosotros mismos» (1 Cor. 11:31), permitiendo que Dios nos transforme a través de ella. No es casual que Emerson dijera que «Ningún humano ha orado de corazón sin aprender algo». Y el mejor criterio para examinarnos a nosotros mismos cuando oramos es, obviamente, el Padre Nuestro, la oración modelo dada por el propio Señor Jesucristo a su iglesia (Mt. 6:9-13). El Padre Nuestro no es entonces una oración para pronunciar o repetir, sino que es una oración para vivirla. A través de ella podemos examinar, valorar, mejorar o corregir nuestra relación filial con Dios (Padre); nuestra comunión fraternal con los hermanos (nuestro); nuestra perspectiva celestial en el mundo (que estás en el cielo); nuestra santidad personal (santificado sea tu nombre); nuestra sujeción a las autoridades (venga tu reino); nuestra disposición a aceptar de buen grado la voluntad providencial y soberana de Dios (hágase tu voluntad); nuestro interés en las necesidades ajenas (Danos hoy nuestro pan cotidiano); nuestras buenas relaciones con los demás (Perdónanos nuestras deudas, como también nosotros hemos perdonado a nuestros deudores); nuestra actitud alerta y vigilante ante la tentación (Y no nos dejes caer en tentación); y nuestra toma de partido en contra del maligno (Sino líbranos del maligno). Únicamente si nos tomamos el trabajo, cuando estemos orando, de verificar con honestidad todo lo anterior; la oración no vendrá a ser un ejercicio irreflexivo y estéril que oblige a Dios a obrar un juicio directo con el creyente que no se examina a sí mismo en oración (Sal. 143:1-2), sino una herramienta poderosa y eficaz a disposición del creyente.

La oración del justo es poderosa y eficaz.

Santiago 5:16 NVI

29
de mayo

Las últimas palabras

«EL VALOR de la vida crece en magnitud cuando clavamos la vista en la muerte... Cincelamos en la piedra las últimas palabras de héroes épicos»

R. C. SPROUL

La Biblia afirma que la reflexión sobre la muerte puede cambiar favorablemente nuestra perspectiva de la vida: *Vale más ir a un funeral que a un festival. Pues la muerte es el fin de todo hombre, y los que viven debieran tenerlo presente* (Ecl. 7:2). Es así como, en el propósito de ponderar los actos llevados a cabo por Cristo durante la semana previa a su crucifixión, el autor Max Lucado ha dicho: *Cuando un hombre sabe que se acerca el fin, solo se destaca lo importante. La cercanía de la muerte destila lo vital. Se pasa por alto lo trivial. Se descarta lo innecesario. Lo vital permanece. Así, si queremos conocer a Cristo, meditemos en sus últimos días... Enseñó verdades destiladas. Llevó a cabo tareas deliberadas. Calculando cada paso. Premeditando cada acción.* Por supuesto que las enseñanzas de Cristo de cara a su propia muerte no admiten comparación con ninguna otra. Pero no solo las suyas son útiles. En este orden de ideas y por considerarlas siempre fascinantes, Patrick Morley hace una pequeña relación de las palabras finales que pronunciaron algunos hombres famosos hacia el ocaso de sus vidas, y en este recuento llama la atención que personajes con una bien ganada reputación de sabios y capaces, que habían dado incluso muestras evidentes de altiva autosuficiencia en el curso de sus vidas, lucen completamente desorientados, necesitados y dependientes cuando van a morir. A diferencia del Señor Jesucristo, el valor de sus palabras estriba aquí no tanto en lo dijeron positivamente, sino en lo que dejaron de decir por no tener asideros firmes para esa hora decisiva. Porque aún la incertidumbre que la muerte suscita juega un significativo papel en el plan de Dios para hacer entrar en razón al ser humano, obteniendo así su atención al mensaje de salvación debido fundamentalmente a que, aparte de Cristo, nadie ha vuelto para contarnos lo que nos espera después de morir. Solo él tiene palabras de vida eterna (Jn. 6:68; 11:25-26; 14:1-6; 2 Tim. 1:10), eliminando así la incertidumbre respecto de la muerte y lo que nos espera después de ella.

Hermanos, no queremos que ignoren lo que va a pasar
con los que ya han muerto, para que no se entristezcan como
esos otros que no tienen esperanza...

1 Tesalonicenses 4:13-14 NVI

La predestinación no es excusa

«EL PELIGRO de tratar de explicar el mal es que nos arriesgamos a caer en un abismo de predestinación... la explicación se convierte en disculpa y la voluntad se nubla. Entenderlo todo no debería significar que se perdona todo»

NEWSWEEK

La predestinación es una doctrina bíblica muy polémica y controvertida debido a que parece anular el albedrío del hombre, poniendo en tela de juicio su capacidad para distinguir y elegir entre el bien y el mal, responsabilizándose moralmente por sus actos. Y si bien el aspecto más polémico de la predestinación es el que concierne a la salvación eterna del hombre (Jn. 17:12; Hc. 13:48; Rom. 8:29-30; Efe. 1:5, 11), esta doctrina también se aplica, con el nombre de «Providencia divina», a los actos y decisiones humanas y a los sucesos en la historia (Jn. 13:18; Hc. 2:23; 4:27-28). Pero el hecho es que la Biblia sostiene igualmente que el hombre posee albedrío, de donde, al margen de que nuestros actos deban finalmente concurrir de manera inevitable con la voluntad soberana de Dios; cada uno de nosotros debe responder por sus acciones y decisiones y puede ser legítimamente inculpado y condenado por obrar mal. Es decir que, aunque no podamos comprender cabalmente cómo es esto posible, Judas es justamente condenado por traicionar al Señor a pesar de que Dios hubiera previsto, anunciado con siglos de anterioridad y decidido servirse de su traición, pues el traidor lo hizo de manera consciente y voluntaria. Es, por tanto, importante balancear de manera apropiada estas dos doctrinas (predestinación y responsabilidad), entendiendo que no son necesariamente contradictorias sino complementarias, no solo a causa de la resistencia lógica y natural que el hombre ofrece cuando siente amenazada su capacidad de decisión; sino también debido al determinismo fatalista en que podemos caer al tratar de eludir nuestra responsabilidad y excusarnos culpando a Dios de nuestra justa condenación por el supuesto hecho de que nos «predestinó» para ella. Los judíos de la época de Ezequiel intentaron hacerlo así, sin éxito, tratando de atribuir y responsabilizar por su suerte actual a los pecados de sus padres en el pasado (Eze. 18:1-32), solo para descubrir que, de cualquier modo, somos personalmente responsables delante de Dios, quien en virtud de ello apela a toda la humanidad en estos términos:

¿Por qué habrás de morir... Yo no quiero la muerte de nadie.
¡Conviértanse, y vivirán!

Ezequiel 18:31-32 NVI

31
de mayo

La esperanza cristiana

«CREER en Dios supone apostar por el futuro; conocerle es esperarle»

XABIER PIKAZA

La esperanza es central en el cristianismo, ya que es una de las llamadas «virtudes teologales», junto con la fe y el amor (1 Cor. 13:13). Paul Quinnet llamaba la atención sobre la necesidad de la esperanza para la vida humana (1 Cor. 9:10), con esta gráfica reflexión: *Robert Louis Stevenson escribió: 'Viajar con esperanza es mejor que llegar'. Esto podría aplicarse también a los pescadores... Pescar es un acto de fe. Ser optimista pese a la tardanza de los peces en picar es vivir únicamente de esperanza... En lo que hace al espíritu humano, la esperanza lo es todo. Sin esperanza, no hay anhelo, no hay deseo de un mañana mejor, no hay la creencia de que el siguiente lanzamiento del anzuelo será el bueno.* Es por eso que habría que estar de acuerdo con el pastor y escritor Darío Silva-Silva cuando dice que: ... *nuestra comunidad cristiana ha reemplazado el gozo de la esperanza bienaventurada por un temor enfermizo a las señales del tiempo final, todo ello auspiciado por videntes de endeble formación bíblica. Convendría rescatar los aspectos positivos de la Teología de la Esperanza para poner en orden la actual barahunda doctrinaria sobre las últimas cosas,* pues: *la esperanza cristiana ha sido abandonada en manos de sectarios, fanáticos y lunáticos apocalípticos, sin ningún recurso práctico para los problemas humanos.* Así, pues, la fe o confianza en Dios y la esperanza están indisolublemente ligadas (2 Cor. 3:12; 1 Tim. 1:1; Heb. 3:6; 1 P. 1:21), de donde si no existe la una, la otra también desaparece. Pero la esperanza cristiana es incomparablemente superior a cualquier otra (Efe. 4:4; 1 Tes. 4:13; 1 P. 1:3), pues incluye la salvación (Rom. 8:24; 1 Tes. 5:8; Heb. 6:9-11); la justicia definitiva (Gál. 5:5); la vida eterna (Tito 3:7); la gloria divina (Rom. 5:2; Col. 1:27); todo ello realizado a plenitud por Cristo en su segunda venida (Tito 2:13; 1 P. 1:13). Debido a lo anterior, los apóstoles exhortaron a la iglesia a ser consciente de la esperanza a la que ha sido llamada (Efe. 1:18; 1 P. 3:15), incluyendo ante todo la oportunidad que se nos brinda de acceder a ella por la fe (Heb. 4:7), de tal modo que actuemos, entonces, en consecuencia:

> *... mediante la promesa y el juramento... Tenemos como firme y segura ancla del alma una esperanza que penetra hasta detrás de la cortina del santuario... Mantengamos firme la esperanza que profesamos, porque fiel es el que hizo la promesa.*

Hebreos 6:18-19; 10:23 NVI

Poniendo a prueba a Dios

«En África, dos hombres están a la orilla de un río. Van a cruzarlo cuando advierten la presencia de unos cocodrilos que los miran. ¿Tienes miedo? -le pregunta uno al otro-. Qué, ¿no sabes que Dios es bueno y misericordioso? Claro que lo sé -dice el otro-. Pero, ¿y si a Dios se le ocurre esta vez ser bueno y misericordioso con los cocodrilos?»

Elie Wiesel

Shakespeare dijo que *nada envalentona tanto al pecador como el perdón*, y si bien esto se aplica en primera instancia a la censurable actitud arrogante y los aires de superioridad y de velado desprecio con los que algunos creyentes fanáticos miran a los que no lo son; también tiene que ver con la actitud temeraria que muchos creyentes asumen al colocarse de manera voluntaria, premeditada e innecesaria en situaciones de peligro inminente para su integridad personal, presumiendo que no sufrirán ningún daño debido supuestamente a que: *Si Dios está de nuestra parte, ¿quién puede estar en contra nuestra?* (Rom. 8:31). Pero aplicar la anterior promesa de protección divina y todas las demás promesas bíblicas del mismo estilo a todas las situaciones de nuestra vida de manera irreflexiva e indiscriminada es señal de insensatez en quien obra de este modo, pues el mismo Señor Jesucristo nos dio la perspectiva correcta cuando, ante la incitación del diablo para que se arrojara al vacío desde la parte más alta del templo confiando en las promesas y garantías escriturales de protección divina; complementó y balanceó estas promesas, citando la ocasión en que, en el Antiguo Testamento, Dios le advirtió sentenciosamente al pueblo de Israel para que no lo pusiera a prueba (Dt. 6:16), y en virtud de esta palabra el Señor Jesucristo se abstuvo firme y sabiamente de caer en el juego del adversario, exponiéndose de manera inoficiosa a situaciones que podrían evitarse y que pueden acarrear desagradables y trágicas consecuencias para quien no imita al Señor cuando ignoró estos desafíos sin motivo ni provecho de ningún tipo para la vida cristiana. En síntesis, la oración por medio de la cual pedimos a Dios que no nos deje caer en tentación y que nos libre del maligno (Mt. 6:13), solo es respondida favorablemente a quien toma las debidas precauciones para no ser hallado nunca poniendo a prueba a Dios en ningún sentido (1 Cor. 10:12).

También está escrito: 'No pongas a prueba
al Señor tu Dios' —le contestó Jesús.

Mateo 4:7 NVI

2

de junio

Parálisis teológica

«EN ESTE campo, todo es superficial y facilista. Se practica el inmediatismo. Hay un mar de conocimientos con un centímetro de profundidad... de ello es culpable la parálisis teológica que hoy padecemos. Casi nadie profundiza, ni investiga, ni explora posibilidades actualistas»

DARÍO SILVA-SILVA

El cristianismo es sencillo, apto para todas las personas sin excepción, al margen de su condición humana, social o cultural, pues Dios no discrimina a nadie. Pero esto no significa que carezca de profundidad. La sencillez no es sinónimo de superficialidad, pues aunque las verdades fundamentales del evangelio pueden ser entendidas por un niño, sin embargo la revelación de Dios en las Escrituras es de una profundidad indescifrable e impenetrable de manera cabal y plena, puesto que refleja los propios pensamientos de Dios (Rom. 11:33-34). Con todo, el creyente tiene el deber de ahondar en estas verdades reveladas para extraer todos los tesoros ocultos que contienen, con todas sus implicaciones para la vida, pues el deseo de Dios es que sus hijos valoren el privilegio de las revelaciones que él les ha concedido (1 Cor. 2:9), dotándolos para este fin con su Espíritu (1 Cor. 2:10-13), ya que sin este es imposible llegar a una verdadera comprensión de la revelación divina en la Biblia (1 Cor. 2:14). El resultado de ello no podría ser más grandioso: tener una perspectiva de la vida tan cierta y clara como la que tuvo Jesucristo (1 Cor. 2:16). El problema es que en estos presurosos tiempos en que todo es «instantáneo», desde las comidas rápidas hasta los libros de bolsillo, queremos resultados inmediatos, sin esfuerzos ni desgaste, y asumimos el cristianismo con la misma actitud, simplificándolo a tal grado que terminamos con versiones toscas, groseras y caricaturescas del mismo, con visiones simplistas de la vida incapaces de hacer diagnósticos acertados de la situación del hombre actual. Haríamos bien en recordar que, a la par que el Señor presentó versiones sencillas, prácticas y esencialistas del evangelio (Miq. 6:8; Am. 5:4; Mt. 22:36-40), también avaló el estudio diligente de las Escrituras (Jn. 5:39), advirtiéndonos contra la inconstancia en el intento, que termina torciéndolas para ignorancia y perdición del lector.

... algunos puntos difíciles de entender, que los...
inconstantes tergiversan... para su propia perdición.

2 Pedro 3:16 NVI

3
de junio

Contracultura y antivalores

«El desafío de vivir con la cultura popular bien puede ser tan serio para los cristianos modernos como la persecución y las plagas fueron para los santos de siglos pasados»

KENETH A. MYERS

El pluralismo y el multiculturalismo son movimientos en boga que promueven el respeto por todas las culturas existentes y niegan, por tanto, la pretendida superioridad de una respecto de las otras, bajo la premisa de que a la postre todas son igualmente válidas. En el campo de las religiones, en la medida en que estas también moldean y forman parte de la cultura; estos movimientos desembocan en cierta forma de universalismo, la perniciosa creencia de que en últimas todas las religiones son iguales y conducen por igual a Dios. Y si bien tenemos que ser conscientes de que el espíritu de amor cristiano debe manifestarse en una actitud considerada hacia la cultura y las creencias de los demás que se tome por lo menos el trabajo de escuchar, conocer y tratar de comprender antes de siquiera entrar a rebatir, renunciando al mismo tiempo a imponer sus ideas por la fuerza (Rom. 13:7; Fil. 4:5; Col. 3:13; 1 Tes. 5:14; 2 Tim. 2:23-26); lo cierto es que estos movimientos pueden resultar muy inconvenientes y peligrosos al negar todo criterio de verdad y fomentar un sincretismo religioso indiferentista en el que todo vale (Pr. 14:12; 16:25). El cristiano maduro debe, pues, estar en condiciones de identificar, valorar y rescatar todos los aportes positivos que cada cultura puede hacer al entendimiento de la verdad (1 Tes. 5:21), pero sin sacrificar en el proceso la singularidad del cristianismo como tal, en cuanto este registra y divulga de manera única la revelación que Dios hace de sí mismo con miras a la salvación de los hombres (Jer. 6:16; Jn. 14:6; Hc. 4:12; 1 Tim. 2:5). Con mayor razón si consideramos que muchas expresiones culturales actuales son de carácter contracultural, fomentando evidentes anti-valores que terminan a la larga destruyendo los logros y las instituciones más apreciadas de las sociedades que las consienten. Hay que volver entonces a la fuerza de los argumentos, debatidos más que discutidos, en un espíritu de amor y respeto en pro del bien común y de la calidad de vida de la persona, en consonancia con la voluntad de Dios expresada en su Palabra:

Porque yo sé muy bien los planes que tengo para ustedes... planes de bienestar y no de calamidad, a fin de darles un futuro y una esperanza.

Jeremías 29:11 NVI

4

de junio

Nuestra solidaria condición humana

«La especialización trae muchos beneficios... Pero también va eliminando esos denominadores comunes... gracias a los cuales podemos
coexistir, comunicarnos y sentirnos solidarios... confina en aquel particularismo contra el que nos alertaba el refrán: no concentrarse tanto en la
hoja como para olvidar que es parte de un árbol... nada defiende mejor
contra la estupidez de los prejuicios, del racismo, de la xenofobia, del sectarismo religioso o político, o de los nacionalismos excluyentes, como esta
comprobación incesante... la igualdad esencial de todos los hombres»

MARIO VARGAS LLOSA

En el breve pero profundo, elocuente y soberbio discurso de Pablo a los atenienses
(Hc. 17:22-31), sobresale de manera especialmente sugerente la revelación acerca del
origen común de todos los hombres y el consecuente vínculo esencial que nos une a
todas las personas del mundo: nuestra universalmente compartida condición humana.
Si bien, por efecto de numerosas y muy diversas afinidades, existen otros vínculos más
estrechos y particulares en los variados grupos humanos sobre la tierra; estos no pueden hacernos perder de vista al primero y más esencial de todos estos vínculos, pues en
este caso el carácter particular de cada grupo termina dando lugar al prejuicio, al se-
gregacionismo y la discriminación injustificada. Los creyentes también deben tomar
nota de ello, puesto que la fraternidad especial que se da en la iglesia entre todos aquellos que llegan a ser hijos de Dios por la fe en Jesucristo (Jn. 1:12; 1 Jn. 3:1-2), no debe
ser un obstáculo, sino más bien un incentivo, para apreciar la variedad y fomentar
también la solidaridad y fraternidad general que debe existir entre todos los seres humanos. De otro modo, las alusiones favorables al prójimo y las gráficas enseñanzas
contenidas en la parábola del buen samaritano (Lc. 10:25-37), no tendrían razón de ser
en la iglesia. Pablo advierte contra el particularismo discriminatorio de los cristianos
respecto de los judíos (comúnmente llamado «antisemitismo»), recordándonos que somos ramas unidas a la misma raíz (Rom. 11:16-21). Porque definitivamente, la mejor
manera de conciliar y sobrellevar con éxito las diversas particularidades individuales
que nos caracterizan es, como lo afirma Julio Frenk Mora: «Encontrando el elemento
profundo que nos hace a todos humanos».

De un solo hombre hizo todas las naciones...

Hechos 17:26 NVI

5
de junio

Doble o nada

«Si USTED rechaza satisfacciones estéticas, caerá en satisfacciones sensuales»

C. S. Lewis

Partiendo del axiomático reconocimiento de que toda decisión humana es una apuesta, con independencia de las obvias diferencias de grado en el riesgo asumido en cada una de ellas; Pascal afirmaba que la fe también debería entenderse como una apuesta: la más crucial y determinante de la vida humana, por cuanto consiste en la decisión no solo de creer en Dios afirmando su existencia, sino también de creerle a Dios, confiando de manera absoluta en Él rindiéndole nuestra vida y actuando de acuerdo con su instrucción, a pesar de que el mundo natural y las tendencias sociales obren a veces en contra de la fe o, dicho de otro modo, a pesar de no tener todas las evidencias a favor sino tan solo las estrictamente necesarias para requerir una decisión al respecto (Heb. 11:1, 6). Visto así, la decisión por Cristo no es una apuesta de «todo o nada» (Mt. 12:30), sino más exactamente una en la que, para bien o para mal, siempre se obtiene el doble. Comenzando por el hecho de que toda decisión humana siempre involucra un doble movimiento, como lo dice C. S. Lewis: el primero es el rechazo o alejamiento de algo y el segundo es aceptar al mismo tiempo, consciente o inconscientemente, un sustituto con el cual creemos poder reemplazar de manera más satisfactoria aquello que hemos rechazado. La Biblia deja constancia de este doble movimiento que el pecado conlleva (Jer. 2:13). Alejarse de Dios es, pues, el pecado por excelencia que, más temprano que tarde, termina arrojándonos a los pecados en cualquiera de sus múltiples formas. Esta idea se ve ratificada en la denuncia de la «doblez de corazón» (Sal. 12:2 RVR), o el «doble ánimo» (St. 1:8 RVR), del que cree que pecando y rezando se empata[26]; expresión que hace alusión a una fe hipócrita, insincera, o en el mejor de los casos, vacilante, caracterizada por un «corazón dividido» (Ose. 10:2 RVR), o «escurridizo» (NVI), que da lugar a solemnes advertencias divinas (1 R. 18:21; Ose. 6:4; 2 Cor. 1:17-20), cuya sentencia no se hace esperar (Jer. 2:36). Se explica entonces que las alternativas ante las cuales nos coloca Dios sean siempre dobles: doble castigo (Jer. 16:17-18) o, en virtud del arrepentimiento y el perdón, doble bendición (Isa. 40:2)

En vez de su vergüenza, mi pueblo recibirá doble porción; en vez de deshonra... recibirá doble herencia...

Isaías 61:7 NVI

6
de junio

Existencia evidente de Dios

«Durante un curso de introducción a la filosofía en la universidad, el profesor dedicó... el tiempo de la clase a exponer su argumento, cuidadosamente estructurado, acerca de la existencia de Dios. Cuando llegó a las conclusiones... se mostraba muy complacido de su demostración. Luego, volviéndose a una de las estudiantes le preguntó: Y bien, señorita, ¿He conseguido demostrarle que Dios existe? No tenía usted que demostrármelo– le replicó al momento la muchacha–. Hace mucho que lo sé»

J. C. R.

La existencia de Dios no tiene necesidad de demostrarse. Sencillamente, es algo que se sabe y da por sentado de manera intuitiva e inmediata. Si la existencia de Dios tuviera que ser demostrada, Dios mismo nos proveería de pruebas metódicas y convencionales de ello. Pero lo cierto es que la Biblia no se pone en este trabajo, sino que lo asume como algo evidente, como creencia natural en el hombre. La responsabilidad de la demostración corre por cuenta de los ateos, quienes son los que deben intentar demostrar su hipótesis de la no existencia de Dios. La teología escolástica puede haber contribuido, sin proponérselo, a desvirtuar la existencia de Dios al caer en el juego de pretender demostrarla; dando lugar a la idea de que si esto no logra hacerse de forma indiscutible, significa, entonces, que Dios no existe. Los «argumentos» que pretenden ser «pruebas» racionales que sustentan la existencia de Dios, no son tales, sino más bien evidencias de la misma. Como lo dice Paul Tillich: *Querer demostrar que Dios existe es negarlo... Los argumentos a favor de la existencia de Dios, ni son argumentos, ni constituyen la prueba de la existencia de Dios. Son expresiones de la 'cuestión' de Dios que está implícita en la finitud humana.* La existencia de Dios no puede probarse científicamente porque a Dios no lo podemos confinar en condiciones de laboratorio para analizarlo. Hay una diferencia sutil pero crucial entre «prueba» y «evidencia», definida así por Lynn Anderson: *La prueba establece conclusiones. La evidencia,... solo apunta hacia esas conclusiones... [pero] examinar la evidencia... puede allanar el camino para la confianza....* La evidencia, entonces, ratifica la creencia en Dios inherente al ser humano, de donde el ateísmo es, pues, una necedad (Sal. 14:1)

... lo que se puede conocer acerca de Dios es evidente para ellos,
pues él mismo se lo ha revelado.

Romanos 1:19 NVI

7

de junio

Perlas de gran precio

«CUANDO los seres humanos son desvalorizados, todo en la sociedad se descompone... la cruz es la principal prueba pública del valor que Dios nos ha asignado»

JOHN R. W. STOTT

Las parábolas del tesoro escondido y la perla de gran precio (Mt. 13:44-46), suelen interpretarse como si ambas simbolizaran el reino de Dios. Sin embargo, es probable que estas parábolas no sean una reiteración de la misma idea, sino la expresión de dos ideas diferentes correlacionadas. Es así como, si bien el tesoro simboliza ciertamente el reino de Dios, la perla de gran precio representa más bien al hombre perdido y redimido, y el comerciante que anda en busca de ella es nada menos que Dios mismo en la persona de Cristo. ¿Qué haría que Dios se tomara todo este trabajo por todos y cada uno de nosotros? El mismo, por cierto, que se toma la mujer que pierde un dracma y lo busca con ahínco o el pastor que va en busca de la oveja perdida (Lc. 15:4-10). La respuesta cristiana clásica es el amor que nos profesa (Jer. 31:3). Pero sin perjuicio de la doctrina de la gracia que hace que este amor sea siempre inmerecido por definición, una razón bíblica adicional por la que Dios actúa de este modo no es otra que el mismo valor que Él nos ha conferido o asignado. Esa inherente dignidad especial que, al margen de nuestros actos, nos otorgó al crearnos a su imagen y semejanza (Gén. 1:26). Toda vida humana es entonces sagrada. No solo por ser un don divino, sino porque ella es en sí misma reflejo de la vida divina. El valor de los seres humanos descansa, por tanto, en la gloria misma de Dios. Por eso R. C. Sproul dice: «Si no hay gloria divina, no hay dignidad humana». El pecado puede -y de hecho lo hace-, desfigurar la imagen divina y empañar su brillo, pero no puede destruirla definitivamente. La imagen podrá estropearse, pero nunca borrarse del todo. Y la prueba contundente del valor que Dios nos ha asignado es la cruz. El cruel patíbulo en el cual se hace patente en la historia el precio inestimable que Dios estaba dispuesto a pagar (Isa. 43:4), para redimirnos del poder del pecado: la sangre preciosa de su Hijo Jesucristo, restaurando así en nosotros la imagen original echada a perder. En otras palabras, su vida por la nuestra, para que ahora nosotros vivamos por Él y para Él.

El precio de su rescate no se pagó con cosas perecederas...
sino con la preciosa sangre de Cristo...

1 Pedro 1:18-19 NVI

8
de junio

La amarga envidia

«YA ES BASTANTE no helarse a la intemperie, que el hambre y la sed no nos atenacen las entrañas. Si no tenemos rota la espalda, si podemos mover los pies, si nos es posible flexionar ambos brazos, si podemos ver con ambos ojos y oír con ambos oídos, ¿a quién habría que envidiar? ¿y por qué razón? La envidia es lo que más nos carcome. Límpiate los ojos y purifica tu corazón, y estima más que nada en el mundo a quienes te quieren y te desean el bien. Después de todo, esta podría ser tu última acción»

ALEKSANDER SOLYENITSIN

Miguel de Unamuno declaró alguna vez que *la imitación es admiración* y de hecho, las personas solo imitan a quién admiran. La admiración es un sentimiento noble que, enfocado en la persona correcta, puede ser un aliciente y un estímulo valioso para superarnos y dignificar nuestra condición humana. El poeta Joan Maragall, gran amigo de Unamuno, dijo: *Vivir es desear más, siempre más, desear, no por apetito, sino por ilusión.* No puede discutirse ciertamente que el hombre necesita de un acicate para mejorar y por eso no hay nada de malo en tener aspiraciones, que no es otra cosa que desear más, pero por ilusión. El problema surge cuando empezamos a codiciar y ambicionar por simple apetito, abonando el terreno para el surgimiento de la envidia en nuestras vidas, que no es más que una forma ruín y degradada de admiración. La envidia, además de que ... *corroe los huesos* (Pr. 14:30), es en muchos casos una simple excusa que busca disculpar la mediocridad del envidioso: *Vi además que tanto el afán como el éxito en la vida despiertan envidias. Y también esto es absurdo; ¡es correr tras el viento!* (Ecl. 4:4), sin mencionar que se encuentra relacionada y condenada en el listado de las obras de la naturaleza pecaminosa (Gál. 5:19-21, cf. St. 3:14-16). Comprender, pues, el origen de este pecado, su dinámica, y su carácter censurable, justifica de sobra las reiteradas amonestaciones que la Biblia nos dirige al respecto, advirtiéndonos finalmente sobre la inconveniencia práctica y las indeseables consecuencias que la envidia puede acarrearnos, ya que merced a ella podemos llegar a ser desviados del camino de Dios al disfrazar y encubrir una admiración velada y peligrosa por los impíos (Sal. 37:1).

Yo estuve a punto de caer, y poco me faltó para que resbalara. Sentí envidia de los arrogantes, al ver la prosperidad de esos malvados.

Salmo 73:2-3 NVI

9
de junio

Los eunucos de hoy

«HACEMOS hombres sin pecho y esperamos de ellos virtud y carácter emprendedor... Castramos y pedimos a los eunucos que fructifiquen»

C. S. LEWIS

Agustín apelaba a Dios con una inmortal sentencia: «¡Dadme lo que mandáis, y mandad lo que queráis!». En efecto, Dios no ordena algo para lo cual no ha dado antes los recursos y medios para cumplirlo. Él otorga antes de pedir. Obsequia generosamente sus dones para demandar entonces el fruto correspondiente (Efe. 2:10; Fil. 2:13). Pero los seres humanos no obramos de igual forma con nuestros semejantes. El Señor denunció la incongruencia de los fariseos al no «rajar, ni prestar el hacha»[27] (Lc. 11:52), imponiendo deberes sin garantizar derechos. O aún reclamando derechos sin cumplir deberes. La crisis de la responsabilidad en todas sus formas. Lamentando el estado del mundo que le vamos a dejar a nuestros hijos, sin reparar primero en qué clase de hijos le vamos a dejar al mundo. Exigiendo fruto no solo donde no hemos sembrado sino, peor aún, donde hemos esterilizado previamente, pasando por alto de forma flagrante principios bíblicos básicos (Gál. 6:7). Es ilustrativa la figura del eunuco, pues un concreto ejemplo de ello lo tenemos en la obstinada imposición por parte de la jerarquía católica del celibato obligatorio a sus clérigos, solo para tener que rasgarse las vestiduras cuando salen a la luz los muy numerosos y condenables casos de inmoralidad sexual, -algunos verdaderamente aberrantes-, en que estos terminan incurriendo el ver coartada la posibilidad de expresar su sexualidad en el vínculo matrimonial aprobado y bendecido por Dios. El Señor Jesucristo se refirió a esto, relacionando los tres tipos posibles de eunucos, haciendo la salvedad de que: «no todos pueden comprender este asunto... solo aquellos a quienes se les ha concedido entenderlo... El que pueda aceptar esto, que lo acepte» (Mt. 19:10-12), a lo cual Pablo añadió que el celibato no es la norma sino tan solo una conveniente concesión, pues: «... cada uno tiene de Dios su propio don...» (1 Cor. 7:6-7). Don que, de forma análoga, debemos conceder primero laboriosamente a todos los que nos rodean, antes de esperar de ellos respuestas consecuentes.

¡Siembren para ustedes justicia! ¡Cosechen el fruto del amor,
y pónganse a labrar el barbecho! ¡Ya es tiempo de buscar al Señor!...

Oseas 10:12 NVI

10
de junio

El ministerio de la reconciliación

«Es MIL VECES más fácil volver la espalda a un pasado doloroso que mirarlo de frente. Pero el pasado no se borra de nuestros corazones: permanece allí para siempre. Y la única manera de hacer las pases con él es encararlo con humildad: Tratar de perdonar, de conseguir el perdón, retomar el buen camino y reconciliarse con la vida»

STEPHEN ARTERBURN

La Biblia nos advierte acerca del peligro de que una *raíz amarga brote y cause dificultades y corrompa a muchos* y que, por su causa, el creyente *deje de alcanzar la gracia de Dios* (Heb. 12:15). Esta raíz surge de los conflictos no resueltos de nuestro pasado. Muchos creyentes arrastran «cabos sueltos» o círculos inconclusos que nunca se cerraron satisfactoriamente. Y si bien es imposible deshacernos de nuestro pasado, sin embargo, como «nuevas creaciones» en Cristo (2 Cor. 5:17), poseemos recursos como el perdón que nos otorgan la capacidad de dejarlo atrás, encarando y resolviendo los conflictos que tuvieron lugar en él, desde la perspectiva de la Cruz. Así, cuando tengamos que referirnos a ellos, podremos hacerlo como si, efectivamente, ya fueran historia, despojados del poder de seguir generando dolor y resentimiento en el presente. Y es que la reconciliación que Cristo vino a ofrecernos (2 Cor. 5:18-21), pasa no solo por su perdón, sino también por el que nosotros debemos brindar o solicitar de los demás. Tal vez uno de los mayores impedimentos para perdonar no sea el temor de que al hacerlo nuestro sentido de justicia sea vulnerado y que, en consecuencia, el caso se cierre al punto que la ofensa que recibimos quede en la impunidad, sino más bien que guardamos un anhelo secreto de venganza. Pero como lo sostiene Walter Weckler: *La venganza es tan eficaz para apagar las pasiones como el agua de mar para calmar la sed.* Marilyn Vos Savant se pronunció en el mismo sentido al afirmar que un acto de perdón permite cerrar el capítulo, mientras que un acto de venganza abre un capítulo nuevo. Y el Señor es concluyente al respecto: *No tomen venganza, hermanos míos, sino dejen el castigo en las manos de Dios...* (Rom. 12:19; St. 1:20). Además, una iglesia formada por personas que no perdonan no tiene credibilidad ante el mundo para llevar a cabo con eficacia el ministerio de la reconciliación encomendado por Cristo.

... Dios,... por medio de Cristo nos reconcilió consigo mismo
y nos dio el ministerio de la reconciliación.

2 Corintios 5:18 NVI

11
de junio

Shalom

«Los sociólogos... descubrieron que si una ventana rota en un edificio no se reparaba, pronto todas las ventanas quedarían destrozadas. ¿Por qué?... Una sola ventana rota pronto atrae a la clase de gente que romperá más ventanas... hay una gran relación entre controlar delitos menores y refrenar delitos mayores... el pueblo judío ya había captado la idea en el concepto de *shalom... Shalom* se refiere a paz en un sentido positivo, el resultado de una comunidad correctamente ordenada»

Charles Colson

El vocablo shalom, que se traduce como paz, es el saludo usual entre el pueblo judío y evoca un estado de cosas muy bien descrito por Ma. C. Guarino con esta definición: «La paz no es el silencio que queda al terminar la guerra, sino la fraternidad que nos impide iniciarla». Fraternidad que solo es posible en una comunidad fundamentada en la justicia. Una justicia que, a su vez, se manifieste no solo en el comportamiento individual de sus miembros, sino también en el ordenamiento jurídico y en la capacidad del estado para hacerlo respetar. La impunidad en todas sus formas, desde la que ampara a la corrupción y al desgreño administrativo en las altas esferas de gobierno, hasta la que hace la vista gorda ante infracciones menores, es uno de los mayores alicientes para el delito (Ecl. 8:11). Razón de más para prestarles la debida atención a esas faltas o «zorras pequeñas» (Cnt. 2:15), que terminan echando a perder todo el fruto y que, de no resolverse satisfactoriamente, llegan pronto a engendrar acciones delictivas mayores y grandes males sociales (Ecl. 10:1; 1 Cor. 5:6; Gál. 5:9). El pastor Darío Silva-Silva ponía el dedo en la llaga al advertir que: «ya es hora de preguntarnos menos por qué hay guerrillas y más por qué hay injusticia social. En la raíz de toda subversión subyace la desigualdad flagrante como generadora de la inconformidad». Desigualdad que, por cierto, no es siempre producto del desperdicio de las legítimas oportunidades concedidas por Dios a cada persona; sino que con mucha mayor frecuencia es el resultado de la opresión de los débiles y del aprovechamiento ventajoso que los fuertes hacen de aquellos y que tarde o temprano se vuelve contra estos. Haríamos bien, pues, en atender a lo dicho por el profeta:

El producto de la justicia será la paz; tranquilidad y
seguridad perpetuas serán su fruto.

Isaías 32:17 NVI

12

de junio

El corazón humano

«La teología nunca cambia. El corazón humano es siempre el mismo... Los mismos pecados y los mismos problemas que se afrontaban en Egipto, los afrontamos hoy»

Billy Graham

«Como lo demuestra la historia, es mucho más fácil predecir la conducta humana que el estado del tiempo»

Michael Levine

En la cultura y la literatura semítica el corazón no era el músculo que bombea sangre por todo el cuerpo, sino un término metafórico para referirse a la unidad centrada y personal del individuo en la cual confluyen todas sus vivencias, sensaciones, pensamientos, emociones y voluntad para dar sentido a las decisiones por las cuales este opta finalmente. Visto así es forzoso entonces que la Biblia siga siendo de palpitante actualidad y conserve hoy por hoy toda su vigencia; pues, aún cuando la cultura, la ciencia, el medio ambiente y las circunstancias puedan cambiar como de hecho lo hacen; el corazón del hombre es el mismo desde los tiempos del Génesis, como esta escrito: *Y vio Jehová que... los hombres... y que todo designio de los pensamientos del corazón de ellos era de continuo solamente el mal* (Gén 6:5 RVR). En condiciones ideales en el corazón humano residen en potencia lo mejor y lo peor del hombre; pero lamentablemente, después de la caída en pecado de nuestros primeros padres el corazón «pela el cobre» y las intenciones e inclinaciones que prevalecen en él *son perversas desde su juventud* (Gén. 8:21), tornándolo con frecuencia muy predecible en términos éticos. Dicho de otro modo, a partir de la caída el corazón del hombre lo traiciona, sacrificando en el proceso lo mejor de sí mismo (Jer. 17:9). El Señor Jesucristo lo confirmó al decir que el pecado no es algo externo y tangencial al hombre sino algo que lo afecta y corrompe de raíz, desde el corazón hacia fuera (Mt. 15:16-20). Por esta causa Dios apela directamente a nuestro corazón de manera urgente, apremiante y amorosa, pues solo él puede restaurar y transformar nuestro endurecido corazón de piedra en un corazón de carne que esté nuevamente en condiciones de sorprendernos manifestando lo mejor del hombre, como al principio (Eze. 36:26).

Dame, hijo mío, tu corazón y no pierdas de vista mis caminos.

Proverbios 23:26 NVI

13
de junio

La privacidad y la vida cristiana

«El primer defecto de la privacidad es que a la gente le importa mucho la propia, pero muy poco la ajena»

David Plotz

La privacidad es uno de los derechos humanos consagrado en las constituciones de las naciones modernas. Y si bien estamos muy prontos a exigirla, estamos aún muy lejos de respetarla en los demás. La defensa de la privacidad es legítima, sobre todo cuando con ello buscamos preservar esos agradables, necesarios y reveladores espacios de reflexión, reposo e intimidad con Dios (Sal. 51:6), al igual que con nosotros mismos y con nuestros seres queridos. Pero comienza a tornarse sospechosa cuando lo que pretendemos al invocarla es encubrir aquello que no deseamos que salga a la luz por temor a que nuestro verdadero carácter quede expuesto públicamente, para vergüenza nuestra (Dt. 13:6-8; Efe. 5:12). Quizá esto explique también por qué nos sentimos tan atraídos cuando la privacidad del prójimo es vulnerada, dejando al descubierto censurables y escandalosas facetas de su vida. El sensacionalismo amarillista de los medios explota esta inclinación de la naturaleza humana que anhela observar la caída de esos ídolos de barro erigidos con los personajes públicos admirados y envidiados por la sociedad, viéndolos así descender a los niveles del hombre común, descubriendo y comprobando que ellos también se revuelcan en el fango, al igual que el resto de los mortales, sin distinción de clase o condición social. Tal vez por eso Kant dijo que: «La riqueza ennoblece las circunstancias del hombre pero no al hombre mismo», pues el pecado es un flagelo universal que afecta a todos sin excepción y que tarde o temprano nos pone en evidencia ante los demás (Lc. 12:2-3). Por eso debemos procurar que nuestro fuero privado permanezca siempre iluminado y bajo el escrutinio constante de la luz divina de Jesucristo (Jn. 3:19-21), que es la única que puede diagnosticar y curar eficazmente en lo secreto nuestros pecaminosos defectos de carácter antes de que estos tengan que hacerse públicos (1 Tim. 5:24-25), para la morbosa fruición y vano consuelo de todos los que los padecen de manera más marcada y crónica que nosotros mismos.

Todos ustedes son hijos de la luz y del día… los que se emborrachan,
de noche se emborrachan. Nosotros que somos del día, por el contrario,
estemos siempre en nuestro sano juicio…

1 Tesalonicenses 5:5-8 NVI

14
de junio

El universo y la fe

«ME RESULTA muy difícil creer que alguna vez en el pasado haya ocurrido un milagro. Con todo, aquí estamos, pruebas vivientes de que, de algún modo en el pasado, todo tuvo que haber salido de la nada... y no hay medio natural de que algo así ocurra... Esto me coloca en algo así como un dilema. Por un lado, no creo en milagros, pero por el otro *todo el universo* es al parecer un milagro enorme e indescriptible»

FRED HEEREN

Los astrofísicos de nuestros días han postulado muchas teorías complejas, unas con mayor fundamento que otras, sobre la *formación* del universo, incluyendo la del «Big bang», actualmente la más aceptada de todas. Pero el hecho es que ninguna de ellas ha logrado explicar el *origen* del mismo. Y a pesar de que la lógica exige una causa para cada efecto, algunos de los científicos más materialistas siguen intentado sin éxito explicar el origen del universo sin referencia a Dios, pero las dificultades con las que tropiezan para sustentar sus propuestas son insalvables, no ya solo desde una perspectiva filosófica, sino también científica. Hoy por hoy parece ser que creer que Dios creó el Universo *ex nihilo*, es decir de la nada, es científicamente la única alternativa viable, ante las contradicciones en que se enreda la posición materialista. Cobra vigencia de nuevo lo dicho por Thomas Paine cuando declaró que: *La única idea que el hombre puede aplicar al nombre de Dios es la de una primera causa, la causa de todas las cosas. Pese a lo incomprensible y difícil que es para el hombre concebir una primera causa, llega a creer en ella debido a la dificultad mucho mayor de no creer en ella.* El astrónomo Robert Jastrow expresó así la frustración que el científico experimenta ante esta situación: *Para el científico que ha vivido con su fe en el poder de la razón, la historia acaba como una pesadilla. Ha escalado las montañas de la ignorancia, está a un tris de conquistar el pico más alto y cuando logra trepar por la roca final se encuentra con una cuadrilla de teólogos que llevan siglos allí sentados.* En últimas, la conclusión parece ser entonces que la ciencia termina donde la Biblia comienza (Gén. 1:1).

Por la fe entendemos que el universo fue formado por la palabra de Dios,
de modo que lo visible no provino de lo que se ve.

Hebreos 11:3 NVI

El paraíso terrenal

«EL HOMBRE no solo no merece el paraíso, sino que lo saquea y lo destruye...»

EMILE CIORAN

A la vista de las trágicas consecuencias de la caída para toda la creación de Dios (Gén. 3:17-19; Rom. 8:19-22), el restablecimiento del paraíso terrenal ha sido el propósito de muchas de las empresas humanas a través de la historia, y en especial de las numerosas utopías de la modernidad que han pretendido establecer el reino de Dios en la tierra mediante iniciativas autónomas y esfuerzos netamente humanistas y secularistas, desligados por completo de Dios que es justamente Aquel que define y le da nombre a este reino. Estos intentos, a pesar de estar en principio bien motivados, siempre concluyen de manera nefasta precisamente por excluir a Dios del proceso, pues pretender establecer un reino prescindiendo del Rey es incurrir de entrada en una contradicción de términos. La iglesia tiene responsabilidad en ello, pues: «la esperanza cristiana ha sido abandonada en manos de sectarios, fanáticos y lunáticos apocalípticos, sin ningún recurso práctico para los problemas humanos», y por eso: «sus seguidores viven expuestos al resurgir de las utopías, una de las tendencias más perniciosas del quijotismo humano y que solo son caricaturas del Reino de Dios» (Silva-Silva). Pero si bien «paraíso» es un término con connotaciones, por lo pronto, más celestiales y espirituales que terrenales (Lc. 23:43; 2 Cor. 12:4); no excluye necesariamente las condiciones terrenales ideales evocadas por el Jardín del Edén del Génesis. Y en la medida en que el reino de Dios ya está entre o dentro de nosotros (Lc. 17:21), los cristianos debemos procurar instaurar en la sociedad de la que formamos parte, las condiciones de «justicia, paz y alegría en el Espíritu Santo» (Rom. 14:17), que caracterizan al reino de Dios, recordando no obstante que estas no alcanzarán nunca la plenitud que solo podrán adquirir por fin en la consumación de los tiempos, cuando Jesucristo, el Rey mismo, destruya lo imperfecto y corruptible y cree lo perfecto e incorruptible, inaugurando formalmente «un cielo nuevo y una tierra nueva, en los que habite la justicia» (Isa. 51:3-6; 65:17; 2 P. 3:10-13), otorgando a los suyos de nuevo el inmerecido y perdido derecho de acceder al paraíso:

... al que salga vencedor le daré derecho a comer del árbol de la vida, que está en el paraíso de Dios.

Apocalipsis 2:7 NVI

16
de junio

El avivamiento y la historia

«EL AVIVAMIENTO no falta en la iglesia presente. No puede faltar. Otra cosa es que responda a nuestras expectativas o encaje en nuestros moldes. Pero la cuestión no es esa, la cuestión es saber si estamos dispuestos a encajar nosotros en la dinámica de los hechos»

ALFONSO ROPERO

Dios es el Señor de la historia. Por lo tanto nunca está ausente de ella sino que la dirige conforme a sus propósitos. Pero la Biblia nos revela que la historia, más que lineal, es cíclica o pendular (Ecl. 1:9-10; 3:15), es decir que sobre la línea cronológica se van reeditando puntos máximos y mínimos de desarrollo. La historia funciona entonces como un gran mar sobre el cual Dios sopla el viento de su Espíritu levantando un continuo y ondulante oleaje en el cual el creyente y el conjunto de la iglesia tiene dos opciones: colocarse en la cresta de la ola divina o dejarse zarandear por ella (Efe. 4:14). En efecto, el avivamiento no puede faltar en la iglesia pues Dios nunca ha dejado de soplar el viento de su Espíritu sobre la historia humana, formando continuas olas de agua viva a través de ella. La cuestión es saber si estamos dispuestos a subir sobre la cresta de la ola y dejarnos llevar por ella. La iglesia debe estar siempre en condición de *discernir... las señales de los tiempos* (Mt. 16:3) o, como lo expresa Rick Warren: *... al igual que los surfistas experimentados... reconocer una ola del Espíritu de Dios y montarnos sobre ella*. Schwartz llama a esto el «principio de transformación de energía» por el cual, *en vez de luchar con gran energía contra las amenazantes olas,* [se] *utiliza con maniobras inteligentes la fuerza del agua.* La iglesia puede llegar a ser así, tal como Dios lo desea, el principal agente del progreso de la humanidad en el marco de la posmodernidad y la globalización que son, con todos sus peligros y oportunidades, nuevos vientos de Dios que levantan olas que la iglesia debe identificar y aprovechar, capitalizando las oportunidades y sorteando los peligros. El progreso consiste entonces, como lo plantea Paul Tillich, en madurar e identificar los «momentos decisivos» de la historia. El *Kairos* divino. El momento oportuno de Eclesiastés (Ecl. 3:1). El día en que el Señor actúa, y espera que nosotros, su iglesia, actuemos con él.

Este es el día en que el Señor actuó; regocijémonos y alegrémonos en él.

Salmo 118:24 NVI

La búsqueda de Dios

«EL INTERÉS en SETI[28] ... procede... de la necesidad de encontrar un contexto más amplio para nuestras vidas que cuanto proporciona esta existencia terrestre... se puede considerar... parte de una ansiada búsqueda religiosa como... de un proyecto científico»

PAUL DAVIES

«Búsqueda» sería tal vez la palabra que mejor define la existencia humana. La religión ha sido históricamente tal vez la más consciente expresión de esto, pero con el auge de la ciencia, aquella fue relegada e incluso desechada por esta en el propósito de liderar esta búsqueda, dando lugar a la ironía de que los más vehementes promotores de la ciencia y opositores de la religión, terminan proclamando su propia «religión» sustituta: la religión de la ciencia o cientifismo. En efecto: «En la edad de la razón, la ciencia se presentó como sustituto de la religión. Pero pocos previeron que en el proceso la ciencia adoptaría las funciones de la religión» (Colson). Sea como fuere, Job da expresión a la búsqueda fundamental de todo ser humano, la búsqueda de Dios, emprendida sin éxito por los cuatro puntos cardinales (Job 23:3, 8-9), razón por la cual la ciencia ha terminado orientándola últimamente hacia las alturas y profundidades del espacio sideral, sin considerar que aún en estas nuevas direcciones emprendidas, esta búsqueda está condenada al fracaso (Rom. 10:6-7). Y lo está no tanto porque la búsqueda en sí misma sea infructuosa; sino porque nos hemos lanzado a ella partiendo de premisas equivocadas. La primera es presumir que quien se encuentra perdido es Dios y no nosotros (Gén. 3:8; Isa. 53:6; Jon. 1:3; Lc. 15:24, 32). La segunda que hemos buscado en lugares equivocados (Rom. 10:8). La tercera es que no buscamos propiamente a Dios sino tan solo los beneficios o bendiciones que intuimos que Él nos puede brindar (Sal. 14:1-3; 53:1-3; Rom. 3:10-12). Y la última, que no lo hacemos con todo nuestro corazón (Jer. 29:13-14), es decir, que para la generalidad de las personas este no es ni mucho menos el primero y principal propósito de su vida, como debería serlo, pues: «Si es cierto que existe Dios será importante encontrarle... que solo se vive una vez, una vez...» (M. Vidal). Solo corrigiendo todos estos postulados equivocados nuestra búsqueda llegará a su término, conforme a la exhortación divina:

Así dice el Señor al reino de Israel: Búsquenme y vivirán...
Busquen al Señor y vivirán...

Amos 5:4, 6; Isaías 55:6-7 NVI

18
de junio

Propósito divino para la Tierra

«Muchos científicos... han reconocido lo que parece como preparación a propósito, un plan perfecto en todas las leyes de la naturaleza que existen especialmente para nuestro beneficio»

FRED HEEREN

Muchas personas desechan el relato bíblico de la creación por ser demasiado escueto y lacónico y, por lo mismo, carente del rigor descriptivo y explicativo propio de la ciencia actual. Pero las conclusiones a las que la ciencia está llegando respaldan tácita e inequívocamente la concisa pero precisa cosmogonía bíblica del Génesis. Este respaldo es especialmente notorio en lo concerniente al juicio de valor emitido por Dios al concluir la creación: *Dios miró todo lo que había hecho, y consideró que era muy bueno* (Gén. 1:31). En efecto, la ciencia de hoy está esencialmente de acuerdo con esta afirmación al reconocer que los múltiples parámetros del universo *han de tener valores que caigan dentro de rangos estrechamente definidos para que pueda existir vida del tipo que sea*. El científico W. von Braun tenía razón entonces cuando afirmó que *no puede discutirse que el universo fue planeado*. Es por eso que, cuando nuestras circunstancias personales nos lleven a pensar que la vida es dura y difícil, haríamos bien en ampliar nuestro horizonte y considerar nuestra situación desde la perspectiva que nos brinda ese diseño perfecto, esa exacta planificación y esa ejecución cabal del universo llevada a cabo por nuestro Creador; pues de no existir todas ellas la vida más que «difícil» o «dura» sería por completo imposible. Y es precisamente el Dios que hizo toda esta serie de arreglos especiales y se tomó todo este trabajo para que cada uno de nosotros pudiera vivir y experimentar este idóneo mundo físico, quien nos dice con todo el peso de la evidencia, la lógica y el sentido común de su lado: *... por qué se preocupan...?... no se preocupen diciendo: '¿Qué comeremos?' o '¿Qué beberemos?' o '¿Con qué nos vestiremos?' Porque... el Padre celestial sabe que ustedes... necesitan* [todas estas cosas] (Mt. 6:28-32). Los creyentes debemos recordar que no solo los mandamientos divinos fueron diseñados por Dios para nuestro beneficio (Mr. 2:27), sino también las leyes naturales que rigen el mundo, y que ni siquiera el pecado del hombre ha podido malograrlas para que dejen de funcionar tal como fueron diseñadas.

... así dice el Señor,... el Dios que formó la tierra... para ser habitada...

Isaías 45:18 NVI

19
de junio

Vidas y credos inconsecuentes

«Si examinamos las vidas de estos que se autoproclaman profetas, hallamos poca base para creer sus grandiosas promesas... Una de las pruebas para saber si una visión del mundo es cierta es ver si corresponde con la realidad: ¿Podemos vivir por ella?»

CHARLES COLSON

Uno de los criterios bíblicos para descubrir y conocer los motivos ocultos de aquellos que predican un modelo de vida o una visión del mundo determinada, han sido siempre los frutos o el comportamiento que estos manifiesten en su vida cotidiana (Mt. 7:15-20). Pero esto no se refiere tan solo a la consistencia o corrección de su conducta desde un punto de vista ético, sino también a la correspondencia entre el credo que profesan y su vida práctica, de modo que podamos evaluar no solo el hecho de que sus actuaciones sean consecuentes con sus creencias, sino también que el estilo de vida que promueven corresponda con los hechos de la realidad y de la experiencia cotidiana del ser humano. Visto así, doctrinas tales como la del superhombre (Nietzsche), la dictadura del proletariado (Marx), y la sexualidad como factor determinante de la conducta humana (Freud), han mostrado no ser congruentes con la realidad, y su realización en la historia fracasó (nazismo alemán, comunismo soviético y amor libre de los años 60, respectivamente), mostrando de paso su inconveniencia, pues no elevó la calidad de la vida humana sino que más bien la degradó y dejó profundamente insatisfechos y mal parados a todos sus esperanzados seguidores, de donde concluimos que no es posible vivir por ellas. Por otra parte, el contraste entre la vida y la doctrina de cada uno de estos personajes es notorio. Paul Johnson afirma: «Ni Marx ni Freud aplicaban sus teorías al hogar y a la familia...», y respecto a Nietzsche, Hans Küng ha dicho: «He ahí un hombre que predica la doctrina del superhombre... y él mismo no sale de su mundo de sombras, vive como un fracasado fuera de la realidad de su tiempo...», a lo cual R. C. Sproul añade que la vida angustiada de Nietzsche ilustra la futilidad de tratar de vivir por su credo. Por el contrario, la cosmovisión bíblica del mundo corresponde tan fielmente a la realidad, que el Señor Jesucristo la avala, incluso si los llamados a proclamarla tienen una conducta inconsecuente con ella:

... ustedes deben obedecerlos y hacer todo lo que les digan. Pero no hagan lo que hacen ellos, porque no practican lo que predican.

Mateo 23:2-3 NVI

20
de junio

La ceguera espiritual

«EL PRIMER demonio es el que nos impide ver»

JACOB NEEDLEMAN

Entre las sanidades físicas que el Señor realizó durante su ministerio terrenal sobresale la curación de un ciego de nacimiento, narrada en el evangelio de Juan (Jn. 9:1-41). Jesucristo utilizó este episodio para enseñar e ilustrar de forma llamativa e impactante la ceguera fundamental que padece el género humano: la ceguera espiritual. Esta consiste al mismo tiempo en una incapacidad funcional, a semejanza de la ceguera física; pero también y sobre todo en una censurable actitud voluntaria del hombre. En el primer sentido la ceguera obedece tanto a la falta de luz, como al funcionamiento defectuoso de los ojos; problemas ambos que Cristo resuelve al restaurar los ojos de los ciegos y brindarnos en sí mismo la luz necesaria para ver (Jn. 9:5). En el segundo sentido surge de la orgullosa presunción que lleva a alguien a creer que ya ve todo con claridad, al punto de resistirse con altivez a recibir la verdadera visión espiritual que Dios quiere darle (Jn. 9:40-41). Dicho de otro modo, *no hay peor ciego que el que no quiere ver*. En contraste con ello, la actitud humilde del ciego de la historia, sin falsas presunciones en cuanto a sus capacidades, le permitió recibir no solo la visión física (Jn. 9:7), sino también la visión espiritual de la fe, por medio de la cual pudo ver y reconocer claramente a Cristo como el Hijo de Dios (Jn. 9:35-38). La conversión de Pablo en el camino de Damasco es más dramática aún, pues en este caso el resplandor de la gloria de Cristo fue tan intenso para este fariseo que pretendía verlo todo con claridad diáfana, que lo dejó físicamente ciego (Hc. 9:8), pero le otorgó simultáneamente la visión espiritual de Cristo en su gloria. De cualquier modo, ambas visiones, la física y la espiritual, no son mutuamente excluyentes (Hc. 9:12, 18), pero la última debe tener siempre prioridad sobre la primera. El gran pecado de la humanidad es que no ve porque no quiere, pues se aleja de la luz que le permitiría hacerlo (Jn. 3:19). Permanece con un velo delante de sus ojos (2 Cor. 3:14-15), hasta tanto no se vuelva a Cristo (2 Cor. 3:16). Un velo que Satanás, el dios de este mundo, el primer demonio, se complace en reforzar y mantener sobre la mente de los incrédulos, para su propia perdición (2 Cor. 4:3-4).

Yo he venido a este mundo... para que los ciegos vean,
y los que ven se queden ciegos.

Juan 9:39 NVI

21
de junio

Escuchar y aprender

«EL PRIMER servicio que uno debe a otro en la comunidad consiste en escucharlo... Dios... también... nos escucha. Escuchar a nuestro hermano es, por tanto, hacer con él lo que Dios ha hecho con nosotros»

DIETRICH BONHOEFFER

Se dice que Dios dio al ser humano dos oídos y una boca porque deseaba que estuviera más dispuesto a escuchar que a hablar (St. 1:19). Pero, además de ello, el disponer de dos oídos tiene otras aplicaciones más concretas que la Biblia revela, tal como el hecho de oír atentamente a ambas partes involucradas en una discusión, antes de poder esclarecerla y resolverla sabia, justa y satisfactoriamente (Pr. 18:17). Escuchar es, pues, necesario para llegar a comprender verdaderamente. De ahí la reiterada y aparentemente perogrullesca advertencia del Señor a su pueblo en el sentido de que: «El que tenga oídos, que oiga» (Mt. 13:43; Mr. 4:9; Lc. 14:35). Para que la iglesia pueda, entonces, actuar eficazmente en el mundo y comunicar con eficiencia el evangelio al mundo, es imprescindible que antes de ello escuche cuidadosamente con ambos oídos, aplicando uno de ellos a oír con avidez, respeto y profundidad la Palabra de Dios (1 S. 3:9-10; Sal. 40:6-8; Isa. 50:4-5; Lc. 10:39; Rom. 10:17-18), –evitando de paso ciertas engañosas, censurables y peligrosas actitudes en el proceso denunciadas puntualmente en las Escrituras (Heb. 4:2; 5:11; St. 1:22-25)–; y el otro a escuchar al mundo al cual ha sido enviada, no para contemporizar con él ni aprobarlo (Jer. 15:19; Rom. 12:2); sino para comprenderlo y trazar un plan de acción misionera que tome en cuenta la coyuntura y circunstancias particulares en que este se encuentra en un momento dado de la historia. No escuchar en alguna de estas dos direcciones resulta, por una parte, en el extravío y la desgracia de la humanidad y aún del pueblo de Dios (Jer. 22:21; 25:4-7; Zac. 7:8-14; 2 Tim. 4:4); o en el anacronismo y falta de pertinencia del evangelio para el mundo de hoy, sin contar con el hecho de que escuchar con ambos oídos es también la garantía de ser a su vez escuchados por Dios (Sal. 34:15-16; 1 P. 3:12), y una muestra de poseer la humildad necesaria para «aprender también del evangelizado» (A. Cruz), pues al escucharlo, «es posible que el evangelizador pueda resultar evangelizado en algunos aspectos» (Ibíd).

... dichosos los ojos de ustedes porque ven, y sus oídos porque oyen.

Mateo 13:16 NVI

22
de junio

Discutiendo con Dios

«La hija de una amiga mía trabaja en una librería, y se divierte de lo lindo viendo las combinaciones de los libros que a menudo escogen los clientes. En una ocasión llegó a la caja una mujer con dos libros. Uno se titulaba *Conversaciones con Dios*, el otro, *Cómo salir airoso de cualquier discusión*»

D. S.

A pesar de lo graciosa que pueda parecernos la anterior anécdota; el ser humano tiene con frecuencia una paradójica actitud que se manifiesta en el hecho de experimentar al mismo tiempo el deseo sincero de relacionarse con Dios, pretendiendo a su vez que esta relación se dé en nuestros términos, sin que tengamos que asumir un costo para nuestro ego. Un caso ilustrativo es aquel en el cual los servicios de consejería de cierto pastor fueron requeridos en tres ocasiones consecutivas, con intervalos de algunas semanas entre una y otra, por un joven inconverso inmerso en prácticas de homosexualismo que no parecía dispuesto a abandonar en lo más mínimo. En la primera reunión discutió con su consejero, aferrándose con tenacidad a su condición, intentando justificarla ante los ojos de Dios sin ningún resultado positivo, considerando lo dicho en la Biblia al respecto. En la segunda ocasión, preocupado al ver cómo su vida se iba saliendo de control con evidentes perjuicios para sí mismo, estuvo más dispuesto a reconocer el carácter pecaminoso de sus inclinaciones y hábitos sexuales, atribuyéndolos en este caso a una posesión demoníaca y planteando por lo tanto que, tal vez, una liberación o exorcismo era lo que él necesitaba, sin que estuviera dispuesto todavía a admitir su personal responsabilidad moral en esta situación. Al recibir por respuesta a su solicitud una negativa por parte del pastor, se marchó de nuevo airado. Pero la tercera vez llegó plenamente dispuesto a confesar arrepentido su pecado y a pedirle perdón a Dios por el mismo, invitándolo a entrar en su vida, y solo entonces pudo obtener paz e iniciar su anhelada y creciente relación con Dios. En efecto, Dios no rebaja sus normas para acomodarlas a nuestros requerimientos y la única forma de poder triunfar cuando discutimos con Dios es rindiéndonos a él. Debemos tener en cuenta las palabras pronunciadas por el patriarca Job en su momento:

... ¿cómo puede un mortal justificarse ante Dios?...
¿Quién puede desafiarlo y salir bien librado?

Job 9:2-4 NVI

23

de junio

La racionalidad de lo sobrenatural

«HAY circunstancias en que es más racional aceptar una explicación sobrenatural y es irracional ofrecer una explicación natural»

CHARLES COLSON

En la reciente modernidad, el racionalismo y las ciencias naturales se aliaron para proclamar dogmáticamente falsas ecuaciones de correspondencia, tal como la creencia de que todas las explicaciones naturalistas son siempre, por fuerza, racionales y deben ser aceptadas, mientras que, por contraste, todo lo que haga referencia a lo sobrenatural es necesariamente irracional y debe ser desechado. Estos prejuicios dominaron de tal modo, que aún en el seno del protestantismo la teología liberal del siglo XIX terminó negando lo sobrenatural en la Biblia y, en consecuencia, calificando con condescendencia todo suceso milagroso o sobrenatural registrado en ella como un «mito». En este contexto, el erudito y destacado teólogo R. Bultmann, trató incluso de mantener vigente el mensaje cristiano por medio de la llamada «desmitologización», sosteniendo lo insostenible: que los milagros narrados en la Biblia son mitos, por cuanto son mentiras históricas que, no obstante, expresan verdades existenciales que siguen confrontando al hombre moderno con el evangelio. Pero por ingenioso que parezca este giro, afirmar verdades fundamentadas sobre mentiras es incurrir en un contrasentido que tarde o temprano deja sin piso las afirmaciones que se hayan hecho al amparo de ello. Además, ya no es necesario hacerlo, pues los últimos descubrimientos científicos («Big Bang», biología molecular, decodificación del ADN), conducen a la conclusión de que insistir en explicaciones naturalistas para esclarecer misterios tales como el origen del universo, de la vida y del ser humano, desemboca inexorablemente en necia y fantasiosa irracionalidad; mientras que referir estos misterios a un Dios Creador, sobrenatural, sabio y poderoso (Job 12:13; Sal. 104:24; Jer. 10:6-8; Dn. 2:20; Rom. 11:33; 1 Cor. 1:25), aunque no sea científico, es no obstante la explicación más racional a los dilemas planteados por la ciencia actual. Cinco disciplinas científicas parecen reeditar hoy las «cinco vías» de Tomás de Aquino para sostener la existencia de Dios: la astronomía y la física, que estudian el universo; la biología y la genética, que estudian la vida; y la psicología, que estudia al ser humano. Evidentemente:

Con sabiduría afirmó el Señor la tierra,
con inteligencia estableció los cielos.

Proverbios 3:19 NVI

24

de junio

Permaneciendo visibles en el mundo

«EL CRISTIANO no ha de abandonar propiamente nada, pues al nacer en Cristo, al nacer por Cristo, arrastra y transforma su entera condición»

MARÍA ZAMBRANO

El término «mundano» se ha utilizado tradicionalmente para pronunciar una tácita condenación sobre todo lo que tenga que ver con el mundo. De ahí que muchos cristianos traten infructuosamente de abandonar el mundo aislándose del mismo (1 Cor. 5:9-11), cual ermitaños modernos, enclaustrándose dentro de los muros de la iglesia y constituyendo lo que el pastor Darío Silva-Silva llama «la iglesia como gueto». Es debido a ello que teólogos como Bonhoeffer abogaron por un «cristianismo sin religión», dando a entender con ello la posibilidad de un cristianismo secularizado que ya no pensaría ni actuaría únicamente en términos de lo religioso como algo apartado y sin relación con todos los demás aspectos de la vida humana, puesto que ser cristiano significa participar en la vida del mundo para servir a Dios en el mundo, y no solo en algún santuario religioso y estéril o en el aislamiento y protección brindado por un grupo cristiano, sin que esto signifique que ser un creyente «del mundo» sea una licencia para un estilo de vida inmoral, laxo y permisivo. Examinar, pues, los diversos sentidos que la Biblia atribuye al vocablo «mundo» nos ayuda a establecer los términos en los que el cristiano debe permanecer en el mundo sin abandonarlo, sino más bien transformando para bien las condiciones imperantes en el mundo. Por eso, así como «mundo» alude, en efecto, a un sistema de valores caracterizado por los principios cósmicos de fuerza, orgullo, egoísmo, codicia y placer bajo el cual Satanás ha organizado a la humanidad incrédula en oposición a Dios, justificando la connotación negativa del término «mundano» (Jn. 8:23; 12:31; St. 4:4; 1 Jn. 2:15-17; 5:19); también puede significar la buena creación de Dios, los cielos y la tierra (Jn. 17:24; Efe. 1:4; 1 P. 1:20); y en particular a la humanidad que habita el mundo, amada por Dios y llamada por Él al evangelio (Jn. 3:16; 2 Cor. 5:19). Visto así es perfectamente comprensible la paradójica afirmación del Señor en el sentido de que los creyentes ... *no son del mundo...* a pesar de lo cual ... *están todavía en el mundo,...* (Jn. 17:16, 11)

Ustedes son la luz del mundo...[que no] se enciende...
para cubrirla con un cajón...

Mateo 5:14 NVI

El agua de la vida

«LAS VARIAS propiedades del agua son en verdad milagrosas... ningún otro compuesto se acerca siquiera en la reproducción de sus muchas propiedades para la vida»

MICHAEL COREY

A la luz de la anterior afirmación, es comprensible el hecho de que en las Escrituras el agua adquiera mayúscula importancia como símbolo de la multiforme gracia divina, desde su primera y temprana mención (Gén. 1:2), pasando, entre otros, por el agua convertida en sangre en el marco de las plagas egipcias; el agua que brota milagrosamente de la peña durante el éxodo hebreo por el desierto; los ritos de purificación judíos y el bautismo cristiano, que recurren ambos a ella; el primer milagro público del Señor al convertir el agua en vino en las bodas de Caná; y aún el agua mezclada con sangre que brota de la herida en el alanceado costado del Señor Jesucristo. En todo esto se pueden ya vislumbrar las múltiples y análogas propiedades espirituales que la Biblia nos revela acerca del agua, asociada a Cristo y al Espíritu Santo (Jn. 7:37-39), justificando el referirse a ella como «agua viva», «agua de vida» o «agua de la vida» (Apo. 21:6). Es así como Dios es la fuente del agua espiritual que procede a dispensarnos gratuitamente, en clara alusión a su gracia inmerecida (Apo. 22:17); calmando en la Biblia, su Palabra escrita; y en Cristo, su Palabra hecha hombre, la sed espiritual fundamental del género humano (Amos 8:11); limpiando, -previo el arrepentimiento y la confesión-, nuestras conciencias de la contaminación cotidiana del pecado (Sal. 51:2, 7; Jn. 13:3-10, 1 P. 3:20-21); e incluso trayéndonos por su intermedio sanidad física (2 R. 5:14, Jn. 5:2-3, 7; Apo. 22:1-2), y recurriendo a ella para evocar la salvación que solo Él puede otorgarnos (Isa. 12:3). Asimismo, el agua hace referencia a la renovación de las fuerzas que Dios opera en el creyente (Sal. 110:7; Isa. 40:28-31; 41:10); y a la inagotabilidad de su provisión para el que acude humildemente a Cristo para surtirse de ella (Jn. 4:13-14). En síntesis, el agua es símbolo de las variadas y numerosas formas en que Dios quiere bendecir nuestra vida (Dt. 28:12; Eze. 34:26; Hc. 14:15-17; Heb. 6:7), siempre y cuando no la busquemos en lugares equivocados, como lo hizo el pueblo de Israel, denunciado por Dios en estos términos:

Dos son los pecados que ha cometido mi pueblo: Me han abandonado
a mí, fuente de agua viva, y han cavado sus propias cisternas,
cisternas rotas que no retienen agua.

Jeremías 2:13 NVI

26
de junio

Participando de la Gloria de Dios

«LA GLORIA de Dios consiste en que el hombre viva, y la vida del hombre consiste en la visión de Dios»

IRENEO DE LYON

Todos poseemos un innato anhelo de gloria. Muchos creen poder alcanzarla sobresaliendo en el deporte competitivo, en la política, en el mundo del espectáculo o en el ámbito académico o profesional. Pero aunque desde la perspectiva del hombre todas estas actividades propias de la cultura humana son legítimas y es por lo tanto lícito y satisfactorio destacarse en ellas; desde la perspectiva de Dios todo esto por sí solo no constituye más que *la vanagloria de la vida* (1 Jn. 2:16 RVR). Tiene que ser así, puesto que la verdadera gloria solo puede obtenerse por referencia y participación en Aquel que la ostenta en sí mismo en grado sumo y por derecho propio: Jesucristo, Dios hecho hombre. Únicamente la Gloria de Dios es la gloria del hombre. La palabra «gloria» proviene del hebreo *chabod* que significa literalmente algo sustancial o pesado. Por eso, todo aquel que se conforme con alcanzar la vanagloria de la vida se sorprenderá cuando Dios lo ponga en su balanza y anuncie el resultado en estos escalofriantes términos: *ha sido puesto en la balanza, y no pesa lo que debería pesar* (Dn. 5:27). Entre otras cosas, porque la Gloria de Dios no admite comparación con nada terrenal (Rom. 8:17-18), de donde lo meramente terrenal es tan solo paja sin peso llevada por el viento y cuyo destino final es ser estopa para el fuego (Mal. 4.1; Lc. 3.16-17). En contraste, la Gloria de Dios es esplendor de luz verdadera y participación en la vida auténtica, aquella que sí vale la pena vivirla (Jn. 1:4-5). Y para participar de ella basta con que abramos los ojos y la contemplemos a través del velo de la humillación que caracterizó el paso por la tierra del Verbo hecho hombre (Jn. 1:14), pues este velo no puede ocultarla por completo al que observa con atención honesta y desprejuiciada. Y es que la gloria verdadera, la que perdura y no puede ser opacada por nada (2 Cor. 3:18), es la que se obtiene, por oposición a la vanagloria de la vida, en el camino de Cristo de la humillación y el servicio. Como lo dijo A. Ropero: *La gloria del hombre consiste en ser luz y reflejo del ser divino... la participación en el ser mismo de Dios, que es nuestro ser más auténtico, lo más propio de nosotros mismos.*

Gloria a Dios en las alturas, y en la tierra paz
a los que gozan de su buena voluntad.

Lucas 2:14 NVI

27

de junio

¿Cuál es tu precio?

«LA PERSONA noble asume sus limitaciones y las encara con altura. En cierta ocasión, un ministro inglés fundamentó su renuncia diciendo: «la causa de mi renuncia es que se estaban acercando a mi precio». Honesto, claro y sincero. Admirable. Se le perdona la deserción»

WALTER RISO

Se dice que todo el mundo tiene su precio. Pero el cristiano debe recordar que la vida no se puede cuantificar de ningún modo, pues es sagrada e invaluable y posee una dignidad única (Gen. 1:27), dignidad que deberíamos tener en cuenta antes de ponerle precio a nuestra conciencia o integridad ofreciéndolas o hipotecándolas al mejor postor. Si bien es cierto que desde la caída en pecado en el jardín del Edén, todos nos encontramos «vendidos como esclavos al pecado» (Rom. 7:14); también lo es que: «Ustedes fueron vendidos por nada, y sin dinero serán redimidos» (Isa. 52:3), no porque valgamos poca cosa, como parecen haberlo entendido los hijos de Coré en su reclamo a Dios en momentos de crisis nacional (Sal. 44:12); sino más bien en el sentido de que Dios bajo ninguna circunstancia pondrá precio a la vida humana (Sal. 49:7-8). Porque a sus ojos somos tan preciosos y dignos de honra que a cambio de nosotros está dispuesto a entregar hombres y pueblos enteros (Isa. 43:4), con tal de redimirnos del dominio del pecado, como en efecto lo hizo en la persona de Cristo, quien nos rescató al inestimable precio de su propia sangre (1 P. 1:18-19). Por eso no podemos montar con nuestra vida una feria de rebajas, asignando cifras a lo que Jesús pagó con su propia sangre, como lo hizo el profano Esaú, quien menospreció sus derechos vendiéndolos por un plato de lentejas (Gén. 25:29-34; Heb. 12:16-17), pues el mundo siempre estará dispuesto a pagar el precio. Lo mismo podría decirse del codicioso y tristemente célebre profeta mercenario, Balaam (Nm. 22-24; 31:8; 2 P. 2.15-16; Judas 11; Apo. 2:14); o de Sansón, el juez de Israel cuyos sentimientos desbordados pagaron su precio (Jc. 16:17); o del traidor, Judas Iscariote (Mt. 26:14-16); o de los mismos Ananías y Safira (Hc. 5:1-9), quienes por mantener las apariencias, mintieron y vendieron así su integridad para mantener la falsa imagen que querían proyectar. Deberíamos, por tanto, recordar que:

Ustedes… fueron comprados por un precio. Por tanto, honren…
a Dios… no se vuelvan esclavos de nadie.

1 Corintios 6:19-20; 7:23 NVI

28

de junio

Redimidos del poder del pecado

«EL PECADO original se llama así porque existe en el origen de cada persona»

ANSELMO DE CANTERBURY

«EL PECADO original no pertenece a nuestro estado natural, sino a nuestro estado existencial: desde que nacemos nos inclinamos hacia tesoros ilusorios, hacia lo que no es»

JUAN ESCOTO ERIGENA

El «pecado original» no hace referencia a un pecado específico del cual todos sin excepción seamos personal e individualmente culpables desde que nacemos. Tampoco señala necesariamente al primer pecado de la humanidad, pues aunque existe una relación de causa entre ellos, el pecado original alude más bien a la corrupción de nuestra naturaleza humana primordial. Es decir que, más que a la desobediencia de Adán y Eva, el pecado original se refiere a las consecuencias que este hecho tiene en todos y cada uno de los hombres: un estado de permanente propensión a la desobediencia, una originaria y radical inclinación al pecado. Observar a un niño basta para dejar constancia de ello (Pr. 22:15). Pero si bien esta es una condición que nos afecta desde que nacemos, heredada solidariamente de nuestros primeros padres por toda la humanidad (Rom. 5:12), esto no significa que la inclinación al pecado, con todo y su universalidad, sea algo inseparable de nuestra condición humana como tal. En otras palabras, el pecado original no es un requisito forzoso para ostentar la condición humana. Cristo fue hombre verdadero (Heb. 2:14, 17-18), sin participar del pecado original, resistiendo además la tentación cuando esta hizo aparición en su camino (Heb. 4:15; 1 P. 1:19; 2:22). Pero su solidaridad con nosotros fue tal que no le bastó compartir nuestra condición humana, sino que asumió sobre sí todos nuestros actos pecaminosos, tomando voluntariamente nuestro lugar para recibir el castigo que justamente merecíamos (Isa. 53:5-6; 2 Cor. 5:21; 1 P. 3:18). Al hacerlo así hizo posible también que todos los que creemos en él seamos solidarios con él participando y compartiendo su victoria sobre el pecado (Rom. 3:26; 5:17-19; 1 Cor. 15:21-22), restaurando en cada uno de nosotros el potencial original que caracterizó a Adán antes de pecar, en virtud de lo cual puede dirigirse a los suyos en estos términos:

No permitan... que el pecado reine en su cuerpo mortal...
el pecado no tendrá dominio sobre ustedes.

Romanos 6:12-14 NVI

29
de junio

La culpa y el perdón

«LO QUE más les envidio a ustedes los cristianos es el perdón; yo no tengo nadie que me perdone»

MARGHANITA LASKI

El manejo de la culpa no concierne solamente al hombre religioso, sino también a las personas sin religión, agnósticas e incluso ateas. Con el agravante de que estas, precisamente por su irreligiosidad, no tienen como tratar con ella eficaz y concluyentemente. Usualmente en estos casos la única alternativa es negar la culpa, junto con su causa, que no es otra que el pecado humano. Pero negar la culpa es eliminar tan solo el síntoma sin tratar con la enfermedad, y negarlos ambos es aún más necio, pues no por eso el problema desaparece, sino que a lo sumo se difiere y acrecienta. Dios hizo arreglos en la Ley para tratar temporalmente con esta realidad entre el pueblo judío (Lv. 5:15; 7:1-7), pero la solución definitiva vino a través del sacrificio expiatorio de Cristo, el «Cordero de Dios, que quita el pecado del mundo» (Jn. 1:29), cuyos efectos se extienden a toda la humanidad y no solo a los judíos. El perdón es la contraparte divina al arrepentimiento humano que hace que este no sea un ejercicio estéril y sin provecho y como tal es anunciado y reiterado en las Escrituras (Sal. 32:1-5; 130:3-4; Lc. 24:45-47; Hc. 5:31; 10:43; 13:38; 26:18; Efe. 1:7; 1 Jn. 1:9). Pero el perdón es únicamente el comienzo de lo que Dios tiene para los que se acogen con fe a la obra consumada por Cristo a nuestro favor. Es la puerta de entrada a múltiples e invaluables beneficios divinos tales como la justificación (Rom. 5:1), la reconciliación (Rom. 5:11; 2 Cor. 5:18-19), la santificación (Rom. 6:22; 1 Cor. 1:30), la comunión (1 Jn. 1:3), y la glorificación que Dios provee para los suyos (Rom. 8:30), además del perdón. Por eso, los que no tienen como resolver el problema de la culpa debido a su resistencia a acercarse humildemente a Jesucristo, con un corazón quebrantado y arrepentido (Sal. 51:17), en realidad desconocen toda la gama de experiencias y vivencias propias del auténtico creyente que hacen que el perdón termine siendo tal vez el menor de todos los anhelos humanos que pueden ser satisfechos en Cristo, resumidos de este modo por el apóstol Pedro:

Así Dios nos ha entregado sus preciosas y magníficas promesas
para que ustedes... lleguen a tener parte en la naturaleza divina.

2 PEDRO 1:4 NVI

30

de junio

El foco de nuestra visión

«EL CRISTIANO debe aborrecer cualquier tipo de actitud parcial que lleve a la estrechez de miras... El corazón cristiano es tan ancho y amplio como universal su fe»

ALFONSO ROPERO

«EL EVANGELIO es estrecho... la verdad es estrecha de por sí... dos afirmaciones contrarias no pueden ser verdaderas»

FRED HEEREN

Estrechez o amplitud de visión, he ahí el dilema del creyente. Pero en realidad esta es una falsa disyuntiva puesto que la fe puede funcionar como un perfecto espejo parabólico que al recoger rayos de luz de la más diversa, *amplia* y *universal* procedencia, esté al mismo tiempo en condiciones de reflejarlos de tal manera que estos pasen por el *estrecho* punto focal del espejo o de lo contrario se pierdan sin remedio y sean irrelevantes y poco o nada dignos de consideración, sin ninguna validez y sin nada rescatable para efectos del evangelio. Pero siguiendo con esta ilustración, hay que decir que una visión amplia sin foco es tan inútil como un foco sin un espejo que recoja y concentre los rayos de luz en él. Y en este orden de ideas el foco del evangelio es la persona de Cristo, la puerta estrecha (Mt. 7:14; Jn. 10:9), el camino fuera del cual nadie llegará al Padre (Jn. 14:6), el único nombre dado a los hombres en quien podemos ser salvos (Hc. 4:12), el mediador entre Dios y los hombres que excluye cualquier otra mediación (1 Tim. 2:5), el apóstol y sumo sacerdote de la fe que profesamos (Heb. 3:1), el iniciador y perfeccionador de nuestra fe (Heb. 12:2), el intercesor ante el Padre (1 Jn. 2:1), la propiciación por nuestros pecados (1 Jn. 2:2), y mucho más. Debido a ello, al tiempo que asumimos una amplia y saludable perspectiva visual para la fe que nos permita evaluar y aceptar aportes que no provengan expresamente de toldas cristianas, no debemos perder de vista en nuestro horizonte el estrecho foco que nos guía, como lo hizo la estrella de Belén con los sabios de oriente, pues solo así no perderemos el rumbo extraviándonos sin remedio. Después de todo, no podemos ignorar lo declarado por el Señor cuando dijo que: *es ancha la puerta y espacioso el camino que conduce a la destrucción, y muchos entran por ella. Pero estrecha es la puerta y angosto el camino que conduce a la vida, y son pocos los que la encuentran* (Mt. 7:13-14). Por eso:

Entren por la puerta estrecha.

Mateo 7:13 NVI

1
de julio

Las puertas

«DONDE una puerta se cierra, otra se abre»

MIGUEL DE CERVANTES

La utilidad de las puertas es tan evidente que este término ha llegado a adquirir una gran variedad de ricos matices en muchos contextos diferentes. En la antigüedad las puertas de las ciudades amuralladas eran el lugar de reunión de los personajes más importantes de la comunidad (Pr. 1:21; 31:23; 1 R. 22:10), y en ellas se deliberaba y juzgaba en asuntos tan variados como: la celebración y ratificación ante testigos de un contrato suscrito entre dos partes (Gén. 23:10; Rut 4:1-11); la evaluación del curso de acción más conveniente para la ciudad (Gén. 34:20); las ejecuciones de la pena capital (Dt. 17:5, 21:19-21); la exhibición de pruebas ante acusaciones infundadas (Dt. 22:15); y las apelaciones ante sentencias apresuradas que no tomaban en cuenta las circunstancias atenuantes (Jos. 20:4). Las puertas eran asimismo utilizadas como recurso didáctico y como solemne recordatorio de las responsabilidades del pueblo ante Dios (Dt. 6:6-9), y en la Pascua incluso se encontraban asociadas a la misericordia y al favor de Dios hacia su pueblo (Éxo. 12:23). De manera figurada, «poseer las puertas de los enemigos» (Gén. 22:17 RVR), significaba la victoria sobre los adversarios y la conquista y despojo de su territorio como expresión de la bendición divina, acepción que adquiere su sentido pleno en el Nuevo Testamento (Sal. 9:13-14; Mt. 16:18; 1 Cor. 15:26, 54-56). Por otra parte, uno de los significados más esperanzadores del vocablo «puerta» es aquel que evoca las oportunidades que Dios pone ante los suyos (1 Cor. 10:13; 16:9; 2 Cor. 2:12), y que son, con frecuencia, respuesta a las continuas oraciones de los creyentes (Col. 4:2-4); apoyadas a su vez en las promesas de Dios a su iglesia (Apo. 3:8, 20). Por último y de manera culminante, Jesús es la puerta de acceso a Dios (Jn. 10:7; 14:6; Lc. 13:24), que nos otorga amplia entrada a su gracia (Rom. 5:2), a su justicia (Sal. 118:19-21; Isa. 26:2), y hace posible nuestra relación filial e íntima con el Padre (Efe. 2:18), así como también el poder contar con su atención solícita en términos que fomentan en los suyos la más firme y absoluta confianza en Él (Heb. 4:14-16; 10:19-25). Confianza que nos permite unirnos de manera resuelta al salmista cuando proclama:

Eleven, puertas, sus dinteles; levántense, puertas antiguas, que va a entrar
el Rey de la gloria... el Señor Todopoderoso; ¡él es el Rey de la gloria!

Salmo 24:7-10 NVI

2
de julio

Dios y la suerte del hombre

«HAY un Dios que dentro tuyo habita, que es quien te lleva, quien tu suerte encamina»

MIGUEL DE UNAMUNO

Dios es trascendente, lo cual significa que es diferente de su creación y está más allá y por encima de ella, pero al mismo tiempo es también inmanente a la misma, es decir que es inherente a ella al punto de que, en cierto sentido, existe una identificación entre ambos: Dios y su creación. Y esta inmanencia es especialmente significativa en relación con el ser humano, la criatura culminante de su creación material, hecha a su imagen y semejanza. La Biblia deja constancia de esto en varios inspirados pasajes (Hc. 17:27-28; Rom. 10:8; 11:36; 1 Cor. 15:28). Nuestras decisiones pueden, por tanto, sacarnos de la voluntad del Señor, pero nunca de su alcance. Porque Él siempre está con y en nosotros. Sosteniendo con cada uno de los hombres una continua relación personal, determinada por nuestra propia actitud hacia Él que solo puede ser de tres tipos posibles: de sujeción, obediencia y confianza; de resistencia, rebeldía y desobediencia; o de displicente indiferencia y apatía, una forma velada de encubrir la rebeldía. El psiquiatra Viktor Frankl lo dice de este modo: «no solo hay diálogos interpersonales, sino diálogos... internos con nosotros mismos... Y en este contexto... cada vez que te diriges a ti mismo de la forma más honesta posible y en completa soledad, la entidad a la que te estás dirigiendo puede muy bien llamarse Dios». La cuestión no es entonces relacionarnos con Dios sino ser conscientes de los términos en que ya lo estamos haciendo, pues la vida del hombre no está suspendida o determinada por el azar o la casualidad. No somos títeres de un destino impersonal que determina de manera mecánica y fatalista, con criterios caprichosos y misteriosos, quienes disfrutarán de la buena estrella, a quienes les sonreirá la fortuna y quienes, en crudo contraste, han sido escogidos para ser víctimas impotentes del hado, viviendo resignados a su sino trágico y desventurado. Nuestra suerte, por el contrario, está en manos de un Dios personal, providente y amoroso que quiere lo mejor para nosotros (Jer. 29:11), pero que no forzará nunca nuestra respuesta y que, por lo mismo, guiará para bien o mal nuestra suerte, dependiendo de si cuenta con nosotros o si lo hace a pesar de nosotros.

Tú Señor, eres... quien ha afirmado mi suerte.
Bellos lugares me han tocado en suerte...

Salmo 16:5-6 NVI

3
de julio

El cristiano cultural

«EL DECLIVE de la creencia religiosa se inicia cuando esta empieza a convertirse en algo convencional»

ANTONIO CRUZ

Existen hoy por hoy útiles clasificaciones para agrupar y estudiar las múltiples religiones que se han dado a través de la historia. Una de ellas es la distinción entre religiones nacionales y religiones universales. En las primeras, -de la cual el judaísmo es el más clásico ejemplo-, la salvación y el favor de Dios se obtienen en virtud del hecho de haber nacido dentro de la nación escogida. Mientras que en las últimas, -entre las cuales se destaca el cristianismo-, la relación entre Dios y el hombre es prioritariamente de carácter personal e individual y no depende de la pertenencia a una comunidad étnica o nacional definida. Por tanto, no se puede pretender ser cristiano simplemente por el hecho de haber nacido en una nación que profese formalmente el cristianismo, o por haber crecido dentro de una cultura supuestamente cristiana y ni siquiera por formar parte de una comunidad eclesial determinada. De ser así nos convertiremos en «cristianos culturales» (P. Morley). Es decir, los que profesan un cristianismo más convencional que vital y que llegan a obviar, a dar por sentada su condición de creyentes, omitiendo y excluyendo del proceso, -por negligencia, ignorancia o ambas-, la experiencia auténtica y singularmente cristiana de la conversión o nuevo nacimiento (Jn. 3:3-8), así como la renovación diaria de su relación personal con Dios (Tit. 3:5), y la transformadora comunión cotidiana con el Cristo resucitado, a través de la acción del Espíritu Santo en nosotros. Y este declive de la creencia religiosa es en muchos casos un proceso lento, sutil y casi imperceptible para quien es víctima de él, que suele comenzar con un descuido gradual de los detalles (1 Cor. 5:6; Gál. 5:9), hasta llegar al abandono completo de los principios, convicciones y conductas que definen al cristiano auténtico (Mt. 23:23), conservando tan solo las engañosas formas y apariencias externas y convencionales del cristianismo. Para evitar este peligro, el Señor nos exhorta a velar y a reafirmar día a día nuestra profesión de fe en todos los aspectos de nuestra vida (Fil. 2:12; Heb. 2:3)

Por lo tanto... esfuércense más todavía por asegurarse
del llamado de Dios, que fue quien los eligió...

2 Pedro 1:10 NVI

4
de julio

Conociendo a Cristo existencialmente

«QUIÉN es importante para nuestro tiempo... no es el Jesús que se conoce históricamente, sino el Jesús que se levanta espiritualmente entre los humanos... Jesús viene a nosotros como un Desconocido... como vino antaño junto al lago a aquellos que no le conocían. Nos dirige la misma palabra: '¡Sígueme!' y... a quienes le obedecen... se les revelará en sus tareas, en sus conflictos, en los sufrimientos... Y, como un misterio inefable, aprenderán por su propia experiencia Quién Él es»

ALBERT SCHWEITZER

Con el auge de la investigación histórica, los teólogos liberales del siglo XIX se obsesionaron con el proyecto designado como «la búsqueda del Jesús histórico», en la creencia de que el conocimiento histórico de Cristo era la base auténtica de la fe cristiana. Pero, como lo señala Schweitzer, este proyecto fracasó estruendosamente. Y no debido a que los hechos históricos acerca de Cristo no sean relevantes y confiables, pues son un importante y necesario fundamento para la fe cristiana (Lc. 1:1-4; Hc. 1:1-3; 1 Jn. 1:1); sino a que por sí solos no llevan a nadie a la fe. Esta exige algo más que saber acerca de Cristo en su condición de personaje histórico, por exhaustiva y bien documentada que sea la información histórica que conozcamos sobre Él. De hecho, el error de muchos hombres, cristianos profesantes un buen número de ellos, es que se conforman con un mediocre conocimiento histórico de Cristo y después de manifestar a lo sumo su acuerdo intelectual con esta información, proceden entonces a declararse cristianos. Pero para ser cristiano se requiere relacionarse con Cristo de una forma personal, presente y vivencial. No tenemos que referirnos a Cristo como a un personaje en el pasado porque él vive hoy, resucitado y ascendido a la diestra del Padre, y como tal es nuestro contemporáneo y puede ser conocido personalmente por todos y cada uno de nosotros. El apóstol Pablo se refirió a la realidad histórica de Cristo con la expresión «el Cristo según la carne» y afirmó que, sin prescindir de este conocimiento, debemos de cualquier modo superarlo si es que deseamos ser auténticos cristianos (2 Cor. 5:16 RVR). Aún Job tuvo que admitir que, más que una relación personal con Dios, lo que él tenía era información acerca de Dios, declarando finalmente lo que debería estar en condiciones de decir todo cristiano:

De oídas había oído hablar de ti, pero ahora te veo con mis propios ojos.

Job 42:5 NVI

La influencia del ejemplo

«EL EJEMPLO no es la cosa principal a la hora de influir en los demás; es la única»

ALBERT SCHWEITZER

Una de las cosas que los padres descubrimos pronto en el ejercicio de nuestras responsabilidades paternas es que los hijos aprenden más por el ejemplo incidental y espontáneo de sus progenitores, que por la instrucción programada y sistemática de los mismos. Y si hay inconsistencias y contradicciones entre lo que hacemos y lo que decimos, ellos lo captan muy bien de tal modo que lo que hacemos termina por no dejarles «oír» lo que decimos. Por eso Josh Billings recomendaba, con cierto sarcasmo, lo siguiente: «Para encauzar a un niño por la senda que debería seguir, viaje usted por ella de vez en cuando». Porque lo cierto es que el ejemplo es el principal medio por el cual: «Cada día de nuestra vida hacemos depósitos en el banco de memoria de nuestros hijos» (Charles Swindoll). Y solo si nos esforzamos consciente y constantemente por ser un buen ejemplo para ellos veremos el anhelado cumplimiento de lo dicho por H. Jackson Brown: «Vive de tal modo que, cuando tus hijos piensen en la justicia y la integridad, piensen en ti». Pero lo que es cierto en el estrecho ámbito de las relaciones familiares padres/hijos lo es también, –de manera especial en el contexto de la vida cristiana–, en el ámbito más amplio de las demás relaciones humanas. A este respecto el evangelista D. Moody sostenía que: «Después del poder de Dios la serena belleza de una vida santa es la influencia más positiva del mundo». En efecto, el ejemplo es central y decisivo en todos los frentes de la vida cristiana. En primer lugar, para disuadir al creyente de las conductas equivocadas (1 Cor. 10:6, 11, Heb. 4:11; 2 P. 2:6; Jud. 7), pero sobre todo para afirmar la sana doctrina y el comportamiento correcto (St. 5:10). El Señor Jesucristo se puso a sí mismo como ejemplo a imitar (Jn. 13:15; Rom. 15:5; 1 P. 2:21), y los apóstoles, -Pablo en particular-, también lo hicieron así (1 Cor. 4:16; Fil. 3:17; 2 Tes. 3:7-9; 1 Tim. 1:16), exhortando a sus discípulos a estar en condiciones de hacerlo del mismo modo (1 Tim. 4:12; Tit. 2:7; 1 P. 5:3), y elogiando a la iglesia cuando brindaba un buen ejemplo (1 Tes. 1:2-7). La finalidad de la práctica cristiana puede, por tanto, resumirse en poder hacer con solvencia la siguiente declaración junto con al apóstol Pablo:

Imítenme a mí, como yo imito a Cristo.

1 Corintios 11:1 NVI

6

de julio

Dioses seculares

«Quien posee ciencia y cultura, tiene también religión. Quien no las posee, que tenga religión»

Johann Wolfgang Goethe

«El hombre profano, lo quiera o no, conserva aún huellas del comportamiento del hombre religioso... La mayoría de los hombres 'sin-religión' se siguen comportando religiosamente, sin saberlo»

Mircea Eliade

Aún ateos tan reconocidos como el alemán Ludwig Feuerbach admitieron el hecho que el hombre es por esencia un animal religioso, construyendo su pensamiento a partir de este axioma. En línea con ello Goethe concede, en la cita anterior, que quienes colocan a la ciencia y a la cultura por encima de la religión siguen sin embargo comportándose de manera religiosa, entregando su lealtad, y poniendo su fe y confianza en aquellas, que terminan por tanto convirtiéndose en sutiles dioses, objeto de una adoración secularizada que no por eso deja de ser tal. La disyuntiva del hombre no es, pues, adorar o no adorar, ser religioso o no serlo; sino a quién o qué vamos a adorar, pues no podemos sustraernos a este impulso vital, ya sea que seamos o no conscientes de él. Y esto reduce las opciones a dos solamente: adoramos al Dios verdadero o adoramos a los ídolos o dioses falsos (1 R. 18:21). El problema es que hoy por hoy los ídolos asumen formas secularizadas mucho más ingeniosas y veladas que los ídolos antropomórficos y palpables de la antigüedad, para lograr así cautivar a los libre pensadores, humanistas y hombres de ciencia actuales, que con aires de suficiencia y superioridad presumen haber superado las primitivas supersticiones y prácticas ocultistas que siguen, sin embargo, haciendo presa de muchos, sin distinción de clase o nivel cultural. Porque el mundo en general ha llegado a un punto de desarrollo económico y científico-cultural que se podría asimilar al arribo del pueblo de Israel a la tierra prometida bajo el liderazgo de Moisés. Pero al hacerlo ha desoído la advertencia del Señor en la antesala de la tierra prometida: «... ten cuidado de no olvidar al Señor tu Dios... cuando hayas comido y te hayas saciado... Si... sigues a otros dioses para adorarlos... serás destruido» (Dt. 8:11-19). Cobran, pues, renovada y universal actualidad las palabras de Juan:

Queridos hijos, apártense de los ídolos.

1 Juan 5:21 NVI

7
de julio

El poder del testimonio

«A ESTE nivel es fundamental el testimonio... la prueba o mostración más alta de Dios es la misma vida humana enriquecida, recreada a partir de lo divino... las religiones no se demuestran, se testifican»

XABIER PIKAZA

Dar testimonio conlleva necesariamente haber vivido en persona aquello de lo cual se está testificando. La reciente disciplina de la fenomenología de la religión ratifica lo anterior al afirmar que solo quien practica de corazón y a conciencia una religión puede en realidad comprender lo que es la religión. Los demás a lo sumo pueden explicar aspectos de la misma, pero no comprenderla cabalmente. La ventaja del creyente sobre el incrédulo a este respecto podría formularse así: «El creyente sabe cómo se duda, el incrédulo no sabe cómo se cree» (Gómez Dávila). Es así como el testimonio de vida constituye la demostración definitiva de la veracidad de los contenidos de nuestra fe, no solo en su aspecto racional-cognoscitivo por el cual exponemos y defendemos verbalmente nuestras creencias, señalando su coherencia y correspondencia con los hechos (en lo que se conoce como apologética), a semejanza del apóstol: «Escrito está: «Creí, y por eso hablé.» Con ese mismo espíritu de fe también nosotros creemos, y por eso hablamos» (2 Cor. 4:13; Sal. 116:10); sino también, y sobre todo, en una vida consecuente con lo que creemos (Mt. 7:16-20; 2 Tim. 2:22-26), en el espíritu de lo dicho por Francisco de Asís: «predica todo el tiempo, y si es necesario, utiliza palabras». Y aunque el grado de certeza obtenido por el observador y/o interlocutor del creyente a través del testimonio personal de vida de este último no tenga, en buena hora, carácter indiscutible, como si lo suelen tener las pruebas científicas, –pues de ser así lo despojarían de su libertad de decisión a favor o en contra de la fe–; su poder de convicción radica en que: «... cuando otro vive de una forma convincente, es posible que se despierte en mí una disposición a la misma confianza fundamental. El riesgo ya corrido previamente es una invitación al mismo riesgo: como cuando uno salta al agua y muestra que el agua puede sostenerle» (Küng). En consecuencia:

Estén... preparados para responder a todo el que les pida razón de la esperanza que hay en ustedes. Pero... con gentileza y respeto... para que los que hablan mal de... ustedes, se avergüencen de sus calumnias.

1 Pedro 3:15-16 NVI

8
de julio

Orando y marchando

«El Dios que nos deja vivir en el mundo sin... Dios, es el mismo Dios ante el cual nos hallamos constantemente. Ante Dios y con Dios vivimos sin Dios»

DIETRICH BONHOEFFER

Bonhoeffer acuñó la ya clásica expresión «el hombre llegado a su mayoría de edad» para referirse al nivel de desarrollo alcanzado por el hombre moderno que le permite superar esa excesiva, distorsionada y en buen grado patológica dependencia de Dios que fue tan típica y generalizada durante la Edad Media. Efectivamente, todo cristiano equilibrado y consciente del potencial que Dios le ha entregado debe oponerse a ese recurso perezoso, fácil, mágico e irracional que requiere la ayuda de un Dios paternalista en todo. El Dios tapa-agujeros y remedia-todo característico del viejo y obsoleto mundo supersticiosamente sacralizado. Por el contrario, entrados en madurez, Dios desea que resolvamos nuestros problemas por nosotros mismos, sin que por eso dejemos de ser conscientes de su presencia, a la manera de un padre que vigila las labores de sus hijos maduros, una vez han aprendido de él la forma correcta y responsable de llevarlas a cabo, razón por la cual debemos estarle agradecidos de cualquier modo. Por eso, cuando pedimos algo en oración (Mt. 7:7; 21:22), debemos evitar la falsa expectativa de esperar que Dios supla nuestro esfuerzo, pretensión que es, por cierto, característica de la magia, pues el cristiano equilibrado y experimentado no ignora ni hace caso omiso de los medios naturales y culturales, –provistos ambos por Dios en último término–, para la obtención de los bienes necesarios para cubrir su legítimas necesidades, sin que por ello deje de mantener con Dios una sana, madura y necesaria relación de amor más depurada y menos dependiente que le ayude a desarrollar a plenitud todos los dones y capacidades recibidos de Dios. El Sermón del Monte (Mt. 6:25-26) supone el proverbio sueco que dice: «Dios le da una lombriz a cada pájaro, pero no se la lleva hasta el nido». La religiosidad mal entendida (inanidad religiosa), deprime al hombre manteniéndolo dentro de un mundo sacralizado con respuestas dogmáticas a problemas que ya debería estar en capacidad de resolver por sí mismo, generando en él actitudes inmaduras y reacciones pseudo-religiosas que confunden la religión con la magia. Hoy más que nunca Dios dice:

¿Por qué clamas a mí? ¡Ordena a los israelitas que se pongan en marcha!

Éxodo 14:15 NVI

Dios con nosotros

«EL DESCUBRIMIENTO de la deidad no es el resultado de una experiencia determinada del humano... sino que es el principio de toda esa posible experiencia»

XAVIER ZUBIRI

La inmanencia y la omnipresencia son atributos que la teología debe reconocerle a Dios, si es que queremos hacerle justicia a la revelación que Él hace de sí mismo en la Biblia y en la experiencia cristiana. La inmanencia de Dios significa que Él se encuentra en toda su creación, no en un sentido espacial y personal, –caso en el cual deberíamos hablar más bien de omnipresencia–; sino también como el fundamento sustentador de todo lo que existe: «puesto que en él vivimos, nos movemos y existimos» (Hc. 17:28; Rom. 11:36), sin llegar a afirmar con ello que haya una identificación total entre Dios y su creación, pues no podemos olvidar que Él también es trascendente (1 R. 8:27; 2 Cr. 2:6; 6:18). De cualquier modo, si Dios no fuera inmanente y omnipresente no sería posible ninguna experiencia de Dios y mucho menos una vivencia continua y cotidiana con él, como la que promueve el cristianismo. La inmanencia y la omnipresencia de Dios son, pues, los presupuestos necesarios para que sea posible la experiencia y la vivencia cristianas. El hombre no descubre a Dios gracias a un largo, intenso y heroico itinerario de búsqueda, como si por fin hubiera podido ubicar su escondite; sino que lo descubre cuando, –en virtud de la humildad, el arrepentimiento y la fe–, adquiere consciencia de que Él siempre ha estado con nosotros y en nosotros, de modo que nunca hemos estado realmente solos (Hc. 17:27; Rom. 10:6-8). Eso fue lo que descubrió Jacob en la localidad conocida como Luz, posteriormente designada como Betel a raíz de ello: «En realidad, el Señor está en este lugar, y yo no me había dado cuenta» (Gén. 28:16-19), experiencia que se repite, de manera mucho más vívida e intensa cuando el ser humano adquiere conciencia del carácter omnipresente e inmanente de Jesucristo, el Verbo Divino, el Hijo de Dios hecho hombre; presente de forma permanente tanto para sustentar su creación (Col. 1:15-17; Heb. 1:3), como para manifestarse al creyente de forma íntimamente personal, justificando el referirse a él con el hermoso apelativo de Emanuel, es decir: Dios con nosotros (Isa. 7:14; 8:8; Mt. 28:20)

La virgen concebirá y dará a luz un hijo,
y lo llamarán Emanuel' (que significa 'Dios con nosotros').

Mateo 1:23 NVI

10
de julio

Reeligiendo a Dios

«Habiendo primero elegido a Dios y después habiéndolo perdido por propia negligencia, reeligiéndolo... hacia él caminamos por la vía del amor hasta que, perseverando, podamos descansar en Él»

Agustín de Hipona

En este texto Agustín plantea el pecado como negligente desorientación. Es decir que el hombre ha sido negligente y ha perdido el rumbo al permitir que las cosas creadas le distraigan y desorienten, desviando su vista de Dios y extraviándolo en caminos que tienen por término a la criatura y no al Creador (Isa. 53:6; Rom. 1:25). El cristiano es, pues, aquel que, consciente de esto y en virtud de su confianza en la obra de Cristo consumada a su favor, decide reorientar su vida hacia Dios, eligiéndolo o más bien reeligiéndolo nuevamente. Esta reelección no debe entenderse como un acto momentáneo y aislado sino como algo diario, como una actitud permanente, como una tarea continua frente al desorden que introduce en la vida el pecado. La reelección que hacemos de Dios es entonces una decisión que hay que revalidar todos los días, de donde la práctica cristiana consiste en estar atento y presto a luchar personal y colectivamente contra el fenómeno que Xavier Zubiri designó como «fetichización» o constitución de ídolos o fetiches en reemplazo del Dios vivo y verdadero. Es curioso y significativo que en la época del imperio romano los cristianos fueran acusados de ser ateos y perseguidos por esta causa, ya que negaban a los falsos dioses de la mitología greco-romana y de las numerosas religiones de misterio que estaban en boga en la época. Y visto desde esta óptica, el cristianismo debería seguir siendo un ateísmo dirigido contra todo sistema o estructura sutil o abiertamente fetichizada en el mundo, recordando incluso que aún las ideas de Dios negadas y atacadas por ateos declarados, pueden ser más afines con los ídolos que con el Dios de la Biblia. Por eso, si en nuestra condición de cristianos hemos de tener en cuenta las palabras que Josué dirigió al pueblo de Israel, tenemos que hacerlo todos los días y no solo durante el breve momento de emoción desbordada que caracteriza a muchas supuestas conversiones.

... elijan ustedes mismos a quien van a servir: a los dioses
que sirvieron sus antepasados... o a los dioses de los amorreos...
Por mi parte, mi familia y yo serviremos al Señor.

Josué 24:15 NVI

11
de julio

La comunión de los santos

«LA ALTERNATIVA a la pobreza no es la propiedad. La alternativa a la pobreza y a la propiedad es la comunidad»

JÜRGEN MOLTMANN

Vida en comunidad se llamó una de las obras del teólogo alemán Dietrich Bonhoeffer, mártir del régimen nazi, quien, paradójicamente, durante sus últimos años en los campos de concentración antes de ser ejecutado, no pudo experimentar esa forma de vida de la que escribió con tanta propiedad, razón por la cual tal vez aprendió a valorarla más que nadie. En efecto, la vida en comunidad es característica esencial e inseparable del cristianismo. La comunión cristiana solo es posible dentro de la comunidad (1 Jn. 1:3). La llamada «iglesia virtual» es inviable pues la posibilidad de que se termine imponiendo sobre las formas congregacionales tradicionales en el cristianismo es remota, ya que: «nada hace presumir que las reuniones congregacionales tiendan a desaparecer, porque la sicología de las masas no ha variado, ya que el hombre -animal social por excelencia- necesita comunión con sus semejantes. Somos rebaño de ovejas, seres gregarios. Por lo tanto, el templo será insustituible hasta el final» (Silva-Silva). La comunión cristiana se expresa ciertamente en esa vida en comunidad caracterizada por una solidaridad fraterna, que es alternativa tanto a la pobreza como a la propiedad, como lo demostró la iglesia primitiva con su práctica de «tener todo en común» (Hc. 2:41-47; 4:32-36); iniciativa cuya motivación será siempre digna de encomio, aunque la forma de instrumentarla tal vez no haya sido la mejor, considerando sus resultados (la iglesia de Jerusalén quedó empobrecida y requirió colectas sucesivas entre las iglesias gentiles, dos de las cuales estuvieron a cargo del apóstol Pablo). Por eso, hoy por hoy, la iglesia debe buscar nuevas formas, más eficaces, de actualizar este espíritu solidario en el seno de la comunidad cristiana; propósito en el cual el cooperativismo o «economía solidaria» deberá desempeñar un papel central. Mientras tanto los deberes mutuos de unos hacia otros (Rom. 12:10, 16; 15:7, 14; Gál. 5:13; Efe. 4:2, 32; 5:21; Fil. 2:3; Col. 3:9; 1 Tes. 5:11, 13-15; St. 5:16; 1 P. 4:8-10), seguirán siendo la pauta a seguir para disfrutar de la comunión entre creyentes y la comunión con Dios de todos y cada uno de los miembros de la comunidad cristiana.

Por lo tanto, esforcémonos por promover todo lo que conduzca
a la paz y a la mutua edificación.

Romanos 14:19 NVI

12

de julio

La perspectiva de Satanás

«HASTA la perspectiva de Satanás es importante en orden al conocimiento. Su pecado fue uno de falsa perspectiva»

ALFONSO ROPERO

Es posible que, al primer golpe de vista, la anterior declaración incomode a algunos creyentes. Pero, después de todo, la Biblia misma registra las falsas perspectivas de muchos de los protagonistas y antagonistas de la historia sagrada, sin que esto signifique que tengan por ello la sanción divina. Es así como los profetas Isaías y Ezequiel consignaron en sus respectivos e inspirados libros los motivos que llevaron a Satanás a rebelarse contra Dios, como lo afirma la tradición teológica judeocristiana (Isa. 14:13-14; Eze. 28:15-17). Y tal vez fue gracias a ello que John Milton expresó en su gran poema épico, El Paraíso Perdido, su propia interpretación de estos motivos, poniendo en boca de Satanás las siguientes palabras que se han hecho célebres: «Reinar vale la pena, aunque sea en el infierno. Mejor es reinar en el infierno que servir en el cielo». Este razonamiento podrá ser equivocado, pero aún así no deja de ser tal. Y es que aún las decisiones y comportamientos más equivocados, censurables y desquiciados tienen una razón, una presunta justificación o lógica interna que es bueno conocer antes de condenar, pues nosotros mismos no estamos exentos de justificar nuestros actos pecaminosos por medio de argumentos que, a pesar de ser equivocados, nos parecen lógicos y correctos en un momento dado. El psicoanálisis ha acuñado un término para designar este fenómeno: racionalización, que consiste en la búsqueda de motivos razonables, pero no reales, para justificar los actos más irracionales. Tal vez por ello Miguel de Unamuno especuló, no sin razón, que «Si la serpiente del Paraíso escribiera su evangelio, acaso nos contaría como fueron Adán y Eva los que le tentaron a ella.» Este recurso sigue a la orden del día a la hora de evadir nuestra responsabilidad y acallar el testimonio condenatorio y veraz de nuestra conciencia respecto de nuestros pecados. Solo sus nefastas consecuencias pueden desenmascarar y dejar expuestas finalmente nuestras más elaboradas racionalizaciones. Por esta causa, Dios dejó constancia de estas falsas perspectivas y sus consecuencias en las Escrituras.

Todo esto les sucedió para servir de ejemplo, y quedó escrito
para advertencia nuestra... Por lo tanto, si alguien está firme,
tenga cuidado de no caer.

1 Corintios 10:11-12 NVI

La escatología-ficción y sus efectos

«La afición a cierta escatología-ficción y la búsqueda de temas como la guerra espiritual está provocando el desarrollo del esoterismo y la superstición pseudobíblica en algunas comunidades evangélicas»

Antonio Cruz

La escatología bíblica y la guerra espiritual han sido temas de algunas exitosas novelas de prestigiosos autores y novelistas cristianos con merecida reputación y reconocimiento, pues al margen de cualquier eventual motivación mercantilista que pueda traslucirse en su publicación, lo cierto es que su intención de generar interés sobre estos temas es digna de encomio. Sin embargo, el resultado no ha sido siempre el mejor, pues un buen porcentaje de sus lectores, ignorantes, indoctos e inconstantes, tanto en la iglesia como fuera de ella; han pasado por alto que estas publicaciones no son más que novelas o ficción literaria que busca ilustrar y entretener más que enseñar doctrina y terminan así tomándolas a la letra como la interpretación autorizada de estos temas bíblicos, generando en los lectores actitudes acríticas, paranóicas, supersticiosas e innecesariamente alarmistas, –más allá de la intención de sus autores–, que dan lugar a nuevas «cacerías de brujas» dirigidas de forma indiscriminada contra los desarrollos culturales, sociales y políticos de la posmodernidad, tales como el fenómeno de la globalización y los avances de la ciencia, detrás de los cuales se presumen maquinaciones y conspiraciones satánicas para instaurar el gobierno y la agenda del anticristo sobre el mundo. La iglesia se automargina así del escenario mundial, renunciando a utilizar para la causa de Cristo todo el potencial benéfico que existe en estos desarrollos, satanizándolos y cediéndolos por completo a la sociedad secular que, sin criterios éticos claros, sí suele orientarlos equivocadamente hacia causas cuestionables, reforzando así las sospechas de la iglesia hacia ellos. Valdría la pena recordar que todos estos desarrollos culturales son neutros desde una perspectiva ética escritural, con potencial tanto para lo malo como para lo bueno, y que son solo los diferentes usos que se les den los que les confieren, indistintamente, tal carácter; pues, también a este respecto: «… nada es despreciable si se recibe con acción de gracias, porque la palabra de Dios y la oración lo santifican» (1 Tim. 4:4). Así que:

No te dejes vencer por el mal; al contrario, vence el mal con el bien.

Romanos 12:21 NVI

14
de julio

El Génesis y la batalla de la fe

«DESDE niño conozco las historias del Génesis... mi mente de niño se fue llenando de figuras heroicas. No fue sino hasta mucho... después cuando pude apreciar cuan imperfectos eran los instrumentos humanos que Dios había elegido... Hoy, cuando lidio... con mis propias fantasías, desilusiones y fracasos de adulto, me reconozco en esos personajes imperfectos que contienden con Dios... la lucha de hombres y mujeres reales por entender que significa ser el pueblo de Dios... El Génesis nos abruma y nos confunde. Pero también nos consuela»

BILL MOYERS

El libro del Génesis es cautivador, pues todos aquellos que en él se distinguieron como memorables hombres de fe, eran personas «... con debilidades como las nuestras» (St. 5:17), seres de carne y hueso, personajes históricos que enfrentaron luchas, pruebas y dilemas éticos similares a los nuestros. Sören Kierkegaard, el precursor del existencialismo moderno, nos confronta magistralmente con estas luchas en su libro Temor y temblor, tomando como ejemplo a Abraham al tener que sacrificar a su hijo Isaac, llevándonos a considerar la ansiedad y angustia que el patriarca pudo haber experimentado al preguntarse si debía o no confiar en las revelaciones, o si podía estar seguro de que la voz que escuchó era la de Dios. Con todo, el padre de la fe actuó. Asumió el riesgo. Dió lo que Kierkegaard llamó «el salto de la fe». Vista así la ofrenda de Isaac se hace aún más extraordinaria de lo que una primera lectura pudiera sugerir. Por eso el teólogo R. C. Sproul recomienda «leer la Biblia existencialmente», no en el sentido de apoyar el método moderno de interpretación de los existencialistas, sino envolviéndonos apasionada, personal y existencialmente en lo que leemos, captando todo el drama de la narración, pues mucha de la historia bíblica nos llega por medio de declaraciones muy modestas y de asombrosa brevedad. Paradójicamente, los teólogos liberales que recurren al existencialismo sostienen que estas historias son tan solo mitos, sin lograr dar razón de las citas directas que Cristo hizo del Génesis en las cuales da por sentada la realidad histórica de sus protagonistas (Mt. 19:4-6; Mt. 23:35; Mt. 24:37-39; Jn. 7:22; Mt. 10:15; 11:23-24; Lc. 17:28-29, 32). Y Dios quiere que, al igual que ellos, todos los creyentes hoy:

... lleven a cabo su salvación con temor y temblor.

Filipenses 2:12 NVI

15
de julio

El eterno presente

«AL DESVANECERSE la idea clásica del tiempo, algunos... empiezan a creer que el tiempo es eterno, que no tiene principio ni fin»

ANTONIO CRUZ

La idea del tiempo característica de la física clásica, dio paso en el siglo XX a una nueva concepción del mismo al amparo de la teoría de la relatividad de Einstein. Pero esto no significa que el tiempo haya pasado de ser algo absoluto a algo completamente relativo, al punto de no condicionarnos ya de ninguna manera. Podría decirse que el tiempo ha llegado a ser para los seres humanos algo «relativamente absoluto», al contrario de Dios, para quien es «absolutamente relativo» (2 P. 3:8). Dicho lo anterior, se entiende que al tiempo humano se le designe kronos, mientras que al tiempo divino kairos, así como también la importancia que para el cristiano tiene lograr sincronizar el primero con el último. Pero esto no se logra, como lo denuncia A. Cruz, pretendiendo escapar de la cultura del reloj, como intentan hacerlo hoy algunas personas que han llegado a considerar al tiempo como «... algo relativo que puede hacerse más lento o acelerarse según convenga», pues, paradójicamente, junto con esta peligrosa y equivocada percepción, «a la vez, todo experimenta una aceleración que tiende a comprimir las duraciones... Hoy, como nunca, puede afirmarse que el tiempo es oro» (A. Cruz). Por lo tanto, si el tiempo, y específicamente el presente, es de alguna manera eterno para el creyente; no lo es en el sentido de que pueda derrocharse y prolongarse indefinidamente sin provecho y sin perjuicio, sino más bien en la medida en que todo lo que hagamos hoy tiene, para bien o para mal, significación e implicaciones eternas para nuestras vidas futuras. Como lo dijo Stanley: «Cada segundo cuenta». A la vista de esto, haríamos bien en seguir el consejo paulino de vivir: «aprovechando al máximo cada momento oportuno...» (Efe. 5:16; Col. 4:5), motivados a este respecto por su sentido de urgencia: «... a causa de la necesidad que apremia... el tiempo es corto...» (1 Cor. 7:26, 29 RVR), procurando permanentemente hacer contribuciones que trasciendan nuestro breve paso por este mundo y dejando legados que perduren y pasen la prueba divina permaneciendo más allá del tiempo (1 Cor. 3:12-15).

Porque es necesario que todos comparezcamos ante el tribunal de Cristo,
para que cada uno reciba lo que le corresponda, según lo bueno
o malo que haya hecho mientras vivió en el cuerpo.

2 Corintios 5:10 NVI

16
de julio

La locura de la cruz

«PREFIERO una locura que me entusiasme a una verdad que me abata»

CHRISTOPH M. WIELAND

La locura se concibe como privación del buen juicio o del uso de la razón. Pero eventualmente también puede referirse a una genialidad inesperada y que, contra todo pronóstico y lógica humana, es eficaz en el propósito que persigue. Erasmo de Rotterdam escribió la conocida sátira El elogio de la locura, cuyo título viene al caso para referirnos al evangelio. En efecto, la Biblia dice que el mensaje de la cruz es una locura para los que se pierden, pero que a pesar de ello es poder de Dios para los que se salvan (1 Cor. 1:18). Y lo es no solo porque para comprenderlo necesitamos la ayuda y convicción del Espíritu de Dios para derribar los prejuicios, prevenciones y la tendenciosa lógica que caracteriza nuestra naturaleza caída y nos impiden aceptarlo (1 Cor. 2:14; 2 Cor. 10:4-5); sino también porque es una genialidad tan sublime que contrasta drásticamente con la más excelsa sabiduría humana (1 Cor. 1:19-20, 25). Aún para los filósofos griegos, sabios por excelencia, el evangelio fue una locura que excedió sus capacidades y contrarió todos sus elevados y elaborados conceptos humanos (Hc. 17:17-32; 1 Cor. 1:23). Y es que es una locura que Dios ame a una humanidad que lo ofende y rechaza continuamente manifestando hacia él una abierta enemistad (Rom. 5:7-10), y que lo haga hasta el extremo de humillarse, despojándose de su gloria, encarnándose como humilde carpintero para morir finalmente por ella (Fil. 2:5-8). Pero lo que constituye el colmo de esta hermosa locura es que ¡funcionó! y es capaz de entusiasmar al más duro y frío de los pecadores en el momento de experimentarla. Cuando el teólogo R. C. Sproul se refirió a la demencia que algunos historiadores atribuyen a Lutero, basados en su intemperancia, sus temores y fobias, su radicalmente anormal complejo de culpa, sus presuntos delirios de grandeza, todo lo cual concurrió para llevarlo a redescubrir, valorar y defender la justificación solamente por la fe; concluye diciendo: «¿Era un loco Lutero? Quizás. Pero si lo era, nuestra oración es que Dios envíe a esta tierra una epidemia de tal locura, para que nosotros también podamos probar de la justicia que es por la fe solamente»

... Dios, en su sabio designio... tuvo a bien salvar,
mediante la locura de la predicación, a los que creen.

1 Corintios 1:21 NVI

17
de julio

Inanidad religiosa

«EL CULTO muerto y aburrido, o superficialmente emocional, a nadie salva ni regenera... es razonable la afirmación de Marx: La religión es el opio del pueblo; porque hay sistemas cúlticos y rituales que solo enajenan a las masas con la anestesia del misticismo, para que olviden sus problemas. Inanidad religiosa»

DARÍO SILVA-SILVA

La expresión «inanidad religiosa» designa y engloba atinadamente los rasgos que caracterizan a gran parte de la iglesia de hoy: ritualismos insustanciales y vacíos, mayormente, aunque no de manera exclusiva, en el catolicismo romano; y emocionalismos superficiales en el protestantismo evangélico en particular. Pero esta inanidad religiosa también se ha nutrido a través de la historia de la actitud envanecida de los eruditos, quienes en su legítimo y encomiable esfuerzo de no permitir que la doctrina cristiana se diluya y empobrezca en exposiciones simplistas y superficiales del evangelio, optan entonces por el extremo opuesto de privilegiar la profundidad del mensaje cristiano a tal grado que terminaron sacrificando en el proceso su sencillez y universal accesibilidad, haciéndolo inalcanzable e irrelevante para el hombre común, inmerso en la cotidianidad de la vida. La teología terminó así concibiéndose como un elevado sistema de pensamiento especulativo y racionalista, plagado de sutilezas de difícil comprensión y aplicación a la existencia humana. No en vano existe un estereotipo del teólogo que lo sitúa figuradamente en una torre de marfil, ubicado muy por encima de los problemas de esta vida, y ocupado en lucubraciones y disquisiciones que a nadie interesan y que carecen de todo valor práctico. Salomón señaló la esterilidad de este ejercicio en el epílogo del Eclesiastés (Ecl. 12:9-14). No podemos olvidar que así como sencillez no es sinónimo de superficialidad, tampoco complejidad lo es de profundidad. Por esta causa la Biblia condena por igual el ritualismo cuando no está animado por una adecuada actitud espiritual interior que lo corresponda (Os. 6:6; Heb. 9:9-14), tanto como el emocionalismo superficial y pasajero (Ose. 6:4; Mt. 13:20-21), y también la cátedra elaborada y confusa como la que caracterizaba ya a la tradición rabínica de la época de Cristo (Mt. 23:4, 13, 15; Lc. 11:52). En últimas, el mejor respaldo para el mensaje de la Biblia está en el fruto que produce:

Por sus frutos los conocerán...

Mateo 7:16, 20 NVI

18
de julio

Los chivos expiatorios

«SE DELEITABA mi soberbia en estar sin culpa: y cuando había obrado mal, en no confesar que lo había hecho yo... antes me gustaba excusarme, y acusar a no sé qué ser extraño, que estaba en mí, pero que no era yo. Más el verdadero todo [que pecaba] era yo; y mi impiedad ponía división en mí»

AGUSTÍN DE HIPONA

La Biblia identifica a los enemigos del creyente: El diablo y sus demonios (1 P. 5:8), el mundo (Jn. 12:31; St. 4:4; 1 Jn. 2:15-17; 5:19), y la naturaleza pecaminosa (Rom. 7:18; Gál. 5:919-21), con el fin de que estemos apercibidos contra ellos y utilicemos con ventaja las armas provistas por Dios en su contra (2 Cor. 10:3-5; Efe. 6:10-18). Pero en vez de esto, muchos creyentes ceden a sus asechanzas para después culparlos y utilizarlos como chivos expiatorios y excusar sus pecados sin tener que asumir su responsabilidad en ello. Es así como argumentan que no pueden evitar pecar, ya sea porque los demonios, supuestamente, los controlan y conducen a ello; o porque presumiblemente el mundo los seduce de manera irresistible; o porque están tan internamente divididos entre su conciencia cristiana y la naturaleza pecaminosa, que esta última adquiere existencia independiente, imponiéndose sobre ellos sin que haya responsabilidad de su parte en el asunto. Pero todo esto no son más que sofismas de distracción ya que, si bien Satanás y sus demonios están muy activos, Dios nos revela que son enemigos derrotados (Col. 2:13-15), y que los creyentes tenemos autoridad sobre ellos (Sal. 91:13; Lc. 10:19; Mr. 16:17). Asimismo, la fe vence al mundo (Jn. 16:33; 1 Jn. 5:4-5); y el poder de la naturaleza pecaminosa sobre la voluntad del creyente ha sido roto por Cristo en la cruz (Rom. 6:11-23; 7:7-25). Y todo esto es posible, no gracias a los chivos expiatorios a los que acudimos insistente e infructuosamente para justificarnos sin necesidad de arrepentimiento, ni de confesión, ni de humilde quebrantamiento, ni de corrección; sino en virtud de la obra consumada de Cristo, el Cordero de Dios sin mancha y sin defecto (Jn. 1:29; Heb. 7:26), ante quien solo cabe la humillación, el quebrantamiento, la confesión, el arrepentimiento, el abandono del pecado, la fe y la confianza, la gratitud inextinguible y el servicio incondicional.

El Señor hizo recaer sobre él la iniquidad de todos nosotros...
como cordero... le dieron muerte...

Isaías 53:6-8 NVI

19
de julio

El universo y la conciencia

«Dos cosas llenan el ánimo de admiración y respeto, siempre... crecientes... el cielo estrellado sobre mí y la ley moral dentro de mí»

IMMANUEL KANT

Kant, como tantos otros destacados pensadores, no se equivocó tanto en lo que afirmó como en lo que negó, esto último con frecuencia como reacción a lo que les tocó ver o vivir en su momento histórico. Las anteriores afirmaciones son, por tanto, indiscutibles. En cuanto a la primera, es oportuna la reflexión de David Malin: «... ya muy pocos podemos contemplar un firmamento estrellado sin el estorbo de las luces artificiales. Pero el eterno espectáculo nocturno es uno de los más sutiles y conmovedores de la naturaleza... Contemplarlo es una experiencia que nuestros antepasados conocían bien y que les inspiraba, como debería inspirarnos a nosotros, preguntas profundas sobre significados, orígenes y destinos». Fred Heeren lo sintetiza en términos más afines con la ciencia: «La cosmología es la búsqueda natural y preordenada de toda persona racional. Cuando en la noche miramos el firmamento estrellado no podemos dejar de preguntarnos: ¿de dónde proviene todo esto?» Pregunta que, por cierto, es más bien retórica, pues contiene la respuesta en sí misma, como nos urge Isaías a reconocerlo: «Alcen los ojos y miren a los cielos: ¿Quién ha creado todo esto?... ¿Acaso no lo sabes? ¿Acaso no te has enterado?...» (Isa. 40:26, 28). El rey David y el apóstol Pablo responden sin ambages, dejando sin excusa a quien se resiste a aceptarlo (Sal. 19:1-4; Rom. 1:20). Pero como si esto fuera poco, también contamos con «la ley moral dentro de mí» como lo proclamó el apóstol Pablo mucho antes que Kant: «... los gentiles que no tienen ley... muestran que llevan escrito en el corazón lo que la ley exige, como lo atestigua su conciencia, pues sus propios pensamientos... los acusan...» (Rom. 2:14-15). En efecto, la conciencia es la luz y presencia divina en nuestro universo interior, pero debido a sus inevitables sentencias acusatorias, hemos terminado relegándola, sofocándola, corrompiéndola y tomando distancia de ella para que, con sus inobjetables veredictos, no ponga en evidencia nuestros pecados (Jn. 3:19-20; 1 Tim. 4:2; Tit. 1:15); en vez de acudir al único que puede poner fin a sus juicios condenatorios.

... ¡cuánto más la sangre de Cristo... purificará nuestra conciencia...
a fin de que sirvamos al Dios viviente!

Hebreos 9:14 NVI

20
de julio

Las deudas del creyente

«TE DIGNAS con tus promesas hacerte deudor de aquellos a quienes perdonas todas sus deudas»

AGUSTÍN DE HIPONA

El escándalo del cristianismo (Mt. 13:57), radica, entre otros, en que en este el acreedor, es decir Dios, asume voluntariamente la condición de deudor hacia sus deudores: los hombres; idea que escapa por completo a la lógica y al pensamiento humano convencional, chocando entonces contra él. En efecto, el pecado es una deuda que el hombre ha contraído con un Dios santo y justo (cf. Lc. 11:4 con Mt. 6:12), agravada por el hecho de su incapacidad de saldarla con sus propios medios y recursos (Mt. 18:23-25), sino que, por el contrario, se incrementa día a día, sin que podamos acudir a ningún tipo de tecnicismo para eludirla, –al peor estilo de los rabinos (Mt. 23:16-22 RVR)–, haciendo de Dios nuestro acreedor por excelencia. Él, por el contrario, no tiene acreedores a quienes deba algo (Isa. 50:1). Sin embargo, no solo perdona nuestra deuda impagable, sino que, en Cristo, el acreedor se hace deudor de sí mismo para saldarla a nuestro favor (Col. 2:13-14), y una vez hecho lo anterior, –¡como si no fuera suficiente!–, se compromete y obliga a sí mismo para con sus hijos, los que han creído en Cristo, por medio de sus promesas de salvación y de bendición. Esta forma de proceder es tan sorprendente y difícil de digerir por el ser humano que, antes de poder revelarla de manera completa en Cristo y en el evangelio, Dios tuvo que acostumbrar poco a poco a su pueblo a ella para tratar así con su natural resistencia y sospecha hacia la misma, introduciéndola gradualmente por medio de las instrucciones de remisión completa asociadas al año sabático y al año de jubileo (Lv. 25:1-17; Dt. 15:1-11), las cuales nunca pudieron ser puestas en práctica por Israel de la manera establecida en la ley debido, precisamente, a la dificultad que entraña actuar de este modo, razón por la cual la nación tuvo que ratificar reiteradamente su compromiso al respecto a través de todos los altibajos de su historia (Neh. 5:9-12; 10:31; Pr. 19:17). Ya en el Nuevo Testamento numerosas parábolas se refieren al tema (Mt. 18:23-35; Lc. 7:41-50), y Pablo resumió el asunto al hacer explícito lo que estaba implícito en ellas para la práctica cotidiana del auténtico creyente en Cristo (Rom. 1:14; 8:12; 15:27):

... no tengan deudas pendientes con nadie,
a no ser la de amarse los unos a otros...

Romanos 13:6-8 NVI

21
de julio

Las caídas del justo

«No se levanta uno sino cuando tiene conciencia de haber caído»

ALEXIS CARRELL

Caer, fracasar, fallar, malograr, son palabras que quisiéramos suprimir de nuestra experiencia personal. Pero tarde o temprano todos tenemos que tomar este amargo trago de una u otra forma. Y lo que es peor, sin tener la certeza de que sea la única vez que tengamos que hacerlo. Pero lo que hace más frustante, prolongada y dolorosa esta situación es la renuncia a reconocer nuestro fracaso, la negativa a admitir y confesar nuestro pecado, el orgullo que nos impide aceptar nuestra falta. No le faltó razón a La Rochefoucauld cuando dijo que «La naturaleza ha inventado el orgullo, para evitarnos el dolor de ver nuestras imperfecciones». Pero persistir en esta actitud solo dilata innecesariamente nuestra postración, pues el orgullo no solo es la causa de muchos de nuestros problemas, sino también el agravante de todos ellos, como alguien lo dijera al referirse a aquellos que son producto de nuestras reacciones airadas: «El mal genio es lo que más nos mete en problemas. El orgullo es lo que nos mantiene allí». La toma de conciencia de nuestros pecados y de los fracasos conectados a ellos es el primer paso para superarlos, como puede verse en la parábola del hijo pródigo o perdido (Lc. 15:17-20). Al fin y al cabo, «Los fracasos son los ensayos del éxito» (Cathy Reed) o, dicho de otro modo: «El fracaso significa que Dios tiene una idea mejor» (Watchman Nee). El carácter del cristiano debe ser tal que pueda asumir los fracasos e incluso aprender de ellos para no volver a repetirlos, pues el costo que tenemos que pagar cuando pecamos y fracasamos puede verse compensado en buena medida por medio de las lecciones aprendidas en el proceso. Bien dijo Rabindranath Tagore que «El bien puede soportar derrotas; el mal, en cambio, no». La Biblia declara que «quien encubre su pecado jamás prospera», pero que, en contraste, «quien lo confiesa y lo deja, halla perdón» (Pr. 28:13), entre otras cosas porque «El Señor afirma los pasos del hombre cuando le agrada su modo de vivir; podrá tropezar, pero no caerá, porque el Señor lo sostiene de la mano» (Sal. 37:23-24). Así, pues, la diferencia entre el justo y el impío no es que el primero no tropiece ni caiga y el segundo sí; sino que este último cae una sola vez, porque no vuelve a levantarse, mientras que:

... siete veces podrá caer el justo, pero otras tantas se levantará...

Proverbios 24:16 NVI

22
de julio

La necesidad de aceptación

«EL ACEPTARSE a sí mismo es el compendio del problema moral y el núcleo de toda una visión del mundo»

CARL GUSTAV JUNG

La aceptación ha sido siempre una sentida necesidad del ser humano. Con mayor razón en estos complejos tiempos en los cuales surgen nuevas formas de discriminación y marginamiento social que despojan al individuo de su identidad personal, diluyéndola, en el mejor de los casos, en el mare magnum de la colectividad, que es la que termina entonces, de forma muy precaria, llenando nuestra necesidad de aceptación. El mandamiento bíblico de amar al prójimo como a sí mismo (Mt. 22:39; Mr. 12:31; Gál. 5:14), debe pasar obligatoriamente por la autoaceptación de la persona, pues el amor propio solo es posible para quien se ha aceptado a sí mismo y únicamente desde esta posición se puede llegar realmente a aceptar y a amar al otro. Dios lo sabe y es por eso que, antes de imponer este mandamiento a seres humanos impotentes para cumplirlo, hizo en Cristo todos los arreglos del caso para tratar exitosa y definitivamente con nuestra necesidad de aceptación. Porque la firme aceptación de sí mismo solo es posible para quien se sabe aceptado por Dios. Las ofrendas y sacrificios llevados a cabo por los judíos en el Antiguo Testamento eran, simultáneamente, una expresión de esta urgente necesidad humana de ser aceptados por Dios (Éxo. 29:18; Lv. 22:29; Sal. 19:14; 20:3), y un medio para alcanzarlo. Los desequilibrios en la personalidad y las conductas censurables y destructivas se originan muchas veces en la conciencia, clara o vaga, de no contar con la aceptación de Dios, como le sucedió a Caín (Gén. 4:3-5). Pero por causa del pecado que nos hace inaceptables ante un Dios santo; el único camino para alcanzar plenamente su aceptación no son, ni siquiera, las ofrendas y sacrificios del Antiguo Testamento, sino el sacrificio expiatorio de Cristo en la cruz, el único que cuenta con la completa aceptación de Dios (Efe. 5:2), y que, en la medida en que lo aceptemos humildemente por fe como la única provisión eficaz para tratar con nuestro pecado, nos permite contar con la anhelada aceptación y aprobación de Dios, a pesar de nosotros mismos (1 P. 2:5). Solo así estaremos en condiciones de cumplir a satisfacción la exhortación paulina:

Por tanto, acéptense mutuamente, así como Cristo
los aceptó a ustedes para gloria de Dios.

Romanos 15:7 NVI

23
de julio

El orgullo, la humildad y la autoestima

«MUCHÍSIMAS personas sobrestiman lo que no son y subestiman lo que son»

MALCOLM FORBES

El sentido que tenemos de nuestro valor como personas puede afectar negativa o positivamente nuestro desempeño en la vida y nuestras relaciones con los demás. Tanto el orgullo como la baja autoestima son formas equivocadas y distorsionadas de concebir nuestro sentido de valor personal. En el primero sobrestimamos lo que no somos mientras que en la segunda subestimamos lo que si somos. Dios desea que seamos humildes (Fil. 2:3), sin que ello implique tener baja autoestima, y que tengamos amor propio (Mt. 22:39), sin que eso signifique que seamos orgullosos. La mejor manera de desechar el orgullo es recordar que este es un pecado de comparación. Es decir que nos volvemos orgullosos cuando acostumbramos compararnos con los demás. A Satanás, el primer orgulloso de la historia, no le bastó la exaltada posición en que había sido colocado por Dios, sino que se comparó con él y deseó ocupar su lugar, algo que Dios no podía tolerar ni permitir, convirtiéndolo así en el nefando personaje que desde entonces es (Isa. 14:13-15). En el conocido poema La Desiderata se nos recomienda no compararnos con los demás, pues de hacerlo nos volveremos vanos o amargados. En efecto, la vanidad acompaña siempre al orgullo, y la amargura y el servilismo a la baja autoestima. El orgullo es, en últimas, un engaño (Gál. 6:3), pues el criterio a la luz del cual hemos de evaluarnos no es el humano (1 Cor. 3:21), sino la auténtica norma divina designada en la Biblia como nuestra medida de fe (Rom. 12:3). El apóstol Pablo siempre la tuvo presente y no se extralimitó (2 Cor. 10:12-13). Y es que al tener en cuenta la norma divina adquirimos conciencia de que nunca podremos pretender haberla logrado de manera cabal (Fil. 3:12-13), y llegaremos a ser humildes y serviciales, dependiendo por completo de la gracia de Dios manifestada en Cristo, recordando que, de cualquier modo, nuestro sentido de valor propio procede del hecho de que el Padre celestial nos consideró tan especiales y valiosos que no escatimó ni rehusó entregar a su propio Hijo para redimirnos (Rom. 8:32), y que él a su vez estimó que el precio a pagar por nosotros no podía ser menos que el de su propia sangre (1 P. 1:18-20).

Porque te amo y eres ante mis ojos precioso y digno de honra.

Isaías 43:4 NVI

24

de julio

¿Hasta cuándo?

«La pregunta por la realidad incluye siempre la pregunta por el que pregunta»

Hans Küng

Nuestra especial condición humana se manifiesta en el hecho de que el hombre es el único ser vivo que pregunta. Es esencialmente preguntón. Todo niño lo hace desde que adquiere conciencia y continúa haciéndolo durante toda su vida. Como lo observa Gino Iafrancesco Villegas: «¡Y aquí está el hombre!... Sus ojos espirituales interiores preguntan. La conciencia existencial de su naturaleza espiritual... interroga. Se da cuenta de que pregunta... ¿Cuál es la historia de su pregunta? ¿por qué pregunta? he aquí que nos hallamos preguntando... ¿Hay alguno que no haya preguntado? Creo que no hallaré ese testimonio de un hombre por ninguna parte. Ciencia, filosofía, religión, distintos nombres de un mismo producto...» Lo extraordinario no es, pues, el asunto por el que pregunta sino el mismo hecho de que pregunte. Porque, como sucede especialmente con las llamadas «preguntas retóricas», toda pregunta, de cierto modo, ya lleva implícita la respuesta. Tal vez por ello Dios recurre insistentemente a ellas para revelarse al hombre (Job 38:1-41:14; Isa. 40:12-14, 18, 21, 25-26, 28; 50:2; 66:1; Rom. 11:34-35; 1 Cor. 1:13, 20; 12:29-30). Ese intercambio interrogativo y revelador entre el hombre y Dios se expresa muy bien en la síntesis que el pastor D. Silva-Silva hace del pensamiento de dos reconocidos teólogos de nuestro tiempo en dos frases puntuales, así: «Hay preguntas del hombre que requieren respuestas de Dios» (P. Tillich) y, «Hay preguntas de Dios que reclaman respuestas del hombre» (K. Barth). Por eso, dando por sentadas y dejando al mismo tiempo de lado las preguntas clásicas de la ciencia, la filosofía y la religión; las que cobran agónica importancia para el creyente en el día a día pueden introducirse siempre con la fórmula ¿hasta cuándo? (Sal. 6:3; 13:1-2; 35:17; 74:9-11; 79:5; 80:4; 89:46; 94:3; Hab. 1:2; Apo. 6:10), a lo cual el Señor responde, en los mismos términos, con contrapreguntas que debemos antes responder (Éxo. 10:3; 16:28; Nm. 14:11, 27, Jos. 18:3; 1 S. 16:1; 1 R. 18:21; Sal. 82:2; Pr. 1:22; Jer. 4:14; Hab. 2:6; Mt. 17:17), para poder así hallar las anheladas respuestas a las nuestras y reconocer en el proceso que, tal vez, ni siquiera era procedente formularlas (Job 42:1-6).

Y ustedes, señores, ¿hasta cuándo... amaran ídolos vanos
e irán en pos de lo ilusorio?

Salmo 4:2 NVI

La masificación

«Lo verdadero no siempre es verosímil»

Proverbio francés

«Una creencia no es más verdadera por ser unánime, ni es menos verdadera por ser solitaria»

Milhor Fernándes

En el marco de las actuales democracias se ha vuelto popular la creencia en que «la voz del pueblo es la voz de Dios». Y aunque la primera puede haber coincidido eventualmente con la última, lo cierto es que la voz del pueblo no es más que eso. Por el contrario, a juzgar por el peregrinaje de Israel a través del desierto y la conquista de la tierra prometida, –sin mencionar otras incontables experiencias de la humanidad a través de la historia–, salta a la vista que por lo general la voz del pueblo es contraria a la voz de Dios (Éxo. 32:1-2; 1 S. 8:4-20). La opinión de las mayorías no se caracteriza siempre por el buen juicio, o dicho de otro modo, el sentido común no es siempre tan común ni seguro como se cree. Contar con el respaldo de las multitudes o de las mayorías no es garantía de contar con la aprobación y el respaldo de Dios, a menos que estas mayorías no lo sean tanto, es decir, que en vez de ser tales, sean más bien minorías selectas que se distingan como gente sabia. Las multitudes, sobre todo aquellas que se encuentran con los ánimos exaltados, carecen de capacidad crítica y son fácilmente sugestionables por ideas que tienen tan solo apariencia de verdad. Pero, como bien se sabe, las apariencias engañan y lo verosímil tampoco es siempre verdadero. La masificación es uno de los fenómenos que amenazan al cristiano sin criterio que, para no desentonar, sacrifica la aprobación de Dios para obtener la de las mayorías, ignorando el ejemplo de Pablo a este respecto (Gál. 1:10). No olvidemos que fue la voz del pueblo, a instancias de gobernantes que solo defendían sus intereses personales, la que pidió la crucifixión de un inocente en el juicio de Cristo y que, a pesar de que Dios hizo que todo concurriera a sus propósitos redentores, este pueblo, más que ningún otro, ha tenido que asumir sobre sus hombros las consecuencias históricas de este hecho (Mt. 27:20-25; Jn. 1:11). Es recomendable por tanto que el cristiano esté dispuesto a nadar en solitario contra la corriente de las multitudes cuando sea necesario y declarar con Pablo:

... no tratamos de agradar a la gente sino a Dios,
que examina nuestro corazón.

1 Tesalonicenses 2:4 NVI

26

de julio

El espectáculo del cristianismo

«SE HA sustituido la cultura por el espectáculo. Si se examina cuál es la palabra que más se usa... es 'espectacular'. Esta farandulización de la cultura hace un daño terrible»

JUAN MANUEL ROCA

La «farandulización» que busca hacer de todo un espectáculo, es un fenómeno de nuestros tiempos que afecta no solo a la cultura secular sino a la religiosa, con todos los perjuicios que esto trae al evangelio, en la medida en que la iglesia se deja influir por esta tendencia, optando por hacer de la predicación un espectáculo farandulero en franca competencia con la industria del espectáculo en el mundo. Si bien no puede negarse que las obras de Dios en la naturaleza y en el universo son uno de los más grandiosos espectáculos de la creación: «¡Qué bella y pura es la bóveda del cielo! ¡Qué espectáculo tan grandioso el firmamento!» (Eclo. 43:1 Dios habla hoy), no lo es menos que el espectáculo por excelencia de todos los tiempos es la obra de salvación llevada a cabo por Cristo en la cruz del Calvario. Y es aquí precisamente donde los criterios divinos para calificar este evento como «espectáculo» (Lc. 23:48), difieren ostensiblemente de los utilizados hoy en el mismo sentido por muchas iglesias, en cabeza de sus predicadores y teleevangelistas. En efecto, el uso del término «espectáculo» en relación con la iglesia, no hace referencia al exhibicionismo festivo y fastuoso, -muy al estilo de las frustradas expectativas de Naamán el sirio (2 R. 5:9-12)-, que busca impresionar, divertir y distraer mediante calculadas «puestas en escena», como aquellas de las que hacen gala muchas iglesias en la actualidad para presentar el mensaje de salvación. Por el contrario, el «espectáculo» de la iglesia, como el de Cristo, tiene que ver con el sacrificio, la entrega, el servicio y la solidaridad compasiva y amorosa hacia el prójimo, aún a riesgo de quedar sometidos y expuestos al escarnio público del mundo (1 Cor. 4:9-13; Heb. 10:33). Y esto es así debido a que el espectáculo del creyente es, antes que público; privado, secreto e íntimo, pues es fundamentalmente ante los ojos de Dios donde estamos llamados a brindar un buen espectáculo, dejando en sus manos el hacerlo o no público (Pr. 3:3-4; Mt. 6:4, 6, 18). Solo así hallan sentido las palabras del apóstol:

... hemos llegado a ser un espectáculo...
tanto para los ángeles como para los hombres.

1 Corintios 4:9 NVI

27
de julio

Recomendados por Dios

«LAS ALABANZAS, si las merecemos, han de proceder de labios ajenos»

ESQUILO

La alabanza, -a diferencia de la adoración que obedece más que a los actos, a la identidad de aquel a quien se dirige, reservada para Dios con exclusividad-, es una celebración o elogio que se le brinda a alguien a causa de la excelencia de sus acciones y de los efectos de estas. En este orden de ideas, Dios es digno de nuestra suprema alabanza, pues la incomparable excelencia de sus acciones y efectos están a la vista de todos en la creación. Pero si bien la adoración solo le corresponde a Dios en razón de ser quien es (Éxo. 20:4-5; Mt. 4:10; Jn. 4:23-24), la alabanza en cambio puede dispensarse también a los hombres en la medida en que han sido hechos a la imagen y semejanza de Dios y comparten, por tanto, su creatividad, pudiendo llevar a cabo acciones cuyos efectos son también dignos de elogio y celebración. En otras palabras, Dios no comparte su gloria con nadie en orden a la adoración (Isa. 42:8), pero sí nos permite recibir alabanza mutua en proporción a la sabiduría que reflejamos en nuestras acciones (Pr. 12:8). Sin embargo, no somos nosotros los llamados a exaltar nuestros logros sino los otros (Pr. 27:2), y el hecho de que ellos no reconozcan o no se den cuenta de nuestros aciertos no nos autoriza para hacernos auto-promoción, pues de hacerlo podemos llevarnos la desagradable sorpresa de ser avergonzados cuando menos lo esperemos (Pr. 25:6-7; Lc. 14:7-11). Por lo demás, las alabanzas deben recibirse con madurez y moderación, pues una de las formas más seguras de probar el carácter de los hombres es observar la manera en que reaccionan ante las alabanzas que reciben (Pr. 27:21). Asimismo, aunque nuestros merecimientos sean pasados por alto por quienes nos rodean, podemos estar seguros de que para Dios no pasan desapercibidos (Heb. 6:10), y que en el momento menos pensado, cuando Dios lo considere conveniente para el cumplimiento de sus propósitos, saldrán a relucir para satisfacción nuestra, para beneficio de la obra de Dios y para el provecho de nuestros semejantes (Sal. 37:5-6). Debemos tener presente que, en último término, es Dios quien promociona a quien él quiere y que, por lo mismo:

... no es aprobado el que se recomienda a sí mismo sino aquel
a quien recomienda el Señor.

2 Corintios 10:18 NVI

28
de julio

El prójimo: ¿persona abstracta o concreta?

«EN LA REALIDAD están incluidos... los hombres... los lejanos y... los próximos, que con frecuencia nos son los más lejanos... con todo su lastre... no la humanidad ideal, sino... los hombres concretos, incluidos los que... preferiríamos dejar fuera... los que... pueden hacer de nuestra vida un infierno»

HANS KÜNG

La Biblia condena el pecado de omisión (St. 1:22-24, 27; 4:17). Por eso, debemos ser conscientes de que estos se suelen escudar en las generalizaciones y abstracciones por las que, en vez de tener que tratar con las personas con nombre propio, preferimos referirnos a nociones abstractas como «la humanidad», «la sociedad», «el hombre», etc. De hecho *Para explotar plácidamente al hombre conviene ante todo reducirlo a abstracciones sociológicas* (G. Dávila). El humanismo cae así bajo sospecha pues: *Muchos aman al hombre solo para olvidar a Dios con la conciencia tranquila... El individualismo... olvida al prójimo, el comunitarismo olvida a Dios... La humanidad es el único dios totalmente falso»* (Íbid). No es casual que el Señor ilustrara con personas concretas la abstracta categoría de «prójimo» en la parábola del buen samaritano (Lc. 10:25-37), puesto que la tolerancia hacia los otros, los próximos, los que pueden, incluso, hacer de nuestra vida un infierno, es más difícil que hacia la abstracta y lejana «humanidad», al punto de que a veces pareciera que, en efecto: *el infierno son los otros* (Sartre). Adicionalmente, la tolerancia, considerada un logro valioso del racionalismo moderno, se queda corta para dar al prójimo el trato debido, pues aunque la razón convence, no basta para motivarnos a amar aún al enemigo (Mt. 5:44; Rom. 12:20), sino que fomenta la indiferencia expresada en la distorsionada formulación de la regla de oro (Mt. 7:12), en términos negativos: *no* hagas a los otros lo que *no* quieres que te hagan a ti. Acertó G. Davila al afirmar que: *La razón corrige los errores lógicos, pero los... espirituales solo son corregibles por una conversión de la persona.* Por eso, hablar de tolerancia es ya, en cierto modo, rebajar al otro: *... es en realidad un insulto hacia el que se tolera, implica que es un menos... humilla, aparte de ser hipócrita* (Ropero). El derrotero es, entonces, el trazado por el Señor:

... ama al Señor tu Dios... y... a tu prójimo como a ti mismo...
Anda entonces y haz tú lo mismo...

LUCAS 10:27, 37 NVI

Los riesgos calculados del salto de la fe

«Ninguna gran hazaña, privada o pública, se ha emprendido en medio de la dicha de la certidumbre»

León Wieseltier

«Quien no arriesga nada, arriesga aún más»

Erica Jong

La fe bíblica habla de certezas (Pr. 22:21; Heb. 11:1). Pero estas conciernen propiamente a lo que Paul Tillich llamó «preocupaciones últimas» del hombre, es decir a las cuestiones que tienen que ver con nuestro destino final. Es así como, después de trasegar toda su vida en el campo de las religiones comparadas, el obispo luterano Natan Söderblom pudo decir en su lecho de muerte, citando al patriarca Job: «Yo sé que mi redentor vive; me lo ha enseñado la historia de las religiones». Y en las mismas circunstancias el científico e investigador cristiano Michael Faraday respondió así cuando alguien se refirió a sus expectativas del más allá llamándolas especulaciones: «¿Especulaciones?... No tengo ninguna. Yo descanso sobre certezas», citando a continuación el texto de 2 Timoteo 1:12: «Yo sé a quien he creído y estoy seguro que es poderoso para guardar mi depósito para aquel día». Pero en cuanto a las decisiones y acciones que debemos tomar y emprender cada día de nuestra vida, los cristianos de todas las épocas hemos de asumir un riesgo si es que no queremos dejar pasar de largo las oportunidades que Dios pone delante de nosotros, pues estas, a diferencia de las tentaciones, solo tocan una vez a la puerta (Ecl. 3:1; 8:5-7). El «salto de la fe» del que habló Kierkegaard debe darse día a día sin plenas certidumbres racionales, sino contando tan solo con las estrictamente necesarias para movernos a la acción, sin que podamos anticipar posibles contingencias. Porque frecuentemente, como lo decía Maurice Blondel, la acción se nos presenta más como una obligación que como una necesidad. El psiquiatra austríaco Viktor Frankl señalaba como la «hiperreflexión», o excesiva reflexión antes de actuar puede reducir drásticamente nuestras opciones en la vida e incluso llegar a convertirse en un trastorno psicológico. La Biblia es clara al respecto: «Si esperas condiciones perfectas, nunca realizarás nada» (Ecl. 11:4 La Biblia al día). Por eso:

Siembra... en la mañana, y no te des reposo por la tarde,
pues nunca sabes cual siembra saldrá mejor....

Eclesiastés 11:6 NVI

30
de julio

Reedención y libertad

«Es IMPOSIBLE comprender la idea de una humanidad libre sin la idea de la salvación de Cristo»

RUDOLF STEINER

La libertad verdadera (Jn. 8:32-36), pasa por la comprensión de la gran riqueza de matices contenidos en el término «redención», revelados en la Biblia. Es así como, partiendo del hecho de que, sin Cristo, cada uno de nosotros se encuentra «vendido como esclavo al pecado» (Rom. 7:14), Scofield refiere como esta doctrina, la de la redención, se presenta de manera completa en tres palabras griegas que se traducen como tal: agorazo, que significa «comprar en el mercado», en este caso de esclavos; exagorazo, es decir «comprar y sacar del mercado» sin estar nunca más expuestos a la venta; y lutroo, que quiere decir, «soltar» o «poner en libertad mediante el pago de un precio». En efecto, a semejanza de Gómer, la esposa adúltera del profeta Oseas que, como resultado de su vida licenciosa y perdida no solo había avergonzado y ofendido profundamente a su esposo, sino que al ponerse voluntariamente por fuera de su tutela y protección terminó siendo vendida en el mercado de esclavos de Samaria; todos nosotros también nos hemos alejado de Dios solo para terminar expuestos a la vergüenza y al escarnio público en condición de esclavos del pecado en sus múltiples formas. Pero al igual que Oseas (Ose. 3:1-2), Cristo acude al mercado y, en una inconcebible demostración de amor, nos redime al precio de su propia sangre (1 P. 1:18-19), para no volvernos a ofrecer en venta y dejarnos finalmente en libertad. En el ejercicio de esa libertad tenemos dos opciones: Volver a hacernos esclavos del pecado al alejarnos de nuestro redentor, o permanecer voluntariamente y para siempre con él como esclavos de la justicia (Rom. 6:15-23), confirmando así la afirmación de que el hombre solo es libre para escoger su propia cadena (Kafka). El creyente entonces actúa como aquellos esclavos de la antigüedad que, una vez liberados, preferían seguir voluntariamente y para siempre como esclavos del amo justo que les había dado buen trato, como señal de lo cual se les horadaba la oreja con un punzón (Éxo. 21:2-6; Dt. 15:16-17; Sal. 40:6-8; Isa. 50:5). Porque la verdadera libertad es permanecer voluntaria y obedientemente al servicio de Dios y su justicia.

En efecto, habiendo sido liberados del pecado,
ahora son ustedes esclavos de la justicia.

Romanos 6:18 NVI

31
de julio

Comenzando de nuevo
desde el Génesis

«EL SECRETO de una vida plena es tener más comienzos que finales»

DAVE WEINBAUM

Gran parte del pensamiento de la humanidad se ha elaborado teniendo como tras-fondo la creencia de que el pasado es, paradójicamente, una fuente inagotable de nue-vos comienzos. El pensamiento de los griegos y la época de la patrística ha sido siempre referente obligado para la renovación de la actividad intelectual pagana y cristiana, tanto en la Edad Media como en el Renacimiento y la Modernidad. Pero remontándo-nos más allá de los griegos encontramos en la Biblia la revelación de Dios acerca de los auténticos y originarios comienzos en el libro del Génesis. En efecto, este es importante no solo como historia, sino también porque describe la situación del hombre en el co-mienzo, narrando las condiciones ideales en las cuales fue creado y las normativas éti-cas que debía cumplir, muchas de las cuales, como lo afirma la teología reformada, siguen siendo imperativas para el cristiano de hoy, justificando la oración de Jeremías: «Renueva nuestros días como al principio» (Lm. 5:21 RVR). Es así como en el breve pasaje que relata la intención que Dios tenía al colocar al hombre en el huerto de Edén: «... para que lo cultivara y lo cuidara» (Gén. 2:15), encontramos la justificación para la actividad cultural del hombre, pues la cultura es en esencia «cultivar y cuidar» los re-cursos que Dios nos ha provisto en la creación material. Todos los desarrollos posterio-res de este mandato cultural, incluyendo lo registrado en la Biblia a partir de él, son simplemente formas de hacer más explícito, claro y detallado todo el contenido ético implícito en este mandato. Por esta razón, en el propósito de que nuestra vida esté llena cada día de nuevos, estimulantes y esperanzadores comienzos (Lm. 3:22-23; 2 Cor. 4:16) haríamos bien en «regresar sin retroceder» (D. Silva-Silva) a los comienzos, no solo del cristianismo, sino de la humanidad como tal para obtener la perspectiva co-rrecta, de la misma manera en que Cristo lo hizo al ser interrogado sobre el matrimo-nio y el divorcio, respondiendo sin adherirse a ninguna de las dos posturas en boga: la liberal de Hillel, y la conservadora de Shammai; sino yendo más allá de la Ley de Moisés a la intención original de Dios para el matrimonio revelada en el Génesis.

Moisés les permitió divorciarse... por lo obstinados que son...
Pero no fue así desde el principio.

Mateo 19:8 NVI

1

de agosto

Explicar o comprender: lo que verdaderamente cuenta

«CONOCEMOS hoy muchos fenómenos naturales con una precisión sin precedente. No necesariamente comprendemos mejor...»

GUY SORMAN

Explicar no significa comprender: «La explicación empobrece, identificando los términos, la comprensión enriquece, diversificándolos» (Gómez Dávila). La ciencia busca explicar, la fe comprender. Las optimistas pretensiones explicativas y controladoras que caracterizaron la infancia de la ciencia, han dado paso a actitudes más humildes y maduras que ya no aspiran a tanto, sino tan solo a describir con precisión matemática los fenómenos del universo, absteniéndose de predecir. En cualquier caso, la ciencia siempre ha acudido a la cuantificación, procurando reducirlo todo, incluso al hombre, a números y fórmulas matemáticas. Por el contrario, la fe no cuantifica sino que cualifica, pondera, exalta: «Mi boca publicará tu justicia y tus hechos de salvación todo el día, aunque no sé su número» (Sal. 71:15 RVR cp. Job 5:9; 9:10; Sal. 40:5; 139:16-18), entre otras, porque la cuantificación es en últimas prerrogativa divina (Sal. 147:4). La fe no se concentra en los números, las cantidades, sino en las cualidades; pues solo así puede comprender, aunque paradójicamente, no pueda necesariamente explicar. Lo dicho por San Agustín respecto a los filósofos y científicos en ciernes de la antigüedad tiene todavía plena vigencia: «... aunque ellos, con habilidad curiosa, cuenten las estrellas del cielo y las arenas del mar y midan los espacios siderales e investiguen el curso de los astros... con impía soberbia y privándose de vuestra luz, pronostican con tanta antelación el eclipse del sol, y no ven el eclipse propio que tienen presente... no conocen ellos el camino, vuestro Verbo, por el cual hicisteis todas las cosas que ellos reducen a número». Justamente, Dios confronta al hombre con su incapacidad de contar o explicar lo incontable e insondable (Gén. 15:5; Job 25:1-2; 38:32-38; Jer. 33:22; Ose. 1:10), lo cual hace más sorprendente y conmovedor el hecho que Él mismo haya decidido someterse a ser «... contado entre los transgresores» (Isa. 53:12; Lc. 22:37), a fin de que seamos conscientes de que lo que realmente cuenta es la fe en Cristo (Gén. 15:6; Rom. 4:3; Gál. 3:6; St. 2:23).

... también para nosotros. Dios tomará en cuenta nuestra fe
como justicia, pues creemos...

Romanos 4:22-25 NVI

2
de agosto

Enfrentando los problemas con Cristo

«Hay uno que puede enfrentarse a tu situación, y ése es Jesucristo»

Jorge Fox

«Ciertamente, Jesucristo es la Gran Solución»

Darío Silva-Silva

En el marco del solucionismo bíblico que debe caracterizar a la iglesia integral; el pastor y escritor Darío Silva-Silva llama magistralmente la atención en su libro El Reto de Dios a las diversas formas en que muchos sistemas de pensamiento y obras literarias de renombre han dado su asentimiento tácito o expreso a la proclamación cristiana de que Jesucristo es, en efecto, la Palabra de Dios en acción. Pero esta acción no está restringida al tiempo de su ministerio terrenal, como si fuera para nosotros algo ajeno y distante en la historia y sin ninguna relación con nuestras actuales circunstancias personales. Por el contrario, es una acción siempre vigente y la más eficaz para hacer frente con éxito en el presente a cualquier circunstancia contraria que surja en nuestro camino, sin importar su magnitud. Precisamente, en el libro aludido del pastor Silva-Silva se lee a manera de conclusión la siguiente cita extractada del libro Humilde visión del Salvador, escrita por un anónimo monje de la iglesia de Oriente: «En torno de Jesús no hay tragedia, porque ningún problema permanece sin solución... Lo que se ha llamado la tragedia de la existencia humana desaparece en Cristo. Si se ve la luz, se puede andar en la luz». Esto fue lo que quiso dar a entender el Señor cuando dijo: «Yo soy la luz del mundo. El que me sigue no andará en tinieblas, sino que tendrá la luz de la vida» (Jn. 8:12). Es decir que Cristo no solamente ilumina, sino que también soluciona. Porque a pesar de que nuestros problemas puedan adquirir una dimensión que sobrepase de lejos nuestra capacidad para afrontarlos, estos nunca sobrepasarán la capacidad de Cristo para solucionarlos. Nuestra debilidad no es obstáculo para el Señor sino más bien el pretexto y la ocasión que él busca para obrar con poder resolviendo nuestros conflictos: «pero él me dijo: «Te basta con mi gracia, pues mi poder se perfecciona en la debilidad.»...» (2 Cor. 12:9-10; 13:4). Jeremías lo comprobó en medio de la oposición y los incidentes que caracterizaron su difícil ministerio, resumiendo para nosotros su experiencia con estas palabras:

Pero el Señor está conmigo como un guerrero poderoso...

Jeremías 20:11 NVI

3
de agosto

El anticristo

«SEMEJANTE vida es hoy aún posible, para ciertos hombres incluso necesaria: el cristianismo auténtico, originario, será posible siempre»

FRIEDRICH NIETZSCHE

Pasmosa declaración, considerando no solo quién la hace, sino el título y propósito del libro en el cuál quedó registrada, llamado precisamente: El Anticristo. Nietzsche, justamente censurado, -pero muchas veces incomprendido y calumniado-, pone el dedo en la llaga al denunciar como la iglesia no ha sido, con frecuencia, fiel exponente del cristianismo auténtico y originario. No le faltó razón al teólogo Hans Küng cuando, comentando esta obra de Nietzsche, dijo: «Para vergüenza de muchos cristianos, ¿no es aquí el propio mensajero, en algunos de sus rasgos, anunciado por boca de este ateo y nihilista con mayor credibilidad tal vez de lo que lo hacen muchos cristianos? ¿Cuántos cristianos se preguntan por el cristianismo original?... El Anticristo, evidentemente, es más anticristiano que antiCristo. Es una provocación para los cristianos, que puede ser saludable». Si bien este juicio requiere necesarias matizaciones y distinciones entre católicos y protestantes o evangélicos, pues es un hecho que estos últimos se han preguntado históricamente con mayor seriedad y empeño que los primeros sobre el cristianismo original; ninguno de los dos escapa a la provocación lanzada por el atormentado filósofo alemán. Porque el anticristo no es, como muchos creen, tan solo un símbolo apocalíptico (Apo. 13); ni siquiera un personaje escatológico (2 Tes. 2:3-12), o una serie de destacadas personificaciones históricas del mismo, con características muy definidas (Dn. 8:9-12; 23-25; 9:27; 11:36-45); sino que es también una perversa presencia espiritual que se manifiesta siempre dentro de la misma iglesia: «... así como ustedes oyeron que el anticristo vendría, muchos son los anticristos que han surgido ya... salieron de entre nosotros...» (1 Jn. 2:18-19); que tiende maliciosamente a desdibujar y distorsionar la plenitud humana, auténtica y originaria, de la persona y el mensaje de Cristo, sin reconocerlo en toda su dimensión reveladora y liberadora (1 Jn. 4:2-3; 2 Jn. 7), con nefastas consecuencias para la práctica cristiana. La presencia del anticristo en la iglesia justifica la advertencia del apóstol:

... no crean a cualquiera que pretenda estar inspirado
por el Espíritu, sino sométanlo a prueba...

1 Juan 4:1 NVI

El testimonio de las piedras vivas

«No HAY duda de que la arqueología ha confirmado la historicidad sustancial de la tradición del Antiguo Testamento»

WILLIAM F. ALBRIGHT

La reciente aparición, -hacia finales del siglo XIX y comienzos del XX-, y el posterior desarrollo de la arqueología como ciencia, ha ayudado a establecer la verdad acerca de temas bíblicos que el racionalismo e historicismo decimonónico de la alta crítica había cuestionado y puesto en entredicho, y ha terminado por validar con sus hallazgos el relato escritural. Debido a que los descubrimientos más apetecidos por los arqueólogos son las inscripciones y que las más importantes entre ellas se han encontrado talladas en piedra; muchos apologistas cristianos, sin que les falte razón para ello, han creído ver en el hecho de que la llegada de la arqueología haya coincidido con una época de generalizado escepticismo bíblico, el cumplimiento de lo dicho por el Señor en el evangelio de Lucas: *Les aseguro que si ellos se callan, gritarán las piedras* (Lc. 19:40). En efecto, ante el silencio y las dudas de la misma iglesia fue la arqueología la llamada a reivindicar la veracidad histórica de las narraciones bíblicas. Pero el punto aquí es que cuando la Biblia habla de «piedras», no siempre se está refiriendo a los objetos inanimados del reino mineral que se designan con este nombre, sino que también se refiere a las personas. Dios es llamado «roca» de manera metafórica (Sal. 18:2, 31, 46; 19:14; 28:1; 31:2; 71:3; 94:22; 95:1), siendo este incluso uno de los nombres propios que se le atribuyen en el Antiguo Testamento (Gén. 49:24; Dt. 32:4, 15, 18, 30; 2 S. 23:3; Sal. 42:9; 144:1), y que se hace extensivo a Jesucristo por derecho propio, tanto en las profecías antiguas (Sal. 118:22; Mt. 21:42-44; Hc. 4:11; 1 P. 2:7; Isa. 8:14; 28:16; Rom. 9:33; Dn. 2:34-35), como en su Palabra (Mt. 7:24-27), al igual que en la confesión de fe del creyente (Mt. 16:18) y en su preexistencia antes de encarnarse como hombre (1 Cor. 10:4). Pero, como lo indica el apóstol Pedro (cuyo nombre significa piedra), no solo él, sino todos los creyentes por igual somos también piedras vivas, llamados a declarar en esta privilegiada condición, junto con el cantante Marcos Vidal, que: *Mientras haya aliento en mí, las piedras no hablaran.*

> *... ustedes son... piedras vivas... para que proclamen las obras...*
> *de aquel que los llamó... a su luz admirable.*

1 Pedro 2:5, 9 NVI

5

de agosto

El sacrificio de la vida

«HAY circunstancias y ocasiones en que un hombre razonable prefiere morir a vivir»

ARISTÓTELES

El cristianismo, más que cualquier otro sistema de creencias, reivindica la vida como uno de los valores supremos de la creación de Dios (Mt. 16:26; Mr. 8:36-37; Jn. 10:10), llevándola a su máxima realización; de donde: «La piedad sin alegría, la fe sin gozo, el deber sin los placeres inocentes…, todo esto no complace a Dios» (Caldwell) Sin embargo, no es, -como lo promulgó Nietzsche, abogando por: «una rehabilitación de la vida, incluidos sus aspectos más tremendos, equívocos y mendaces»-, un valor absoluto (Lc. 12:4-5; Isa. 22:12-14; 1 Cor. 15:32; 1 Jn. 2:16). Por eso la Biblia, al tiempo que la exalta señalando su invaluable condición como un don que Dios concede a los seres humanos para su aprovechamiento y disfrute; también nos advierte que no es un derecho inalienable, sino que en ocasiones debemos estar dispuestos incluso a sacrificarla en aras de otros valores superiores del reino de Dios (Mt. 16:24-25; Mr. 8:34-35; Lc. 14:26), pues a pesar de que: «Dios no nos pide que muramos por Él. Nos pide que vivamos por Él. Si la muerte es nuestro destino por nuestra fe y se nos impone aunque no la busquemos, es una cosa santa» (Caldwell). Los cristianos primitivos, si bien vivían a plenitud, apreciando y agradeciendo continuamente a Dios por el divino don de la vida, no se aferraban a ella irreflexiva y obstinadamente, sino que estaban dispuestos a entregarla cuando fuera necesario por la causa de Cristo, al punto que nadie en la historia ha hecho más que estos para definir con claridad, mediante el ejemplo, la palabra «mártir». La vida, y con mucha mayor razón la vida tal y como la conocemos, no es, pues, el valor supremo, pues esta debe estar subordinada al reino de Dios, en el cual, por cierto, se nos revela una calidad de vida tan superior, que bien vale la pena el eventual sacrificio de aquella. En su conocido poema Muero porque no muero, Teresa de Jesús lo expresó muy bien diciendo: «Aquella vida de arriba, es la vida verdadera, hasta que esta vida muera, no se goza estando viva». Por todo ello, el apóstol Pablo nos brinda la perspectiva y la actitud correcta y equilibrada del cristiano a este respecto:

… preferiríamos ausentarnos de este cuerpo y vivir junto al Señor…
pero por el bien de ustedes es preferible que yo permanezca en este
mundo… para contribuir a su jubiloso avance en la fe.

2 Corintios 5:8; Filipenses 1:24-25 NVI

6

de agosto

Esnobismo espiritual

«Los teólogos no deberían tener excesiva prisa en adoptar formas nuevas de pensamiento, ni estar demasiado dispuestos a ignorarlas»

David A. Pailin

El culto a lo novedoso es un rasgo propio de nuestros tiempos, pero no es algo exclusivo de estos. Ya en la antigüedad el apóstol Pablo tuvo que enfrentarse a él cuando proclamó el evangelio a los filósofos griegos en Atenas, pues a estas alturas ellos ya no estaban interesados en conocer la verdad sino en pasar el tiempo: «... sin hacer otra cosa más que escuchar y comentar las últimas novedades» (Hc. 17:21). Y es que el esnobismo es una amenaza que acecha a cristianos y no cristianos cuando, en su afán por posar de originales y obtener el crédito y reconocimiento que acompaña un planteamiento inédito de la verdad, terminan por sacrificarla en aras de la novedad. Fred Heeren señala cómo algunos científicos han amañado sus datos o publicado su obra prematuramente para ganarse un reconocimiento en muchos casos inmerecido, pues carecen de las virtudes que la verdad exige de quienes cultivan su búsqueda, tales como la humildad, la diligencia y la honestidad. En su análisis teólogico-sociológico de la comunidad latinoamericana en el mundo, el pastor Darío Silva-Silva declara que: «Los latinoamericanos somos inauténticos; y, podría decirse, bastante esnobistas. Padecemos arribismo social y camuflaje cultural», advirtiendo más adelante que «Es necesario alertar a quienes mantienen la comunión de la sana doctrina para que no se permitan a sí mismos ciertas licencias esnobistas que representan riesgos, pues de la propia entraña de la iglesia cristiana han surgido sectas». El teólogo Neil Anderson sostiene que «Si es verdad no es nuevo, si es nuevo no es verdad». Después de todo, la Biblia afirma que, en sentido estricto, «...no hay nada nuevo bajo el sol!...» (Ecl. 1:9), sino tan solo intentos más o menos acertados de expresar de forma novedosa e ingeniosa la verdad eterna, que si bien no deben ignorarse pues pueden ser útiles para su mejor comprensión; no deben tampoco aceptarse a ojo cerrado sin haber esperado hasta que se haya decantado su impacto inicial y hayan superado la crítica que se les haya formulado a través del tiempo.

Hay quien llega a decir: '¡Mira que esto sí es una novedad!'
Pero eso ya existía desde siempre...

Eclesiastés 1:10 NVI

7

de agosto

La magia autoritarista

«AMO a Platón, pero prefiero la verdad»

ARISTÓTELES

La lealtad, el respeto, el aprecio, la gratitud y el amor por nuestros maestros y autoridades son principios bíblicos incontrovertibles (Rom. 13:1-7; 1 Tes. 5:12-13; Heb. 13:17). Sin embargo, todo ello debe estar precedido y condicionado a la fidelidad a Dios y a su verdad (Hc. 4:19; 5:29). De lo contrario, la fe puede degenerar en una actitud mágica de credulidad por la cual el creyente sacrifica su libertad de examen, su capacidad crítica y hasta el sentido común a la autoridad de sus líderes, muchos de los cuales abusan de su posición, dogmatizando sobre asuntos que ignoran, basados en la autoridad de que están investidos, -a la manera de los primitivos chamanes y médicos brujos-, sin considerar el alcance que sus declaraciones autoritativas, pronunciadas al descuido y con ligereza, pueden tener en la vida de sus discípulos, haciendo caso omiso de las advertencias bíblicas al respecto (Lc. 12:47-48; St. 3:1). Esta actitud es terreno abonado para el surgimiento de las sectas heréticas y el encumbramiento de sus líderes a la posición de nuevos iluminados, siendo en su mayoría más bien ministros fraudulentos, acerca de los cuales hay que estar apercibidos (Mt. 7:15-20; Hc. 20:29-31; 2 Cor. 11:15; 2 P. 2:1-3; 1 Jn. 4:1), según lo observa Fred Heeren al recoger todo lo anterior, puntualizándolo con estas palabras: «Las personas que leen la Biblia no tienen excusa si son embaucados por aquellos líderes de cultos y curanderos que nunca han aliviado a nadie de nada, salvo de su dinero». Por eso, antes de creer e imitar a nuestros maestros debemos considerar cual fue el resultado de su estilo de vida (Heb. 13:7), recordando siempre que nuestra lealtad final debe ser solo para con Dios y nuestra propia conciencia, que son las instancias finales de apelación del creyente (Hc. 23:1; 24:16; Rom. 9:1). Es ejemplar lo dicho por Martín Lutero cuando fue confrontado por sus autoridades en la Dieta de Worms, conminándolo a que se retractará de sus escritos: «A menos que sea convencido por la Escritura o por la simple razón -no acepto la autoridad de los papas y de los concilios... Mi conciencia está cautiva de la Palabra de Dios. No puedo... retractarme de nada, porque ir en contra de la conciencia no es ni correcto ni seguro... Dios me ayude». Por eso:

Sométanlo todo a prueba, aférrense a lo bueno.

1 Tesalonicenses 5:21 NVI

8
de agosto

Recibiendo las facultades para obedecer

«Dios no nos impone jamás un deber sin darnos posibilidad y tiempo para cumplirlo»

John Ruskin

La doctrina de la justificación por la fe ha sido históricamente un distintivo no negociable del cristianismo protestante. Es significativo a este respecto que recientemente Roma haya firmado con la Iglesia Luterana una declaración aceptando esta doctrina. En efecto, Dios exige la fe en orden a la salvación, pero al mismo tiempo otorga la fe, como lo revela el apóstol Pablo: «... la fe... no procede de ustedes, sino que es el regalo de Dios» (Efe. 2:8). Por eso es que la salvación sigue siendo por gracia, porque a pesar de que ejerzamos la fe en Cristo de manera voluntaria, -razón por la cual podemos equivocadamente llegar a convertir a la fe en una obra o mérito personal que supuestamente nos haría merecedores de la salvación-, de algún modo esta nos ha sido concedida previamente por Dios. De igual manera, las buenas obras que Dios exige a los que ya han creído en él también han sido preparadas por él de antemano para que nosotros sencillamente las pongamos en práctica (Tit. 3:5, 8; Efe. 2:10). Podría, entonces, decirse que la fe en Cristo crea un universo de posibilidades reales para obedecer a Cristo que no existía antes. Tenía razón Unamuno entonces cuando dijo: «La fe, más que creer lo que no vimos, es crear lo que no vemos; aquella, la de creer lo que no vimos, no pasa de ser fe muerta y pasiva, la viva y activa es la de crear lo que no vemos». Humberto Casanova Roberts, editor de la casa de publicaciones de la Iglesia Reformada en Norteamérica, afirma que «Dios pronuncia la bendición y esa palabra crea lo que pronuncia... Esto implica que los imperativos... son capaces de crear lo que piden». Es decir que en el mismo acto por el cual Dios nos manda o impone un deber también nos da la habilidad para cumplirlo. Dios no es un tirano que pide de nosotros cosas que no estamos en condiciones de hacer y para las cuales nos encontramos materialmente inhabilitados o impedidos. El tirano es el pecado que atrofia e inutiliza las facultades que Dios nos había otorgado inicialmente para el cumplimiento de sus mandamientos. Pero Cristo, al morir en la cruz, derrota al pecado de manera definitiva (Rom. 6:8-12, 14) y restaura en nosotros las facultades perdidas.

> *... Dios es quien produce en ustedes tanto el querer*
> *como el hacer para que se cumpla su buena voluntad.*

Filipenses 2:13 NVI

9
de agosto

El beneficio de la duda

«PREFERIMOS un orden que garantice una plena protección legal incluso de los criminales de forma que no sean castigados en los casos en que existe duda… a otro en el cual incluso aquellos que son inocentes… no puedan encontrar la protección legal y sean castigados incluso cuando su inocencia es manifiesta»

KARL POPPER

El beneficio de la duda debe ser defendido y concedido a toda persona en toda sociedad que invoque principios cristianos en su constitución, aún a riesgo de incurrir en algunos casos en impunidad. La existencia de la «duda razonable» no puede soslayarse a la hora de impartir justicia. Al fin y al cabo Dios, el Juez Supremo, nos la concede en su trato con nosotros, no propiamente a causa de que Él albergue alguna duda sobre nuestra verdadera condición; sino a que es «lento para la ira y grande en amor» (Sal. 86:15; 103:8), razón por la cual no nos enjuicia, sentencia y ejecuta de manera sumaria e inmediata por nuestros pecados, aunque en estricta justicia podría hacerlo (Rom. 6:23). Al contrario, en cierto modo, Dios nos concede el beneficio de la duda al diferir su justa sentencia condenatoria sobre nosotros, brindándonos así oportunidad de apreciar y acogernos a su misericordia. A pesar de existir suficientes razones para hacerlo, no nos acusa ni denuncia incisivamente. Más bien, como lo expresa el profeta: «… callará de amor…» (Sof. 3:17 RVR), esperando que procedamos voluntariamente a reconciliarnos con Él por los méritos de Cristo (2 Cor. 5:18-6:2). Su paciencia tiene, pues, el propósito de otorgarnos tiempo para que, mediante la fe, podamos ser justificados ante Él (Rom. 5:1; 2 P. 3:9; Rom. 2:4-6). Los cristianos debemos, por tanto, conceder también este beneficio a nuestro prójimo, no solo en los tribunales de justicia, sino a la hora de emitir opiniones sobre el carácter de alguien, de modo que si albergamos dudas hacia este sin fundamento en hechos concretos, prefiramos equivocarnos a favor de la persona en cuestión y no en su contra, con ligereza (Mt. 12:7). Los padres de la iglesia primitiva formularon un principio ético cuya práctica sigue siendo normativa para el creyente contemporáneo: «Si dudas, abstente», pues actuar con dudas sobre la conveniencia ética de nuestra acción es siempre peligroso y genera culpabilidad en quien así lo hace.

Dichoso aquel a quien su conciencia no lo acusa por lo que hace.
Pero el que tiene dudas… se condena…

Romanos 14:22-23 NVI

10
de agosto

La muerte de Dios

«¡DIOS ha muerto! ¡Y somos nosotros quienes le hemos dado muerte!»

FRIEDRICH NIETZSCHE

La anterior declaración de Nietzsche se ha hecho famosa y a ella han acudido para fundamentar sus propias posturas y construir sobre ella, desde el humanismo ateo hasta el materialismo y el existencialismo nihilista, y aún los defensores de la mal llamada «Teología de la muerte de Dios», sin mencionar al fascismo nazi que se apoyó en el «superhombre», la alternativa de Nietzsche ante la «muerte de Dios». Pero lo que muchos olvidan es que, como lo señala el teólogo R. C. Sproul al referirse a este personaje: «Su declaración de la muerte de Dios no fue hecha en un desafío, sino con lágrimas. Su obra fue distorsionada y mal usada por algunos...», recordándonos de paso que este pensador murió en un manicomio y que esta circunstancia, junto con la manera en que concluía sus delirantes últimas cartas firmándolas como «El Crucificado», demuestran la futilidad de tratar de vivir por medio de su credo. Es significativo que él mismo dijera: «Desde que no hay Dios, la soledad se ha vuelto intolerable». Pero al margen de lo anterior, lo cierto es que en estricto rigor la declaración de Nietzsche no fue desatinada, pues si Jesucristo es Dios, -como lo creemos todos los cristianos-, debemos sostener que, en efecto, en la cruz del Calvario «Dios ha muerto», como lo da a entender también el teólogo alemán Jurgën Moltmann en el título de su libro El Dios Crucificado. Pero no ha muerto en el sentido negativo en que lo entienden Nietzsche y sus seguidores, para justificar la proclamación de independencia y autonomía del hombre respecto de Dios, sino más bien en el sentido en que lo planteó antes de ellos el filósofo Hegel, interpretado por Alfonso Ropero de este modo: «Lo que muere con la muerte de Dios es el carácter abstracto del ser divino y la finitud que quiere mantenerse independiente y autónoma de la vida divina. Dios no desaparece de la vida en la muerte de Cristo, al contrario, con la resurrección indica que está presente en una 'subjetividad renovada' que corresponde a la presencia del Espíritu Santo en el creyente. La muerte y la resurrección de Cristo dan paso al tiempo del Espíritu, el reino de la religión en el corazón». Dicho de modo más sencillo:

Para esto... murió Cristo, y volvió a vivir, para ser Señor...
de los que han muerto, como de los que... viven.

Romanos 14:9 NVI

11

de agosto

La injusticia y la venganza

«Es MEJOR sufrir la injusticia que cometerla»

SÓCRATES

Todos hemos pasado en algún momento por situaciones que nos llevan a concluir que «el mundo es injusto», y al hacerlo hemos albergado el secreto anhelo de que, si ha de ser así, por lo menos lo sea a nuestro favor y no en nuestra contra. Pero lo cierto es que, desde la perspectiva cristiana, es preferible padecer la injusticia que cometerla (1 Cor. 6:7-8). La presunción de inocencia y el beneficio de la duda son expresiones concretas de esta convicción en el ordenamiento jurídico de las democracias occidentales, erigidas sobre principios cristianos. No podría ser de otro modo a la vista del ejemplo provisto por Jesucristo (1 P. 2:19-22, 24), quien mediante su injusto sufrimiento vicario nos justificó ante el Padre (Rom. 3:26; 2 Cor. 5:21; 1 P. 3:18) y que tiene, por tanto, toda la autoridad moral para pedir de sus seguidores que lo imiten (Rom. 12:17-21; 1 P. 3:8-17; 4:12-19). Sin embargo, esta actitud no es ni mucho menos una legitimación de la impunidad, sino un reconocimiento de que la justicia divina está por encima de la humana y que, en los casos en que padezcamos injusticias y los tribunales humanos sean inoperantes para fallar a nuestro favor, es preferible hacer lo que hizo el Señor que: «... encomendaba la causa al que juzga justamente» (1 P. 2:23 RVR), y no ceder a la tentación de hacer justicia por nuestra propia mano. En efecto, la aparente impunidad que acompaña a las injusticias que, eventualmente, los demás cometen con nosotros, puede llevarnos a desear tomar venganza, y de hacerlo corremos siempre el riesgo de excedernos, ya que: «... la ira del hombre no obra la justicia de Dios» (St. 1:20 RVR), dando lugar a un círculo vicioso de venganzas y contravenganzas que, como una bola de nieve, crece cada vez más sin detenerse. Precisamente, la llamada «ley del talión»: «... vida por vida, ojo por ojo, diente por diente, mano por mano, pie por pie, quemadura por quemadura, golpe por golpe, herida por herida» (Éxo. 21:23-24; Lv. 24:20; Dt. 19:21), no es, como algunos lo creen, una manifestación de brutalidad por parte de Dios; sino una medida necesaria para reglamentar situaciones de hecho y restringir así los excesos cometidos por el pueblo en sus fallidos intentos por hacer justicia. Por eso, lo mejor que podemos hacer ante las inevitables situaciones de injusticia es perdonar y:

No tomen venganza... sino dejen el castigo en las manos de Dios...

Romanos 12:19 NVI

12
de agosto

Las cicatrices de Cristo

«UNA VIDA que no nos deja una que otra cicatriz es una vida superficial»

GARRISON KEILLOR

Las cicatrices cuentan historias que, a pesar de contener episodios dolorosos, no tienen que ser evocadas necesariamente de manera triste. Por el contrario, pueden ser incluso recordatorios de sucesos enriquecedores que nos han ayudado a madurar y aprender valiosas lecciones para la vida. Por eso, las cicatrices no son solo evidencias de nuestra fragilidad y vulnerabilidad, sino también testimonios de la inestimable condición humana que cada uno de nosotros posee. Se explica entonces que el Señor Jesucristo haya decidido exhibir sus heridas delante de sus discípulos para demostrar a cabalidad su completa humanidad (Lc. 24:36-40), en especial ante el escéptico Tomás (Jn. 20:24-28). Con base en esto Adrian Rogers conjeturó que las únicas cosas de manufactura humana que debe haber en el cielo son las cicatrices de Cristo. Y estas cicatrices siguen siendo en la actualidad un contundente testimonio para los escépticos de hoy, no solo de la realidad y plena humanidad de Cristo, sino también de su voluntaria identificación y participación con nosotros en el inevitable dolor y sufrimiento que la vida trae aparejados. Al decir de Miguel de Unamuno, Dios «se nos revela porque sufre» y «porque en nosotros sufre». En efecto, las cicatrices de Cristo son la prueba definitiva de que Dios nos comprende, se interesa profundamente en cada uno de nosotros y nos acompaña en medio de las dificultades y hostilidades que tenemos que enfrentar en nuestra existencia humana. Estas cicatrices siguen siendo la demostración de que él se compenetró con nosotros de manera tan completa que se hizo un hombre de carne y hueso (Lc. 24:39), entendiendo esta expresión como la entiende el ya citado Unamuno para referirse al hombre que «trabaja, sufre, ama y muere». Porque finalmente, las cicatrices también son también una de las muestras más palpables de una vida vivida en profundidad con toda la intensidad, pasión y entrega que amerita una causa justa. Es por eso que el apóstol Pablo resumió y defendió la legitimidad de su ministerio diciendo: «... yo llevo en el cuerpo las cicatrices de Jesús» (Gál. 6:17; 2 Cor. 11:23-25). Y es debido a ello también que Cristo sigue invitándonos en estos términos:

... mira mis manos. Acerca tu mano y métela en mi costado.
Y no seas incrédulo, sino hombre de fe.

Juan 20:27 NVI

13
de agosto

Las acciones proféticas

«Lo que hacen tus siervos, lo hacen, o para atender a la necesidad presente, o para prefigurar lo venidero»

Agustín de Hipona

En obediencia a Dios, los patriarcas y profetas llevaron a cabo ciertos actos que tenían el propósito de ilustrar y transmitir de manera gráfica, vívida, dramática e indeleble lo que sobrevendría en el futuro inmediato al pueblo de Israel o en el futuro escatológico a la iglesia. Entre ellos podemos mencionar las señales del cinturón de lino, del cántaro roto, y del yugo, ejecutadas por el profeta Jeremías (Jer. 13:1-11; 19:1-15; 27-28); la del cabello afeitado y dividido, y la del equipaje de exiliado, de Ezequiel (Eze. 5:1-13; 12:1-16); el simbolismo contenido en los nombres de los hijos de los profetas Isaías (Isa. 7:3; 8:1-4), y Oseas (Ose. 1:4-9); y las más polémicas: la orden a Abraham de sacrificar a Isaac (Gén. 22:1-14); a Isaías de andar desnudo y descalzo por tres años (Isa. 20:1-6); a Ezequiel de no hablar hasta nueva orden (Eze. 3:22-27; 24:25-27; 33:22), de dormir de un solo lado de la maqueta de la sitiada ciudad de Jerusalén y comer alimentos cocinados con excremento (Eze. 4:1-17), además de no hacer duelo por la muerte de su esposa (Eze. 24:1-2, 15-24); a Jeremías, de comprar terrenos en territorios a punto de caer en manos enemigas (Jer. 32:6-15, 25-44); y a Oseas, de tomar por esposa a una prostituta en ciernes como Gómer y, después de ser avergonzado y abandonado por ella, volverla a comprar en el mercado de esclavos para restaurarla como esposa (Ose. 1:2-3; 3:1-3). Debido a su particular contexto histórico y contenido simbólico, estas acciones están restringidas únicamente a estos personajes, razón por la cual su ejecución no concierne al creyente del Nuevo Testamento, por lo cual está fuera de lugar discutir o cuestionar hoy su conveniencia ética. Sin embargo, hay dos especialmente reveladoras: el intento de Abraham por sacrificar a su amado hijo Isaac y la relación de Oseas con su esposa Gómer, pues ambas tipifican y prefiguran el amor de Dios por el hombre manifestado en el evangelio, al punto de no desecharnos a pesar de nuestro pecado e infidelidad, a la manera de Oseas con Gómer; y redimirnos al precio de la vida de su único hijo (Jn. 1:14; 1 Jn. 4:9), como estuvo dispuesto Abraham a hacerlo (Heb. 11:17).

> *... tanto amó Dios al mundo, que dio a su Hijo unigénito,*
> *para que todo el que cree en él no se pierda...*

Juan 3:16 NVI

14
de agosto

Haciendo un hábito de la virtud

«HICE... una apuesta conmigo mismo... Era una apuesta muy audaz, que iba contra mi naturaleza, una especie de promesa inversa. Y aunque me he visto obligado a refrendarla todas las mañanas desde entonces, gracias a Dios ya la he perdido unas 2600 veces»

ALBERT DIBARTOLOMEO

Charles Dickens dijo que «El hombre es un animal de costumbres». Nuestra disyuntiva es, entonces, qué costumbres o hábitos vamos a cultivar: los buenos o los malos, el pecado o la virtud. El problema es que la experiencia humana parece demostrar que los malos hábitos se hallan arraigados de manera innata en nuestra naturaleza, de modo que no tenemos que hacer esfuerzos para adquirirlos. Es como si la censura bíblica dirigida contra los samaritanos se pudiera aplicar a toda la humanidad en general: «Hasta el día de hoy persisten en sus antiguas costumbres. No adoran al Señor ni actúan según sus decretos y sus normas...» (2 R. 17:34). El Nuevo Testamento lo ratifica al declarar que todos hemos heredado la tendencia a pecar de nuestros primeros padres (Rom. 5:12). Sin embargo, el pecado como hábito es algo que nosotros mismos adquirimos en el transcurso de nuestra vida y que, de no intervenir la gracia de Dios en Cristo, es prácticamente imposible de revertir (Jer. 13:23). Pero el creyente también hereda del Padre celestial, por intermedio de Cristo, la disposición y capacidad para hacer lo bueno (Rom. 5:18-19; Fil. 2:13); aunque al igual que el pecado, la virtud también es un hábito que tenemos que esforzarnos en adquirir. En este contexto tenía razón Aristóteles cuando afirmaba que: «La excelencia moral es resultado del hábito. Nos volvemos justos realizando actos de justicia». Dicho de otro modo, «La costumbre con la costumbre se vence» (Tomás de Kempis). En términos del psiquiatra Viktor Frankl lo que habría que hacer es «convertir una potencia inconsciente en un acto consciente, pero con el único objetivo de restablecerlo a la larga como un hábito inconsciente». En otras palabras, llevar a cabo esa «apuesta con nosotros mismos», esa especie de reto o desafío que dirigimos a nuestro alter ego: «¿a que no puedes evitar pecar hoy?». Una «promesa inversa» que hay que refrendar todos los días, confiando en que Dios nos dará la fuerza para perderla de manera habitual, que es en últimas la única forma de ganar.

Precisamente por eso, esfuércense por añadir a su fe, virtud...

2 Pedro 1:5 NVI

15

de agosto

El juicio y la misericordia

«EL TEMOR del juicio siempre ha sido más fuerte que la confianza en la resurrección»

HANNAH ARENDT

El anterior diagnóstico refleja a una gran proporción de la cristiandad. Pero en un contexto cristiano escritural, Alfonso Ropero da en el punto cuando, al hablar de Agustín, Lutero y Calvino, entre otros; afirma que los hombres religiosos por excelencia son aquellos a quienes: «El sentido del pecado no les abate, sino, por el contrario, les fortalece con el sentimiento de la gracia inmerecida». No podría ser de otro modo, si hemos de creerle a Dios, pues en la Biblia y en la auténtica experiencia cristiana Él nos revela que las consecuencias del pecado de Adán no admiten comparación con los beneficios de la redención de Cristo (Rom. 5:15-21). Con todo, la llamada «seguridad eterna de la salvación» es una doctrina controvertida debido al justificado temor por parte de cristianos sinceros, comprometidos y celosos del buen testimonio de vida del creyente de que, al proclamarla, muchos encuentren en ella carta blanca para pecar, al saber que su destino eterno no corre peligro, e ignoren neciamente los perjuicios causados por el pecado en el presente y el desprestigio que estas conductas traen a la Iglesia y al evangelio (Rom. 6:1, 15). Los que así actúan tienen una comprensión muy defectuosa e incompleta de la gracia y la revelación de Dios en la Biblia y no tienen en cuenta que, por el contrario: «… el que tiene esta esperanza en Cristo, se purifica a sí mismo, así como él es puro» (1 Jn. 3:3). Pero, aún a riesgo de simplificar el asunto obviando los ineludibles pasajes problemáticos de las Escrituras y la pluralidad de variables involucradas; el peso de la evidencia bíblica indica con suficiente claridad que el ser humano que en algún momento de su vida ha colocado de corazón, con humilde y sincero arrepentimiento, su fe y su confianza en la obra consumada por Cristo en la cruz, tiene asegurada su salvación eterna, pues a partir de este momento ya no depende de él, sino del Dios justo que: «… justifica a los que tienen fe en Jesús» (Rom. 3:26), y garantiza de muchas maneras que, por lo menos en lo que atañe a la salvación eterna, lo recibido por gracia no puede ya de ningún modo perderse (Jn. 10:27-29; Rom. 8:28-39; Efe. 1:13-14; Fil. 1:6; 2 Tim. 1:12; Heb. 7:25). Después de todo: «… la misericordia triunfa sobre el juicio» (St. 2:13 RVR) y:

> … *allí donde abundó el pecado, sobreabundó la gracia.*

Romanos 5:20 NVI

El sentimiento de Dios

«Existe... un Dios y no meramente un sentimiento acerca de Dios»

Friedrich Hegel

Hoy día nadie discute que el hombre es mucho más que razón. Y no se trata de desechar a la razón como facultad humana necesaria para comprender lo relativo a Dios y a nosotros mismos, sino de no reducir al hombre a mera y simple racionalidad lógica o matemática, como lo pretendió el racionalismo y como continúan haciéndolo hoy muchos de los compartimientos de la ciencia. El romanticismo fue una reacción contra este reduccionismo racionalista, romanticismo que se reflejó también en la teología con el alemán F. Schleiermacher, quien reivindicó el lugar que el sentimiento religioso ocupa en la experiencia humana, a despecho de lo dicho por Kant, punto culminante del racionalismo, quien afirmaba que el ser humano no podía tener una experiencia de Dios ya que Él no podría ser abarcado por las categorías finitas de la razón humana, tales como el tiempo y el espacio, entre otras. Pero la reciente ciencia de la neuroteología está desmintiendo a Kant por medio de estudios científicos que establecen que sí es posible, desde una perspectiva biológica y fisiológica, tener una experiencia o sentimiento de Dios, sin que nuestras categorías espacio-temporales sean un obstáculo para ello. Y aunque esto no prueba necesariamente la existencia de Dios, –entre otras cosas porque por su misma naturaleza Dios nunca llegará a ser objeto de demostración–, sí es una evidencia más de ella. Por eso, aunque algunos de los científicos prefieren concluir con base en esto que el cerebro humano esta facultado para crear por sí mismo experiencias o sentimientos religiosos, –tesis que puede ser cierta en algunos casos–; es más razonable suponer, como lo sostiene Hegel, que Dios mismo dotó al hombre, entre otras cosas, de circuitos cerebrales que le permiten experimentar la realidad divina en los momentos en que esta se nos revela de manera personal. Definitivamente, Dios no es solo una percepción generada por el cerebro humano sino el Ser que nos da la posibilidad y el privilegio de tener una comunión personal con él, creando en nosotros este anhelo y concediéndonos al mismo tiempo las facultades necesarias para lograr satisfacerlo, aunque sea, por lo pronto, de manera imperfecta.

Dios... puso en la mente humana el sentido del tiempo,
aun cuando el hombre no alcanza a comprender...

Eclesiastés 3:11 NVI

17

de agosto

Conmovidos ante Dios

«EL ESTREMECIMIENTO es la mejor parte de la humanidad. Por mucho que el mundo se haga familiar a los sentidos, siempre sentirá lo enorme profundamente conmovido»

GOETHE

El acto de conmoverse parece cada vez más extraño al hombre de hoy. Día a día hay menos cosas capaces de conmovernos, debido, en cierta medida, a que nos hemos endurecido, perdiendo gran parte de nuestra capacidad solidaria y compasiva ante los dramas humanos (Gén. 43:30; Rut 1:3-7, 19; Lm. 1:12; 2:11), o incluso la capacidad de maravillarnos ante las obras de Dios (Mr. 12:11). De hecho, muchos ni siquiera quieren ser conmovidos. Lo temen y lo evitan. Es que ser conmovido tiene, en la práctica, contrastantes efectos que pocos están dispuestos a asumir en todas sus consecuencias. Por un lado, ser conmovido implica ser conmocionado, perturbado, alterado, estremecido, removido, sacudido por la base, sentirse existencialmente amenazado y vulnerable en extremo. En síntesis: no hacer pie o quedarse sin asideros, experiencia por la cual nadie quiere pasar. Pero por otro lado, ser conmovido también hace referencia a ser tocado con dulzura en las fibras más profundas e íntimas del corazón, enternecerse, descubrir nuestra faceta más noble, humana, valiosa y sensible. Algo a todas luces deseable. Pero con Dios, para alcanzar esto último hay que pagar el precio de pasar por lo primero. Porque cuando estamos frente a la majestuosidad e inmensidad del Dios Santo es inevitable que seamos conmocionados, viendo amenazados los fundamentos mismos de nuestra existencia, quedando expuesta la fragilidad y el carácter engañoso de todo aquello en lo que previamente nos apoyábamos y en lo cual habíamos depositado nuestra confianza (2 S. 22:8; Sal. 38:1-8; Isa. 6:5; Nah. 1:5; Mt. 21:10; Heb. 12:26). Pero al mismo tiempo descubrimos en Él nuestro fundamento más seguro (Sal. 16:8; 21:7; 30:6-7), quién nos perdona y sostiene a pesar de todo (Isa. 41:10), revelándonos nuestra íntima y verdadera condición humana, siendo capaz no solo de conmovernos, sino también de conmoverse con nosotros (Jer. 31:20; Ose. 11:8; Jn. 11:33, 38), y que en virtud de ello, es el único que puede conmover y sensibilizar nuestro corazón (Eze. 11:19; 36:26), allanando así los obstáculos que nos impedían llegar a Él.

Como te has conmovido y humillado ante mi...
yo te he escuchado. Yo, el Señor, lo afirmo.

2 Crónicas 34:27 NVI

18
de agosto

Cargando la cruz con Cristo

«Iba a mis campos cuando lo ví cargando la cruz y seguido de una gran multitud... Un soldado romano se me acercó y... me dijo que le ayudara a cargar la cruz... Jesús me miró... y me dijo: ¿Así que tú también estás tomando esta copa?... Diciendo estas palabras me puso la mano en el hombro y así caminamos juntos hasta el Monte de la Calavera. Pero yo ya no sentía el peso de la cruz. Solo sentía su mano en mi hombro»

Simón de Cirene en «El Hijo del Hombre» de Jalil Gibrán

Jesucristo describió la vivencia de la fe como un proceso continuo de aprendizaje en el cual todo creyente debe estar dispuesto a llevar su cruz cada día y seguirlo (Lc. 9:23). Esta figura puede interpretarse ciertamente como una alusión al costo del discipulado, pero se ha prestado para exagerar la dificultad de la vivencia cristiana, presentándola como un ejercicio heroico que solo unos pocos y sufrientes hombres pueden encarar con éxito. Si bien no puede discutirse que en nuestras propias fuerzas la cruz es, en efecto, un yugo demasiado pesado; también es cierto que este peso no tiene que recaer de manera exclusiva sobre los hombros del creyente. Después de todo el dilema humano no es tanto el de escoger si vamos o no a soportar un yugo determinado, sino cuál es el tipo de yugo por el que vamos a optar. Por eso el Señor nos invita a sacudirnos los yugos tiránicos de la esclavitud al pecado y el sometimiento a los ídolos (Dt. 28:48; Isa. 58:6), para colocarnos voluntariamente bajo su yugo que, a diferencia de los anteriores, consiste en una entrega confiada a una disciplina que sabemos justa y provechosa, en la cual, además de todo, Él se compromete a sobrellevar sobre sus hombros gran parte del peso que de otro modo recaería sobre nosotros (Lm. 3:27-28; Mt. 11:28-30; Gál. 6:2), aligerando sustancialmente su inherente dificultad (Gál. 6:5). Es exacta, por lo tanto, la interpretación que el pastor Darío Silva-Silva hace de la cita de Jalil Gibrán que encabeza esta página, en los siguientes términos: «Esta... imagen: 'Yo ya no sentía el peso de la cruz, solo sentía su mano en mi hombro', resume la esencia de la redención. Quien se entrega a Jesucristo descansa del peso de su cruz personal, pues el Hijo de Dios cargó en la suya las cruces todas de todos los hombres. Dicho metafóricamente: Jesucristo es el Cireneo de la humanidad entera».

Carguen con mi yugo y aprendan de mí... y encontrarán descanso...
mi yugo es suave y mi carga... liviana.

Mateo 11:29-30 NVI

19
de agosto

Dios y las estadísticas

«No PODEMOS viajar con Dios por mucho tiempo a menos que seamos
salvos de los números. Es tristemente posible pensar más en las cifras que
en Cristo»

JAMES A. STEWARD

Dios no está sometido a las estadísticas o al cálculo de probabilidades. Los números
no son, por tanto, determinantes para establecer el «éxito» o el fracaso de una congregación cristiana (1 S. 14:6). Al fin y al cabo en la iglesia no todos los que están son, pues
hay una inquietante proporción de infiltrados (Mt. 13:24-30), así como también simpatizantes no convertidos (Éxo. 12:37-38), junto con una notable cantidad de creyentes
sin compromiso evidente y únicamente un reducido grupo de verdaderos discípulos
comprometidos con la causa del evangelio de Cristo. Por eso es lamentable confirmar
que, en efecto, «El nombre del juego, actualmente, es éxito... y cuanto más grande sea
una iglesia, tanto más éxito se considera que ha logrado» (D. Hunt y T. A. McMahon).
Lo peor es que ya han hecho carrera en la iglesia las cifras «evangelásticas» caracterizadas, cuando menos, por la exageración que tiende a «inflar» los guarismos, como al
descuido: «la falta de cuidado e informes exagerados en cuanto a conversiones y milagros, puede estar haciendo retardar el gran derramamiento que el mundo está esperando, debido al contristamiento del Espíritu Santo» (P. E. Billheimer). De cualquier
modo, Dios espera saber con quién cuenta (Nm. 1:1-2; 26:1-2). A causa de ello los datos
estadísticos fieles no deben reprobarse siempre y cuando estén dirigidos a establecer
con quién se cuenta, más que a saber simplemente cuántos hay, pues el propósito en la
mención de cifras referidas a personas en la Biblia, es hacer énfasis en la calidad de los
contados más que en la cantidad de los mismos (1 Cr. 12:1-38), tal como sucedió con
los 300 de Gedeón comparados con la totalidad de su ejército (Jc. 7:1-7); los valientes
de David frente al resto de sus tropas (1 Cr. 11:10-47); y los 120 en el aposento alto
(Hc. 1:15), en contraste con las multitudes de miles de personas que, según los evangelios, seguían a Jesucristo durante su ministerio terrenal. De lo contrario se promueve la
actitud ostentosa que funda la confianza más en los números que en Dios mismo (Sal.
20:7; 33:16-17). Después de todo, el Señor nos reveló que la iglesia verdadera siempre
será minoría.

Porque muchos son los invitados, pero pocos los escogidos.

Mateo 22:14 NVI

20
de agosto

El evangelio social

«LOS GRANDES pensadores son aquellos que nunca son capaces de quitarse cierta incomodidad mental concerniente al lado de la verdad que su pensamiento... es tentado a ignorar»

L. HODGSON

Carl. F. H. Henry, fundador de la revista Chistianity Today, escribió un libro con un título muy sugestivo: La conciencia intranquila del fundamentalismo moderno. En efecto, a pesar de que la sangre de Cristo es eficaz para purificar nuestras conciencias de cualquier carga infundada de culpabilidad, previo el arrepentimiento, la confesión y la fe en su obra consumada en la cruz (Heb. 9:14); de cualquier modo el cristiano sensible, saludable y maduro, sea o no fundamentalista, debe experimentar cierta intranquilidad de conciencia o incomodidad mental concerniente a los puntos ciegos en su entendimiento de la verdad, pues estos reducen su ángulo visual cuando, atraídos y ocupados en los detalles periféricos de la verdad se termina por obviar y descuidar lo esencial de la misma (Mt. 23:23), o cuando, por el contrario, se descuidan los detalles despojándolos de la importancia que de cualquier modo merecen (Ecl. 10:1; Cnt. 2:15; 1 Cor. 5:6, Gál. 5:9). Y debido precisamente al característico y necesario énfasis histórico del protestantismo en la evangelización, en la fe y en la conversión personal y su correspondiente condenación de las buenas obras como medio de salvación; uno de los aspectos de la verdad que puede llegar a ignorarse fácilmente en el ámbito protestante son las implicaciones sociales del evangelio tales como el servicio y la acción social, imprescindibles para establecer la tan anhelada justicia social tal y como aparece repetidamente en las arengas y denuncias de los profetas del Antiguo Testamento. Esto es lo que el teólogo liberal Walter Rauschenbusch acertó en llamar «evangelio social», pero que malogró a la hora de plantear su fundamento teológico. Porque lo cierto es que el «evangelio social» no es un descubrimiento de Rauschenbusch, sino que está en el mismo corazón del mensaje cristiano, como lo admite el apóstol Pablo al informarnos de su visita a los dirigentes de la iglesia en Jerusalén con estas palabras:

... no me impusieron nada nuevo. Al contrario, reconocieron...
la gracia que yo había recibido... Solo nos pidieron que nos acordáramos
de los pobres, y eso... he venido haciendo con esmero.

Gálatas 2:6-10 NVI

21

de agosto

Los laicos y el evangelio

«Los laicos son el orgullo del protestantismo»

Jorge P. Howard

La institución sacerdotal caracterizaba al judaísmo antes de que la destrucción del templo hiciera impracticable el sacerdocio vinculado de manera inseparable a aquel. Ahora bien, el sacerdote es, por definición, el representante o mediador de los hombres antes Dios, o dicho de otro modo, el conducto regular y seguro establecido y aprobado por Dios a través del cual el hombre puede acceder a Él sin perecer en el intento. Una mediación que, por cierto, no ha sido siempre bien ejercida por aquellos elegidos para desempeñarla, según consta en la Biblia mediante el registro de casos representativos, tanto de sacerdocios ilegítimos (Nm. 3:10; Jc. 17:5; 18:30; 1 R. 12:28-33; 13:33-34; 2 R. 17:32; 2 Cr. 26:15-21), como de legítimos pero irresponsables (Lv. 10:1-2; Nm. 16:1-40; Jc. 17:7-13; 1 S. 2:12-36; 3:11-14). Es por eso que el sacerdocio perfecto de Cristo debía ser de un orden diferente al sacerdocio interino de Aarón y su descendencia, para no adolecer de sus mismas e inherentes deficiencias y conservar, además, todos sus beneficios y efectos plenos para todos los creyentes en todas las épocas (Gén. 14:17-20; Sal. 110:4; Heb. 5:1-9; 7:1-28). Uno de ellos es, precisamente, la supresión de todo sacerdocio humano concentrado en una élite privilegiada, no solo en razón de su carácter imperfecto, sino sobre todo en vista de que a partir de Cristo es inútil e innecesario (Heb. 9:6-15; 10:1-18). La defensa por parte del catolicismo de la función sacerdotal de sus ministros de manera formal y explícita es anacrónica, cuestionable e inconveniente, y promueve la formación de jerarquías sin fundamento bíblico, basadas en una artificial separación entre clérigos y laicos que pretende atribuir más importancia y dignidad a los primeros que a los últimos. Por eso es reconfortante el rescate por parte de la reforma protestante de la doctrina del sacerdocio universal de los creyentes (Éxo. 19:6; 1 P. 2:5, 9; Apo. 1:6), que brinda a todos los cristianos sin distinción acceso directo y confiado a Dios (Rom. 5:2; Efe. 3:12, Heb. 4:4-16), recurriendo tan solo a la suficiente mediación de Cristo a nuestro favor (Hc. 4:12; 1 Tim. 2:5; Heb. 2:17-3:1), reivindicando así el papel que el laico ocupa en la divulgación del evangelio.

Acerquémonos, pues, a Dios con corazón sincero y
con la plena seguridad que da la fe...

Hebreos 10:19-22 NVI

La mente de Cristo

«Oh Dios, nosotros pensamos tus pensamientos después de tí»

JUAN KEPLER

Sören Kierkegaard dijo: «Dios no piensa, Él crea». En efecto, no puede discutirse que la creación refleja de manera concreta los pensamientos de Dios. Tal vez por ello el científico y creyente Louis Agassiz, zoólogo y geólogo acreditado como el padre de la ciencia glacial y cuyo aporte fue importante para establecer la ciencia de la paleontología, llamaba a cada especie de animal o planta «un pensamiento de Dios», y se opuso a Darwin y su teoría de la evolución argumentando que en las semejanzas entre los seres vivientes no veía pruebas de esta última sino tan solo «asociaciones de ideas en la Mente Divina». Después de todo, lo que los científicos y los teólogos hacen es intentar desentrañar, en frentes diferentes, los pensamientos o el Logos (Palabra, Verbo, Sentido, Razón) divino que sustenta la creación, encarnado como hombre en la persona de Cristo (Col. 1:17; Heb. 1:3). El teólogo lo hace acudiendo a la revelación especial que Dios ha hecho de sí mismo en la Biblia, mientras que el científico hace lo propio con la revelación general de Dios que se aprecia en el universo y en la naturaleza. Y es por eso que cualquier logro en esta dirección debe llevarnos a unirnos a Juan Kepler, prestigioso científico cristiano alemán, en la humilde exclamación de reconocimiento y alabanza que encabeza este párrafo, pues no se trata tan solo de que Dios en su omniciencia conozca de manera anticipada nuestros pensamientos y necesidades antes de que los expresemos o tan siquiera tomemos conciencia de ellos (Sal. 139:1-6; Mt. 6:8, 32); sino que cualquier vislumbre o atisbo de verdad que podamos pensar, deducir o descubrir no es sino un parcial y fragmentario «repensar» el pensamiento eterno de Dios. Y es fragmentario y parcial porque el pensamiento finito no puede comprender ni contener al pensamiento infinito (Rom. 11:33-36). Sin embargo, los creyentes tenemos una insuperable ventaja, pues contamos con la acción directa de la Mente de Dios sobre la nuestra (1 Cor. 2:10), para llevarnos a descubrir, identificarnos y conformar nuestra vida con su pensamiento eterno. En esto consiste la renovación de la mente mencionada por Pablo en sus epístolas (Rom. 12:2; Efe. 4:23) y el privilegio otorgado a los creyentes en estos términos:

Nosotros, por nuestra parte, tenemos la mente de Cristo.

1 Corintios 2:16 NVI

23

de agosto

El ascetismo y el legalismo

«ASCETISMO... el aniquilamiento intencionado de la voluntad, obtenido por la renuncia de cuanto agrada y la persecución de todo lo que desagrada y por la práctica voluntaria de una vida de penitencia y de flagelación consagrada a una constante mortificación del querer»

ARTHUR SCHOPENHAUER

En su sentido etimológico de «ejercitar», el ascetismo es compatible con la práctica cristiana, por cuanto esta consiste en una disciplina por la cual nos ejercitamos continuamente contra la amenaza siempre latente de lo que Xavier Zubiri llamó «fetichización», o constitución de ídolos sutiles en reemplazo del Dios verdadero. Pero el ascetismo como sistema ético que no le permite al hombre satisfacer sus necesidades con moderación, subordinadas a la razón y a la instrucción divina, sino más bien contrariarlas enteramente o, por lo menos, oponerse a ellas hasta el límite de sus fuerzas; es contrario al cristianismo y más propio de los sistemas dualistas que veían una oposición irreconciliable entre materia y espíritu, como si la creación material de Dios no fuera buena en gran manera (Gén. 1:31 RVR). Esta cuestionable forma de ascetismo, asociada al movimiento monástico que hace temprana aparición en el cristianismo, se ha generalizado a través de los practicantes del tiránico legalismo, -presente en algún grado en todas las vertientes y denominaciones cristianas-, que al cultivarlo en sí mismos terminan imponiéndolo a la fuerza a los demás (Col. 2:20-23), dado que: *Al rigor del asceta para consigo mismo, corresponde el rigor del inquisidor para con los demás... a veces en la misma persona* (Ropero). Es cierto, entonces, que: *Los peligros más grandes para la libertad acechan en la insidiosa intrusión de los hombres de gran celo, bien intencionados pero poco iluminados* (L. Brandeis), puesto que: *De todas las tiranías, tal vez la más opresiva sea la que se ejerce con sinceridad por el bien de sus víctimas... quienes nos atormentan en nombre de nuestro bien seguirán haciéndolo sin fin, porque lo hacen con el consentimiento de su propia conciencia* (C. S. Lewis). Por eso Pablo se opuso al legalismo poniéndolo en evidencia (Gál. 2:4), y alentando a los creyentes a estar: *...firmes en la libertad con que Cristo nos libertó...* (Gál. 5:1) advirtiéndonos, sin embargo, que:

... no se valgan de esa libertad para dar rienda suelta a sus pasiones.

Gálatas 5:13 NVI

Cristo: Señor y Salvador

«DEBEMOS vencer la tentación de separar verdades que van unidas... no debemos separar a Jesús el Salvador de Jesús el Señor... Es precisamente porque es Señor que puede salvar»

JOHN R. W. STOTT

Al abordar el misterio del Verbo encarnado en la persona de Jesucristo (Col. 2:2-3), es posible distinguir pero no separar su identidad de sus acciones y enseñanzas, ni su humanidad de su divinidad, pues Cristo como hecho histórico es un acontecimiento tan universal, concreto y personal al mismo tiempo que posee una unidad imposible de dividir en partes. Identificar y distinguir los diversos aspectos de un fenómeno determinado es un recurso válido y necesario para lograr una mejor comprensión del fenómeno en cuestión. Pero es fundamental que, una vez surtido lo anterior, tengamos luego la precaución de unir finalmente todas sus partes en su totalidad para hacerle plena justicia al hecho como tal. Separar verdades que van unidas puede ser fatal para la correcta comprensión de las mismas, del mismo modo en que el estrabismo[29] incapacita a quien lo padece para enfocar correctamente un objeto en la retina. En efecto, al separar a Cristo como Salvador de Cristo como Señor no lograremos enfocar con claridad ninguna de estas dos importantes facetas de su personalidad y terminaremos colocando el énfasis en una de ellas en detrimento de la otra. De hecho, es común que los cristianos apelen a Cristo como Salvador, pero hagan caso omiso de su condición de Señor, no tanto porque no le atribuyan este título, sino por no comprender su significado y las implicaciones prácticas que conlleva para sus vidas. Pero aceptar a Cristo como Salvador nos impone necesariamente el aceptarlo también como Señor. Lo uno no puede recibirse sin lo otro, pues son como las dos caras de una misma moneda. Y si bien este último título aplicado a Cristo es un reconocimiento explícito de su condición divina, pues Adonai (Señor en hebreo), es uno de los nombres propios más comunes con el que los judíos se referían a Dios en el Antiguo Testamento; también debe ser la aceptación de su derecho a gobernar nuestra vida y de nuestro deber de brindarle nuestra obediencia sin reservas (Hc. 5:29). No hacerlo así es incurrir en una contradicción de términos (Lc. 6:46), y en una falsa presunción denunciada así por el Señor:

> *No todo el que me dice: 'Señor, Señor', entrará en el reino...*
> *sino... el que hace la voluntad de mi Padre...*

Mateo 7:21 NVI

25

de agosto

La tradición y la fe

«La tradición no se hereda, se conquista»

André Malraux

En la iglesia existe una posición ambigua hacia la tradición. El catolicismo la ha sobrevalorado, mientras que en el campo protestante ha sido menospreciada. Esto último como reacción a lo primero, apoyándose en una interpretación superficial y equivocada de los términos en que Cristo se refirió a la tradición de su época. Si bien es cierto que Jesús la condena, esta condenación no es sistemática y a ultranza, sino solo cuando, en su afán por interpretar la Ley, la tradición era colocada por encima de las Escrituras y en oposición a ellas, como sucede en el catolicismo (Mt. 15:2-9; Mr. 7:5-13). La confianza en un cuerpo inerte de conocimientos y dogmas del pasado que, adicionalmente, carecen de fundamento bíblico, ha sido el peligro siempre latente en la tradición (Isa. 29:13; Col 2:8). Pero hecha esta advertencia, la tradición tampoco puede descartarse sin más como importante fuente auxiliar del conocimiento teológico. Aún las denominaciones protestantes que reniegan de la tradición poseen ya, sean o no conscientes de ello, su propia tradición. Y es que rechazar la tradición implica rechazar también la experiencia; si no la propia, si la de los terceros que nos antecedieron en el mismo camino de la fe, privándonos así de aportes valiosos a nuestra propia experiencia de Dios. La epístola a los Hebreos nos invita a considerar, precisamente, a los que nos precedieron (Heb. 11:4-12:1) incluyendo, por supuesto, a los cristianos destacados de todas las épocas, examinando y nutriéndonos de su propia experiencia y vivencia cristianas recogidas por la tradición. Es que nadie vive tanto como para experimentar y abarcar por sí mismo todo el contenido de la revelación divina, de modo que esta última se constituye, junto con la tradición que armoniza con ella, en la base a partir de la cual forjar nuestra propia experiencia que puede llegar a formar parte, a su vez, de la tradición viva que recibirán las futuras generaciones de creyentes. A. Ropero lo resume así: *La tradición estorba la fe cuando no es desafiada por la luz renovada de esta. La fe es desequilibrada por el desafío de última hora cuando no es moderada por la larga tradición doctrinal e histórica del cristianismo bíblico.* Por eso:

> *Todo maestro... instruido acerca del reino...*
> *de lo que tiene guardado saca tesoros nuevos y viejos.*

Mateo 13:52 NVI

26
de agosto

Las renuncias y ganancias de la fe

«No es necio quien entrega lo que no puede retener para ganar lo que no
puede perder»

JIM ELLIOT

Abnegación, sacrificio y renuncia son palabras asociadas frecuentemente con la
práctica y el compromiso cristianos, características que parecen hacer poco atractiva
esta opción para la sociedad actual, orientada hacia los beneficios y las ganancias. Pero
visto así, el cuadro de la fe es parcial e incompleto, pues si bien es cierto que el creyente
debe estar dispuesto, cuando sea necesario, a renunciar a sus particulares intereses y
aspiraciones personales cuando estas no encajen dentro del propósito de Dios para su
vida (Mr. 8:34-35; Lc. 14:26); también lo es que cualquier sacrificio en este sentido es
compensado con creces por los beneficios que obtenemos al obrar de este modo. El
apóstol Pablo afirmó que nada de lo que tengamos que entregar en este mundo por la
causa de Cristo es comparable con lo que vamos a adquirir a cambio (Rom. 8:17-18;
Fil. 3:7-11). La parábola del tesoro escondido ilustra gráficamente este punto, pues en
ella la atención se centra no tanto en la entrega de lo que tenemos, sino en lo que lo que
recibimos de vuelta (Mt. 13:44). Además, como lo declara en el epígrafe el misionero
Jim Elliot con pleno conocimiento de causa, toda vez que ofrendó valientemente su
vida como mártir del evangelio; es necio aferrarse a bienes perecederos y efímeros que
nos pueden ser arrebatados o que tendremos que entregar en cualquier momento, tales
como el dinero, la salud, la fama, las posiciones, los cargos, las personas o los afectos;
rechazando de paso los bienes eternos que no podemos perder tales como la filiación
divina (Jn. 1:12), la salvación eterna (Hc. 13:26; Heb. 5:9), la bendición de Dios (Gál
3:14), la sabiduría de lo alto (St. 3:17); pues el que opta por estos últimos renunciando
a los primeros, podrá disfrutar a la postre de ambos, como lo revela el Señor en el Sermón del Monte (Mt. 6:33), y se ve confirmado previamente por la experiencia personal
del rey Salomón, quien ante el ofrecimiento divino escogió acertadamente la sabiduría
por encima de las riquezas y la victoria militar y obtuvo no solo la primera, sino que
también le fueron añadidas las últimas (2 Cr. 1:7-12). Entregar, pues, lo que no podemos retener es la mejor manera de ganar lo que no podemos perder.

... todo el que por causa del reino de Dios haya dejado casa,
esposa, hermanos... recibirá mucho más...

Marcos 10:29-30 NVI

27
de agosto

Las verdaderas causas

«LAS RELACIONES causa/efecto son engañosas... la vida diaria está llena de pequeños acontecimientos cuyos efectos se confunden con sus causas»

JUAN JOSÉ MILLÁS

La noción de causalidad, -es decir la creencia fundada en la experiencia universal y el sentido común en que no hay efecto sin causa-, es inherente al pensamiento humano y por ende a todo sistema de creencias: «Una creencia se inicia cuando el cerebro establece una asociación entre dos acontecimientos, en la forma: B sigue a A... nuestro cerebro está hambriento de pautas» (R. Park). Por eso, a pesar de la crítica escéptica emprendida contra la causalidad por insignes pensadores como Hume y Kant, esta sigue manteniéndose en pie con la cosmogonía y cosmovisión cristianas, hallando expresión en su momento en las llamadas «cinco vías» de Tomás de Aquino que hacen completamente razonable la creencia en Dios, «la Causa sin causa de las causas, el Principio sin principio de todos los principios, que es el mismo Fin sin fin de todos los fines» (Silva-Silva), y cobra de nuevo vigencia aún en el campo de la ciencia actual (Gén. 1:1; Jn. 1:3; Heb. 11:3). Sin embargo, la causalidad no es siempre tan obvia y fácil de establecer. Por eso, nuestras creencias pueden ser engañosas cuando se basan en relaciones causa/efecto equivocadas, pues a pesar de la disponibilidad actual del método científico para poner a prueba las relaciones de causalidad en el mundo natural; muchos seguimos comportándonos como nuestros antepasados, los cuales: «...disponían de muy pocos medios para diferenciar las conexiones causales de las meras coincidencias...» (R. Park) actuando bajo creencias supersticiosas, pues en estas condiciones nos parece que es «... mejor hacer caso de todas las conexiones y asegurarse» (íbid), dando lugar a una conducta compulsiva por la cual: «... tan atentos estamos a encontrar pautas que, con frecuencia, insistimos en verlas incluso allí donde no las hay...» (íbid). Se explica, entonces, que André Maurois dijera: «No se deben tomar los síntomas como si fueran causas», pues con frecuencia clamamos a Dios debido, supuestamente, a que nos ha abandonado en la adversidad (Sal. 22:1-2; Eze. 8:12; 9:9), cuando lo cierto es que la adversidad nos ha sobrevenido porque nosotros lo hemos abandonado a él (Dt. 31:15-18; 32:15-30; Neh. 9:19-31; Sal. 94:14)

Abandonó al Dios que le dio la vida...
¡Desertaste de la Roca que te engendró!...

Deuteronomio 32:15, 18 NVI

28
de agosto

La hora de mayor provecho

«EL MUNDO... está lleno de personas que a fuerza de voluntad han encontrado la manera de destinar una hora diaria, por lo menos, a cultivar por sí mismas sus facultades creadoras»

OSCAR SCHISGALL

Salomón dijo que «Todo tiene su momento oportuno...» (Ecl. 3:1), y al abordar el mismo tema el apóstol Pablo nos exhorta a vivir nuestra fe «aprovechando al máximo cada momento oportuno» (Efe. 5:16; Col. 4:5). Por eso es recomendable esmerarse por destinar siquiera una hora diaria a cultivar nuestro potencial en campos diferentes al del oficio que desempeñamos habitualmente durante nuestra jornada laboral. Albert Schweitzer, médico y misionero alemán en África se refería a estas actividades paralelas a nuestro trabajo como «nuestra segunda ocupación», invitándonos a ejercerla llevando a cabo todos los días sencillas acciones en beneficio del prójimo. Rudyard Kipling, escritor inglés de origen hindú, ganador del premio Nobel de literatura, escribió como sigue el último verso de su conocido poema titulado Si..., dedicado a su hijo: «Si puedes llenar el implacable minuto, con sesenta segundos de esfuerzo denodado, tuya es la tierra y cuanto en ella hay, y, más aún, ¡serás un hombre, hijo mío!». Ampliando el alcance de este consejo, deberíamos llenar esa hora selecta del diario vivir de la que habla el encabezado con sesenta minutos de esfuerzo denodado pues, como lo señala Schisgall en su artículo, existen numerosos ejemplos concretos de hombres ilustres o anónimos que nos muestran como la continua y disciplinada dedicación de una hora del día a provechosas actividades diferentes a las de sus trabajos cotidianos han traído evidentes beneficios no solo a ellos, sino también a los demás, enriqueciendo notoriamente su vida espiritual. Todos ellos han empleado este tiempo en actividades tan variadas como el deporte, la filantropía, el conocimiento y la investigación científica, la filosofía, la teología o el arte, pero independientemente de ello lo cierto es que «Lo importante es que nuestras horas de soledad sean productivas... aunque a veces únicamente nos proporcionen un sentimiento de bienestar» (Schisgall). Sin perjuicio de lo anterior, el creyente es desafiado y animado por Cristo a aprovechar al máximo esa hora diaria en una actividad de invaluables beneficios: la oración.

¿No pudiste mantenerte despierto ni una hora?
Vigilen y oren para que no caigan en tentación...

Marcos 14:37-38 NVI

29
de agosto

La historia y el mito del eterno retorno

«Todo lo que puede suceder, ¿no debe haber ya sucedido, haberse dado, haber pasado alguna vez?... ¿No debemos eternamente retornar?»

Friedrich Nietzsche

El «eterno retorno» formulado por Nietzsche y estudiado por Mircea Eliade en su libro El Mito del Eterno Retorno, no es del todo equivocado desde la perspectiva bíblica. Ya se ha desechado, en buena hora, como explicación científica del origen del universo, pero tiene aplicación al tratamiento de nuestra historia, cuya memoria Dios nos ordena tener siempre presente (Dt. 4:9; 32:7; Miq. 6:5), debido a que «el primer paso para liquidar a un pueblo es eliminar su memoria» (Milan Hubl). De igual modo, «un pueblo que no conoce su historia está condenado a repetirla» (Santayana). En efecto, la idea del eterno retorno es hasta cierto punto coincidente con la revelación bíblica de que la historia, más que lineal, es pendular y cíclica (Ecl. 1:9-10; 3:15), pues las tendencias que la determinan van y vuelven en reflujo constante. Tal vez por ello el pastor Darío Silva-Silva afirmaba que: «El siglo XXI muestra ya... signos claros. Su partitura será en clave de Re, de reciclar», o de retornar ¿por qué no? Pero no propiamente en un retorno fatalista en el cual todo se repite de manera exactamente igual, sin posibilidad de corregir los errores del pasado, sino un retorno en el que Dios desea que aprendamos las lecciones de la historia, puesto que «hay muchas cosas para repensar y recomponer» (Silva-Silva). Solo así, «La historia... puede convertirse en una fuente de consolación» (José Grau), ya que al aplicarnos a su estudio desde el horizonte de la fe, «... se recupera la visión de lo que Dios hizo y puede volver a hacer otra vez» (Ropero). A causa de ello, cuando apelamos al pacto suscrito por Dios con su iglesia, para recordarle a Dios su compromiso con los suyos (Jer. 14:21), Él nos recuerda la historia para que, al considerarla, podamos decir con el salmista que Dios, «... siempre recuerda su pacto» (Sal. 111:2-5). Después de todo: «la historia... tiene voz... la pregunta por el pasado conlleva un esfuerzo por cambiar el rumbo del presente... hacia un futuro acorde a la voluntad del Dios vivo... no en base a una nueva revelación, sino a la bien trotada senda antigua» (Ropero). Por eso:

... pregunten por los senderos antiguos.
Pregunten por el buen camino, y no se aparten de él...

Jeremías 6:16 NVI

30
de agosto

Mejor contemporáneos que compatriotas

«No es fácil hacerse idea de la realidad de una época… solo… por vía de comparación… A veces, el ser contemporáneos es más importante que el ser compatriotas»

ALFONSO ROPERO

Las comparaciones son odiosas, pero aún así son necesarias en ciertas situaciones como método pedagógico para llegar a comprender, apreciar e imitar las fortalezas de los demás, identificando, evitando o superando al mismo tiempo sus debilidades y deficiencias. Son forzosas, por ejemplo, a nivel del análisis social para contrastar grupos humanos o generaciones de épocas diferentes. Sobre todo teniendo en cuenta que, en algunos casos, la misma palabra «generación» adquiere en la Biblia matices éticos elogiosos o censurables indistintamente (Sal. 24:6; 78:8, Isa. 57:4). En este último sentido se destaca la expresión «esta generación» en boca de Jesucristo para amonestar a sus compatriotas, los judíos de su época (Mt. 11:16; 12:39; 23:36; 24:34), ya que él tenía toda la autoridad moral para amonestarlos al no tener pecado en sí mismo y también debido a que Él es Dios, pero por sobre todo, para nuestros efectos, porque era contemporáneo de aquellos a quienes censura y por lo mismo conocía de primera mano su contexto y circunstancias, porque eran los suyos propios. Por eso, a la hora de compararnos con generaciones pasadas, ya sea a nivel general (la generación de la colonia, la de los 60s, etc.), o particular (padres, abuelos), es vital conocer el contexto histórico en el que vivieron, pues no basta saber que son compatriotas o familiares nuestros para tener por ello todos los elementos de juicio necesarios para llevar a cabo una comparación que les haga justicia. Es muy común que al compararnos a la ligera con nuestros antepasados, sin conocer lo suficiente el medio en que les tocó vivir, nosotros llevemos siempre la mejor parte. Establecer comparaciones sin considerar el diferente contexto histórico al que pertenecen los elementos o grupos humanos que se están comparando, puede conducir a conclusiones totalmente equivocadas. Por eso el Señor Jesucristo se dirigió así, de manera sentenciosa, a sus contemporáneos y a toda generación posterior engañosa y presuntuosamente satisfecha de sí misma:

…ustedes… dicen: 'Si hubiéramos vivido… en los días de nuestros
antepasados, no habríamos sido cómplices de ellos…
Pero… quedan implicados… al declararse descendientes
de los que asesinaron a los profetas.

MATEO 23:29-32 NVI

31
de agosto

La señal del profeta Jonás

«EL RELÁMPAGO y el trueno necesitan tiempo, la luz de las estrellas necesita tiempo, los hechos, incluso después de estar realizados, necesitan tiempo para ser vistos y oídos»

FRIEDRICH NIETZSCHE

Relámpagos y truenos son fenómenos asociados históricamente a la manifestación gloriosa y temible de Dios entre los hombres y a las inminentes, manifiestas e inconfundibles circunstancias que rodean la parusía[30] (Éxo. 19:16; Job 36:31-33; Sal. 77:17-20; Zac. 9:14; Mt. 24:27; Lc. 17:24; Jn. 12:29; Apo. 4:5; 11:19). Sin embargo, hoy sabemos que las experiencias sensoriales de ver y oír no son simultáneas con la ocurrencia de los hechos observados y escuchados, pues tanto la luz como el sonido requieren de tiempos diferentes para llegar a nuestros ojos y oídos de manera tal que podamos percibirlos, sin mencionar el que se requiere para procesarlos e interpretarlos. El tiempo es entonces crucial y apremiante en la interpretación adecuada de los hechos providenciales de Dios a través de la historia, particularmente de los registrados en las Escrituras. Precisamente, los episodios milagrosos más significativos en la Biblia reciben el nombre de «señales», por la capacidad que tienen para evocar, más allá del hecho en sí, toda una gama de significados de gran importancia para los hombres (Jn. 20:30-31). Es por eso que, antes de solicitar señales de Dios de manera indiscriminada y desafiante (Mr. 8:11-12; Jn. 6:30-31; 1 Cor. 1:22-24), buscando ponerlo a prueba (Dt. 6:16); deberíamos considerar aquellas que Él ya nos ha dado a través de la historia sagrada e interpretarlas correctamente y con prontitud para nuestro propio bien (Job 24:1; Mt. 16:2-3). Justamente, el Señor respondió así a los que demandaban señales de su parte: ... *no se le dará más señal que la de Jonás...* (Mt. 16:4). En efecto, la breve historia del profeta Jonás es señal incontrovertible de la muerte y resurrección del Señor Jesucristo (Jon. 1:17; Mt. 12:38-41); de la elección divina (Jon. 1:1; Jn. 15:16; Rom. 11:29); de la responsabilidad humana (Jon. 1:2; Eze. 33:7-9); de la omnipresencia, omnisciencia y omnipotencia de Dios (Gén. 18:14; Jon. 1:3-4; 2:10; Sal. 139:1-12; Am. 9:3-4; Lc. 12:2); y de su buena voluntad hacia el hombre (Eze. 18:31-32; Jon. 2:1-9; 3:9-4:2; 1 Tim. 2:4; 2 Tim. 2:13). ¿Qué otra señal, pues, necesitamos? Puesto que:

Si no les hacen caso... a los profetas, tampoco se convencerán aunque alguien se levante de los muertos.

Lucas 16:31 NVI

Los auténticos beneficios del éxito

«LA VERDADERA medida de nuestra valía se compone de todos los beneficios que los demás han obtenido de nuestros éxitos»

CULLEN HIGHTOWER

Todos anhelamos alcanzar el éxito en los proyectos que emprendemos, pero en nuestra sociedad competitiva impera la creencia de que para hacerlo se debe pasar necesariamente por encima de los demás. Y más aún, en este propósito frecuentemente se termina recurriendo a métodos dudosos y poco ortodoxos para lograrlo. Miguel Cornejo, ilustre conferencista de temas empresariales resumió así la manera en que muchos creen poder obtener el éxito: «roba, transa y avanza». Pero lo cierto es que el «éxito» no se disfruta si al llegar a la cima hemos dejado una estela de vidas malogradas y mucho menos cuando, por causa de ello, ya no hay por lo tanto quien se alegre y lo comparta sincera y legítimamente con nosotros. Y aún en el caso de que no sea siempre así, la mayoría de los que alcanzan un legítimo reconocimiento por sus logros lo mejor que pueden decir al final del camino es que en el transcurso del mismo «no le han hecho mal a nadie». Pero desde la perspectiva bíblica los que alcanzan el verdadero éxito son precisamente los que hacen algo por los demás. Patrick Morley ha propuesto el llamado «juego de los diez destacados» para demostrar que: «Las personas que dejan huella no son las más acreditadas. Lo son las que más se preocupan por los demás» (M. Lucado). En efecto, difícilmente recordamos a los diez últimos presidentes, los diez hombres más ricos del mundo o los últimos diez ganadores del Nobel de literatura, pero recordamos fácilmente a nuestros diez mejores amigos o a diez personas que nos amen. Morley añade que la búsqueda de la autogratificación es un espejismo puesto que «no es posible alcanzar sentido en la vida a menos que aquello que hagamos contribuya al bienestar de otros». Es por eso que la llamada «regla de oro» debe dejar de ser formulada en términos negativos: «no hagas a los demás lo que no quieres que te hagan a ti», para comenzar a practicarla en el sentido positivo en que la planteó el Señor. Definitivamente no podemos continuar por la vida respondiendo a la manera de Caín para desentendernos de la vida de los demás (Gén. 4:9). Más bien:

> *... en todo traten ustedes a los demás tal y como quieren*
> *que ellos los traten a ustedes.*

Mateo 7:12 NVI

2

de septiembre

Vitalismo espiritual

«SE PERCIBE en general (aún entre evolucionistas sobrevivientes) un vitalismo espiritual que colige o, al menos, intuye un Alguien Gestor de la creación y, por lo tanto, anterior y superior a ella, es decir, eternamente Trascendente y trascendentemente eterno»

DARÍO SILVA-SILVA

La gran difusión que alcanzó la teoría de la evolución y el respaldo injustificado que recibió de la gran mayoría de una comunidad científica renuente a considerar la posibilidad de un Creador Trascendente e inclinada, por lo mismo, a apoyar sin el suficiente rigor cualquier alternativa diferente; cegó los ojos de los científicos y de la humanidad en general al gran milagro de la vida. Pero los últimos hallazgos de la ciencia conducen a la conclusión de que la vida, y con mayor razón si es inteligente, es por sí misma una poderosa señal que apunta a un Creador Trascendente. En efecto, en línea de continuidad con los descubrimientos de la actual cosmología, los biólogos moleculares afirman que el surgimiento de la vida tal como la conocemos exige mucho más que la selección natural o el simple azar estadístico. De hecho, los científicos están llegando a la conclusión de que la vida en el universo no es tan común como se creía en principio y que es incluso probable que estemos solos en él. En otras palabras, la ciencia está reconociendo que las optimistas predicciones que hizo sobre las posibilidades de hallar vida en otros planetas están cayéndose por su base, lo cual indicaría que la vida en la tierra, si no es única, si es por lo menos muy especial. La tierra es un planeta privilegiado y favorecido con la vida. Todos los demás lugares del universo que han podido ser observados científicamente son completamente hostiles a ella. Por lo tanto, la única explicación lógica que queda en pie al ir descartando por absurdas e inconsistentes todas las demás hipótesis sobre el origen de la vida, es que hay un Alguien Gestor de la creación y de la vida, anterior y superior a ella, justificando de sobra el vitalismo espiritual que gana de nuevo adeptos día a día. La vida, como espectáculo, es en extremo cautivadora (Sal. 104:10-30), y debe ser desprejuiciada y humildemente atribuida a un Autor que la cree (Gén. 1:1, Jn. 1:3-4; Hc. 3:15; Col. 1:16), y además de ello, la conserve (Heb. 1:3; Col. 1:17).

¡Oh Señor, cuán numerosas son tus obras!...
¡Rebosa la tierra con todas tus criaturas!

Salmo 104:24 NVI

3

de septiembre

Religión secularizada y sociedad sacralizada

«EL EVANGELIO desacraliza la religión secularizándola, y sacraliza la sociedad universalizando a Dios»

ALFONSO ROPERO

Contraviniendo el evangelio, históricamente la iglesia ha tenido la tendencia a sacralizar[31] la religión y desacralizar la sociedad, dando así la impresión de que la religión se ocupa exclusivamente de las actividades «sagradas» que el hombre realiza para Dios en el templo, mientras que la vida en sociedad y las relaciones con sus semejantes son un campo diferente, sin relación con el de la religión, en el cual el individuo puede llevar a cabo actividades profanas con miras a las satisfacción de sus mezquinos intereses personales, dando lugar así a una ruptura o escisión artificial entre la conducta religiosa y la conducta secular. Pero si creemos que Jesucristo es el Señor (Jn. 21:7; Rom. 10:9; Fil. 2:11), debemos sostener de manera consecuente que no puede existir ningún aspecto de la vida humana en el cual él no ejerza su señorío. Todo el universo, y no solo el templo, es el campo de su interés y actividad. De hecho, según la Biblia, es la vida humana, más que la religión, la que es sagrada en la medida en que el hombre es, entre todas las criaturas de la creación de Dios, quien refleja de la manera más completa la gloria divina al haber sido creado a la imagen y semejanza de Dios (Gén. 1:26, Mr. 2:27). Por eso es que el auténtico evangelio busca revertir esa artificiosa sacralización de la religión que encumbra, separa y aísla las actividades religiosas de la vida secular, procurando más bien que la religión penetre constructivamente en todos los campos de la actividad humana (Mt. 13:33), no mediante la degradación de la religión, sino mediante la sublimación de la sociedad, entendida como el conjunto armonioso de los seres que están llamados a reflejar con mayor brillo la gloria de Dios. El evangelio es universal en la medida en que tiene el potencial de alcanzar y afectar a todos los hombres en todos los lugares y frentes de la vida (Hc. 1:8), sin importar su condición, pues: *Jesús consigue ser todo para todos los hombres al mismo tiempo que permanece fiel a sí mismo* (P. Johnson), sin que esto signifique que a la postre todos los hombres sean salvos, sino tan solo los que colocan su fe y confianza en Jesucristo.

Ahora comprendo que... Dios... en toda nación...
ve con agrado a los que le temen y actúan con justicia.

Hechos 10:34-35 NVI

4

de septiembre

El evangelio de la gracia barata

«Un Dios sin ira, lleva a gente sin pecado, a un reino sin juicio, mediante la obra de un Cristo sin cruz»

Richard Niebuhr

La ira divina (Rom. 1:18; 2:5), el pecado del hombre (Rom. 3:10, 23), el juicio de Dios (Rom. 2:2-3, 5-11, 16), y la expiación en la cruz (Isa. 53:4-10; Heb. 2:17; 9:22), han sido siempre temas puntuales en el evangelio, asociados con Dios, con la humanidad, con el reino y con la redención. Lo que sucede es que hoy muchos argumentan que estos temas hieren su «civilizada» sensibilidad, pues supuestamente nociones como estas son propias de mentalidades primitivas que deben ser superadas y están por lo mismo mandadas a recoger. Es así como, sin negar el cristianismo se termina entonces con una versión atenuada y completamente diluida del mismo, -sintetizada acertadamente por Niebuhr en la frase citada-, que disuelve la radicalidad de su mensaje en conceptos e ideas aceptables para el hombre moderno. Se cree entonces con ingenuo optimismo que la ira de Dios no existe porque Él es amor, que el pecado es un concepto anticuado y anacrónico porque el ser humano se encuentra ya en las etapas finales de su perfeccionamiento histórico, que el reino consiste en el descubrimiento y en el establecimiento por parte del hombre del sistema político ideal, y que Cristo fue tan solo un hombre sabio y éticamente ejemplar. Parecería ser que, debido a que la salvación es por gracia (Efe. 2:8) y a que nosotros no hemos tenido que pagar el costo de la misma (1 P. 1:18-19), terminamos creyendo que la gracia es barata. Bonhoeffer acuñó esta expresión de «gracia barata», para protestar por el modo en que el principio reformador de Lutero de la sola gratia, que había significado para él la respuesta a una lucha interior intensa, se había vuelto solo una doctrina que nos sirve precisamente para evitar esa lucha. En sus palabras la «gracia barata» consiste en: «la predicación acerca del perdón sin requerir el arrepentimiento; el bautismo sin el discipulado de la iglesia; la comunión sin la confesión». Y a juzgar por lo que vemos en la vida de muchos cristianos de nuestros días, los diagnósticos de Niebuhr y Bonhoeffer no han perdido su plena actualidad y vigencia, haciendo de nuevo necesaria la amonestación del apóstol:

¿No ves que desprecias las riquezas de la bondad de Dios,
de su tolerancia y de su paciencia, al no reconocer que su bondad
quiere llevarte al arrepentimiento?

Romanos 2:4 NVI

de septiembre

El verdadero templo de Dios

«Dios no reconoce por templo suyo el lugar donde no es oída ni apreciada su Palabra»

JUAN CALVINO

«Pues ¿qué otra cosa son estas iglesias, sino tumbas y sepulcros de Dios?»

FRIEDRICH NIETZSCHE

En el Antiguo Testamento los israelitas llegaron a creer presuntuosa y equivocadamente que, al margen de su censurable conducta, Dios no permitiría nunca que Jerusalén cayera en manos enemigas debido a que el templo de Dios se encontraba en ella (Jer. 7:3-15). Pero Dios no está atado ni obligado para con su templo si en este no es oída, apreciada y practicada su Palabra. De hecho, la misma gloria divina que había llenado inicialmente el templo, lo abandonó también gradualmente por causa de la desobediencia de su pueblo, dejándolo a merced de sus enemigos (Éxo. 40:34; 2 Cr. 5:13-14; Eze. 9:3; 10:4, 18; 11:23; 2 R. 25:8-15), sin que retorne al templo reconstruido hasta que Cristo, Dios mismo hecho hombre, hace de nuevo presencia en él durante su breve paso histórico por este mundo (Lc. 2:41-49), solo para volver a abandonarlo en vista del rechazo de los suyos (Jn. 1:11; Lc. 19:41-20:1). Es por eso que en el Nuevo Testamento el templo de Jerusalén deja de ostentar la relevancia que hasta ese momento había tenido en el elaborado ritual judío de ofrendas, sacrificios y holocaustos, conservando tan solo su función principal de ... *casa de oración...* (Isa. 56:7). Este cambio no es, sin embargo, abrupto sino progresivo (1 R. 8:27; Isa. 66:1; Jn. 2:13-21; 4:19-24; Hc. 7:48-50; 17:24), concluyendo con la doctrina según la cual son los creyentes los que son constituidos, individual y colectivamente, como «templo del Espíritu Santo» (1 Cor. 3:16; 6:19; 2 Cor. 6:16), sancionada por la historia con la destrucción del templo de Jerusalén por los romanos en el 70 d.C., recordándonos de paso que, en efecto, hay templos e iglesias que, más que lugares de manifestación del Dios vivo, son tumbas y sepulcros vacíos de Dios debido a que confían más en su herencia y tradición eclesiástica que en Dios y su Palabra. Por eso nunca está de más la advertencia del Señor dirigida a cada creyente en su condición de templo, y a la iglesia como el conjunto de «templos vivos» que la constituyen:

> *'Mi casa será llamada casa de oración'; pero ustedes la están convirtiendo en 'cueva de ladrones'.*

MATEO 21:13 NVI

6

de septiembre

La dicha del amor generoso y servicial

«AYUDAR al prójimo pone al alcance de cualquiera de nosotros ocasiones... que son fuente segurísima de verdadera paz interior, de un contento que dura tanto como la vida. Para conocer esta dicha no necesitamos... ejecutar actos extraordinarios... tales empresas... ninguna ganancia nos dejan, salvo el gozo de ejecutarlas»

ALBERT SCHWEITZER

Al margen de eventuales desacuerdos teológicos que se puedan tener con él, la abnegada entrega y el éxito experimentado por el teólogo liberal alemán A. Schweitzer como misionero en el África le concede la autoridad para hacer afirmaciones como la citada. El pastor D. Silva-Silva se refiere a él y a su no menos ilustre predecesor, el escocés David Livingston, haciendo la siguiente anotación: «Experiencias como las de Livingston y Schweitzer en Africa nos indican que las misiones no pueden sistematizarse con rigidez. Estos insignes pioneros solo practicaron dos actividades: amor y servicio». En efecto, el amor manifestado en servicio debería ser el móvil prioritario de las acciones del creyente (Mt. 20:26; 22:37-40). Esta fórmula ha probado ser de sobra la más eficaz para derribar la animosidad, las prevenciones y los prejuicios en contra del evangelio. De hecho, si este no va acompañado por estos dos ingredientes es poco o nada lo que puede lograr de manera consistente. Además, no obrar en conformidad con estas directrices cristianas no solo actúa en perjuicio del mensaje y testimonio personal del cristiano, sino que nos priva de una de las fuentes más seguras de paz y dicha a las que se puede acudir en la vida. En efecto, son conocidas las llamadas «bienaventuranzas» pronunciadas por Jesucristo en el Sermón del Monte (Mt. 5:1-12), pero por contraste se tiende a ignorar una de ellas algo extemporánea, citada por Pablo en el libro de los Hechos (Hc. 20:35), quien por cierto estuvo dispuesto a arriesgar su vida acudiendo a Jerusalén a sabiendas de las dificultades que allí le esperaban (Hc. 21:10-15), solo por no verse privado de la dicha de entregar a los creyentes de esta ciudad la ofrenda de amor recolectada diligentemente entre las iglesias que había fundado, las cuales tampoco querían verse marginadas de esta iniciativa (2 Cor. 8:1-5). El amor desinteresado, generoso y servicial (1 Cor. 13:4-7), es pues la mejor credencial del cristiano y fuente inagotable de gozo para todos los comprometidos en él, tanto benefactores como beneficiarios (2 Cor. 8:11-15).

... recordando las palabras del Señor Jesús:
Hay más dicha en dar que en recibir.

Hechos 20:35 NVI

Dioses humanos, demasiado humanos

«¡QUE PELIGROSO puede resultar jugar a Dios! Es fácil acabar representando el papel de diablo»

ALFONSO ROPERO

La promesa de «ser como Dios» es la vieja y engañosa tentación satánica (Isa. 14:14-15; Gén. 3:4-5; Eze. 28:2), reeditada una y otra vez por el diablo, -autor, víctima y promotor de ella-, desde el jardín del Edén hasta hoy para perjuicio de la humanidad, cobrando entonces más vigencia que nunca la predicción del obispo Fulton Sheen, en el sentido de que: *la contienda en la nueva centuria no será entre católicos y protestantes, sino entre quienes creen en Dios y quienes creen que ellos mismos son Dios* (citado por D. Silva-Silva). Porque, en honor a la verdad, significativos sectores de la cristiandad continúan pasando de lo primero a lo último con mucha facilidad y sin inmutarse. De cualquier manera, el pastor Silva-Silva prefiere referirse a los últimos de forma más genérica como «autonomistas», definiendo así el término: *el autonomismo es propiamente la deificación del hombre por su propia voluntad.* Y una de las formas más sutiles y efectivas para hacer que los hombres cedan a la tentación en cuestión, es lograr convencerlos de su supuesto derecho de erigirse en jueces de sus congéneres, suplantando a Dios, -el único y verdadero Juez (Sal. 50:6; 75:7; Jn. 5:22)-, en el intento. En efecto, el juicio inquisitivo e inquisitorial ejercido por unos hombres sobre otros, presuntamente por derecho divino, es la seducción diabólica que acecha bajo todas las formas de absolutismos y totalitarismos políticos, pero sobre todo los religiosos que son los más insidiosos y aborrecibles de todos. Si bien juzgar es perentorio en aras de la disciplina eclesiástica y la integridad de la doctrina (Jn. 7:24; 1 Cor. 6:1-6; 14:29); el juicio de la iglesia debe estar más orientado hacia la toma de decisiones sabias que hacia la sentencia condenatoria y ser llevado a cabo en un espíritu de amor y compasión que esté dispuesto a conceder a las personas el beneficio de la duda (St. 2:12-13), no solo porque con la medida con que juzguemos también seremos juzgados (Mt. 7:1-2); sino también porque en estos casos, *es tan difícil ser justo, que la prudencia aconseja ser indulgente* (anónimo). No en vano Dios pronuncia su sentencia sobre los autonomistas jueces de Israel en estos sarcásticos términos:

> *Ustedes son dioses... Pero morirán como cualquier mortal; caerán como cualquier otro gobernante.*

Salmo 82:6-7 NVI

8

de septiembre

Comunismo, capitalismo y consumismo

«El hombre y su historia no pueden reducirse a cálculos económicos. El hombre es mucho más que todo eso»

Karol Wojtyla (Juan Pablo II)

La anterior declaración la hizo el papa Juan Pablo II cuando era todavía arzobispo de Cracovia en una Polonia dominada por el régimen comunista. Régimen que al procurar de manera plausible el bienestar de todos los hombres por igual, terminó sin embargo deshumanizándolos y reduciéndolos a cálculos y variables meramente cuantitativas en el marco de una teoría económica determinista que pretendía ser capaz de predecir y condicionar el comportamiento humano, negándole así a la persona humana su naturaleza trascendental. Pero el ser humano es la realidad más compleja y paradójica de la creación de Dios. Es en sí mismo un microcosmos que, en virtud de la imagen y semejanza divinas plasmadas en él (Gén. 1:26), contiene lo mejor y más sublime del universo, pero al mismo tiempo, por causa de la caída en pecado (Gén. 3:6-7), contiene también lo peor y más bajo del mismo. Todos estos elementos se hallan inseparable y caóticamente unidos en la existencia humana (St. 4:1-3), y es por eso que no podemos comprendernos a nosotros mismos solo en términos idealistas, –como lo planteó Hegel–, resaltando lo mejor y más sublime de nuestra condición y menospreciando los estragos que el pecado nos ha infligido y los conflictos concretos que por su causa tenemos que afrontar a diario. Pero tampoco podemos hacerlo en términos materialistas, –como lo pretendió Marx–, explicando al hombre simplemente como el producto de unas determinadas relaciones de producción que han ido sucediéndose a través de la historia y en las cuales, dicho sea de paso, se ha dejado ver lo peor de la humanidad en las más creativas formas de explotación y opresión del hombre por el hombre. Lo interesante es que la Biblia sí incluye y sintetiza ambas visiones: la idealista y la materialista, pues no toma a la ligera el pecado humano y el drama en el que nos sumerge, pero lo hace teniendo como trasfondo nuestra dignidad humana esencial en la medida en que sigue reflejando la gloria divina. En últimas, tanto el comunismo como el capitalismo reducen al hombre a una simple totalidad cuantificable y acumulativa de bienes de consumo, al margen de cómo se distribuyan. Y contra ambos el Señor se pronuncia de manera categórica:

… la vida de una persona no depende de la abundancia de sus bienes.

Lucas 12:15 NVI

9
de septiembre

Los alcances de la imaginación humana

«EL MUNDO no solo resulta más extraño de lo que imaginamos, sino más… de lo que podemos… imaginar»

J. B. S. HALDANE

«CREER que Dios es como lo imaginamos es blasfemia»

HERBERT SPENCER

La imaginación es una facultad humana invaluable que, como todo lo humano, puede ser utilizada para bien o para mal. En la niñez es un recurso lúdico legítimo y necesario para el sano desarrollo del individuo. Y en la edad adulta, atemperada por la razón y unida a la curiosidad por desentrañar los misterios del universo, es una de las fuentes más fecundas del ingenio y la creatividad del hombre en la resolución de problemas, impulsando el avance de la ciencia y las consecuentes aplicaciones benéficas de la tecnología a la vida cotidiana de todas las personas. Sin embargo, con frecuencia se sale de curso y se desborda en direcciones que llegan a ser destructivas para quien la ejercita, sobre todo entre personas inmaduras y temerosas que optan por fantasear para evadir y no hacer frente a sus responsabilidades o circunstancias inmediatas, siendo especialmente fértil a la hora de elaborar ingeniosos pero falsos argumentos que encubran o justifiquen nuestras culpas y errores ante los demás y nuestros pecados ante Dios (Gén. 3:11-13; 4:9; 37:31-33; 1 S. 15:13-15; 2 S. 11:1-17). La imaginación es, pues, causa de nuestra terca resistencia al ofrecimiento de perdón y reconciliación que Dios nos hace por medio de Cristo (Jer. 9:14; 11:8; 16:12 RVR), llevándonos a optar por caminos alternos cuyas nefastas consecuencias no se hacen esperar (Pr. 14:12; 16:25), justificando la denuncia que el apóstol Pablo hace de la imaginación al servicio de la elaboración de ídolos (Rom. 1:21-25). Se entiende entonces que Fred Heeren, al comentar las descabelladas teorías científicas sobre el origen del universo que hacen innecesario a Dios, supuestamente basadas en la física cuántica, dijera: *Mientras la gente posea imaginativa tendrá siempre alternativas a Dios…*, ya que concebir al Dios verdadero excederá siempre, de lejos, nuestra más excelsa imaginación (Isa. 40:18) requiriendo, entonces, que Él mismo se revele, como lo ha hecho en Cristo.

… no debemos pensar que la divinidad sea…
resultado del ingenio y de la destreza del ser humano.

Hechos 17:29 NVI

10
de septiembre

La bendición en maldición

«Tus quejas no son por la falta de cosas necesarias, sino por la abundancia de beneficios... por los lujos, no por lo básico; por los beneficios, y no por lo esencial. La fuente de tus problemas son tus bendiciones»

MAX LUCADO

A pesar de su contrasentido, la experiencia nos demuestra que la fuente de los problemas de muchos hombres son sus propias bendiciones. El hombre se ha encargado de confundir y mezclar las bien delimitadas fronteras y distinciones que, en la perspectiva divina, existen entre la bendición y la maldición (Dt. 11:26-28), y ha terminado así transformando la una en la otra. Cuando el pueblo de Israel se encontraba a las puertas de la tierra prometida, -que era parte de la bendición que Dios había anunciado a Abraham y su descendencia-, Dios les advirtió sobre el peligro de que esta bendición se tornara para ellos en maldición por no saberla asumir correctamente (Dt. 8:10-19). La causa por la cual convertimos nuestras bendiciones en problemas es que nos deslumbran a tal grado que terminamos desviando nuestra vista de Aquel que las otorga, para colocarla en las bendiciones en sí mismas. Hay tres actitudes equivocadas señaladas como factores que propician esta situación tales como el orgullo jactancioso, la memoria ingrata, y la idolatría por la cual cedemos el legítimo lugar que Dios debe ocupar en nuestra vida a una serie de ídolos seculares sutiles pero muy efectivos en el propósito de hacernos perder el rumbo, entre los cuales el psiquiatra David Allen identifica en su libro Derribando los dioses que llevamos dentro, a la egolatría, forma suprema del egoísmo que consiste en la adoración del yo (2 Tim. 3:2 RVR); la adoración al grupo al que pertenecemos, por la cual nos amoldamos en todo a nuestro entorno social inmediato para evitar desentonar a toda costa (Rom. 12:2); el materialismo o adoración a lo material, a lo tangible, a lo visible, cuya forma más típica es el consumismo (Ecl. 2:26; 3:19; 4:10-12; 6:2, 7, 9); la adoración de las emociones, por la cual rehuimos toda rutina y nos embarcamos en la búsqueda de experiencias nuevas que susciten en nosotros emociones de euforia cada vez más fuertes y diferentes; y la adoración a nuestras propias e inciertas ilusiones y proyectos (St. 4:13-16). Por eso:

Cuando hayas comido y estés satisfecho... no te vuelvas orgulloso ni olvides al Señor tu Dios... porque es él quien te da el poder para producir esa riqueza... si... sigues a otros dioses... serás destruido.

Deuteronomio 8:10, 14, 18-19 NVI

11
de septiembre

Las torres humanas y la Torre divina

«TORRES que al aire su orgullo levantaron, a su gran pesadumbre se rindieron»

RODRIGO DE CARO

El 11 de septiembre pasará a la historia como el fatal día en que las magníficas Torres Gemelas de Nueva York, símbolos indiscutibles de la sociedad capitalista occidental, se vinieron al piso estruendosamente ante los condenables ataques terroristas ordenados por el extremista musulmán Osama Bin Laden, ocasionando la muerte de miles de personas. Pero aún lamentando esta absurda pérdida de vidas, no podemos pasar por alto el impacto indeleble que estas imágenes grabaron en nuestra memoria, y el providencial simbolismo contenido en ellas, procediendo a revisar nuestros proyectos personales de vida que el mismo Señor Jesucristo comparó con la construcción de torres que pueden estar condenadas al fracaso al quedar inconclusas, o lo que es lo mismo, desplomarse sin remedio a medio camino (Lc. 14:28-30). La Biblia registra varios incidentes históricos en los cuales las torres cumplieron un papel central, con una gran carga de contenido simbólico para los seres humanos de todas las épocas. Es así como Babel es por excelencia la torre del orgullo humano (Gén. 11:4-8). La de Peniel representa a su vez la censurable indiferencia e insolidaridad entre los hombres (Jc. 8:8-17). La de Siquén simboliza la contienda, la agresión, hostilidades y violencias mutuas (Jc. 9:46-56). La del viñedo es un recordatorio de la mezquina y suprema ingratitud del hombre hacia Dios y hacia sus semejantes (Mt. 21:33-43). Y la de Siloé hace alusión al infructuoso intento de la humanidad por justificarse ante Dios comparándose con los demás (Lc. 13:4-5). De todos estos vanos intentos de justificación, Barth identificaba a la religión como la torre más alta de todas las engañosas y estériles justificaciones ideadas por el hombre para presentarse ante Dios, que sin embargo no logra mucho más que aquellas. Se refería a ella como «la más alta de las posibilidades humanas», para concluir haciendo referencia a las torres de las iglesias con el siguiente comentario punzante y descorazonado: «Todo lo nuevo que se pueda emprender en la cima de las posibilidades humanas estará rematado siempre por un campanario». Ante este sombrío panorama, solo una torre es confiable y permanece para siempre:

Torre inexpugnable es el nombre del Señor;
a ella corren los justos y se ponen a salvo.

Proverbios 18:10 NVI

12
de septiembre

Testigos de Dios

«Del reino... de la naturaleza el hombre recibe impresiones y percepciones que... imbuyen la conciencia con la idea del Ser más alto... Dios... no permite que ningún hombre quede sin testimonio»

H. Bavinck

«La evidencia documental demuestra... una degeneración a partir del monoteísmo hacia la idolatría... Dios, por su parte, no se ha quedado sin testimonio... Se hace obvia la separación de Israel»

Gino Iafrancesco Villegas

El testimonio es la declaración de un testigo, que es quien habiendo adquirido un conocimiento directo y confiable sobre un asunto específico, declara con seguridad la verdad concerniente a ello. Pero, por extensión, un testigo puede ser también cualquier cosa por la cual se puede establecer la verdad de un hecho. Así, quienes dicen no poder creer ni confiar en Dios debido a su supuesto silencio ante el mal y la injusticia en el mundo y, particularmente, en medio de sus circunstancias personales; pasan por alto el abundante testimonio que tenemos acerca de Él. Cuando Pablo anunció el evangelio a los rústicos, incultos y supersticiosos habitantes de Listra les dijo que, de cualquier modo, Dios «no ha dejado de dar testimonio de sí mismo haciendo el bien, dándoles lluvias del cielo y estaciones fructíferas, proporcionándoles comida y alegría del corazón». (Hc. 14:17). Lo mismo hizo ante los cultos atenienses acudiendo al testimonio de sus propios poetas (Hc. 17:27-28). Los evangelios abundan en testimonios a favor de Cristo, comenzando por el de Juan Bautista (Jn. 1:8, 15, 34; 5:33), siguiendo con el poder testimonial de su misión (Jn. 5:36), el testimonio del Padre (Jn. 5:37; Mt. 3:17; 17:5) y el de las escrituras mismas (Jn. 5:39). Pero el testigo y el testimonio final y definitivo a favor de Dios es el propio Jesucristo (Jn. 18:37; Apo. 1:5). Por todo esto, la constitución y separación por parte de Dios de un pueblo escogido, Israel en el Antiguo Testamento y la iglesia en el Nuevo; tiene el propósito de mantener vigente este testimonio a través de la historia humana (Isa. 44:8; Lc. 24:48; Heb. 12:1), contando para ello con el testimonio interior del Espíritu Santo (Jn. 15:26; 16:13-14; Hc. 1:8), que es quien da certeza al creyente de su indisoluble filiación con Dios (Rom. 8:16):

Ustedes son mis testigos -afirma el Señor-, son mis siervos escogidos...

Isaías 43:10 NVI

13
de septiembre

El hoy eterno

«CADA día aprendo lo que necesito saber para hacer el trabajo del día siguiente»

ARNOLD TOYNBEE

Poder vivir el día a día de manera responsable y a plenitud es uno de los efectos más benéficos que la doctrina y la experiencia cristiana brinda a los creyentes en Cristo (Mt. 6:34). Si bien es cierto que todos tenemos una historia personal compuesta por un pasado que nos afecta de algún modo y un futuro que nos inquieta y genera en cada uno de nosotros algún grado de legítima ansiedad; también lo es que la Biblia resalta ante todo la importancia del presente para la vida del cristiano. En la perspectiva bíblica, el fluir dinámico de los tiempos debe asumirse de un modo tal que no permitamos que el pasado determine o condicione de manera absoluta nuestro futuro, pero dado que tampoco podemos evitar que influya en nuestro presente, debemos entonces utilizarlo de forma constructiva para forjarnos ese futuro esperanzador que Dios tiene en mente para nosotros (Jer. 29:11). El pastor D. Silva-Silva hace referencia a esto al afirmar que si la Iglesia pretende ser integral, debe ser clásica en su raíz (pasado), contemporánea en su acción (presente), y vanguardista en su visión (futuro). Sin embargo, el *hoy* es tal vez lo más determinante a la hora de sopesar la importancia que Dios concede a estas tres modalidades del tiempo humano (Lc. 23:42-43), de manera que el presente puede, en cierto modo, llegar a ser eterno en lo que tiene que ver con las consecuencias de las acciones que llevamos a cabo hoy. Porque Dios en su misericordia ofrece una nueva oportunidad a los hombres para asegurar *hoy* la eternidad: *Por eso, como dice el Espíritu Santo: 'Si ustedes oyen hoy su voz, no endurezcan el corazón... mientras dure ese 'hoy', anímense unos a otros cada día...* (Sal. 95:7; Heb. 3:7-8, 13, 15; 4:7). Paul Tillich, al finalizar una de sus últimas conferencias, dijo: *... pensemos en esos grandes momentos... en los cuales puede definirse la lucha entre lo divino y lo demoníaco en la historia... si hay un nuevo principio en la historia del mundo... vayamos tras él y contribuyamos a su maduración... esa realización se produce a cada instante, aquí y ahora ... puede suceder que ... en el proceso interior de algunos de nosotros, ocurra algo que trasciende el tiempo rumbo a la eternidad... una genuina visión... del propósito de la historia y de nuestra propia existencia individual.* Dicho de otro modo:

> *... les digo que este es el momento propicio de Dios;*
> *¡Hoy es el día de salvación!*

2 Corintios 2:6 NVI

14
de septiembre

La muerte de Cristo dignifica la vida

«Los afortunados son los que han muerto»

Mieczyslaw Koscielniak

La anterior declaración provino de un hombre sin esperanzas, un prisionero en el campo de concentración nazi de Auschwitz. Y no parecía faltarle la razón, pues fue también este vergonzoso capítulo de la historia el que hizo que Albert Camus llegará a afirmar de manera sombría, cínica y pesimista que el único asunto serio de discusión dejado por los filósofos era el del suicidio. Pero hubo un personaje en Auschwitz que cambió la perspectiva de Koscielniak. Un hombre del cual se dijo que «Es probablemente la figura más radiante que ha surgido de la degradación inhumana y la inconcebible crueldad de la época del nazismo» (Pablo VI), al cual Max Lucado hace también referencia en estos términos: «Es difícil encontrarle lo hermoso a la muerte. Todavía más… a un campo de exterminio… Pero, con todos los recuerdos espantosos de Auschwitz, hay uno de hermosura… el… que guarda Gajowniczek de Maximiliano Kolbe». Se trata, efectivamente, de Maximiliano Kolbe. Un ejemplar y abnegado fraile franciscano que no se dejó deshumanizar por las degradantes condiciones impuestas por los nazis en Auschwitz y reivindicó el supremo valor y dignidad de la vida humana a través de insólitos actos cotidianos de altruismo y desinteresado servicio hacia sus compañeros de infortunio, sellando su vida con el martirio al ofrecerse voluntariamente para ocupar el lugar de uno de los prisioneros condenado a muerte, el ex soldado polaco Francis Gajowniczek, quien gracias al extraordinario sacrificio de Kolbe pudo vivir y rehacer su vida junto a su esposa posteriormente. Y fue justamente la visión del martirio de Kolbe la que devolvió también al desesperanzado Koscielniak las ganas de vivir, pues como él mismo lo dijo: «Un hombre de este temple era razón suficiente para seguir viviendo». Lawrence Elliot, uno de los cronistas de este episodio lo resume así: «Al optar por la muerte, el padre Kolbe ennobleció la vida». Es claro que no se puede permanecer impasible ante estos hechos, pero lo más interesante de todo es que Kolbe solo estaba siguiendo el ejemplo de su salvador y maestro, Jesucristo, quien ennobleció la vida mucho antes que Kolbe, haciendo por nosotros lo que este solo hizo por Gajowniczek (Rom. 5:6-11), lastimosamente sin que la humanidad lo agradezca y aprecie en toda su magnitud.

Nadie tiene amor más grande que el dar la vida por sus amigos.

Juan 15:13 NVI

Las modas culturales: respuestas a preguntas equivocadas

«UNA MODA cultural es... significativa... el éxito de ciertas ideas o ideologías nos revela la situación espiritual o existencial de aquellos para quienes tales ideas o ideologías representan una especie de doctrina salvadora»

MIRCEA ELIADE

Los deseos más sentidos del ser humano determinan el contenido y la forma que adoptan sus creencias o, dicho de otro modo, las creencias más profundas de los hombres revelan sus deseos existenciales o espirituales más íntimos, al punto que podría decirse: «dime en qué crees y te diré lo que deseas». Por eso muchas creencias o ideologías sin ningún fundamento de peso, prosperan y tienen gran acogida, llegando a ponerse de moda; porque responden a los deseos más sentidos de un grupo considerable de personas en un momento dado de la historia. La mercadotecnia se ha especializado en descubrir y satisfacer estos deseos en el ámbito de los bienes materiales. Pero preocupa el hecho de que esta metodología de mercado también se esté aplicando en la iglesia a la identificación de las inquietudes espirituales de sus miembros, para adaptar después la labor pastoral a la satisfacción de estas. Porque cabe preguntarse si los deseos de los individuos corresponden siempre a sus verdaderas necesidades. El pastor Darío Silva-Silva condensó el pensamiento de dos reconocidos teólogos de nuestro tiempo en dos frases sintéticas así: *Hay preguntas del hombre que requieren respuestas de Dios* (P. Tillich) y, *Hay preguntas de Dios que reclaman respuestas del hombre* (K. Barth). El asunto es, entonces, saber si estamos siquiera en condiciones de hacer las preguntas correctas. ¿No será más bien que el extravío de la humanidad (Isa. 53:6), la inhabilita aún para acertar en las preguntas? ¿No será que debemos reconocer que Dios debe revelarnos, incluso, cuales son las preguntas adecuadas que expresan nuestras verdaderas necesidades sacándolas a la luz? ¿No nos advirtió Pablo sobre un tiempo en el cual los hombres: ... *llevados de sus propios deseos, se rodearán de maestros que les digan las novelerías que quieren oír?* (2 Tim. 4:3). Por eso el Señor responde así las equivocadas preguntas que, como Job, le dirigimos en nuestro apremio, haciéndonos conscientes de que lo urgente no es siempre lo importante:

El Señor le respondió a Job... Prepárate a hacerme frente;
yo te cuestionaré, y tú me responderás...

Job 38:1-3 NVI

16
de septiembre

Esterilidad o eficacia del sacrificio de Cristo

«EL QUE da la vida por una causa, con conciencia de darlo todo, incluso si se dirige a una muerte cierta, hace el gran sacrificio... hay un abismo entre... sacrificar su vida y... matarse... no puede haber sacrificio sin esperanza»

GABRIEL MARCEL

La actitud que manifestó el Señor Jesucristo al morir en la cruz del Calvario no fue la del héroe que busca un reconocimiento a su sacrificio, sino la del hijo obediente que quiere honrar a su padre (Mt. 26:39, 42; Fil. 2:8; Heb. 5:8). Sin embargo, esto no significa que al entregar voluntariamente su vida (Jn. 10:11-18), no lo hiciera animado o motivado igualmente por la esperanza de que su sacrificio no fuera en vano (Heb. 12:2). No puede, entonces, negarse que el sacrificio expiatorio de Cristo obedece también a los motivos implícitos en la pregunta retórica formulada así por John Stuart Mill: «¿Se llevaría a cabo el sacrificio si el héroe o el mártir no creyeran que sirve para librar a otros de la necesidad de sacrificios similares?». Es razonable suponer que el Señor confiaba en que su muerte no sería inútil y eso tendría que llevar a preguntarnos si su sacrificio ha hecho una diferencia en nuestra vida. Si ha significado para nosotros lo que debería. En los campos de concentración nazis por cada prisionero que escapaba se ejecutaba a otros diez al azar. Sería de esperarse que, consciente de ello, el fugitivo que lograba huir honrara con su vida el sacrificio de sus diez compañeros, así estos no se hubieran sacrificado voluntariamente por él. Pero en el caso de Francis Gajowniczec, el judío polaco que salvó su vida en Auschwitz gracias al sacrificio del sacerdote Maximiliano Kolbe, quien se ofreció voluntariamente a sustituirlo en el patíbulo, aquel no olvidó nunca lo que este había hecho por él y encontró en ese sacrificio un nuevo sentido para su vida. En la película de Steven Spielberg En busca del soldado Ryan, en medio de agrias discusiones y dilemas éticos, ocho soldados sacrifican su vida para salvar la de un noveno de ellos. El último en morir le dice, agonizando, al sobreviviente: «haz que valga la pena». Y hasta su vejez este único sobreviviente sintió de manera vívida y continua el peso de la responsabilidad que recaía sobre él: hacer que valiera la pena el sacrificio de sus compañeros. ¿No merece mucho más Cristo de parte nuestra?

Después de su sufrimiento... quedará satisfecho...
mi siervo justo justificará a muchos...

Isaías 53:11 NVI

17

de septiembre

La apuesta de la fe

«LA CUESTIÓN fundamental consiste en determinar si es posible superar el nihilismo y cómo... Yo solo puedo responder: 'La solución está en tus manos: ¡Decídete!»

WOLFGANG STEGMÜLLER

Ciertamente, es solo el acto de la decisión el que nos permite superar ese escepticismo latente, esa incertidumbre subrepticia, esa falta de certeza racional que subyace al interior de todas las doctrinas, sistemas, filosofías y religiones en boga, incluyendo indistintamente al nihilismo o al cristianismo. Pero al decidirnos y comprometernos en algún sentido es razonable procurar que nuestra decisión tenga una base que minimice al máximo el riesgo implícito en ella, pues, en últimas, toda decisión es una apuesta. Bajo este esquema, la apuesta más determinante en la vida de una persona es la que concierne a Dios. O apuesta por Dios o lo hace contra él. Esa es la disyuntiva a la que nos vemos abocados todos, planteada y reiterada de diferentes formas a través de las Escrituras (Dt. 11:26-28; Jos. 24:14-16; 1 R. 18:21; Mt. 12:30). Y es debido a ello que es pertinente calcular el riesgo que conllevan ambas apuestas: por Cristo o contra Cristo. El genial Blaise Pascal, -el primero en definir la fe en Dios como una apuesta-, calculó los riesgos y como resultado de ello lo apostó todo a Cristo, concluyendo que, a pesar del grado de incertidumbre presente en ambas opciones alternas, creyendo en Dios, en todo caso, nada se pierde, pero se puede ganar todo. Y aunque es solo la experiencia y vivencia posterior del creyente la que confirma lo acertado de la apuesta por Cristo, la ciencia de hoy también está ratificándola, como lo informa Patrick Glynn: ... *las investigaciones modernas en psicología dejan claro que la vida sin límites morales no vale la pena ser vivida. La gran ironía es esta: aún si sus creencias eran ilusiones probadas, las personas con fe religiosa llevaban vidas más felices y saludables, tal como lo demuestran numerosos estudios.* Es decir que, finalmente, la creencia en Dios y la conducta que la acompaña no son, como lo dijo Freud, una neurosis colectiva de la humanidad que había que dejar atrás, sino por el contrario, una evidente manifestación de salud, inclinando la balanza aún más a favor de la apuesta por Cristo. Después de todo el panorama sin Cristo es desesperanzador, como lo señaló Pedro al reiterar su apuesta por Cristo así:

Señor... ¿a quién iremos? Tú tienes palabras de vida eterna.
Y nosotros hemos creído...

Juan 6:68 NVI

18
de septiembre

Cristo como medida de todas las cosas

«Cuanto mayor sea la idea que se tenga de Cristo, mayor será el yo humano... solo en Cristo se hace verdad el que Dios sea el fin y la medida del hombre»

Sören Kierkegaard

La frase «el hombre es la medida de todas las cosas» (Protágoras) se ha prestado para toda suerte de interpretaciones, incluyendo las críticas que se le han formulado desde el cristianismo por la manera en que ha prestado apoyo al relativismo y al humanismo ateo. Ciertamente, si se interpreta esta frase a la manera de los sofistas, dando a entender que siempre hay que valorar lo que es bueno o malo, correcto o equivocado, en relación con las necesidades del género humano o desde una óptica meramente humana, sin referencia a ninguna otra norma o fuente superior a la que surge del individuo o de la sociedad de la que forma parte; entonces esta consigna sí debe ser cuestionada desde la perspectiva cristiana, pues no solo da pie a lo ya mencionado, sino también a un subjetivismo inadmisible que nos conduce de forma inexorable a un escepticismo extremo según el cual no podemos saber nada con certeza absoluta, pues al final todo es relativo. Sin embargo, en el contexto adecuado esta frase da en el punto, pues sí es un hombre finalmente el que establece la medida de todas las cosas. Pero no cualquier hombre, sino «Jesucristo hombre» (1 Tim. 2:5), que es quien proyecta la humanidad a su máximo potencial. Y es que al margen de su divinidad, Cristo es el modelo perfecto de la humanidad que, en cuanto hombre nos brinda en sí mismo la medida de todas las cosas. No es casual que Pilato lo haya presentado ante la multitud declarando: «Aquí tienen al hombre» (Jn. 19:5), anuncio que significa mucho más de lo que el procurador romano tenía en mente al pronunciarlo, como lo ha afirmado la tradición cristiana recogida por el pastor Darío Silva-Silva así: «Y, por cierto, no un hombre en particular, no aquél reo de sedición y blasfemia, sino EL HOMBRE, empleada esencialistamente la expresión como sustantivo colectivo genérico... Pilato sirve de altoparlante al inconsciente colectivo: Jesús es el arquetipo». Y siguiendo esta línea, como lo dice Kierkegaard, es solo en Cristo en su simultánea condición divina y humana, que se hace igualmente verdad que Dios sea el fin y la medida del hombre (Gén. 1:26; Jn. 1:18; Heb. 1:3).

De este modo, todos llegaremos... a una humanidad perfecta que se conforme a la plena estatura de Cristo.

Efesios 4:13 NVI

19

de septiembre

La malicia

«Sois vosotros los que cometéis tales crímenes... siendo esta... la razón de que lo hayáis creído de nosotros»

TERTULIANO

Al igual que Jeremías con el pueblo de Israel (Jer. 4:22), Tertuliano denunció en su momento a los romanos por su habilidad para hacer el mal y su impotencia para comprender y hacer el bien, condición que, infortunadamente, es compartida por todo el género humano no redimido. La malicia es, en efecto, esa propensión a pensar mal de todo, esa actitud solapada que oculta las verdaderas intenciones, esa inclinación a lo malo contraria a la virtud, siendo tanto una tendencia natural como un hábito adquirido y arraigado en nuestra naturaleza pecaminosa (Jer. 13:23). Aún así se ha convertido en un motivo de orgullo y ostentación, tal como sucede con los pueblos hispanoamericanos que hacen alarde de su «malicia indígena» que les concede, presumiblemente, una gran agudeza para percibir las dobles y ocultas intenciones en los actos de los demás, sin reparar en que al proceder siempre de este modo estamos dejando expuesta nuestra propia condición, a la manera de las conocidas sentencias populares en el sentido de que: *El que las hace se las imagina* y *El ladrón juzga por su condición*. Por cierto, esta fue una de las más características actitudes de los fariseos hacia Cristo, manifestándose en su insistente y sistemático intento por sorprenderlo en alguna falta o contradicción para descalificarlo ante el pueblo, impidiéndoles aceptar su mensaje; actitud que sigue siendo la que muchos exhiben hacia el cristianismo para su propio perjuicio pues, indudablemente, es mucho más fácil encontrar faltas en la iglesia y en los creyentes individuales que en la persona de Cristo, y justificar así el rechazo al cristianismo evitando de este modo la confrontación con nuestros propios pecados. Sin embargo, la Biblia condena la malicia en todas sus formas (1 Cor. 5:8; 14:20; Efe. 4:31; St. 1:21), proponiendo a cambio el cultivo de la astucia o sagacidad ante las artimañas del mal (Mt. 10:16; 2 Cor. 2:11), dotándonos para ello con el discernimiento espiritual otorgado por Dios (1 Cor. 12:8-10) ventaja que, lamentablemente, es poco ejercitada entre los cristianos (Lc. 16:8; Heb. 5:11-14), a pesar de que esta no implique pensar mal de los demás manera sistemática (Fil. 4:8), pues, como lo sostenía Rudyard Kipling: ... *pensar bien de todo el mundo, evita muchos problemas.*

... pero quiero que sean sagaces para el bien e inocentes para el mal.

Romanos 16:19 NVI

20
de septiembre

Los extremos del fariseismo

«Los que se creen justos suelen ser unos arrogantes que van a deprimir a otros con la ostentación de su justicia... si no su gloria les resultaría insípida»

Miguel de Unamuno

La sabiduría popular dice que «todo extremo es vicioso». Los extremos, ciertamente, promueven los fanatismos inflexibles, la ostentación y la jactancia, actitudes que riñen con el auténtico cristianismo bíblico, dado el destacado lugar que en él ocupa la virtud de la humildad (Fil. 2:3). La ostentación y la jactancia están por demás excluidas del cristianismo por completo: «¿Dónde, pues, está la jactancia? Queda excluida...» (Rom. 3:27), en razón de que: «por gracia ustedes han sido salvados mediante la fe... no por obras, para que nadie se jacte» (Efe. 2:8-9). Y precisamente, para evitar los extremos que, -ya sea por defecto, pero en especial por exceso-, fomentan actitudes ostentosas, debemos recordar que la práctica de la vida cristiana se resume en actuar con moderación, con sobriedad y equilibrio en todos los casos y circunstancias. Debido a ello, en el momento en que el creyente pierde este necesario balance en su vida, termina también perdiendo la autenticidad, naturalidad y espontaneidad de la conducta, comportándose entonces de forma afectada o fingida (Col. 2:18), con el agravante de que, además, se ve tentado a hacer ostentación de esta artificial afectación, al mejor estilo de los fariseos, fustigados duramente por el Señor Jesucristo a causa, precisamente, de su ostentosa y jactanciosa hipocresía (Mt. 23:5-7, 13-15, 23-32; Lc. 18:9-14). Por esta razón el término «fariseo» ha adquirido hoy por hoy connotaciones peyorativas, utilizándose para designar a cualquiera que haga ostentación de una presuntuosa pero engañosa santidad. Solo con una actitud sobria, equilibrada y madura podrá el cristiano sortear estos peligros evitando en la práctica extremos típicos tales como el misticismo quietista de unos frente al humanismo activista de otros, del mismo modo que en el campo doctrinal una actitud sobria y equilibrada podría facilitar balancear también de manera adecuada temas polémicos como la soberanía de Dios y el libre albedrío del hombre, o la fe y las obras, entre otros. Por eso, debemos acoger con solicitud la recomendación hecha por Salomón en el libro de Eclesiastés:

No seas demasiado justo, ni tampoco demasiado sabio... no hay que pasarse de malo, ni portarse como un necio... Conviene asirse bien de esto, sin soltar de la mano aquello. Quien teme a Dios saldrá bien en todo.

Eclesiastés 7:16-18 NVI

Ética en conciencia

«No TODA acción inmoral debe ser siempre prohibida por las leyes civiles, ni todo acto ilegal tiene por qué ser también inmoral»

ANTONIO CRUZ

El cristianismo reconoce y establece distinciones entre actos delictivos, actos inmorales y actos pecaminosos, si bien, –como lo han señalado expertos tan destacados como
Claude Tresmontant–, el significado más preciso del término hebreo traducido como
«pecado» en nuestras Biblias es «crimen», contrario a su sentido actual que hace de él
esencialmente una falta moral, e incluso superficial. Con todo, se entiende por acto delictivo una transgresión al ordenamiento jurídico o derecho positivo establecido por los
hombres en las distintas sociedades humanas para poder vivir en comunidad. Los actos
inmorales designan acciones contrarias a las costumbres, así estas no estén castigadas por
la ley. Y los actos pecaminosos son violaciones expresas a los mandamientos y preceptos
divinos revelados en la Palabra de Dios y en la conciencia del hombre (Rom. 2:14-16, el
«imperativo categórico» de Kant). Y aunque un acto delictivo sea frecuentemente también
inmoral y pecaminoso, no tiene que ser así forzosamente, pues para comenzar, existen
actos aprobados desde la perspectiva moral y legal que a pesar de ello son pecaminosos
desde la óptica divina. Así mismo, conductas condenadas por las leyes civiles pueden ser
de carácter obligado para el creyente, llevándolo a incurrir así en desobediencia civil y a
asumir con entereza todas las consecuencias que ello implica (Éxo. 1:15-21; Dn. 3, 6; Hc.
4:19-22). Por eso el cristiano debe recordar que su lealtad última debe ser siempre para
con Dios y su conciencia (1 Ti. 1:5, 19), pues *obrar contra la conciencia no es recto ni seguro*
(Lutero), procurando respetar hasta donde sea posible la legalidad y la moral vigente de su
sociedad (Rom. 13:1-6), pero exhibiendo la suficiente firmeza de carácter para oponerse a
ellas cuando se lo indiquen Dios y su conciencia, que son las instancias finales de apelación del creyente (Hc. 23:1; 24:16; Rom. 9:1; 1 P. 3:21). Después de todo: *La integridad
no necesita reglas* (A. Camus), pues, al margen de leyes y costumbres, cuando actuamos
con limpia conciencia mostrando en nuestra vida el fruto del Espíritu, las leyes escritas
son improcedentes para juzgarnos y condenarnos (Gál. 5:18, 23).

*¡Júzguenlo ustedes mismos!... ¡Es necesario obedecer a Dios
antes que a los hombres!*

Hechos 4:19; 5:29 NVI

22

de septiembre

La espera paciente

«La paciencia es la fuerza del débil, la impaciencia, la debilidad del fuerte»

Juan Zorrilla de San Martín

La paciencia es una de las virtudes cristianas más difíciles de cultivar para el creyente, con todo y contar para ello con la ayuda directa del Espíritu de Dios para lograrlo (Gál. 5:22). Por eso, hay que recordar que la paciencia no consiste en una espera pasiva, sino en un concepto dinámico con una gran riqueza de matices, incluyendo a la constancia, que es la acción de permanecer en provechosa actividad de manera diligente y sin desmayar (St. 1:4), a pesar de no ver los resultados esperados en el corto plazo (Gál. 6:9). Del mismo modo, la paciencia implica perseverancia, noción que enfatiza el empeño y la fuerza de voluntad para esforzarse y continuar aún en medio de las circunstancias adversas (Lc. 8:15; Hc. 13:43; Rom. 2:7; Heb. 10:36; 12:1). Y finalmente, la paciencia en sentido estricto, que es la actitud por la cual no permitimos que la ansiedad nos domine en medio de la espera (St. 5:7-8; 1 P. 5:7). La paciencia tiene que ver con identificar y aceptar el tiempo de Dios (kairos), el momento oportuno (Ecl. 3:1), coordinando y sincronizando nuestra agenda con la suya, sin apurar de manera indebida e infructuosa su cumplimiento (Jn. 7:2-6; 2 P. 3:8-9), ni tampoco dejando que pase de largo sin provecho (Lc. 19:44). Aún para hombres del calibre de Moisés o Pablo, esperar el tiempo de Dios en sus vidas no fue algo fácil. Moisés, el hombre llamado por Dios a liberar a su pueblo de la esclavitud, intuyó su vocación de manera temprana y creyó poder llevarla a cabo impulsiva e impacientemente matando a un egipcio que maltrataba a un miembro de su pueblo (Éxo. 2:11-15). Pero además de las dificultades que este crimen le trajo, tuvo que esperar cuarenta años más para poder llevar a cabo este llamado con el respaldo divino (Éxo. 7:7; Hc. 7:20-30). De igual modo Pablo quiso comenzar su ministerio inmediatamente después de su conversión, predicando en Damasco y en Jerusalén sin obtener muy buena acogida, razón por la cual tuvo que marchar a su tierra (Hc. 9:19-30), y esperar pacientemente cerca de ocho años, según sus biógrafos, para poder iniciar formalmente su ministerio en Antioquía, en esta ocasión con excelentes resultados (Hc. 11:22-26). Es preciso, pues, que los creyentes:

No sean perezosos; más bien, imiten a quienes por su fe
y paciencia heredan las promesas.

Hebreos 6:12 NVI

Ciencia, subjetividad y pecado

«Los físicos no son necesariamente menos belicosos que los políticos»

Edward Teller

A pesar de que la ciencia ha mostrado ya sus dos caras: la *brillante repleta de esperanzas para la humanidad,* y la oscura que, *en demasiadas ocasiones, ha servido para incrementar el sufrimiento o la destrucción del propio ser humano* (A. Cruz), los científicos siguen ostentado un aire inmaculado, un aura de intocabilidad más allá de las luchas comunes a los simples mortales, a la manera de los sacerdotes de la antigüedad, emitiendo desde su pedestal juicios y pronunciamientos incuestionables, por encima del bien y del mal, ajenos a toda crítica. Por eso es significativo que Edward Teller, considerado el padre de la bomba H y miembro del equipo de físicos que fabricó la bomba atómica, haga en la frase del encabezamiento una honesta confesión en el sentido de que ellos también son hombres sujetos ... *a pasiones semejantes a las nuestras* (St. 5:17 RVR), o ... *con debilidades como las nuestras* (NVI). En efecto, la objetividad científica no es más que un ideal inasible, un faro en el horizonte que orienta su actividad pero que, paradójicamente, no puede ni podrá ser alcanzado de manera absoluta, haciendo en ocasiones las veces de «canto de sirena» que termina destruyendo la necesaria humanidad, sensibilidad y humildad que sería de desear en los hombres de ciencia, pues, por definición, no es posible ni deseable que un *sujeto,* -científico o no-, pueda llegar a ser totalmente *objetivo* en sus apreciaciones. El famoso caso de Galileo, no obstante los señalamientos que, en justicia, deban hacérsele a la Iglesia Católica por haberlo juzgado y condenado como hereje; sirve, entre muchos, para ilustrar también las pasiones e intereses creados que subsisten en los corazones de los científicos, pues, como lo revela Claude Allègre: *Galileo... No es, como se ha dicho con demasiada frecuencia, un genio aislado, incomprendido y finalmente condenado, rehén de un mundo ignorante y bárbaro, sino más bien un ejemplo de ... una ciencia que hace valer una arrogancia mayor de lo que se supone.* Y si bien la teología no escapa a ello, pues es lamentable la virulencia de los debates teológicos al interior de la iglesia a través de su historia, no lo es menos la de los ataques mutuos entre miembros de la comunidad científica actual, confirmando así que:

> ... *Dios ha sujetado a todos a la desobediencia,*
> *con el fin de tener misericordia de todos.*

Romanos 11:30 NVI

24

de septiembre

La ira y la misericordia divinas

«LA IRA de Dios es solamente la tristeza de su amor»

PAUL RICOEUR

Uno de los textos bíblicos que más acogida tiene actualmente entre los seres humanos, aún los no religiosos, es aquel en el cual el apóstol Juan nos revela que «Dios es amor» (1 Jn. 4:8). Esto se explica como una reacción apenas natural a esa distorsionada imagen oscurantista de Dios como Juez inflexible, justiciero y vengador, que a la menor oportunidad se complacía en castigar la desobediencia de los hombres, sin mostrar ningún asomo de misericordia. Si bien esta reacción es legítima, eso no significa sin embargo que el amor de Dios excluya la justicia y la disciplina (Heb. 12:6), pues de ser así quedaría reducido a una simple connivencia sensiblera y encubridora del pecado del hombre. Como lo dice Henry Stob: «Dios no puede... amar a expensas de la justicia. Dios, en su amor, va en verdad más allá de la justicia, pero en ese amor no hace otra cosa que justicia. La cruz de Cristo... es, al mismo tiempo, una cruz de juicio y una cruz de gracia. Revela la paridad de la justicia de Dios y de su amor. Es de hecho el establecimiento, en un solo evento, de ambos». La ira de Dios sigue siendo, por tanto, una verdad bíblica ineludible (Apo. 14:10; 15:1). Es la alternativa final por la que opta el hombre que rechaza de manera reiterada la misericordia divina otorgada por Dios en Cristo, y prefiere acogerse necia, osada y arrogantemente a su justicia, sin reparar en que, en estricta justicia, todos los hombres merecemos la condenación (Rom. 3:10, 23). Por eso episodios como el de Nadab y Abiú (Lv. 10:1-2), Uza (1 Cr. 13:3-11), la orden de destruir a los cananeos (Dt. 7:1-2; 9:4-6), y aún los casos de Ananías y Safira (Hc. 5:1-11), y el rey Herodes en el Nuevo Testamento (Hc. 12:21-23), no son manifestaciones de brutalidad por parte de un Dios carente de amor, sino gráficos precedentes que nos recuerdan que no podemos dar por sentada la misericordia como si esta fuera una obligación que el amor le impone a Dios, sino que antes que nada Él es justo y considera oportuno recordárnoslo de cuando en cuando, sin que por ello se complazca en obrar de este modo (Eze. 18:23-32), pues por el contrario, en su amor lo que le complace es ejercer su misericordia (Sal. 103:8-18; Hab. 3:2).

No siempre estarás airado, porque tu mayor placer es amar.
Vuelve a compadecerte de nosotros...

Miqueas 7:18-19 NVI

El juicio del creyente

«EL ÚLTIMO juicio tiene lugar cada día»

ALBERT CAMUS

Buena parte de la sociedad de hoy se resiste a asociar a Dios con la noción de juicio, bajo la engañosa premisa de que, puesto que Dios es amor (1 Jn. 4:8), esto excluye necesariamente el ejercicio de cualquier juicio de su parte para con la humanidad. Sin embargo, las Escrituras nos revelan con claridad que, además de misericordioso, Dios es también justo (Gén. 18:25; Sal. 7:10-17; Jer. 9:24), y que esto exige de él la ejecución de juicio (Heb. 6:1-2; 9:27). De hecho la expresión «juicio final» ha hecho carrera en el contexto cristiano para designar el llamado juicio del «gran trono blanco» (Apo. 20:11-15), evento que, por cierto, es tan solo uno de los juicios escatológicos, -es decir, para el fin de los tiempos-, que se encuentran relacionados en la Biblia y que incluyen el tribunal de Cristo (Rom. 14:10-12; 2 Cor. 5:10), reservado para los creyentes en orden a la asignación de recompensas (1 Cor. 3:13-15); el juicio de las naciones (Mt. 25:31-46), establecido según parece para evaluar el comportamiento de las naciones gentiles para con Israel, pero que también es ilustrativo y normativo de la conducta que Dios espera del creyente hacia su prójimo; el juicio de la nación de Israel (Eze. 20:35-38), toda vez que este debe comenzar por la familia de Dios (Jer. 25:29; 1 P. 4:17); y el juicio de los ángeles (Judas 6), en el cual los creyentes desempeñarán un papel protagónico (1 Cor. 6:3). Con todo, el juicio más importante de la historia ya tuvo lugar con efectos permanentes y plenamente vigentes en la actualidad. Se trata, en efecto, del juicio del pecado llevado a cabo por el Señor Jesús en la cruz del Calvario (Jn. 5:22; 12:31), gracias al cual podemos a través de la fe en Cristo, su autor y consumador (Heb. 12:2 RVR), escapar del juicio y la condenación eterna. No obstante, el creyente debe revalidar a diario sus invaluables beneficios por medio de un juicio personal y voluntario, ejerciendo un auto-examen (2 Cor. 13:5), unido al arrepentimiento y la confesión concomitantes, pues aunque la salvación no esté en juego, si lo está la posibilidad de ser castigado y disciplinado por Dios (1 Cor. 5:3-5; 11:28-32), experiencia que a pesar de tener provechosos resultados (Heb. 12:5-11), no es muy grata mientras se está pasando por ella. Después de todo:

... cuando tus juicios llegan a la tierra, los habitantes
del mundo aprenden lo que es la justicia.

Isaías 26:9 NVI

26
de septiembre

El uso provechoso de la lengua

«No HABLES como no sea para beneficiar a otros o a ti mismo, evita la conversación trivial»

BENJAMÍN FRANKLIN

El buen uso del lenguaje hablado, -en cuanto a la corrección de su contenido y no tanto a la de su forma de expresión-, es uno de los rasgos más característicos del cristiano maduro. Y si bien debemos comenzar por aceptar que es imposible hacer un uso perfecto del mismo (St. 3:2), la Biblia aborda de cualquier modo este tema de manera directa y contundente, destacando el potencial constructivo o destructivo que reside en la lengua y los notorios contrasentidos en que el hombre incurre al hacer uso de ella (Pr. 18:21; St. 1:26; 3:3-12). Para evitar estas incoherencias y sus trágicas e inevitables consecuencias para todos, valdría la pena tener en cuenta los siguientes consejos bíblicos al respecto, en el marco de lo dicho por el rey Salomón para ilustrar y respaldar su afirmación de que todo tiene su momento oportuno y que hay un tiempo para todo lo que se hace bajo el cielo (Ecl. 3:1). En efecto, sostiene Salomón que existe «un tiempo para callar y un tiempo para hablar» (Ecl. 3:7). En cuanto a lo primero, es conveniente callar para poder escuchar (St. 1:19); o en circunstancias difíciles en las que se requiere prudencia (Amos 5:13); e incluso, -uno de las recomendaciones más difíciles al respecto-, ante las calumnias de los demás (Sal. 38:13-16), imitando así al Señor Jesucristo (Isa. 53:7; Mt. 26:62-63; 27:12-14). Pero sobre todo, hay que callar al comparecer ante Dios, evitando las justificaciones inútiles y sin provecho (Rom. 3:19; Sal. 37:7; Lm. 3:26-28). No en vano se ha dicho que el hombre es amo de lo que calla y esclavo de lo que dice. Pero para completar el cuadro la Biblia recomienda, en segundo término, hablar cuando sea necesario asumir posturas claras, reprendiendo o denunciando las «obras infructuosas de la oscuridad» (Efe. 5:11); o para aprovechar toda oportunidad que se nos presente para compartir y divulgar las buenas nuevas del evangelio de Cristo (2 R. 7:9); y hacerlo siempre conforme a la fe que profesamos (2 Cor. 4:13). Solo teniendo en cuenta estos avisos será posible llegar a poner en práctica de manera consistente la exhortación paulina para que:

Eviten toda conversación obscena. Por el contrario,
que sus palabras contribuyan a la necesaria edificación y
sean de bendición para quienes escuchan.

Efesios 4:29 NVI

27
de septiembre

El sano escepticismo

«EL ESCEPTICISMO es un valor eterno que debemos preservar... ignoramos dónde está el puerto. Hay que seguir, pues, navegando»

ISAIAH BERLIN

El llamado «fideísmo», definido como la fe que se atribuye en exclusiva el conocimiento de la verdad, y excluye del proceso a cualquier otra facultad humana como la razón; no hace justicia a la fe bíblica sino más bien a la popularmente llamada «fe de carbonero», entendida como la fe ciega que no quiere ver más allá de lo que cree o desea creer. Este entendimiento defectuoso de la fe unido a las connotaciones actuales del término «escéptico», referido a aquel que sostiene la imposibilidad de cualquier conocimiento confiable, hace que parezca incongruente ensalzar el escepticismo desde el horizonte de la fe. Pero etimológicamente la palabra «escéptico» deriva de «examinar», de donde *si a un escéptico lo definimos como aquella persona que examina cada creencia en vez de dejar a otros que piensen* [por él], *tenemos un escepticismo sano que se aviene tanto con la ciencia como con la Biblia* (Fred Heeren). En efecto, la Biblia fomenta en el creyente el ejercicio de un saludable escepticismo o capacidad de examen que sirva de salvaguarda para no convertir la sana y auténtica fe en credulidad supersticiosa e irracional (Lm. 3:40; 2 Cor. 13:5; 1 Tes. 5:21), advirtiéndonos para no dejarnos llevar por enseñanzas engañosas (Efe. 4:14), tradiciones humanas (Isa. 29:13; Col. 2:8), maestros fraudulentos (Mt. 7:15-20; 2 Cor. 11:15; 1 Jn. 4:1; 2 P. 2:1, 3; Heb. 13:7), o las propias emociones (Pr. 28:26). En palabras de Hans Küng, la fe admite, e incluso exige, una «racionalidad crítica» pero no un «racionalismo ideológico» que, en nombre de la razón, termine cuestionando y desvirtuando gratuita y sistemáticamente todos los hechos en los que se apoya la fe. Después de todo, aún *los escépticos de toda especie... no pueden demostrar su punto de vista* (W. Stegmüller), como lo planteara ya Agustín en su época a los escépticos de la Academia. No podemos olvidar que, si bien el Señor pondera la fe de los que sin ver creen, no por eso condenó el escepticismo de Tomás sino que le otorgó las evidencias que este requería para creer (Jn. 20:27-29). Por eso la Biblia elogia la nobleza escéptica de los judíos de Berea, que no impidió, sin embargo, que muchos de ellos creyeran.

*... todos los días examinaban las Escrituras para ver
si era verdad lo que se les anunciaba...*

Hechos 17:11-12 NVI

28

de septiembre

El escándalo del cristiano

«EL RECHAZO de la religión en general guarda relación con el rechazo de la religión institucionalizada, el rechazo del cristianismo con el rechazo de la cristiandad, el rechazo de Dios con el rechazo de la Iglesia»

HANS KÜNG

Muchos de los que rechazan la noción de religión, la doctrina cristiana y la realidad de Dios, rara vez son conscientes, -ya sea por falta de capacidad, disposición o deseo-, de que sus prevenciones no tienen en realidad por objeto a aquellas, sino a la religión institucionalizada, a la cristiandad y a la Iglesia. Sin embargo, el hecho de que: *en la misma medida en que la iglesia y la cristiandad son objeto de crítica, en esa misma medida queda Jesús libre de toda crítica* (Küng), debería ser un indicio claro de la confusión a este respecto. Pero al margen de ello y dejando de lado la crítica a la religión organizada; lo cierto es que la cristiandad, -el conjunto de personas que profesan haber creído en Cristo-, merced a su mal comportamiento ha dado pie en muchos casos a esta animosidad equivocada y dirigida de manera forzada hacia Dios y hacia el cristianismo, brindando de paso a los incrédulos excusas fáciles para no creer. Después de todo: *Si las Iglesias no son dignas de crédito... ¿quién va a abogar creíblemente por Dios ante el gran público del mundo?* (Küng). En efecto, un significativo número de cristianos se convierten con frecuencia en motivo de tropiezo y escándalo para los que no lo son (Rom. 2:23-24), por medio de comportamientos y actitudes que dejan mucho que desear, tales como: conductas moralmente laxas y permisivas que ofenden, incluso, a los enemigos del Señor (2 S. 12:13-14); apariencias de piedad sin una conducta consecuente (2 Tim. 3:5); afectación y legalismos injustificados (Col. 2:16-23); espectáculos religiosos aparatosos (1 Cor. 14:23), irrespeto notorio hacia la autoridad (1 Tim. 6:1); deficiente desempeño de la correspondiente responsabilidad cristiana en el hogar (Tito 2:5); parcialidad, acepción y censurables favoritismos en el trato con los demás (St. 2:1-9); y actitudes transigentes hacia las enseñanzas heréticas que frecuentemente desembocan en sectas visiblemente apartadas de la sana doctrina (2 P. 2:1-3). No sobra entonces la advertencia del Señor:

... los tropiezos son inevitables, pero ¡ay de aquel que los ocasiona...
Así que, ¡cuídense!...

Lucas 17:1-3 NVI

29

de septiembre

Designio providencial y destino manifiesto

«La historia... está hecha de este encuentro entre destinos particulares y preocupaciones universales»

Isaiah Berlin

La teología cristiana distingue el «designio providencial» y el «destino manifiesto». El primero hace referencia al plan de vida o al propósito específico al cual Dios desea que cada persona se ajuste, –creyentes en particular–, descrito en la Biblia en términos siempre elogiosos pero al mismo tiempo muy genéricos (Sal. 138:8; Jer. 29:11; Rom. 12:2; Fil. 1:6). El segundo tiene que ver con el papel determinante que una nación está llamada a cumplir en la historia dentro del plan de Dios. Es así como, sin perjuicio del papel desempeñado por los imperios de la antigüedad, el destino manifiesto que más sobresale en las Escrituras es el de la nación hebrea (Gén. 12:3; Nm. 24:17-19; Dt. 7:6; Isa. 44:1). Pero es precisamente en ella en donde más claramente se encuentran y convergen el destino manifiesto (nación), con el designio providencial (persona), pues es indiscutible que el destino de Israel como nación está ligado al designio providencial de sus personajes más célebres, destacándose muy por encima de todos ellos la persona de Jesucristo, cuyo designio providencial afecta y determina no solo el destino manifiesto de Israel, sino el de todas las naciones de la tierra (Jn. 12:32). Así: *El cristianismo heredó del judaísmo un alto concepto del factor humano en el desarrollo de la religión. Los misioneros primitivos legaron este ideal a sus convertidos gentiles... en la convicción de que Dios obraba en y por ellos hacia el cumplimiento de sus propósitos* (Shirley Jackson Case). Es por eso que, sin negar que en la historia ha habido naciones con un destino manifiesto muy concreto y evidente a favor de la causa de Cristo, las preocupaciones hoy por hoy compartidas por toda la humanidad y la misma historia dejan constancia de que no se pueden establecer lineamientos rígidos al respecto pues, -al margen de su nacionalidad-, cualquier cristiano que adquiera conciencia clara de su designio providencial (Sal. 139:15-16), comprometiéndose de lleno con él, puede eventualmente despertar la activa toma de conciencia de la iglesia acerca de su destino manifiesto, como sucedió con los profetas Jeremías e Isaías (Jer. 1:5; Isa. 49:1, 5) y, sobre todo, con el apóstol Pablo:

... Dios me había apartado... y me llamó por su gracia...
para que yo lo predicara entre los gentiles...

Gálatas 1:15-16 NVI

30
de septiembre

La sanidad divina

«Durante siglos... se creía... en el origen sobrenatural de las enfermedades... se interpretaban como resultado de maleficios mágicos, o de castigos de demonios o divinidades... De esta vieja creencia deriva el aspecto angustioso de la enfermedad para la persona enferma... No solamente padecía la enfermedad, sino la interpretación que se daba a la misma»

Alfonso Ropero

Muchos predicadores de hoy interpretan la enfermedad en términos simplistas que, más que consolar al enfermo, terminan añadiendo mayor angustia a su drama personal. Las imprecisiones que subsisten en el cristianismo acerca de este tema se deben a la falta de rigor para examinar las abundantes evidencias y alusiones bíblicas a este asunto, tales como el hecho de que, paradójicamente, aquellos hombres utilizados por Dios para traer sanidad a otros, podían enfermar de muerte ellos mismos (2 R. 5:10, 14; 13:14). Así mismo, la enfermedad no es necesariamente un castigo divino, sino en muchos casos una prueba para fortalecer el carácter de quien la padece (Job 1:1; 2:7), o también una oportunidad para que la obra de Dios se haga evidente en la vida del enfermo (Jn. 9:1-3), ya sea mediante la sanidad o mediante la fuerza otorgada por Dios para sobrellevarla dignamente. La enfermedad no es tampoco señal de que ya no seamos objeto del amor de Dios pues Lázaro, el amado amigo del Señor Jesucristo, a pesar de ello enfermó de muerte (Jn. 11:3). Y si bien la salvación está relacionada directamente con la sanidad (Isa. 53:4-5), ambos términos no son sinónimos y la primera siempre tiene prioridad sobre la última. Muchos colaboradores de Pablo, hombres presumiblemente salvos, enfermaron gravemente en su momento (Fil. 2.25-27; 2 Tim. 4:20), incluyendo la frágil salud de Timoteo (1 Tim. 5:23). El propio Pablo, por cuyo conducto hacía Dios milagros extraordinarios de sanidad (Hc. 19:11-12), tuvo que soportar una molesta enfermedad permitida por Dios con el propósito de mantenerlo humilde (2 Cor. 12:7-9), y fue tal vez esta la que le brindó ocasión de llevar el evangelio a los gálatas (Gál. 4:13-14). Sin embargo, esto no debe desestimularnos al respecto, sino tan solo llevarnos a asumir las promesas divinas al respecto con un razonable beneficio de inventario:

Sin embargo, les daré salud y los curaré; los sanaré y
haré que disfruten de abundante paz y seguridad.

Jeremías 33:6 NVI

1

de octubre

El beso de Judas

«¡EL DESTINO de toda idea grande es el de ser traicionada!... Cristo lo es a menudo por la Iglesia»

OCTAVIO PAZ

Muchos de nosotros no nos identificaríamos personalmente con el anterior diagnóstico, considerándonos ajenos al mismo. Pero lo cierto es que existen demasiados episodios del acontecer humano que parecen dar la razón a esta afirmación. E, indudablemente, la vida y la muerte de Jesucristo son los acontecimientos culminantes a este respecto. En efecto, Cristo es quien nos reveló en sí mismo y en toda su plenitud la más grande idea jamás concebida en la historia de la creación: el plan de salvación ideado por Dios para la redención de la humanidad. Pero con todo y ello, tuvo que padecer en carne propia la dolorosa experiencia de la traición de uno de sus más íntimos allegados (Mr. 14:44-45). Y si bien el plan no se malogró, el hecho es que el beso traidor de Judas no es solo suyo sino que es el beso de toda la humanidad. Tal vez su traición sea más frontal, consciente, directa y premeditada que la de Pedro; pero dejando de lado las gradaciones y matices comparativistas a los que somos tan afectos para atenuar y justificar nuestras culpas, hay que decir que todo pecado es un acto de traición contra Dios. El teólogo R.C. Sproul se refiere a él precisamente como *traición cósmica* contra nuestro Creador. Es por eso que el beso de Judas representa, incluye y contiene muchos otros besos más sutiles como el beso de la idolatría (Ose. 13:2; 1 R. 19:18); el de la fornicación (Pr. 7:5-23); el de la rebelión (2 S. 15:5); el del abandono (Rut 1:14); el del engaño (Gén. 27:27); e incluso el de la nostalgia que nos hace aferrarnos a lo que hemos dejado atrás, impidiéndonos ir en pos de Cristo (1 R. 19:20; Lc. 9:59). En oposición a todas estas formas de traición, Dios demanda de nosotros el beso santo (1 Tes. 5:26), en sus variadas formas tales como: el beso de la sinceridad (Pr. 24:26); el del amor romántico en la pareja bendecida por Dios en el vínculo matrimonial (Cnt. 1:2; 8:1); el de la bendición (Gén. 48:10; 2 S. 19:39); el de la amistad (1 S. 20:41; 2 S. 1:26); el del respeto (Éxo. 18:7); el de la fraternidad (1 P. 5:14); el de la reconciliación (Gén. 33:4); y el de la humillación y el arrepentimiento (Lc. 7:38-48). Solo de este modo nuestra traición quedará cubierta con los besos divinos del perdón (Lc. 15:20) y la justificación (Sal. 85:10). Porque en últimas:

Más confiable es el amigo que hiere que el enemigo que besa.

Proverbios 27:6 NVI

2
de octubre

El amor y la ley

«Las causas justas no se sirven con motivaciones injustas»

John R. W. Stott

La ética situacional, -esa controvertida corriente de pensamiento que afirma que «la situación» es la que determina en últimas si una acción es buena o mala-, se impone en la sociedad actual, no solo en las discusiones propias del medio académico, sino en la práctica cotidiana de la gente común, ignorando o relegando a segundo plano los inmutables principios y mandamientos divinos normativos de la conducta humana, sumiéndonos así en un confuso y nefasto relativismo ético en el cual, como decía Campoamor ... *nada es verdad ni es mentira, todo es según el color, del cristal con que se mira*. Pero como sucede con frecuencia, la ética situacional no se equivoca tanto en lo que afirma como en lo que niega. En efecto, el cristiano coincide con aquella en su afirmación de que el amor *ágape*, -es decir el amor desinteresado, abnegado y sacrificado, de naturaleza volitiva y no meramente emocional o sentimental-, debe ser el principio rector de todos nuestros actos (1 Cor. 12:31-13:13; Mt. 22:36-40; Rom. 13:9). Pero discrepa de la misma en cuanto a que este sea el único criterio válido para determinar la conducta correcta o incorrecta en una situación dada, pues de hacerlo así se puede terminar dando pie a la maquiavélica idea de que *el fin justifica los medios*. El evangelio es por excelencia la causa justa que, como tal, hay que servir también con motivaciones y medios justos, actuando siempre por amor pero cumpliendo al mismo tiempo los mandamientos divinos, pues no basta con verificar que lo que hacemos sea motivado por el amor a Dios y el beneficio del prójimo para actuar como mejor se nos antoje, pues Moisés lo hizo de este modo y terminó cometiendo un crimen (Éxo. 2:11-12). Del mismo modo, el rey Saúl actuó basado en la ética situacional, obedeciendo cuando la «situación» lo favorecía, pero cuando esta amenazaba con obrar en su perjuicio, racionalizaba el mandamiento para acomodarlo a su conveniencia (1 Sam. 10:8, 13:8-14; 15:1-3, 7-10, 13-28; 28:3-8), y fue condenado por ello (1 Cr. 10:13). Por el contrario, los medios o acciones correctas son tan importantes para Dios que hay que llevarlos a cabo incluso en los casos en que nuestros motivos no sean correctos (Fil 1:15-18; 1 Cor. 9:16-17), recordando siempre que:

El amor no perjudica al prójimo. Así que el amor
es el cumplimiento de la ley.

Romanos 13:10 NVI

Los peligros de la sistematización

«Todo ciudadano que depende de sistema es militante de guerra: por la razón o la fuerza»

Gonzalo Arango

Sistematizar es algo natural e inevitable en el hombre, especialmente en campos tales como la política, la filosofía, la ciencia y la teología. El hombre piensa, -y en cierto modo no le falta razón-, que recabar información veraz y verificable de su entorno no es muy útil si no logra sintetizarla metódica y ordenadamente dentro de un sistema. Pero sin dejar de reconocer esta indiscutible utilidad, es innegable también que el pensamiento sistematizado pierde mucha de su fuerza, frescura, inspiración y profundidad inicial. Los sistemas tienden a tornarse cerrados, rígidos, anquilosados y excluyentes, fomentando los fanatismos de la índole más diversa por parte de sus seguidores y cultivadores. Terminan condenando al hombre a vivir *en la superficie entre cuerpos petrificados, que algún terremoto espiritual del pasado extrajo de las profundidades* (Tillich). Es significativo que, con todo y ser un gran sistematizador, este teólogo parezca confirmar así lo dicho: *las verdades, antes profundas y poderosas, que los mayores genios descubrieron a través de hondos sufrimientos y de increíbles esfuerzos, se vuelven superficiales y vacuas cuando las usamos... porque... Una verdad, sin el camino que a ella conduce está muerta. Si aún seguimos usándola, únicamente contribuye a reforzar la superficie de las cosas.* En efecto, el lenguaje discursivo y conceptual propio de los grandes sistemas de pensamiento sofoca con frecuencia las profundas percepciones e impresiones intuitivas que están en la base de ellos, pues la sistematización por lo general termina dando preferencia al pensamiento lógico y matemático por encima de la sensibilidad estética, ética y comunitaria, sacrificando mucho en el proceso. No es casual que las sentencias breves pero incisivas de pensadores y teólogos como Tertuliano, Pascal y Bonhoeffer, conserven mucha de su vigencia debido, en gran parte, a que no sistematizaron su pensamiento, los dos últimos debido básicamente a que no tuvieron el tiempo para hacerlo (ambos murieron de 39 años). El cristianismo y la teología deben, por tanto, cuidarse de la pretensión de contener a Dios dentro de sistemas cerrados y terminados, recordando lo dicho por el profeta (Isa. 66:1), y la humilde declaración de Salomón al respecto:

... ¿cómo edificarle un templo, si ni los cielos más altos pueden contenerlo?..

2 Crónicas 2:6 NVI

4

de octubre

La fe victoriosa

«La victoria está ganada, pero aún no ha sido proclamada. El jaque mate del enemigo ya es inevitable, pero ha de continuar jugando su partida hasta el final para convencer a todos de que ha sido derrotado. La hora ha sonado ya, pero el péndulo debe seguir girando»

Karl Barth

Triunfar en la vida es una de las cosas que da sentido y propósito a la existencia humana La satisfacción de la victoria es usualmente una experiencia grata, no tanto en su aspecto competitivo por el cual aspiramos a alcanzar la meta antes que otros que se encuentran en nuestra misma condición (1 Cor. 9:24-27), sino por el hecho de saber que al lograrlo obtenemos beneficios personales invaluables y permanentes (Fil. 3:14). El evangelio es un mensaje de victoria sobre los poderes cósmicos del mal en todas sus formas (1 Jn. 5:4-5), ya sea la impersonal que llamamos pecado, o la personal que identificamos con Satanás y sus demonios. La imagen del Cristo Victorioso, -recogida por el teólogo luterano Gustaf Aulén en su obra clásica Christus Victor-, es una de las más características y representativas de la historia de la Iglesia, ilustrada gráficamente en la Biblia al mejor estilo de las marchas triunfales de los ejércitos antiguos (Sal. 68:18; Efe. 4:8; Col. 2:15), y confirmada además por la experiencia y el testimonio de los creyentes (1 Jn. 4:4), pues estos comparten y participan de la victoria obtenida por Cristo en la cruz del Calvario a su favor (2 Cor. 2:14), una victoria que si bien es definitiva y completa al punto de no requerir de nuestra parte ningún aporte suplementario (Jn. 19:30), aún no disfrutamos en toda su plenitud. Los embates actuales del enemigo son tan solo «patadas de ahogado», intentos desesperados y estériles para no reconocer su derrota. Por eso, la razón por la cual debemos mantenernos todavía peleando la batalla de la fe (1 Tim. 6:12), no es porque la victoria final no esté ya completamente garantizada por la obra de Cristo en la cruz, sino para adiestrarnos mediante el sometimiento de esos reductos de resistencia (Jc. 3:1-2), propósito en el cual nuestra responsabilidad no es vencer sino tan solo «pelear la buena batalla, terminar la carrera, mantenerse en la fe» (2 Tim. 4:7) con la seguridad anticipada de que:

... en todo esto somos más que vencedores por medio
de aquel que nos amó.

Romanos 8:37 NVI

5

de octubre

Israel: señal de la fidelidad divina

«EL VERDADERO pensador arquetípico del siglo XX es un hombre viejo, un superviviente de generaciones perdidas, generalmente varado lejos de su tierra de origen. Con frecuencia ha sido judío, y ya no lo es, no práctica más que un culto, el del conocimiento por el conocimiento... su búsqueda no tiene otro objetivo que sí misma»

GUY SORMAN

El gran influjo que el pueblo judío ha ejercido, para bien y para mal, en el pensamiento y la historia del género humano es incuestionable, al margen de que este se haya dado por vías religiosas o seculares, incluyendo entre estas últimas planteamientos veladamente agnósticos o manifiestamente ateos. A este respecto el pastor y periodista Darío Silva-Silva mencionaba la afirmación sintética y concluyente del profesor Luis López de Mesa en el sentido de que: *en el siglo XX, toda la actividad humana giraba alrededor de cuatro judíos: Karl Marx, Albert Einstein, Sigmund Freud y... Jesús de Nazaret.* Aún el cautiverio babilónico del siglo VI a.C. que inició su dispersión a lo largo y ancho del mundo conocido, al igual que la diáspora final propiciada por el imperio romano y ocurrida a este pueblo en el primer siglo de nuestra era, han mostrado su indiscutible carácter providencial, pues han hecho del judío el «ciudadano del mundo» por excelencia. Y es precisamente a la luz de esta condición dispersa y cosmopolita del pueblo judío que se antoja verdaderamente extraordinario que este no haya perdido en ningún momento su identidad como nación y no haya sido asimilado y absorbido, -e incluso exterminado teniendo en cuenta el antisemitismo de que ha sido objeto-, por los múltiples países en los que se ha exiliado y establecido, contrario a lo sucedido con los individuos de otras nacionalidades en el breve lapso de dos o tres generaciones. Lo cierto es que, descontadas las causas y explicaciones sociales, políticas, económicas o culturales que puedan dar razón de ello, la existencia del pueblo judío y su enorme influencia en el mundo es una señal incontrovertible de la elección y la fidelidad de Dios (Dt. 7:6-8), y su restauración nacional una de las más claras señales de los últimos tiempos (Mt. 24:32-34; Rom. 11:1-29), condenando de paso cualquier viso de antisemitismo en la iglesia e ilustrando gráficamente la responsabilidad que el privilegio de la elección divina hace recaer sobre el creyente.

Porque las dádivas de Dios son irrevocables,
como lo es también su llamamiento.

Romanos 11:29 NVI

6

de octubre

Salvando nuestra responsabilidad

«EL CRISTIANISMO es un ejercicio de responsabilidad. Se distingue el verdadero del falso precisamente en su grado de responsabilidad»

ALFONSO ROPERO

La responsabilidad indica la obligación que alguien tiene de responder o dar cuenta de sus actos, justificándolos por medio de razones válidas con arreglo a un sistema de valores generalmente aceptado (Rom. 14:12). La responsabilidad es inseparable y exclusiva de nuestra condición personal. Es decir que solo las personas pueden ser responsables, siendo entonces el hombre «el único ser que es libre en el sentido de deliberación, decisión y responsabilidad» (Tillich). Los cristianos, llamados y dotados por Dios para afirmar y reivindicar la condición personal de los individuos en un mundo en gran medida despersonalizado, deben ser ejemplo de responsabilidad. Esta, más que una obligación, es un privilegio del género humano. Si bien el grado en que debemos responder ante Dios puede variar de una persona a otra (Lc. 12:47-48; 16:10-12; Mt. 25:29), estas variaciones no obran en perjuicio de la responsabilidad genérica que nos concierne por igual a todos los hombres. El ejercicio de la responsabilidad consiste entonces en balancear adecuadamente privilegios y responsabilidades o, en otras palabras, derechos y deberes. El problema es que el énfasis actual se hace en los derechos y no en los deberes. Hoy más que nunca nos hemos convertido en «sociedades de derecho» en las cuales exigimos derechos y eludimos deberes. En efecto, hoy ya no se habla de lo que debemos hacer sino de lo que podemos hacer. Ya no respondemos sino que nos quejamos; no rendimos informes, sino que formulamos pliegos de peticiones. Daríamos un gran paso para resolver la actual crisis de responsabilidad si comenzáramos por reconocer que todo derecho trae aparejado un deber del mismo orden, enfocando en primer término el último de ellos antes que el primero pues, por lo general, el que cumple sus deberes no tiene que exigir sus derechos. El asunto se reduce finalmente a saber si estamos eludiendo infructuosamente nuestra responsabilidad lavándonos las manos como Pilato (Mt. 27:24), o la estamos salvando sacudiendo el polvo de nuestros pies, como lo hacían los apóstoles en el cumplimiento de su deber.

Si no los reciben bien, al salir... sacúdanse el polvo de los pies como un testimonio contra sus habitantes.

Lucas 9:5 NVI

7
de octubre

La conmoción de los cimientos

«TALES PALABRAS... Hoy debemos tomarlas en serio... 'Los cimientos de la tierra se conmueven'... ya no es solamente una metáfora poética para nosotros sino una dura realidad»

PAUL TILLICH

El vertiginoso desarrollo escenificado en el mundo en la época moderna, llamado por muchos «progreso», ha traído efectos colaterales que hacen dudoso el seguirlo llamando de este modo sin reservas. En efecto, el hombre de hoy *ha sometido los cimientos de la vida, del pensamiento y de la voluntad a su voluntad. Y su voluntad ha sido la destrucción* (Tillich). Aún los científicos, decantado ya el entusiasmo inicial generado por las posibilidades que la ciencia ofrecía, han tenido que reconocer que hoy como nunca nos encontramos en condiciones de labrar, literal y materialmente, nuestra propia destrucción. Las profecías bíblicas (Jer. 4:23-26; Isa. 24:18-20), interpretadas habitualmente en sentido figurado, parecen estarse cumpliendo hoy al pie de la letra. El caricaturista «Quino» hacía referencia a esto en una de sus agudas viñetas gráficas cargada de humor negro, indicando como el hombre de hoy ha estado escribiendo, paralelo al relato escritural, un «Moderno Testamento» muy peculiar donde narra el «génesis» de su propio fin. Pero esta conmoción caótica de los propios cimientos que estamos experimentando comienza en el interior mismo del individuo en lo que podríamos llamar la «conmoción personal» del hombre (Rom. 7:15, 18-19; St. 4:1-3), extendiéndose a la sociedad con sus instituciones y su correspondiente resquebrajamiento, es decir, la «conmoción cultural»; terminando en los preocupantes, drásticos, irreparables y autodestructivos daños infligidos por los hombres a su propio entorno natural, que podríamos designar como «conmoción natural». Ante este panorama en el cual ya no es posible hallar asideros firmes que nos brinden un piso sólido en medio de este derrumbamiento generalizado el Señor ofrece la única alternativa viable descrita así por el autor sagrado: *En aquella ocasión, su voz conmovió la tierra, pero ahora ha prometido... la remoción de las cosas movibles... para que permanezca lo inconmovible* (Heb. 12:26-27). Cristo es, en efecto, la *firme y segura ancla del alma* (Heb. 6:19), la inconmovible *piedra angular* (Efe. 2:20; Heb. 13:8) a la cual podemos aferrarnos con renovada esperanza para exclamar junto con el salmista:

Dios es nuestro amparo y... fortaleza...
Por eso, no temeremos aunque se desmorone la tierra...

Salmo 46:1-2 NVI

8
de octubre

La autocrítica en la iglesia

«Los que están fuera tienen... un fino olfato para percibir la miseria y culpa de la Iglesia... Lo que hay que decir desde Dios contra la Iglesia se dirá de hecho, con razón o sin ella, contra ella desde el mundo»

Karl Barth

La Iglesia de Cristo no puede darse el lujo de prescindir de su capacidad de auto-crítica, pues al hacerlo da pie a las incisivas, implacables y, -aún a su pesar-, veraces acusaciones de sus contradictores en el mundo, los cuales poseen en muchos casos, de manera providencial, una gran perspicacia para percibir y señalar las miserias y culpas de una iglesia auto-complaciente. El apóstol Pedro dijo que «... es tiempo de que el juicio comience por la familia de Dios» (1 P. 4:17) y en efecto, cuando el profeta Ezequiel recibió la visión del juicio de Dios sobre Israel, consignó en su libro la orden divina dada a los verdugos encargados de ejecutarlo para que «comiencen en el templo» (Eze. 9:5-6). En relación con el creyente individual, «... cada uno debe examinarse a sí mismo...», pues «Si nos examináramos a nosotros mismos, no se nos juzgaría...» (1 Cor. 11:28, 31-32). Dios utilizó en el Antiguo Testamento a naciones paganas e impías como Asiria y Babilonia, entre otras, para ejecutar sus juicios sobre Israel, generando desconcierto aún entre los profetas (Hab. 1:5-6, 13). Y en nuestra historia reciente pensadores hostiles al cristianismo como Nietzsche, Marx y Freud han atacado de forma inclemente a la religión en general, justificados en buena medida por las distorsiones exentas de auto-crítica en las que ha incurrido el judaísmo y el cristianismo a través de los tiempos. Es así como Nietzsche se pronunció acertadamente en contra del indigno concepto utilitario de Dios que ha caracterizado a buena parte de la Iglesia en la historia. Marx hace una necesaria denuncia del cristianismo cuando este se convierte en simple ideología al servicio del establecimiento, encubriendo situaciones de injusticia social. Y Freud nos permite identificar las deformaciones neuróticas del cristianismo, especialmente entre el pueblo latinoamericano, dadas las condiciones de evangelización a sangre y fuego que se dieron en nuestro continente. La mayor o menor lucidez que se aprecia en sus críticas hacen que vuelva a cumplirse en la Iglesia lo dicho por Moisés a Israel:

> ... *haré que... sientan envidia de los que no son nación;*
> *voy a irritarlos con una nación insensata.*

Romanos 10:19 NVI

9

de octubre

Satisfacción, saciedad y deleite

«La verdadera fuente nunca sacia; sigue corriendo hacia la sed inextinguible»

Gonzalo Arango

El agua es un elemento esencial asociado con la vida. La relación entre el agua y la vida se establece de manera tan natural en la cotidianidad de la existencia humana que dentro del selecto y excluyente mundo de la ciencia impulsa a los científicos a buscar sistemáticamente agua en otros lugares del universo con la convicción y la esperanza de que, si tienen éxito, descubrirán en ellos también algún vestigio de vida. No debe, pues, extrañarnos que Dios la utilice como uno de los más hermosos y ricos símbolos bíblicos para revelarnos muchas cosas acerca de sí mismo, de su naturaleza, de su carácter y de su actitud hacia nosotros. Es así como en el Antiguo Testamento la sequía física era frecuentemente un resultado del juicio divino (Amos 4:7-8), circunstancia que a su vez indicaba de manera inequívoca la sequía espiritual que padecía una nación al tomar distancia de Dios y su palabra, pues la sed fundamental del ser humano no es física sino espiritual (Amos 8:11). Y esta es precisamente la sed sobre la cual el Señor Jesucristo da promesa de satisfacción, identificándose él mismo como la fuente que puede saciarla de manera definitiva (Jn. 4:13-14; 7:37-39). Pero no se equivocó Gonzalo Arango al afirmar que la verdadera fuente en realidad nunca sacia, no tanto porque no tenga el potencial para hacerlo, según palabras del propio Jesucristo: ... *el que beba del agua que yo le daré, no volverá a tener sed jamás...*; sino porque una vez que se sacia en Cristo la apremiante *necesidad* que origina la sed existencial del hombre, aquella cede el lugar al *deleite* experimentado al saciarla. En otras palabras, el motivo que nos lleva a acudir a la fuente verdadera es la necesidad de ella; pero lo que nos mueve a permanecer en ella es más bien el disfrute de la misma (Isa. 12:3), ya que es imposible que los que han experimentado la gracia y el perdón divinos, reconciliándose y relacionándose con Dios consciente, humilde y voluntariamente a través de Jesucristo, se conformen después con menos que esto (Heb. 6:4-6). Por todo lo anterior el salmista expresaba así, tanto la plenitud de la experiencia de Dios propia del auténtico creyente, como su inextinguible sed de Dios:

Se sacian de la abundancia de tu casa; les das a beber de tu río de deleites.
Porque en ti está la fuente de la vida, y en tu luz podemos ver la luz.

Salmo 36:8-9 NVI

10

de octubre

El conocimiento de sí mismo

«CONÓCETE a ti mismo»

SÓCRATES

El psiquiatra A. J. Cury describe así la situación paradójica del hombre de hoy: «Gobernamos el mundo exterior, pero tenemos gran dificultad en manejar nuestro mundo interior, el de los pensamientos y las emociones. Estamos subyugados por necesidades que nunca fueron prioritarias... Es posible viajar por el mundo y conocer varios continentes, y sin embargo no recorrer los caminos de su propio ser y conocerse a sí mismo». No obstante, el viaje a nuestra propia interioridad posee una larga tradición dentro del pensamiento cristiano pues está, por demás, suficientemente documentado en la Biblia. De hecho virtudes cristianas tan apreciadas como la humildad y el dominio propio (Gál. 5:23; 2 Tim. 1:7; 2 P. 1:6), solo pueden ser cultivadas con éxito por quien se conoce a sí mismo y son tenidas en mucha mayor estima que la fuerza y la capacidad de conquista sobre los demás (Pr. 16:32; Ecl. 9:16-17). Pero el conocimiento profundo de nuestra propia interioridad es provechoso especialmente porque solo a través de él podemos llegar al conocimiento de Dios, pues únicamente sumergiéndonos en nuestro interior descubrimos nuestra imperfecta condición humana, nuestra insuficiencia radical, nuestra naturaleza incompleta en la medida en que somos tan solo «imagen y semejanza» de una realidad diferente: la realidad de Dios que, a pesar de ello, no está lejos de nosotros como para que no podamos invocarlo y encontrarlo en nuestro fuero interno para conformarnos a Él, sin tener que llevar a cabo actos externos y heroicos como «subir al cielo» o «bajar al abismo», pues, «... está cerca de ti... en la boca y en el corazón» (Rom. 10:6-8). Cristo fomentó y estimuló en sus discípulos el conocimiento de su interioridad (Mt. 15:16-20), llevando a todos sus allegados a perder el miedo a asumir su historia personal y fortalecerse a través del reconocimiento de sus propias fragilidades siendo fieles a su conciencia, para establecer de manera definitiva la verdadera religión, la de la interioridad del espíritu, definida por él mismo en estos términos:

> *... la hora... ha llegado... en que los verdaderos adoradores*
> *rendirán culto al Padre en espíritu y en verdad.*

Juan 4:23 NVI

11
de octubre

Cristianismo y cultura

«EL CRISTIANISMO... No le gusta que se hable en tono demasiado alto y confiado del desarrollo creativo del mundo... No actúa como refuerzo de 'ideal' alguno... adopta una postura más bien fría frente a la 'naturaleza', a la 'cultura'... o al progreso... Donde se construyen torres, siempre hay algo que huele mal... Husmea siempre ahí... la amenaza de la idolatría... Ve el signo de interrogación encima de toda altura humana»

KARL BARTH

La Biblia no condena la cultura como legítimo desarrollo de las potencialidades dadas por Dios al hombre sino que, por el contrario, la ordena (Gén. 2:15). Con mayor razón si se toma en cuenta que una significativa proporción de la creatividad cultural humana busca honrar a Dios, como puede apreciarse a través de la historia con el arte religioso (música, pintura, escultura, literatura), destacándose en particular el arte cristiano. Sin embargo, el cristianismo siempre debe estar atento para evitar que una forma cultural cualquiera (ya sea la de un país, continente o hemisferio), llegue a identificarse con el mensaje cristiano, pues: *no existe una cultura cristiana, sino una doctrina cristiana para todas las culturas* (D. Silva-Silva). Es acertado, entonces, hablar de «civilización cristiana occidental» para señalar la influencia determinante que el mensaje cristiano ha desempeñado en su constitución y desarrollo; pero no para dar a entender que Occidente tiene la patente registrada y el monopolio exclusivo de la divulgación e interpretación autorizada de la revelación divina manifestada en Cristo. Identificar al cristianismo con una cultura dada ha sido siempre nefasto, como lo demuestra el todavía reciente y funesto caso de la Alemania nazi y los sutiles, inquietantes y siempre latentes casos de los prósperos estados democráticos, capitalistas y liberales de Occidente, en los cuales las iglesias nacionales están continuamente tentadas de identificar los aspectos económicos, políticos, sociales e ideológicos de sus propias culturas con el cristianismo bíblico. La iglesia debe, por tanto, reclamar siempre para el evangelio un lugar tan singular que esté dispuesta incluso a no hacer valer sus propias formulaciones denominacionales ni su tradición y cultura religiosa como absolutas. Toda sobrevaloración de la cultura, provenga de donde provenga, amenaza con convertir en un ídolo a la expresión cultural sobrestimada (Isa. 40:18), y debe ser cuestionada por el cristianismo auténtico, porque:

> *... la locura de Dios es más sabia que la sabiduría humana,*
> *y la debilidad de Dios es más fuerte que la fuerza humana.*

1 Corintios 1:25 NVI

12
de octubre

El pragmatismo

«Cuando la discusión sea seria, debemos ser capaces de mostrar la diferencia práctica que implica el que tenga razón una u otra parte... Sorprende realmente advertir cuantas discusiones... perderían su significación si las sometieran a esta sencilla prueba de señalar una consecuencia concreta»

William James

El pragmatismo sostiene que el único, o por lo menos el principal criterio para juzgar la verdad de cualquier doctrina se basa en sus efectos prácticos. No puede discutirse que este es un elemento necesario para sostener la validez de cualquier afirmación, incluyendo aquellas que son propias de la fe cristiana, pues hay que abonarle al pragmatismo el hecho que, a diferencia del materialismo, no deseche las afirmaciones religiosas en la medida en que puedan demostrar su viabilidad y utilidad concreta para quien las profesa. En efecto, si la fe cristiana pretende ser verdadera, debe mostrar beneficios palpables y consecuentes en la vida práctica del creyente que evidencien y respalden la pretendida veracidad de sus afirmaciones. Pero al mismo tiempo, el cristiano debe recordar que no todo lo que funciona es verdad. El pragmatismo por sí solo es insuficiente para establecer la veracidad o corrección de una creencia determinada. No siempre lo viable es verdadero. La Biblia no niega la utilidad del pragmatismo en orden a esclarecer la verdad (Dt. 18:21-22), pero no lo considera el criterio final y definitivo para sustentar la validez de una convicción, pues existen muchos casos en los cuales una creencia, a pesar de poder mostrar consecuencias prácticas que la respaldan, no por eso es correcta (Dt. 13:1-4). La escritora Irina Eremia tuvo que ver como su padre permanecía encarcelado 25 años como prisionero político bajo el régimen dictatorial de Ceausescu en Rumania, solo por no ceder en la defensa de sus convicciones sobre la verdad y la justicia, mientras su madre tenía que criar sola a sus hijos en el exilio y resume así el contraste entre ambos: «El pragmatismo de personas como ella nos permite vivir, pero la visión de soñadores como él nos da una razón para vivir». A causa de ello, antes de preguntar: ¿esto funciona?, debemos preguntarnos primero: ¿es esto correcto?, pues obtener un beneficio sin el respaldo de la verdad nos deja un sabor insípido y aún amargo en la conciencia. Por lo anterior:

Haz lo que es recto y bueno a los ojos del Señor, para que te vaya bien...

Deuteronomio 6:18 NVI

13
de octubre

La caña astillada y la caña quebrada

«EL HOMBRE no es más que una caña, la más débil de la naturaleza; pero es una caña que piensa»

BLAS PASCAL

La miseria y la grandeza se conjugan de manera paradójica e inseparable en el ser humano. Pascal se refirió a ambas utilizando la ilustrativa figura de la caña, tal vez inspirado en el uso que las Escrituras hacen de ella en un sentido similar. En ellas vemos que, ante la idolatría y la autoexaltación que la dinastía de Jeroboán promovió en Israel, Dios sacude sus presunciones de seguridad y grandeza ... *como el agua sacude las cañas...* (1 R. 14:15). De un modo similar se refiere la Biblia al siempre representativo imperio egipcio, la decadente potencia de la época que, curiosamente, producía abundancia de cañas y juncos en las riberas y el delta del Nilo (Isa. 19:5-7). Egipto fue, en efecto, una *caña astillada* cuya grandeza humana era totalmente inútil en el propósito de encontrar apoyo seguro en ella (2 R. 18:21; Isa. 36:6; Eze. 29:3-7). Pero es tal vez en Juan Bautista en quien se refleja mejor que en nadie, –en las propias palabras de Cristo–, esta singular condición del hombre aludida por Pascal con la imagen de la caña (Mt. 11:7-11; Lc. 7:24-28). Porque, si bien la miseria del hombre radica en buena medida en su fragilidad y aparente insignificancia, al punto que *no hace falta el universo entero para aplastarlo; un vapor, una gota de agua basta para matarlo* (Pascal), su potencial para la grandeza tampoco puede soslayarse. No pasemos por alto que el Señor Jesucristo fue escarnecido con cañas, de manera literal (Mt. 27:28-30, 48; Mr. 15:19, 36). Y hoy por hoy los seres humanos que lo menosprecian y no lo toman en cuenta siguen haciéndolo, de manera figurada, para su propio perjuicio. Por eso es necesario que orientemos nuestro potencial de una manera constructiva, comenzando por un humilde reconocimiento ante Dios de nuestra miseria existencial, que no es más que el primer paso para la grandeza: *Es miserable saberse miserable, pero es ser grande el reconocer que se es miserable* (Pascal). Es, pues, necesario adquirir clara conciencia de nuestra particular y contradictoria naturaleza, reconociendo sin dilación nuestra miseria, nuestro pecado, quebrantados delante de Dios, para llegar así a descubrir nuestra inherente grandeza en Él, quien nos garantiza que:

No acabará de romper la caña quebrada... hasta que haga triunfar la justicia. Y en su nombre pondrán... su esperanza.

Mateo 12:20-21 NVI

14

de octubre

Cumpliendo lo que prometemos

«Promete poco y cumple de más»

Tom Peters

Las buenas y sólidas relaciones interpersonales se construyen sobre la base del compromiso y la confianza mutua. Pero las promesas incumplidas han sido siempre una de las fuentes de mayor frustración, resentimiento y deterioro de las relaciones entre los hombres, pues obran en perjuicio de la confianza que se necesita para fortalecer los lazos que nos vinculan a los unos con los otros. Es por eso que en la Biblia los votos y promesas son considerados desde el Antiguo Testamento como algo sagrado (Nm. 30:2; Dt. 23:21; Ecl. 5:4), a lo cual el Nuevo Testamento añade que, en el caso del creyente, ni siquiera deberían requerir de un juramento que garantice su cumplimiento sino que debería bastar a este efecto con la credibilidad personal que el cristiano está llamado a ostentar (Mt. 5:33-37). Porque la incapacidad para lo bueno que padecen todos aquellos que no se hallan unidos a Cristo mediante la fe (Jn. 15:5), se manifiesta también en la impotencia y falta de voluntad y disposición suficientes para hacer promesas serias y cumplirlas. Y si bien es cierto que la condición del creyente está acompañada de transformaciones en su carácter individual y personal que le brindan ventajas decisivas sobre el inconverso para el cumplimiento satisfactorio de la palabra empeñada, también lo es que en muchos casos somos muy ligeros y apresurados para prometer. A causa de ello la Biblia también recomienda, en orden al cumplimiento de las promesas, ser más selectivos y reflexivos a la hora de formularlas (Ecl. 5:5-7). No olvidemos que la fe se basa en el hecho de que Dios es eminentemente digno de confianza porque cumple todas sus promesas (Nm. 23:19-20; 1 R. 8:56; 2 Cor. 1:20; 2 P. 1:3-4), y por eso el creyente puede saber a ciencia cierta a qué atenerse en su relación con Él, pues sus actuaciones no son azarosas, inciertas ni caprichosas, sino que siempre reflejan su perfecto e inmutable carácter revelado en la Biblia y en la historia (Heb. 13:8; St. 1:17). Y si como cristianos hemos de corresponderle imitando adecuadamente esta confiabilidad divina, -sobresaliendo en el mundo por esta razón-, debemos ser también personas confiables para Dios y para el prójimo mediante el cumplimiento sistemático de nuestras propias promesas.

Como tenemos estas promesas... purifiquémonos... para completar...
la obra de nuestra santificación.

2 Corintios 7:1 NVI

15
de octubre

El racionalismo teológico

«EL PROBLEMA religioso se agrava cada día, porque los fieles no son teólogos y los teólogos no son fieles»

NICOLÁS GÓMEZ DÁVILA

Es lamentable constatar la ignorancia del grueso de la cristiandad en los asuntos teológicos concernientes a su fe. Pero lo es más el que los teólogos llamados a contrarrestar esta ignorancia se hayan desviado en un significativo número de casos, agravando la situación con interpretaciones y explicaciones peligrosamente heterodoxas que tuercen o anulan el sentido auténtico de la revelación y de la correspondiente experiencia cristiana. Algunos de los más reconocidos ateos de la historia reciente, tales como los alemanes Feuerbach y Nietzsche, se iniciaron en el campo del pensamiento por medio de la teología. No en vano H. Küng ha dicho que: *Teología y ateísmo están muy cerca una de otro. Y si hay ateos que se han vuelto teólogos, también hay teólogos que se han vuelto ateos.* El problema con la disciplina teológica es que, al tener que explicar e interpretar racionalmente la vivencia de la fe, corre el peligro de conceder excesiva importancia a la razón cayendo en un racionalismo teológico que toma demasiada distancia de la revelación y de la experiencia que pretende explicar, falseándolas finalmente a ambas. Por eso Tillich también declaró que: *La teología cristiana y la enseñanza religiosa… transforman una abrumadora experiencia religiosa en una afirmación abstracta y filosófica… Al convertir a Dios en un objeto… la teología favorece la huida hacia el ateísmo.* No por nada Pascal, a raíz de su intensa experiencia de conversión, hizo distinción entre *El Dios de Abrahám, de Isaac y de Jacob* y *el de los filósofos y eruditos*, favoreciendo con mucho al primero de ellos, colocando así el énfasis no en la teología en abstracto, sino en la convicción y el compromiso del creyente que vive su fe, a riesgo de generar molestia en el incrédulo, que no está dispuesto a conceder al creyente lo que sí concede a otros grupos humanos menos consecuentes con lo que creen: *¿Por qué… si se nos compara a los filósofos en cuanto a la doctrina, no se nos iguala en cuanto a la libertad e impunidad de la doctrina?* (Tertuliano). Ahora bien, para Pascal Dios es uno solo. Por eso debemos entender lo que dijo simplemente como una velada advertencia contra una irrupción tal del racionalismo en la teología que termine relegando la Escrituras y la vivencia de la fe a un segundo plano.

¡Aténganse a la ley y al testimonio! Para quienes no se atengan a esto, no habrá un amanecer.

Isaías 8:20 NVI

16

de octubre

Sobrellevando nuestras cargas

«Los necios que gozan haciendo sugerencias sobre nuestros jardines nunca cuidan sus propias plantas»

Paulo Coelho

Una de las lecciones más precisas, perentorias y valiosas transmitidas por Cristo a sus seguidores a través de sus palabras y su ejemplo es la del desinteresado y altruista servicio a los demás (Mt. 20:25-28), enseñanza que fue además ilustrada de manera muy gráfica en vísperas de su sacrificio expiatorio por medio del acto del lavamiento de los pies de sus discípulos (Jn. 13:4-17). Imitar a Cristo en este aspecto implica velar con humildad no solo por nuestros propios intereses, sino también por los de los demás (Fil. 2:3-5), ayudándonos mutuamente a llevar nuestras cargas personales: «Ayúdense unos a otros a llevar sus cargas…,» (Gál. 6:2). Pero al hacerlo así hemos de tener en cuenta ciertas aclaraciones adicionales y necesarias, ya aludidas y sintetizadas por Pitágoras en su conocida sentencia que dice: «Ayuda a tus semejantes a levantar su carga, pero no a llevarla», recomendación que contribuye a matizar la instrucción de Cristo y que nos permite guardar un sano balance en la práctica de la misma, obrando como salvaguarda para no sobrecargarnos con las responsabilidades de los demás, llegando a manifestar en el proceso una cuestionable actitud paternalista que trae más perjuicio que provecho en el propósito de moldear un carácter maduro en nuestro prójimo y que termina por menoscabar al mismo tiempo el cumplimiento cabal de nuestras propias responsabilidades. Tener esto en mente nos libra, además, de incurrir en intromisiones indebidas, no solicitadas y por lo mismo mal recibidas en la vida de los otros, que pueden degenerar en la censurable y recurrente práctica de ver primero la astilla en el ojo ajeno antes que la viga en el propio (Mt. 7:3-5). Es por eso que el apóstol Pablo nos exhorta a renglón seguido en estos términos: «Que cada uno cargue con su propia responsabilidad» (Gál. 6:5), equilibrando de este modo su recomendación inicial dada solo tres versículos antes. Únicamente teniendo en cuenta ambos aspectos de este asunto estaremos en condiciones óptimas para evitar tener que llegar en algún momento de nuestra vida a justificarnos vana y lastimosamente por medio de la queja amarga formulada así por la sunamita en el libro de los Cantares del rey Salomón:

… me obligaron a cuidar las viñas; ¡y mi propia viña descuidé!

Cantar de los Cantares 1:6 NVI

17
de octubre

Actualismo teológico

«El ACTUALISMO teológico... es permanencia de la ortodoxia a través de las épocas, bajo una dinámica interpretativa coyuntural, que encaje el tiempo humano... en el tiempo divino... se debe interpretar el cristianismo en un lenguaje posmoderno, entendiendo la premisa de Paul Tillich, de que la teología se mueve... entre dos polos: La eterna verdad de su fundamento... y la situación temporal en la cual la eterna verdad debe recibirse»

DARÍO SILVA-SILVA

A pesar de las predicciones que la historia registra, en boca de velados o declarados antagonistas del cristianismo, acerca de la obsolescencia y caducidad del evangelio como opción de vida viable para el hombre de hoy; el mensaje cristiano conserva en la actualidad toda su fuerza y vigencia original, no obstante incluso las equivocadas y anacrónicas interpretaciones del mismo en que han incurrido muchos de quienes dicen representarlo. Es de esperarse que así sea, pues la vigencia del mensaje del evangelio y su perenne aplicación se abren paso aún por entre las más o menos acertadas interpretaciones que se han hecho de él en las diferentes etapas de la historia humana. Sin embargo, es mucho más fácil descubrir su vigencia cuando los creyentes nos esforzamos por interpretarlo adecuadamente en el momento histórico que nos ha tocado vivir. Ya para la época en que el pueblo de Israel regresó a su tierra del cautiverio babilónico y al tiempo en que Esdras les leía el libro de la ley (Neh. 8:1-3), los miembros de la tribu sacerdotal, debidamente capacitados para este propósito, tuvieron que ir traduciendo e interpretando adecuadamente su contenido para que el pueblo pudiera comprender la pertinencia de este en la coyuntura que estaban viviendo (Neh. 8:7-8). Del mismo modo, lo que la humanidad requiere hoy por hoy no es que se le transmita un mensaje diferente, sino mensajeros adecuados, dignos de confianza y capacitados (2 Tim. 2:2), que sepan comunicar el mensaje original de una manera eficaz, acorde con los tiempos que estamos viviendo, sin que este pierda efectividad. Todos los cristianos, de una u otra manera, hemos sido elegidos para ser estos mensajeros. Pero si bien la competencia y capacidad para hacerlo correctamente nos es otorgada por Dios mismo (2 Cor. 3:5-6), este es un proceso paciente de adiestramiento que requiere entrega, devoción y disciplina continuas de nuestra parte, de tal modo que, llegado el momento, podamos responderle a Dios, con la propiedad con que lo hizo el profeta Isaías:

... Aquí estoy. ¡Envíame a mí!

Isaías 6:8 NVI

18
de octubre

El sueño de Dios para el hombre

«DEBEMOS estar dispuestos a renunciar a la vida que teníamos pensada, para poder vivir la que nos depara el destino»

JOSEPH CAMPBELL

Destino, suerte, casualidad, son, en contextos como el de la frase citada, nombres seculares e impersonales que utilizan los hombres no religiosos para no tener que referirse a un Dios personal, soberano y providente, pero que, de cualquier modo, nos remiten a él. Vienen al caso lacónicas intuiciones populares como esa que dice: *suerte es el apodo de Dios,* o aquella otra más lírica que afirma que: *casualidad es el seudónimo empleado por Dios, cuando no quiere firmar.* Y es precisamente esta inocultable correspondencia entre nociones seculares y religiosas la que nos permite comprender una de las sentencias más paradójicas y misteriosas del Señor Jesucristo: *Porque el que quiera salvar su vida, la perderá; pero el que pierda su vida por mi causa, la encontrará* (Mt. 16:25). En efecto, no es a un renunciamiento sin beneficio al que nos llama aquí el Señor; sino, como lo diría Jim Elliot, a renunciar a lo que no podemos retener para ganar lo que no podemos perder. Debemos, pues, renunciar a nuestro proyecto de vida autónomo, egoísta y mezquino, porque está condenado al fracaso, para asumir el proyecto de vida superior, solidario y digno que Dios diseñó para cada uno de nosotros, cuyo éxito está garantizado por Cristo (Efe. 1:11-14; Heb. 7:22), y que se caracteriza por ser bueno, agradable, pero por sobre todo, perfecto (Rom. 12:2), y por lo mismo, mucho más elevado, noble y honroso que el nuestro (Isa. 55:8-9; Jer. 29:11). Visto desde esta perspectiva cualquier sacrificio que se tenga que hacer en el desarrollo de este proyecto bien vale la pena considerando su desenvolvimiento y desenlace final. El pastor Darío Silva-Silva se refiere gráficamente a estos dos proyectos de vida contrastantes, designando y agrupando, por un lado, al *sueño del hombre para el hombre* propio del incrédulo, y el *sueño del hombre para Dios,* característico del creyente inmaduro, señalando por igual la insuficiencia y esterilidad de ambos al compararlos con el *sueño de Dios para el hombre,* el único que cuenta finalmente con todas las garantías del caso para que podamos declarar junto con el salmista y el apóstol Pablo:

El Señor cumplirá en mí su propósito... el que comenzó tan buena obra...
la irá perfeccionando...

Salmo 138:8; Filipenses 1:6 NVI

El prejuicio

«Si PUDIÉRAMOS leer el secreto de nuestros enemigos, hallaremos en la vida de cada hombre aflicción y sufrimiento suficiente para desarmar toda hostilidad»

LONGFELLOW

Uno de los factores que obra más frecuentemente en perjuicio de las relaciones humanas en general y de la comunión cristiana en particular, es el prejuicio. Si bien para cada uno de nosotros es en muchos casos inevitable y aún necesario formarnos una imagen previa de nuestro prójimo basada en su apariencia, es decir lo que está a la vista (2 Cor. 10:7); lo importante es que esta percepción inicial, por fuerza superficial, no impida ni obstaculice de manera definitiva la posibilidad de conocerlo de manera personal, superando de este modo las engañosas apariencias (Mt. 23:27-28), y ajustando la imagen preliminar que nos habíamos hecho de él de un modo más justo y ceñido a la verdad. Si de apariencias se tratara, nadie mejor que Saúl, Eliab o Absalón para ser reyes de Israel (1 S. 9:2; 16:6; 2 S. 14:25), pero la historia posterior demostró lo equivocado de este juicio, pues todos hemos tenido que aprender tarde o temprano que las apariencias engañan (Mr. 11:13). Por otro lado, en el propósito de perdonar a los que nos han herido, es de ayuda comprender los motivos y conocer la historia de nuestros ofensores, recordando que ellos también son personas como nosotros que tal vez han tenido que pasar por una aflicción y sufrimiento tales que, sin llegar a justificarlos, si nos ayudan a ver bajo una óptica más indulgente sus actuaciones censurables. No en vano el psiquiatra A. J. Cury sostiene que «la dictadura del prejuicio anula la historia de las personas», es decir que nos impide verlas como personas con una historia propia que debemos tener en cuenta antes de emitir juicios críticos y ligeros acerca de ellas (Jn. 7:24). El prejuicio es, en efecto, «... una carga que confunde el pasado, amenaza el futuro y hace inaccesible el presente» (Maya Angelou). Identificar y reconocer, por tanto, nuestras actitudes prejuiciosas facilita en buena medida el obtener de Dios la capacidad para superarlas, yendo más allá de la simple fachada y, -a imitación de Él y en la medida de nuestras posibilidades-, ver el interior de las personas, valorándolas en su dimensión más humana en toda la profundidad de su ser.

No te dejes impresionar por su apariencia... La gente se fija
en las apariencias, pero yo... en el corazón.

1 Samuel 16:7 NVI

20

de octubre

Cristo: el más maravilloso amigo

«La única amistad que vale es la que nace sin motivos»

Arthur Van Schendel

Una de los rasgos más característicos de la amistad verdadera es que sea desinteresada e incondicional. Es decir, que no haya en ella motivos o intenciones ocultas. Sin embargo, no es propio de la naturaleza humana considerar y tratar a los enemigos como amigos. Ni tampoco solemos brindar nuestra amistad a quien no la aprecie y corresponda. Por eso debería asombrarnos y conmovernos hasta la médula lo hecho por Cristo a nuestro favor, pues a pesar de que, por causa del pecado, eramos literalmente sus enemigos (Rom. 5:10; Col. 1:21), Él nos trató como a amigos, *derribando mediante su sacrificio el muro de enemistad que nos separaba... para reconciliar con Dios a ambos... mediante la cruz, por la que dio muerte a la enemistad* (Efe. 2:14-16). No se trata entonces tan solo de que Cristo haya manifestado por nosotros un amor tan grande como el que se requiere para *dar la vida por sus amigos* (Jn. 15:13), sino que lo hizo así, tratándonos como a amigos, cuando eramos, por el contrario, enemigos de su causa, lo cual hace todavía más extraordinario su sacrificio, ya que *Difícilmente habrá quien muera por un justo... Pero Dios demuestra su amor por nosotros en esto: en que cuando todavía eramos pecadores, Cristo murió por nosotros* (Rom. 5:7-8). Es sintomático que Cristo haya llamado «amigo» a Judas, a sabiendas de su traición (Mt. 26:50), y que haya sido señalado y reconocido como «amigo de pecadores» (Mt. 11:19; Lc. 7:34). Y es en virtud de este insólito y excepcional acto de amor que los cristianos podemos ser considerados también, finalmente, amigos de Dios (Jn. 15.14), ostentando este calificativo al lado del propio Abrahám (Isa. 41:8; St. 2:23), y contando en Cristo no solo con un salvador y redentor, lo cual sería más que suficiente; sino también con un amigo y hermano que nos ama en todo tiempo y nos ayuda en la adversidad (Heb. 2:11; Pr. 17:17), e intercede por nosotros, sus amigos (Job 42:10; Rom. 8:34; Heb. 7:25), y cuya amistad es incluso más fiel que la de los hermanos de sangre (Pr. 18:24; 2 Tim. 2:13), proveyéndonos el más palmario ejemplo de que la mejor forma de eliminar a los enemigos es convirtiéndolos en amigos (Lc. 6:27-36; Rom. 12:17-21).

... si, cuando eramos enemigos... fuimos reconciliados... mediante la
muerte de su Hijo, ¡con cuanta más razón... seremos salvados por su vida!

Romanos 5:10 NVI

La responsabilidad de delegar

«PODEMOS delegar la autoridad, pero no la responsabilidad»

STEPHEN COMISKEY

La acción de delegar es considerada acertadamente como un recurso legítimo y necesario del liderazgo, pero infortunadamente también se ha prestado con frecuencia para sacarle el cuerpo a la responsabilidad personal. No se puede delegar autoridad en alguien que no está preparado para asumirla ni tampoco desentenderse por completo de los asuntos delegados, pues aunque su ejecución directa ya no le corresponda a quien los delegó, estos continúan siendo de su responsabilidad. Moisés tuvo que delegar buena parte de sus funciones en otros israelitas, pues de no hacerlo así hubiera sido imposible que él solo se hiciera cargo de estas labores sin desfallecer bajo su peso (Éxo. 18:13-18). Pero antes tuvo que cerciorarse de escoger ... *hombres capaces y temerosos de Dios, que amen la verdad y aborrezcan las ganancias mal habidas,* instruidos con ventaja sobre el resto del pueblo en las leyes y enseñanzas de Dios y cuya condición personal los calificara para interpretar adecuadamente estas leyes en los casos particulares (Éxo. 18:19-26), sin que por eso renunciara a supervisar y mantenerse informado sobre la gestión de los mismos. El cristianismo puede verse también como el ejercicio por parte del creyente de unas prerrogativas delegadas por Cristo sobre él (Mt. 16:18-19; 18:18-19). Pero el Señor no rehuyó su responsabilidad al delegar, sino que cumplió paso a paso los requerimientos previos, conformando un grupo selecto de doce discípulos, ampliándolo posteriormente a setenta y dos e instruyéndolos durante tres años continuos antes de entregarles su autoridad y encomendarles las funciones del caso (Lc. 9:1-6; 10:1-16), haciéndolas extensivas a toda la iglesia en su momento (Mr. 16:15-18), garantizando finalmente su presencia permanente en el propósito de supervisar y respaldar las acciones legítimas de los suyos en el uso de la autoridad recibida (Mt. 28:18-20). El creyente está en la obligación de corresponder este voto de confianza cultivando en su vida un carácter adecuado a este propósito y una relación vital con Cristo si es que aspira a contar con el respaldo del poder divino cuando este sea requerido e invocado (Hc. 19:13-16).

Sí, les he dado autoridad a ustedes para... vencer todo el poder del enemigo; nada les podrá hacer daño.

Lucas 10:19 NVI

22

de octubre

El fuego de Dios

«EL LUNES veintitrés de noviembre... desde cerca de las diez y media de la noche como hasta las doce y media... FUEGO... El Dios de Abraham, el Dios de Isaac, el Dios de Jacob, no el de los filósofos ni eruditos. ¡Certidumbre! ¡Certidumbre! ¡Sentimiento! ¡Gozo! ¡Paz! El Dios de Jesucristo»

BLAS PASCAL

El fuego ha sido tradicionalmente un símbolo bíblico asociado con el juicio, la ira y el castigo divino; aunque también se ha utilizado para aludir los rigores de las pruebas que le sobrevienen al creyente y que ayudan, finalmente, a moldear su carácter conforme al propósito divino. Sin embargo, como lo señala el genial y devoto Blaise Pascal, en su famoso *Memorial,* el fuego es también un símbolo de la certeza y de la pasión que Dios otorga e imprime en el hombre en el auténtico acto de conversión, por medio de la fe en Él. No es casual que Juan Bautista describiera el contraste entre su ministerio y el de Cristo haciendo referencia al fuego (Mt. 3:11; Lc. 3:16), y que el envío del Espíritu Santo a la Iglesia en Pentecostés fuera en forma de *lenguas como de fuego* (Hc. 2:3). Después de todo, ya en al Antiguo Testamento Moisés había recibido la revelación de Dios en medio de las llamas de una zarza ardiente (Éxo. 3:2; Hc. 7:30). Así mismo, el profeta Jeremías afirmó, a su vez, que el compromiso, fervor y sentido del deber suscitado en su interior por la palabra de Dios era *un fuego ardiente* incontenible (Jer. 20:9), a la manera de lo vivido después por los discípulos de Emaús (Lc. 24:32). E Isaías también experimentó el perdón y el toque santificador de Dios a través de un *carbón encendido* (RVR), tomado del fuego del altar (Isa. 6:5-7). Es por todo lo anterior que el Señor Jesucristo resumió su ministerio diciendo: *He venido a traer fuego a la tierra, y ¡cómo quisiera que ya estuviera ardiendo!* (Lc. 12:49), en línea con lo declarado también por Isaías cuando describió proféticamente el ministerio del Señor en estos términos: *No acabará de romper la caña quebrada, ni apagará la mecha que apenas arde* (Isa. 42:3; Mt. 12:20). Por el contrario, la exhortación del Señor es a que avivemos la llama del don de Dios en nuestro interior (2 Tim. 1:6), y a no apagar el Espíritu (1 Tes. 5:19). Solo así estaremos en condiciones de experimentar benignamente a Dios como *fuego consumidor* (Heb. 12:29) y responder como lo hizo el salmista y el propio Jesucristo:

El celo por tu casa me consume...

Salmo 69:9 NVI

Colaboradores de Dios

«Dios no pide nuestra 'colaboración', sino nuestra humildad»

Nicolás Gómez Dávila

Dios ha llamado a todos los hombres en general, y con especialidad a los cristianos, a prestarle un calificado servicio a Él y a su causa. La diferencia entre cristianos y no cristianos a este respecto es que estos últimos no tienen conciencia de estar haciéndolo, sobre todo considerando que muchos de sus actos son contrarios a los mandamientos divinos, ya sea por ignorancia consentida o por abierta rebeldía; pero aún así no pueden evitar que incluso muchas de sus acciones censurables concurran a los propósitos divinos (Gén. 45:5-8; 50:19-20), sin perjuicio de los juicios y condenaciones a que se hagan merecedores. Los cristianos, por el contrario, no solo podemos y debemos tomar conciencia de este llamado, sino que también tendríamos que sentirnos inmensamente privilegiados y agradecidos por la oportunidad que Dios nos brinda de hacer aportes constructivos, voluntarios y conscientes al cumplimiento de sus propósitos en el mundo, por más imperceptibles que puedan ser. Y si bien el Señor nos exhorta a declarar nuestra inutilidad en el cumplimiento de nuestros deberes para con Él (Lc. 17:10), esta declaración no debe pronunciarse con desánimo sino, por el contrario, con la satisfacción de haber hecho lo que nos corresponde. En efecto, Dios no necesita por fuerza de nuestra colaboración. Podría prescindir de ella sin más. Pero lo sorprendente es que, sin embargo, decide convocarnos e involucrarnos activamente en sus planes soberanos como una manifestación adicional de su gracia y del hecho de que, una vez redimidos, nos considera confiables al punto de permitir que buena parte del éxito actual de su obra perfecta consumada en la cruz del Calvario y coronada magistralmente con su resurrección, dependa en buena medida de la muy imperfecta colaboración voluntaria que la iglesia le preste (Rom. 10:13-15). Tener esto presente evita la presunción por la cual muchos quieren servir a Dios, pero en calidad de consejeros. Por eso es que, antes que nuestra colaboración, Dios requiere de nosotros una actitud humilde y agradecida que reconozca el inmenso privilegio concedido a simples mortales de poder declarar junto con el apóstol Pablo:

En efecto, nosotros somos colaboradores al servicio de Dios...
Según la gracia que Dios... ha dado...

1 Corintios 3:9-10 NVI

24
de octubre

La utilidad de las aflicciones

«Todo hombre, debe pensar que cuanto le ocurre es un instrumento... Todo lo que le pasa, incluso las humillaciones, los bochornos, las desventuras... le ha sido dado como arcilla... tiene que aprovecharlo. Esas cosas nos fueron dadas para que las transmutemos, para que hagamos de la miserable circunstancia de nuestra vida, cosas eternas o que aspiren a serlo»

Jorge Luis Borges

A causa de su ceguera, Borges comprendió la verdad expresada por el Señor Jesucristo a sus discípulos, advirtiéndoles que: *En este mundo afrontarán aflicciones, pero ¡anímense! Yo he vencido al mundo* (Jn. 16:33). En efecto, independiente del tipo, origen, extensión o intensidad de las diferentes aflicciones particulares del individuo, estas son sin lugar a dudas lo más característico de nuestra condición humana existencial en nuestro paso por el mundo. Pero lejos de sumirnos en la miseria, las circunstancias dolorosas de la vida del hombre, y en especial del creyente, no tienen por que ser desgracias absolutas, sino que pueden ser convertidas en vislumbres o gloriosos anticipos de la eternidad, ya que las situaciones aflictivas con frecuencia sacuden los endebles y superficiales cimientos en que nos apoyamos y, si las asumimos constructivamente, nos obligan una y otra vez a cavar más hondo hasta lograr poner nuestros cimientos sobre la inconmovible roca eterna de la Palabra de Dios (Lc. 6:48), que *vive y permanece para siempre* (Lc. 21:33; 1 P. 1:25). Esta es el beneficio que se puede derivar de todas las formas de aflicción experimentadas por el cristiano, incluyendo la persecución (2 Tim. 3:12), la prueba y la disciplina divina indistintamente. Y si bien es cierto que no existe punto de comparación entre *los sufrimientos actuales con la gloria que habrá de revelarse en nosotros* (Rom. 8:17-18; Hc. 14:22); esta gloria no consiste únicamente en la que disfrutaremos con Dios en la consumación de los tiempos, sino también en la gloriosa consolación que comenzamos a experimentar hoy en medio de las mismas aflicciones, manifestada en la perseverancia, en la entereza de carácter, en la esperanza firme, en la constancia y en la integridad logradas a través de la aflicción (Rom. 5:3-5; St. 1:2-4), perfeccionándonos día a día conforme al propósito de Dios para nuestra vida (Heb. 2:10).

Pues los sufrimientos ligeros y efímeros que ahora padecemos producen una gloria eterna que vale más...

2 Corintios 4:17 NVI

El gigante dormido

«Aquí yace un gigante dormido. Si alguna vez se despierta, nadie podrá detenerlo»

Napoleón Bonaparte

El emperador francés pronunció estas palabras para referirse al profundo respeto que le infundía la nación China por el enorme potencial militar que representaba su numerosa población. Y es que el vocablo «gigante» evoca metafóricamente instancias o situaciones contrarias que nos intimidan debido a que superan nuestras fuerzas y, por lo mismo, se pueden tornar especialmente amenazantes cuando se vuelven contra nosotros. Cuando arribaron a la Tierra Prometida, los israelitas padecieron lo que podríamos designar como «el síndrome de langosta» (Nm. 13:25-33), que consiste en acobardarse ante los gigantes que aparecen en nuestro horizonte inmediato, representados en nuestro contexto por cualquier problema, circunstancia adversa o personaje hostil que nos amenace de forma abrumadora. Pero este síndrome que frecuentemente padecemos tiene su origen más en una equivocada percepción subjetiva de nuestra realidad que en la realidad en sí misma vista objetivamente. Es decir que por lo general los gigantes son tales porque así los queremos ver y no porque realmente lo sean. Los israelitas que se veían a sí mismos como langostas y presumían que así también los debían ver sus enemigos, pasaban por alto, por ejemplo, el temor que siempre ha inspirado y los estragos que ha ocasionado la aparición de una nube de langostas en cualquier comunidad humana. Sin embargo, el adolescente David enfrentó exitosamente y sin temor al gigante Goliat porque tenía una percepción de sí mismo acorde con su realidad espiritual (1 S. 17:45-47). Y si los israelitas hubieran tenido noticia del temor que su llegada había generado en los pueblos cananeos debido a los informes sobre la manera en que Dios los había librado de enemigos más poderosos que ellos (Nm. 22:2-6; Dt. 11:22-25), con toda seguridad que habrían tenido una actitud diferente, superando el «síndrome de langosta». La situación de los creyentes ante los problemas que los agobian es la misma. Lo que sucede es que la iglesia es un gigante dormido (Efe. 5:14), que no ha captado en muchos casos su propio potencial en Cristo (Dt. 4:34, 38-39; Isa. 42:13; Jer. 20:11; Sal. 56:11; 118:6-7), no gracias a su superioridad numérica, sino a la presencia de Cristo con ella (Dt. 31:6; Heb. 13:5).

Si Dios está de nuestra parte, ¿quién puede estar en contra nuestra?

Romanos 8:31 NVI

26
de octubre

Cristo, contemporáneo de la humanidad

«Comprendamos qué es el tiempo y qué representan las edades del hombre... cuando se haya escrito la última palabra de la historia... acaso... sabrán que todos los hombres somos contemporáneos!»

William Abbott

La ciencia actual ha establecido dos hechos incontrovertibles. El primero es que la edad del universo ronda la delirante cifra de 15.000 millones de años. Y el segundo es que, a pesar de ello, el tiempo es relativo, como lo afirma la teoría de la relatividad de Einstein. En el marco del primero de estos hechos, el lapso que el hombre lleva habitando la tierra es irrisorio, aún sumando a ello el periodo que los evolucionistas asignan a la prehistoria humana que, sin embargo, sigue siendo controvertido. Sea como fuere, se puede afirmar que, comparado con la edad del universo, el espacio de tiempo que la humanidad ocupa en la línea cronológica es tan ínfimo que hace que, desde esta amplia perspectiva, prácticamente todos los hombres terminemos siendo contemporáneos, aunque en estricto rigor no sea así. Pero por otro lado, en vista del carácter relativo del tiempo y, particularmente, en lo que concierne a *Jesucristo hombre* (1 Tim. 2:5); Él es nuestro contemporáneo en un sentido real, personal e individual; no solo debido a que, en su condición divina, para Él ... *un día es como mil años, y mil años como un día* (2 P. 3:8), -confirmando de paso que: *Antes del sabio de Ulm* [Einstein], *nadie descubrió la relatividad en las Sagradas Escrituras, donde estuvo desde siempre* (D. Silva-Silva)-, sino también en razón de la ascensión de Cristo a la diestra del Padre (Sal. 110:1; Mr. 16:19; Lc. 24:50-51; Hc. 1:1-2, 9-11), pues como lo dice R.C. Sproul: *Él ascendió no tanto a un lugar como a un oficio.* Oficio este que ejerce de manera presente y continua a favor de los suyos sin limitaciones de tiempo, pues *Con Jesús todo es contemporáneo* (A. Campolo), haciendo posible así la presencia de su Espíritu en todos los momentos de la historia humana (Jn. 16:7); la dotación de dones a la iglesia (Efe. 4:7-16); y su actual y permanente ministerio sacerdotal a favor nuestro (Sal. 110:4; Heb. 5:6; 7:23-25; 8:1-2; 1 Jn. 1:7-9; 2:1-2; Rom. 8:33-34), en virtud de todo lo cual puede dirigirse a cada uno de nosotros como nuestro contemporáneo, en los siguientes inequívocos términos:

... les aseguro que estaré con ustedes siempre, hasta el fin del mundo.

Mateo 28:20 NVI

Los milagros y la fe

«Yo CREO, a pesar de los milagros»

PIERRE TEILHARD DE CHARDIN

La anterior profesión de fe no deja de ser contradictoria teniendo en cuenta que, como lo señalaba Goethe, el milagro es como *el hijo predilecto de la fe*. Pero hemos de abonarle a Chardin su honestidad al servir de vocero a los creyentes que se desenvuelven en el campo de la ciencia para declarar la dificultad que entraña para ellos la aceptación de los milagros. Esto obedece no solo al hecho de que la ciencia es atea por método y se resiste por lo tanto a aceptar hechos que no se puedan remitir y explicar por referencia a las leyes de la naturaleza tal y como la ciencia las ha formulado; sino también como reacción a la actitud de las iglesias que en muchos casos se han prestado de manera lamentable al dogmatismo rígido, al milagrerismo, a la superstición y a la magia que se hace pasar por religión, descalificando de paso a la ciencia. Por eso es reconfortante comprobar cómo, a pesar de su desacuerdo básico con ellos, el teólogo protestante reformado Harvie M. Conn reconoció en el sistema teológico de ilustres y controvertidos colegas suyos como Chardin y Bultmann el mérito de recordarnos que, como cristianos, debemos de cualquier modo tomar en serio a la ciencia y sentirnos estimulados a desarrollar sistemas teológicos flexibles que, sin perder su orientación y fundamento bíblico, le den cabida a los más recientes hallazgos científicos y no descartarlos mediante lo que E. J. Carnell llamó *la ignorancia o el ridículo piadoso*. De cualquier manera, en este propósito no podemos llegar a transigir al grado de negarle a los milagros el legítimo lugar que les corresponde en el marco de la fe pues, como lo dice Eugenio Danyans: *La Buena Nueva que Jesucristo comunicó continúa interpelando a los hombres de nuestra época postmoderna y lo hace mediante el recurso constante al milagro.* En consecuencia y sin menoscabo de las subjetivas interpretaciones existencialistas y alegóricas de los milagros llevadas a cabo por Bultmann y Tillich, entre otros; la iglesia debe reivindicar con toda la seriedad del caso la función objetiva que el milagro ha desempeñado desde siempre como señal confirmatoria de la verdad proclamada en el evangelio.

Jesús hizo muchas otras señales milagrosas...
Pero estas se han escrito para que ustedes crean...

Juan 20:30-31 NVI

28
de octubre

La soberanía de Dios

«EL MAL porta consigo la semilla de su propia destrucción. A la larga, el bien derrotado es más fuerte que el mal triunfante»

MARTIN LUTHER KING

«LOS MOLINOS de Dios muelen lentamente, pero muelen extraordinariamente fino»

CHARLES A. BEARD

La soberanía es el acto por el cual *El Señor hace todo lo que quiere...* (Sal. 135:6; 115:3) y providencia es el ejercicio de la soberanía para el bien y el beneficio de su creación (Mt. 6:25-34), en orden al cumplimiento de los propósitos divinos y al triunfo final de su justa causa. Lo anterior parece incompatible con la experiencia y la revelación bíblica acerca del libre albedrío del hombre, pero esta impresión no es exacta, pues lejos de ser mutuamente excluyentes, estos temas se complementan y pueden conciliarse por medio de la «concurrencia», expresión de la soberanía divina por la cual Dios puede obrar sabia, selectiva y estratégicamente para hacer que aún aquellas decisiones humanas abiertamente contrarias a sus mandamientos y deseos, terminen convergiendo al cumplimiento de su voluntad. Sin embargo, la concurrencia no puede ser esgrimida como excusa para justificar el pecado humano, pues aunque sea cierto que *Dios escribe derecho con renglones torcidos*, como lo dijo Blaudel, pudiendo encauzar aún nuestras malas decisiones al cumplimiento de sus propósitos; no por eso somos absueltos de culpa ni podemos eludir nuestra responsabilidad ante Él (Rom. 3:5-8; 5:20; 6:1-2, 15). La venta de José como esclavo por parte de sus hermanos y la traición de Judas al Señor Jesucristo no pueden ser pasadas por alto o minimizadas, así hayan sido aprovechadas por Dios para el cumplimiento de sus propósitos redentores (Gén. 45:5; 50:20; Jn. 13:18; Hc. 2:23; 4:27-28), pues, a pesar de esto, ambos, Judas y los hermanos de José, deben ser legítima y justamente inculpados por ello y sus acciones condenadas, disuadiendo así a otros de incurrir nuevamente a ellas, pues sea como fuere, a la larga y a la postre, «el mal no paga». A la vista de lo anterior, el asunto se reduce entonces a saber si Dios es soberano «a pesar y en contra de» o «a favor y a través de» nosotros mismos, ya sea que lo asumamos con resignada impotencia o con rendida confianza.

... desistimos exclamando: -¡Que se haga la voluntad del Señor!

Hechos 21:14 NVI

29

La docta ignorancia

«NINGÚN hombre, ni el más diligente, llegará a encontrar lo más perfecto de la sabiduría más que en encontrarse doctísimo en la ignorancia que le es propia; y tanto más sabio será cuanto más ignorante se reconozca»

NICOLÁS DE CUSA

Una de las nociones más sugestivas y estimulantes de la historia del pensamiento humano es la llamada «docta ignorancia» propuesta por Nicolás de Cusa, asunto que venía ya abordándose desde la tradición clásica de los griegos a través de la conocida sentencia de Sócrates: *Solo sé que nada sé.* La «docta ignorancia» hace, pues, referencia a la imposibilidad de alcanzar un conocimiento pleno y completo de nuestra realidad, por más que profundicemos en la comprensión y el conocimiento de la misma, pues siempre que avanzamos un paso en esta dirección, el horizonte de lo que todavía ignoramos se ensancha generando nuevas preguntas de las que no estábamos conscientes previamente. Es como si con cada escalón alcanzado aparecieran dos más en el campo de visión de lo que aún nos falta por recorrer, de modo que nunca podremos pretender haber recorrido por completo la escalera, terminando finalmente con un claro convencimiento de que, a pesar de que sabemos mucho más que al comienzo, paradójicamente la extensión de lo que aún ignoramos también es mayor que la inicial. Es decir que somos más «doctos» en lo que ignoramos que en lo que sabemos. Pero el adquirir conciencia de todo lo que aún se ignora es de cualquier modo un conocimiento valioso que fomenta en el hombre la humildad ante la inconmensurable e inescrutable grandeza de Dios (Rom. 11:33-34). La Biblia toca el tema al contrastar el conocimiento mundano y jactancioso que pretende explicarlo todo, con la humilde y piadosa sabiduría que reconoce sus limitaciones (1 Cor. 3:18-19; 8:1-2). La noción de la «docta ignorancia» sirve entonces para contrarrestar el envanecimiento típico del erudito, junto con el peligro de que en el cristianismo se termine reemplazando la *relación* vital y personal *con* Cristo por el *conocimiento acerca de* Cristo. Pero no sirve como pretexto para justificar la ignorancia crasa voluntariamente consentida por el creyente (Ose. 4:6), y mucho menos el hacer ostentación de ella, convirtiéndose así en un errático y permanente «buscador» que nunca llega a encontrar nada seguro, al estilo de lo dicho por Pablo:

... *siempre están aprendiendo, pero nunca logran conocer la verdad.*

2 Timoteo 3:7 NVI

30
de octubre

La crisis de identidad

«PARA que la Iglesia Occidental se reanime tiene que resolver su crisis de identidad, afirmarse en la verdad, renovar su visión... y, más que todo, tiene que recuperar el temor al Señor»

CHARLES COLSON

El mal mayor que da lugar a todas las demás deficiencias señaladas en el anterior texto es, sin lugar a dudas, la crisis de identidad. No en vano las preguntas fundamentales que el hombre se ha formulado siempre han sido: ¿quiénes somos?, ¿de dónde venimos? ¿para dónde vamos? ¿qué debo hacer? y ¿qué puedo esperar? Para responderlas todas debemos comenzar por la primera, pues la desorientación y el extravío propio del mundo postmoderno se debe básicamente a que no sabemos quienes somos. Latinoamérica ha sido especialmente sensible a este mal, como lo confirma la siguiente afirmación concluyente, fruto de concienzudo y calificado análisis: *Latinoamérica no existe... porque carece de identidad colectiva* (D. Silva-Silva), diagnóstico que sería desesperanzador si no existiera una alternativa viable: *... su identidad... bien puede hallarla a través del Evangelio...* (íbid). La iglesia está llamada, por tanto, a tomar la iniciativa en esta búsqueda... *como en un redescubrimiento de la original identidad cristiana* (íbid). Aún el apóstol Pedro fue en su momento, -en razón de su triple negación del Señor-, víctima de este mal, renegando precisamente de su ser o identidad personal: *no lo soy* (Lc. 22:58; Jn. 18:17, 25), pasando por la negación de su conocer: *no lo conozco* (Mt. 26:72, 74; Mr. 14:68, 71; Lc. 22:57) y cerrando con la negación de su saber: *No sé* (Mt. 26:70; Lc. 22:60). Es que cuando negamos nuestra identidad esencial, lo que *somos*; pronto estaremos a la deriva sin *conocer* de donde venimos ni para donde vamos, y sin *saber* tampoco lo que debemos hacer y lo que podemos esperar en la coyuntura en la que nos encontramos. Es, pues, urgente superar *El síndrome de Pedro* (D. Silva-Silva), pues*: ... más que nunca, necesitamos... Ser gente de este tiempo... conocer... lo... necesario para la comprensión del fenómeno contemporáneo; y saber... acertar en medio de las complejas circunstancias de hoy* (íbid), asumiendo en primer término nuestra restaurada identidad en Cristo con plena conciencia y en todas sus maravillosas implicaciones.

Queridos hermanos, ahora somos hijos de Dios...

1 Juan 3:2 NVI

El prejuicio de la generalización

«GENERALIZAR extiende nuestro poder y empobrece nuestro espíritu»

NICOLÁS GÓMEZ DÁVILA

Uno de los prejuicios más comunes e insidiosos utilizados por el ser humano para reducir a explicaciones simplistas las complejas razones del comportamiento humano es la generalización. Generalizar despersonaliza a los individuos que son víctimas de este fácil recurso y, como lo dice Gómez Dávila, empobrece el espíritu de los que hacen uso del mismo. Lamentablemente, la Iglesia también ha ejercido esta práctica a través de la historia, y su utilización se ha incrementado a la par con el aumento del número de sus miembros y del poder político detentado por ella en un momento dado, patrocinando injusticias en el tratamiento de todos aquellos que, con razón o sin ella, han sido señalados como enemigos de la Iglesia. Aún hoy, muchos católicos siguen prejuzgando de este modo a los que no pertenecen a su confesión, pues: *Se insiste en incluir a la Iglesia Cristiana Evangélica... en una difusa mezcla de sectas... En Latinoamérica se han generalizado las definiciones hasta circunscribirlas simplemente a católicos y cristianos... católico si pertenece al 'oficialismo'... cristiano, si se afilia a alguna 'disidencia'... El maniqueismo que amenaza volverse ambiental, bajo la idea de que los católico-romanos son los buenos, y los demás los malos, debe ser vigorosamente rechazado por los ciudadanos de bien de todas las ideologías* (D. Silva-Silva), añadiendo más adelante: *En algunos países la definición de evangélico ha llegado a refundirse y confundirse a menudo con el estilo pentecostal, sin tomar en cuenta que no todos los evangélicos se identifican con él, sino, por el contrario, muchos no lo comparten, auncuando lo respeten en general.* Paradójicamente, desde el inicio de la modernidad y la progresiva y creciente secularización que la ha acompañado y que, no sin motivo, ha terminado desacralizando y cuestionando sistemáticamente y con manifiesta irreverencia a la religión institucionalizada, todas las vertientes de la cristiandad, en particular la católica, han sido objeto del mismo tratamiento descalificador, propiciando *una injusta generalización, según la cual, la excepción es regla* (D. Silva-Silva). En últimas, provenga de donde provenga, el prejuicio de la generalización cae dentro de la prohibición cristiana de no juzgar con ligereza (Mt. 7:1-2; Jn. 7:24; 8:15).

Por lo tanto, no juzguen nada antes de tiempo;
esperen hasta que venga el Señor...

1 Corintios 4:5 NVI

1

de noviembre

La alegría saludable

«¡Don valioso... es ese de poder hacer bromas a costa de uno mismo!... un chiste a costa de sí mismo ahuyenta la envidia y los celos... ayuda... a conservar la conciencia de la realidad y el buen humor... puede muchas veces atenuar una aflicción... es una prueba inequívoca de salud mental»

ARTHUR GORDON

El humor es considerado una facultad propia y exclusiva de la naturaleza espiritual que el hombre posee. El psiquiatra judío Viktor Frankl testificó cómo en los campos de concentración nazis el humor era paradójicamente un recurso para sobrellevar las terribles condiciones deshumanizantes a las que se veían sometidos los prisioneros: ... *se contaban chistes que contenían alguna referencia satírica sobre el campo... El buen humor es... otra de las armas con las que el alma lucha por su supervivencia... puede proporcionar el distanciamiento necesario para sobreponerse a cualquier situación, aunque no sea más que por unos segundos.* Sin embargo, el humor como recurso desesperado y recurrente puede traer consecuencias nefastas tales como la insensibilidad, el sarcasmo y el cinismo que distinguen el llamado «humor negro», además de constituirse muchas veces en un sofisma de distracción para no afrontar el drama existencial del individuo, manteniéndolo así sumido en él. Salomón consideraba una locura la risa superficial (Ecl. 2:2), y pone de manifiesto la tristeza, el dolor y la necedad frecuentemente encubiertos por ella (Pr. 14:13; Ecl. 7:6). Por eso la recomendación bíblica es que *Vale más llorar que reír; pues entristece el rostro, pero le hace bien al corazón* (Ecl. 7:3). El poeta Juan de Dios Peza expresó muy bien esta realidad en el cierre de su popular poema *Reír llorando* que dice: *¡Ay; ¡Cuántas veces al reír se llora! ¡Nadie en lo alegre de la risa fíe, porque en los seres que el dolor devora, el alma llora cuando el rostro ríe!... El carnaval del mundo engaña tanto, que las vidas son breves mascaradas; aquí aprendemos a reír con llanto, y también a llorar con carcajadas.* Se justifica entonces el apremio a reconocer nuestras miserias convirtiendo nuestra risa engañosa en llanto y nuestra aparente alegría en tristeza (St. 4:9), para poder alegrarnos finalmente con un fundamento firme que permanezca por siempre:

> *... ahora me alegro... porque su tristeza los llevó al arrepentimiento... tal como Dios lo quiere...*

2 Corintios 7:9 NVI

2

de noviembre

La desnudez humana

«La vida es una peregrinación de un momento de desnudez a otro»

John R. W. Stott

Job consignó en el libro que lleva su nombre: *Desnudo salí del vientre de mi madre, y desnudo he de partir* (Job 1:21), convicción con la que se sobrepuso a su difícil situación personal, trascendiendo así su estrecha y limitada perspectiva para asumir una más amplia que le permitiera evaluar su condición sin sacrificar su esperanza ni perder su confianza en Dios. Pero lo cierto es que la desnudez tiene en las Escrituras connotaciones negativas desde el punto de vista moral, no como producto de las costumbres sociales que han terminado vinculándola con la impudicia y el descaro de índole eminentemente sexual que transgrede los usos socialmente establecidos; sino que está asociada a la vergüenza (Eze. 16:1-14), y a la culpa que el pecado ha acarreado sobre todo el género humano. Es así como, con la única excepción de la mención que de ella se hace antes de la caída (Gén. 2:25); todas las posteriores alusiones bíblicas a la desnudez se refieren a ella en términos reprobatorios (Gén. 9:22; Éxo. 20:26; 28:42). Es por eso que la historia de la humanidad podría resumirse en una búsqueda universal y permanente por encontrar algo con lo cual cubrir nuestra desnudez espiritual, nuestra vergüenza, nuestra culpa, no propiamente ante los ojos de los demás hombres; sino ante los de Dios (Gén. 3:10). Y en este propósito solo existen dos posibilidades: intentar cubrirnos infructuosamente con delantales de hojas de higuera (Gén. 3:7), figura que representa la multitud de estériles obras y esfuerzos humanos por acallar nuestra conciencia y justificarnos delante de Dios, todos los cuales están condenados al fracaso (Isa. 64:6); o cubrirnos con las túnicas de pieles provistas para este fin por el mismo Dios (Gén. 3:21), que evocan el cruento sacrificio de un animal que muere en sustitución del pecador, noción que culmina con el voluntario y abnegado sacrificio expiatorio de Cristo, el *Cordero de Dios* (Jn. 1:29), inmolado por nuestros pecados y que ha probado ser el único medio eficaz para cubrir la desnudez que nos impedía relacionarnos favorablemente con Dios. A los que optan por lo primero desechando lo último el Señor los amonesta así:

... te aconsejo que de mí compres... ropas blancas para que te vistas y cubras tu vergonzosa desnudez...

Apocalipsis 3:17-18 NVI

3
de noviembre

Las victorias pírricas

«Hay demasiadas victorias peores que una derrota»

George Eliot

Pirro, rey y estratega militar de la provincia de Epiro, lideró victoriosamente una coalición de ciudades griegas en contra de los romanos. Sin embargo, las victorias obtenidas en batalla fueron tan cerradas y sus pérdidas tan abrumadoras, que al término de una de ellas pronunció su célebre frase: *Con otra victoria como esta y estamos perdidos.* Desde entonces la expresión «victoria pírrica» ha designado una victoria cuyas ganancias no compensan las pérdidas sufridas durante la misma. Muchas empresas humanas a través de la historia han culminado en victorias pírricas y, contra toda evidencia, siguen siendo reeditadas y emprendidas de nuevo necia e irreflexivamente por las generaciones siguientes en perjuicio propio, desoyendo el consejo del Señor al respecto (Lc. 14:31-32). Entre estas victorias pírricas que se repiten de generación en generación podemos señalar, a nivel individual, la obtención ilícita o inmoral de placeres inmediatos y momentáneos, sacrificando en el proceso la vocación profesional y los afectos. O triunfar en el ejercicio de la vocación sacrificando las relaciones con los seres queridos. A este respecto Patrick Morley manifestó que: *No hay éxito laboral que pueda compensar el fracaso en el hogar.* E incluso tener éxito como padres a costa de la relación de pareja. O, finalmente, triunfar en todo lo anterior, pero malogrando nuestra relación vital y personal con Dios. En la Biblia aparecen varios ilustrativos casos de victorias pírricas, con consecuencias irreversibles para sus protagonistas. En la caótica época de los jueces encontramos, por ejemplo, a Jefté, quien para derrotar a sus enemigos los amonitas hizo una promesa irreflexiva y, si bien triunfó en la batalla, lo hizo al costo de la vida de su hija sacrificándola en el cumplimiento de lo prometido (Jue. 11:29-40). Asimismo, personajes como Elí, Samuel y David, triunfaron en el ejercicio de sus vocaciones de dirigentes en el aspecto sacerdotal, profético, político y militar; pero fracasaron de manera estruendosa al formar y disciplinar a sus hijos (1 S. 3: 13-14; 8:1-4; 2 S. 13:1-18:33), pagando un doloroso costo personal en este crucial asunto. Por eso el Señor nos cuestiona para que nuestro paso por el mundo no se convierta en una victoria pírrica:

¿De qué le sirve a uno ganar el mundo entero
si se pierde o se destruye a sí mismo?

Lucas 9:25 NVI

4

de noviembre

La igualdad de derechos y la diferencia de roles

«IGUALDAD de valor no es identidad de rol»

J. H. YODER

La Biblia afirma que todos los seres humanos tienen el mismo valor delante de Dios, de donde se desprende que Él no tiene favoritos ni discrimina a nadie con parcialidad (Hc. 10:34-35; Rom. 2:11; Gál 3:28). Pero a esta igualdad de valor se le ha querido imponer arbitrariamente una equivocada homogeneidad que busca anular la variedad y unicidad de la persona humana, nivelando con rasero a todos los hombres sin considerar sus providenciales diferencias individuales que los hacen indistintamente aptos para desempeñar con ventaja ciertos roles en la sociedad, por encima de otros para los cuales existen individuos mejor facultados, sin que ninguno de ellos sea menos importante y necesario en el seno de la comunidad. La doctrina bíblica de la Iglesia como cuerpo de Cristo (1 Cor. 12:12-31) deja esto en claro al afirmar que *los miembros del cuerpo que parecen más débiles son indispensables, y a los que nos parecen menos honrosos los tratamos con honra especial...* (v. 22-23). No se puede esgrimir entonces la igualdad de valor para promover la identidad de roles, ni tampoco utilizar la variedad de roles para establecer jerarquías de poder que, sin ninguna base bíblica, terminen fomentando la desigualdad y dando pie a la opresión injusta de unos hacia otros. Esto último es especialmente notorio en lo concerniente a los géneros, campo en el cual la iglesia ha malinterpretado en muchos casos los roles bíblicos determinados por Dios para el hombre y la mujer (Efe. 5:21-33), fomentando así el machismo que se apoya en una supuesta pero falsa superioridad del hombre. Como reacción las feministas, en su justificado y legítimo esfuerzo por sacudirse el yugo opresivo de los hombres y relacionarse con ellos en términos de igualdad, han terminado por irse al extremo de usurpar el rol masculino y desechar el propio, generando una situación en la cual el remedio termina siendo peor que la enfermedad. El cristianismo de hoy debe reivindicar el lugar asignado por Dios a la mujer en términos de igualdad con el hombre, sin confundir en el proceso la diferencia de roles establecidos para cada uno en una relación de complementaridad y no de competencia.

> *Dios... dijo: 'No es bueno que el hombre esté solo.*
> *Voy a hacerle una ayuda adecuada...*

Génesis 2:18 NVI

5

de noviembre

Claridad de visión

«VER con claridad es poesía, profecía y religión, todo a la vez»

JOHN RUSKIN

Refiriéndose a los dos toques impartidos por Cristo al ciego de Betsaida para devolverle la vista (Mr. 8:22-25), el pastor Darío Silva-Silva hace el siguiente lúcido comentario: *No basta ver, es necesario ver con claridad... el primer toque de Jesús le da la vista; el segundo le da la visión.* La visión es, entonces, ver con claridad, a lo cual cabría añadir que no es lo mismo «vista» que «visión». La vista es física. La visión es espiritual. Al respecto la Biblia dice: *Donde no hay visión, el pueblo se extravía...* (Pr. 29:18), lo cual explica por qué el profeta era llamado también «vidente» en las Escrituras (1 S. 9:9), pues era quien tenía la visión de Dios. Pero, ¿qué es finalmente la visión? Laura Bergman responde de manera sencilla: *Es la imagen convincente de un futuro alcanzable.* La visión no es, pues, un proyecto utópico, sino una profunda disconformidad con lo que *es* y una clara comprensión de lo que *puede ser* (J. Stott), que incluye entonces un enfoque optimista del futuro, pero también la dirección e inspiración de Dios, y el liderazgo del creyente como agente dinámico y positivo de cambio. La fe es, por tanto, crucial para la realización de la visión ya que: *La fe es el punto de visión clara que orienta la percepción de la entera realidad* (Juan Mateos). Y la visión es la que otorga finalmente sentido a nuestra existencia, pues: *la vida del hombre consiste en la visión de Dios* (Ireneo de Lyon). Por todo ello, es necesario que la Iglesia recobre la pasión, la dirección y la visión de los grandes hombres de Dios en la Biblia, tales como la visión de la fe, de Abraham (Gén. 15:1, 5-6); la de la prosperidad, de Jacob (Gén. 28:12-22); la de la libertad, de Moisés (Éxo. 3:1-10; Jn. 8:32, 36), -reiterada por el apóstol Pablo (Gál. 5:13)-; la de la victoria, de Eliseo (2 R. 6:15-18; Rom. 8:31; 1 Jn. 4:4); la de la justicia social, de profetas como Amos y Oseas; la del poder de la resurrección, de los discípulos de Emaús (Lc. 24:13-18, 25, 31); la de la gloria de Dios, de Esteban (Hc. 7:54-60); la de la evangelización, de Pablo (Hc. 9:1-6, 15); y la de la segunda venida del Señor, de Juan (Apo. 22:7, 12, 20; 2 Tim. 4:8). Solo así veremos su cumplimiento, como lo declaró Habacuc:

... la visión se realizará en el tiempo señalado... no dejará de cumplirse...
espérala; porque sin falta vendrá.

HABACUC 2:3 NVI

6
de noviembre

La eficacia de la cruz

«SOBRE el campanario de la iglesia moderna, el clero progresista, en vez de cruz, coloca una veleta»

NICOLÁS GÓMEZ DÁVILA

El inicio de un nuevo siglo, y con mayor razón si lo es también de milenio, se asimila fácilmente a un cruce de caminos que sirve de pretexto y ocasión para evaluar y revaluar con juicio crítico las ideologías, dogmas y paradigmas personales y colectivos que se encuentran en vigencia, con miras a reafirmar aquellos que han demostrado ser fuente de verdadero progreso y desarrollo integral del hombre, desechando al mismo tiempo los que han resultado ser contrarios al mismo. Pero no es fácil hacerlo con objetividad ni tampoco ver con claridad el panorama, de donde el cruce de caminos se convierte fácilmente en una encrucijada que plantea al hombre de hoy profundos y difíciles dilemas. Es así como, a comienzos del siglo XXI la situación es muy confusa para muchos, sobre todo teniendo en cuenta que la mayoría de los más bien escasos sectores progresistas del cristianismo actual, con todo y su bimilenaria tradición institucional, parecen no tener respuestas que brinden asideros firmes a una humanidad visiblemente desorientada y presa de la zozobra. No en vano George Herbert dijo que: *El diablo divide al mundo entre el ateísmo y la superstición* o, dicho de otro modo, entre la incredulidad y la credulidad. En efecto, hoy por hoy parece que, contrario a lo que muchos piensan, el hombre contemporáneo no es que no crea ya en nada, sino que cree en todo. De la incredulidad propia de la modernidad se ha pasado a la credulidad de la posmodernidad, reflejando así lo ya anunciado por el apóstol Pablo (2 Tim. 4:3). Por eso el consejo del profeta sigue resonando en la distancia (Jer. 6:16), apuntando al sendero antiguo, al buen camino señalado por la cruz del Calvario en el cual los hombres de todos los tiempos han hallado siempre el descanso anhelado. Porque el perfil de la cruz de Cristo aún se sigue recortando con nitidez inamovible contra el horizonte de la historia, pues *La cruz no es péndulo, ni veleta: la cruz es brújula y ancla... La cruz no se ladea: permanece vertical con Dios y horizontal con el hombre, y en el cruce de sus maderos está el fiel inmutable de la balanza eterna* (D. Silva-Silva). La cruz conserva hoy, por tanto, toda su eficacia:

... me envió a... predicar el evangelio... para que la cruz de Cristo no perdiera su eficacia.

1 CORINTIOS 1:17 NVI

7
de noviembre

La oración matutina

«NADIE en su sano juicio dejaría sus principales oraciones para la hora de acostarse: indudablemente, la peor hora para cualquier acto que requiera concentración. Mi plan, cuando estoy apurado, es aprovechar cualquier momento y lugar, aun cuando fuesen inapropiados, mejor que el último momento»

C. S. LEWIS

La Biblia no establece por norma un momento determinado del día para destinarlo a la oración devocional. Los salmos registran que la oración de David tenía lugar indistintamente en la mañana, en la tarde o en la noche (Sal. 55:16-17), práctica que parece haber sido seguida también por el profeta Daniel, quien *tenía por costumbre orar tres veces al día* (Dn. 6:10). Sin embargo, la experiencia cristiana y el sentido común nos indican que restringir la oración habitual y cotidiana a los últimos momentos del día no es lo más conveniente debido, por una parte, a que la capacidad de atención y concentración está ya muy mermada por el cansancio y los rigores de la jornada laboral, de lo cual se sigue que a estas alturas acudimos a Dios con nuestros «restos» en vez de ofrecerle nuestras «mejores primicias» (Éxo. 34:26; Pr. 3:9); situación que nos recuerda de manera inquietante el contraste entre la ofrenda de Abel y la de su hermano Caín, el primero de los cuales *presentó al Señor lo mejor de su rebaño*, mientras que el segundo tan solo trajo *una ofrenda del fruto de la tierra*, detalle que parece haber incidido en el hecho de que el Señor mirara *con agrado a Abel y a su ofrenda* pero no hiciera lo mismo con la de Caín (Gén. 4:3-5). Por otra parte, dejar la oración para el final del día puede dar la impresión de que esta es un recurso tardío o de último momento para quien así lo hace, contrario a lo afirmado en las Escrituras en el sentido de que la oración debe ser la primera y continua instancia de apelación a Dios y expresión de humilde dependencia de Él en toda circunstancia (Lc. 18:1-7; Rom. 12:12; Efe. 6:18; 1 Tes. 5:17-18). Es por eso que la Biblia favorece las horas de la mañana para acudir a Dios en oración (Sal. 5:3; 119:146-147; Isa. 26:9), contando de este modo con las mayores garantías para ser atendidos y escuchados por Él, recibiendo su anhelada respuesta (Lm. 3:22-23).

El Señor... Todas las mañanas me despierta,
y también me despierta el oído, para que escuche...

Isaías 50:4 NVI

La dialéctica del Reino

«ÉL TAMBIÉN es un hombre que está por llegar a serlo; el fruto ya se encuentra en la semilla»

TERTULIANO

Uno de los temas que más incomprensiones ha generado en el ámbito cristiano es el que tiene que ver con el aspecto presente y el aspecto futuro del reino de Dios. Es decir el «ya», y el «todavía no»; o en otras palabras, lo que ya *es* y lo que está por *llegar a ser* (1 Jn. 3:2). Hay cristianos que enfatizan tanto lo primero que desestiman lo segundo, o viceversa. La tensión dialéctica entre estos dos asuntos ha llevado a un buen número de creyentes a asumir posturas extremas e inconvenientes al respecto, dando lugar por una parte a un activismo utópico excesivamente optimista en cuanto a las posibilidades presentes en la Iglesia para transformar ética, política y económicamente a la sociedad actual. Ejemplo de ello son los teólogos liberales del siglo XIX con su desbordado optimismo y su finalmente malograda confianza en la ciencia, actitud que en el siglo XX tuvo ecos tardíos en los llamados «Teólogos del Reino» que consideran en términos generales que el establecimiento del reino de Dios en la tierra es una empresa eminentemente eclesiástica, labor en la cual la Iglesia termina prescindiendo incluso del Rey mismo. Por otra parte, los cristianos que concentran su atención en el aspecto futuro del reino se vuelven desinteresados e incluso indiferentes a su realidad social, abogando por una espera pasiva en el marco de un exagerado misticismo, reeditando nuevas versiones del quietismo del siglo XVII. Una teología que quiera ser integral debe balancear adecuadamente lo que podríamos llamar el *nivel celestial* o aspecto futuro del reino de Dios y el *nivel terrenal* o aspecto presente del mismo, pues: *Limitarse al nivel celestial es inanidad religiosa* (Silva-Silva), de modo que, mientras la Iglesia procura por todos los medios legítimos a su alcance recrear en la tierra los principios éticos y las condiciones sociales propias del reino (Rom. 14:17), debe recordar que esto solo se puede lograr *En el presente, de forma imperfecta, por la conducta social de los cristianos. En el futuro escatológico, de forma perfecta, cuando el Rey de los Reyes establezca la 'Nueva tierra' de que nos habla su Santa Palabra* (íbid).

*... no pienso que... lo haya logrado ya. Más bien, una cosa hago...
sigo avanzando hacia la meta...*

Filipenses 3:12-14 NVI

9
de noviembre

Expectación y esperanza del mañana

«No es asunto fácil decidir quienes son más afortunados: si aquellos a quienes la vida les da todo, o aquellos que tienen que darle todo a la vida. Una vida bien vivida no es necesariamente la que se construye con estricto apego al plan que uno se ha trazado; puede ser un espléndido collage de materiales que se han puesto inesperadamente a nuestro alcance. ¡Qué maravilloso es no saber qué va a pasar mañana!»

AUNG SAN SUU KYI

El carácter imprevisible y contingente de la vida es visto por muchas personas como una limitación que reduce sus posibilidades de realización. El auge de mentalistas, adivinos y «psíquicos», fomentado por el gran número de personas que acude a ellos para presuntamente poder conocer lo que el futuro les depara es una prueba fehaciente de lo anterior. Aún en el seno del cristianismo hallan cabida personas con esta tendencia que reemplazan al adivino por el supuesto «profeta», enfocando su fe de manera exclusiva, extrema y peligrosa en dudosos ministerios de marcada índole predictiva. Aunque no hay nada malo sino que, por el contrario, es aconsejable hacer planes hacia el futuro, siempre y cuando tengan en cuenta a Dios (Lc. 12:16-20); la agenda del creyente debe ir encuadrada dentro del propósito divino para su vida (Sal. 138:8; Fil. 1:+6), y aún así debe estar siempre preparado para cambios intempestivos o imprevisibles de último momento, confiando en que estos son orquestados por la providencia y que *Dios dispone todas las cosas para el bien de quienes lo aman* (Rom. 8:28), enriqueciendo y poniendo color a nuestra vida en conformidad con promesas tales como: *Clama a mi y te responderé, y te daré a conocer cosas grandes y ocultas que tú no sabes* (Jer. 33:3) y *Ningún ojo ha visto, ningún oído ha escuchado, ninguna mente humana ha concebido lo que Dios ha preparado para quienes lo aman* (1 Cor 2:9). El Señor Jesucristo nos aconsejó: *No se angustien por el mañana, el cual tendrá sus propios afanes. Cada día tiene ya sus problemas* (Mt. 6:34) o, dicho de otro modo: *La única preparación para el mañana, es el uso correcto del hoy.* Por eso, en vez de iniciar cada día con preocupación por lo que nos pueda deparar, deberíamos hacerlo con gozosa expectativa y clamar a Dios de manera confiada y entusiasta: *Sorpréndenos hoy una vez más Señor.*

No te jactes del día de mañana; porque no sabes lo que el día traerá.

PROVERBIOS 27:1 NVI

de noviembre

Marx y el cristianismo

«LOS FILÓSOFOS solo han interpretado el mundo de diversas formas; pero el asunto es cambiarlo»

CARLOS MARX

Sin dejar de censurar el ateísmo materialista de Marx, A. Ropero hace las siguientes positivas valoraciones del mismo: *A lo que realmente se opone Marx es a la interpretación idealista de la historia, que estudia al hombre y su relación con los demás como una especie de fantasma que ni come, ni bebe, ni trabaja,* concluyendo que: *Las esperanzas futuras de Marx... tienen todas las características de una escatología gloriosa... la concepción histórica de Marx está dominada por el optimismo redentor que busca eliminar los elementos trágicos de nuestro mundo.* De igual modo, el historiador P. Johnson dice de él que: *su concepto del progreso estuvo profundamente influido por Hegel, pero su sentido de la historia como una fuerza positiva y dinámica en la sociedad humana... es profundamente judía. Su milenio comunista arraiga profundamente en la apocalíptica y el mesianismo judíos* (Isa. 2:11; 65:17-25; Apo. 20:2-7; 21:4). Es lógico, entonces, que muchas de las ideas rescatables del marxismo hayan sido retomadas por teólogos cristianos tales como R. Niebuhr, J. Moltmann y la teología de la liberación. Y el hecho de que algunos de ellos las hayan llevado a posiciones y acciones igualmente radicales y censurables que las de Marx no significa que debemos desecharlas todas a ultranza como equivocadas. El teólogo J. Hromádka sostenía incluso que el dios cuya existencia los marxistas niegan no es el Dios cristiano sino que se trata más bien de un dios como los ídolos a quienes los profetas de la Biblia ya atacaron. Por lo anterior, *Juzgar al marxismo solo por su componente ateo es superficialidad inaceptable en los tiempos actuales; despojado de su dogmatismo antiespiritual, este sistema deja... lecciones valiosas... Lo que... preconizó sobre 'el nuevo hombre' y 'la nueva sociedad' -¿guiado por su inconciente judío?-, no se halla lejos de la doctrina cristiana de la regeneración. Solo que tal novedad de vida no es obra del estado, como Marx lo pretendió, sino del Espíritu Santo, como Jesús lo reveló* (D. Silva-Silva). Marx equivocó entonces el método, pero no la intención de cambio, y los cristianos de hoy deben ser reconocidos de nuevo, en el mejor sentido de la expresión, como:

¡Estos que han trastornado el mundo entero han venido también acá.

Hechos 17:6 NVI

11

de noviembre

La muerte como ganancia

«ESTE es el fin, y para mí el comienzo de la vida»

DIETRICH BONHOEFFER

Bonhoeffer fue, en su condición de teólogo y pastor, un cristiano comprometido con la causa de Cristo y uno de los mártires más conspicuos de la historia reciente del cristianismo, pronunciando estas sorprendentes y esperanzadoras palabras ante los verdugos que finalmente lo ejecutaron bajo el régimen nazi, que también hizo lo propio con otros tres miembros de su familia. Pero lo cierto es que esta declaración está de sobra justificada en la índole misma del cristianismo, en el cual las circunstancias a las que se ve sometido el auténtico discípulo de Cristo no son decisivas, pues por difíciles y contrarias que sean, nunca podrán arrebatarle de forma definitiva ninguno de los privilegios y bendiciones concedidos por Dios a los suyos, pues aún en las pérdidas los creyentes obtienen ganancias (Rom. 8:28). A causa de esto el Señor se dirige a sus seguidores diciéndoles: *A ustedes, mis amigos, les digo que no teman a los que matan el cuerpo pero después no pueden hacer más* (Lc. 12:4), complementada por el apóstol Juan al proclamar: *Dichosos los que... mueren en el Señor... ellos descansarán de sus fatigosas tareas, pues sus obras los acompañan* (Apo. 14:13), y por lo tanto: ... *no perderá su recompensa* (Mt. 10:42). Fue también esta convicción la que llevó a otro mártir de la causa cristiana, el apóstol Pablo, a pronunciarse de este modo: *Mi ardiente anhelo y esperanza es que... ya sea que yo viva o muera, ahora como siempre, Cristo será exaltado en mi cuerpo. Porque para mí el vivir es Cristo y el morir es ganancia* (Fil. 1:20-21), haciéndolo extensivo a todos los creyentes: *Porque ninguno de nosotros vive para sí mismo, ni tampoco muere para sí. Si vivimos, para el Señor vivimos; y si morimos, para el Señor morimos. Así pues, sea que vivamos o que muramos, del Señor somos* (Rom. 14:7-8), corroborándolo por último a las puertas de su propio martirio: *Yo, por mi parte, ya estoy a punto de ser ofrecido como un sacrificio, y el tiempo de mi partida ha llegado... Por lo demás me espera la corona de justicia que el Señor, el juez justo, me otorgará en aquel día* (2 Tim. 4:6, 8), y resumiéndolo todo en el siguiente anuncio:

La muerte ha sido devorada por la victoria.
¿Dónde está, oh muerte, tu victoria?...

1 Corintios 15:54-55 NVI

12
de noviembre

La grandeza del creyente

«No TEMÁIS la grandeza. Unos nacen con grandeza, otros la alcanzan y a otros les es impuesta»

SHAKESPEARE

La tradición cristiana evangélica se caracteriza, entre otros, por el énfasis que hace en la necesidad imperativa de que todos los que pretenden ser cristianos, pasen por la experiencia que el Señor llamó «nuevo nacimiento» (Jn. 3:3-8), entendiendo esta experiencia como algo inseparable de la auténtica conversión. Este nuevo nacimiento, cuya iniciativa parte de Dios (Jn. 1:12-13), le confiere al cristiano una grandeza que es inherente a su nueva condición de hijo de Dios puesto que, como tal, llega a tener parte en la naturaleza divina (1 Cr. 16:25; Sal. 126:3; 145:3; 2 P. 1:4). En este sentido todo cristiano nace con grandeza. Es decir que tiene grandeza en sí mismo y, en consecuencia, posee también un enorme potencial para llegar a ser grande. A causa de lo anterior, la participación privilegiada en la naturaleza divina de la que disfruta le impone el deber de actuar con grandeza en los tiempos y situaciones que le ha correspondido vivir. Por eso al cristiano la grandeza también le es impuesta, por cuanto está obligado a actuar de una manera que esté siempre a la altura de su condición y circunstancias. Y es debido a ello que, paradójicamente, a pesar de poseerla de manera inherente desde el nacimiento, también debe alcanzarla día a día por medio de un comportamiento acorde con su identidad, a través del cual logre cultivar la virtud y excelencia en todas sus actuaciones en un proceso continuo, creciente y nunca del todo acabado (1 P. 1:5-8; Fil. 3:12-14). En síntesis, el cristiano nace con grandeza, pero al mismo tiempo le es impuesta, debiendo esforzarse también por alcanzarla. Y en este propósito es necesario recordar que la verdadera grandeza se obtiene en el camino del servicio humilde hacia los demás (Mt. 20:26), a semejanza del Señor Jesucristo, quien a pesar de poseer la grandeza por derecho propio y en grado superlativo en su naturaleza divina, con todo y ello se sometió voluntariamente a alcanzarla también por mérito en su naturaleza humana para darnos el mejor ejemplo de grandeza (Fil. 2:3-11; Heb. 5:8-10), requiriéndola de sus seguidores, con pleno conocimiento de causa.

Para que sean intachables y puros, hijos de Dios sin culpa en medio de una generación torcida y depravada. En ella ustedes brillan como estrellas en el firmamento.

Filipenses 2:15 NVI

13

de noviembre

Conveniencia de la imperfección

«A VECES, lo mejor no es lo más conveniente»

ANTONIO CRUZ

A pesar de que los creyentes se han esmerado usualmente a través de la historia por tomar buenas decisiones, no siempre han logrado acertar y cosechar los mejores resultados. Por eso no deja de ser inquietante la afirmación de Antonio Cruz, pues en vista de los resultados observados cuando no se opta por lo mejor -muchos de ellos verdaderamente lamentables-, parecería que escoger lo mejor debería ser siempre la elección más sabia y conveniente en todos los casos. Y esto es cierto desde la perspectiva ética, pero no necesariamente desde una perspectiva ontológica[32]. Primero que todo porque los criterios humanos para determinar lo mejor pueden ser muchas veces equivocados, difiriendo ostensiblemente de los criterios divinos (Ecl. 3:11; Isa. 55:8-9). Y segundo, porque tal vez no convenía a los propósitos divinos ni al bienestar y madurez del hombre que el universo en general y la humanidad en particular hubieran sido creados desde un comienzo y para siempre en un estado paradisíaco de perfección y madurez acabada y plena, sin ningún acicate para crecer y mejorar y sin imperfecciones que nos estimulen a superarlas, permitiéndonos experimentar así la satisfacción de las metas cumplidas, el disfrute de la aprobación de Dios y sobre todo el beneficio del amor y la gracia divinas. A menudo los seres humanos no son siquiera conscientes de lo que tienen y, por lo tanto, no lo valoran, a no ser que adquieran conciencia de ello mediante las pérdidas, el esfuerzo, la lucha e incluso el sufrimiento para volver a alcanzar lo perdido. No se han logrado las más grandes alturas del espíritu humano en tiempos de prosperidad propiamente, sino en tiempos de adversidad. Por último, no apreciaríamos los contrastes si todo fuera perfecto. James Stalker sugiere que, en cierta forma, podemos aprender más de Cristo por el ejemplo de Pablo que el del propio Cristo, pues: «Había en Cristo mismo una concurrencia tal de todas las excelencias que impidió que su grandeza fuera vislumbrada por el principiante a la manera como por la perfección misma de las pinturas de Rafael quedan decepcionados los ojos sin educación cuando las ven». Y es precisamente el apóstol quien concluye:

... tenemos este tesoro en vasijas de barro para que se vea
que tan sublime poder viene de Dios...

2 Corintios 4:7 NVI

14

de noviembre

Siendo confiables ante Dios

«Si creemos en Dios no debemos decir: Creo en Dios, sino: Dios cree en mí»

NICOLÁS GÓMEZ DÁVILA

La auténtica fe en Dios implica confianza (Sal 37:3-5; 84:12; Jer. 17:7). Pero no solo aquella confianza absoluta que el creyente deposita en Dios, sino también la que Él deposita en el creyente (2 Tim. 2:2). Dios otorga a sus hijos un voto de confianza inestimable que se antoja verdaderamente asombroso al considerar nuestra muy imperfecta condición humana. Pero, de hecho, ser cristiano es también ser confiable ante Dios y ser confiable es, a su vez, ser fiel a quien nos brinda su confianza. Es interesante observar cómo el vocablo griego *pístis* se puede traducir indistintamente, según el contexto, como *fe*, indicando con ello la acción de «confiar en alguien» (Rom. 5:1), o también como *fidelidad*, entendida esta como el efecto de «ser confiable» (Gál. 5:22), confirmando así lo ya dicho. Sin embargo hay que respetar la secuencia correcta a este respecto, pues en este caso el orden de los factores si altera el producto, siendo necesario confiar primero *en* el Señor para poder llegar a ser confiable *para* Él. Este orden no puede alterarse sin fracasar en el intento, pues no es posible tratar de ser confiables para Dios sin haber confiado antes en su Hijo Jesucristo. Pero a partir del momento en que hacemos esto último sin reservas, comenzamos a adquirir de manera paulatina, creciente y consistente un grado tal de confiabilidad ante Dios que Cristo no duda en respaldarnos delante del Padre saliendo por fiador nuestro, poniéndose él mismo como garantía, como prenda a nuestro favor (Heb. 7:22). Conscientes de todo esto debemos evitar incurrir en algunas distorsiones o traiciones muy comunes de esta mutua confianza que compartimos con Dios, tales como el abuso de confianza (Rom. 6:15); el poner a prueba a Dios (Dt. 6:16; Mt. 4:7; 1 Cor. 10:9, 12); y la tentación de llegar a ver el cumplimiento de nuestras responsabilidades como pesadas imposiciones que, obviamente, terminaremos procurando eludir a toda costa, y no como lo que son: privilegios que en nuestra condición de hijos de Dios podemos disfrutar (Lc. 15:25-31). Si logramos evitar estos falsos entendimientos de la confianza depositada por Dios en nosotros, llegaremos a ser personas de las cuales Dios pueda afirmar lo declarado en relación con Moisés:

... mi siervo Moisés... en toda mi casa... es mi hombre de confianza.

Números 12:7 NVI

15

de noviembre

Insensibilidad de los ídolos y sensibilidad de Dios

«Los que nada sienten, tan impunemente son ofendidos como vanamente adorados»

Tertuliano

Tertuliano se pronunció de esta manera para referirse a la vanidad e inutilidad de la idolatría, en el mismo espíritu de los autores bíblicos que hacen, entre otras, afirmaciones como esta: *sabemos que un ídolo no es absolutamente nada, y que hay un solo Dios* (Sal. 96:5; 1 Cor. 8:4). Precisamente, basado en esto, el salmista hace las siguientes declaraciones que, en cierto modo, no son más que de sentido común: *Los ídolos de los paganos son de oro y plata, producto de manos humanas. Tienen boca, pero no pueden hablar; ojos pero no pueden ver... oídos, pero no pueden oír; ¡ni siquiera hay aliento en su boca! Semejantes a ellos son sus hacedores y todos los que confían en ellos* (Sal. 135:15-18). En contraste, la Biblia revela lo siguiente con respecto a Dios: *... dicen: 'El Señor no ve; el Dios de Jacob no se da cuenta. 'Entiendan esto, gente necia... ¿Acaso no oirá el que nos puso las orejas, ni podrá ver el que nos formó los ojos?* (Sal. 94:9). El asunto es, pues, por un lado, denunciar la esterilidad de las prácticas idolátricas que a pesar del desarrollo de la ciencia y la cultura resurgen con fuerza entre una buena parte de la sociedad de hoy, no solo de manera sutil y depurada, sino también -¡quién lo creyera!- en sus formas más ancestrales, primitivas, groseras y supersticiosas. Pero, adicionalmente, este tema pone sobre la mesa la cuestión de la sensibilidad divina. Es decir, un Dios que no permanece imperturbable e insensible ante nuestras luchas y clamores, a la manera del impasible y estoico «Uno Inefable» de los filósofos griegos o del deísmo moderno; sino un Dios Omnipotente que, sin embargo, escogió voluntariamente encarnarse como hombre para sufrir y *sentir con* y *como* nosotros (Mt. 21:12; 26:37-38; Lc. 4:2; 10:21-22; 19:41; Jn. 11:33-36), identificándose y solidarizándose personalmente con los suyos en sus dramas y alegrías (Heb. 4.14-16). Y es que, a diferencia de los ídolos insensibles que insensibilizan de paso a sus engañados seguidores, el Dios vivo y verdadero puede sensibilizar a los suyos (2 Cor. 1:3-7), de tal modo que puedan, siguiendo su ejemplo, también identificarse y solidarizarse con sus hermanos de forma natural en sus momentos de alegría o de prueba (1 Cor. 12:26).

Alégrense con los que están alegres; lloren con los que lloran.

Romanos 12:15 NVI

16
de noviembre

Los mitos modernos

«Muchas... utopías que anhelaban la sociedad perfecta forjaron auténticos mitos sociales... el hombre actual... sigue necesitando y creando mitos para poder sobrevivir... A pesar de la tecnología y los avances científicos... las sociedades del tercer milenio continúan... apoyándose en los mitos humanos»

ANTONIO CRUZ

El mito ha sido reivindicado en nuestros días por las ciencias de la religión, que lo consideran una manifestación legítima de la vida religiosa de las poblaciones primitivas que sigue existiendo incluso en el hombre moderno, enmascarada o encubierta la mayor parte de las veces en versiones más sofisticadas, constituyéndose así el mito en un aspecto inherente a la religiosidad humana en la medida en que pretende *expresar* algo en lenguaje religioso y no tanto *explicarlo* en lenguaje científico. En consecuencia, ya no podemos afirmar llanamente que el mito es una mentira, como se suele entender en su acepción más generalizada; sino que sería más bien una verdad expresada en términos religiosos ante la dificultad, incapacidad o imposibilidad de explicarla en términos científicos, racionales o discursivos. Algunos mitos pueden, por tanto, seguir prestando alguna utilidad aún en el marco del cristianismo; pues si bien este último, –contrario a lo sostenido por algunos–, se basa en hechos históricos y no en mitos supersticiosos (2 P. 1:16), puede con todo y ello recurrir, por ejemplo, a los dioses míticos de la tradición greco-romana para ilustrar la idolatría secularizada que sigue haciendo presa del hombre de hoy (v. g. *Mamón*, el dios de las riquezas en Mateo 6:24), desenmascarándola en el intento, como lo hacen autores cristianos en libros tales como *Derribando los dioses que llevamos dentro* (D. Allen) y *El Eterno Presente* (D. Silva-Silva). Sin embargo, esto no nos autoriza a introducir el mito de manera indiscriminada, irreflexiva y arbitraria en la verdad del evangelio (Hc. 14:11-15; 1 Tim. 1:4; 4:7; Tito 1:14), ni mucho menos, como lo señala A. Cruz, a aceptarlo como explicación válida y definitiva de nuestras realidades sociales en el marco de las variadas y supuestamente «científicas» cosmovisiones míticas modernas difundidas por sociólogos como Comte y Marx, naturalistas como Darwin o psquiatras como Freud, entre otros, muchas de ellas todavía en boga, justificando de sobra la advertencia paulina:

Dejarán de escuchar la verdad y se volverán a los mitos.

2 Timoteo 4:4 NVI

17

de noviembre

La religiosidad ritualista

«LOS ROMANOS no fueron religiosos antes de ser grandes; por tanto, no son grandes por ser religiosos»

TERTULIANO

Al establecer relaciones de causa, el ser humano ha chocado con frecuencia con el dilema coloquialmente aludido con la pregunta: *¿Qué fue primero, el huevo o la gallina?*. Este dilema es mayor cuando queremos establecer de manera forzada y tendenciosa relaciones de causa y efecto inexistentes, para justificar o darle mayor peso a nuestras creencias, posturas y condiciones personales o de grupo. Es así como no siempre la religiosidad es un factor de progreso para las sociedades que la practican, no porque sea mala en sí misma, sino porque en muchos casos está mal orientada y termina convertida en lo que acertadamente se ha dado en llamar «inanidad religiosa» (Silva-Silva). Es evidente, por ejemplo, que en el caso del imperio romano, su grandeza no se debió propiamente a su religiosidad debido, por una parte, a que esta solo adquirió su forma definitiva cuando ya eran el poder dominante de la época y no antes; y en segundo término, por su sesgado enfoque de lo religioso que consistía casi exclusivamente en ritos y ceremonias realizadas con la máxima solemnidad y diligencia siendo, por tanto, mucho más importante la forma que el fondo. Sin mencionar el politeísmo idólatra que los caracterizó. Por eso, cuando sobrevino su manifiesta decadencia, paganos y cristianos del imperio se acusaban mutuamente de ser los causantes de esto, argumentando los primeros el abandono de los viejos dioses a favor del Dios de los cristianos, y respondiendo los segundos culpando a la idolatría de los paganos como causa de su decadencia. Pero lo cierto es que, si bien la acogida final del cristianismo por parte del imperio en cabeza del emperador Constantino prolongó en algo su hegemonía; también lo es que el cristianismo se dejó afectar negativamente por la religiosidad de los romanos, incurriendo en uno de los peligros latentes presentes en todas las formas de religiosidad: el culto que degenera en liso y llano ritualismo, despojado de la actitud interior correspondiente y desligado de la conducta cotidiana, justificando su represión en la Biblia (Sal. 50:7-14; 51:16-17; Jer. 7:21-23; Ose. 6:6; Amos 5:21-25), reiterada concluyentemente así:

... las ofrendas y los sacrificios... no tienen poder alguno...
No se trata más que de reglas externas...

Hebreos 9:9-10 NVI

18
de noviembre

Cristo: Principio y Fin de todas las cosas

«Dios no solo debe tener la última palabra, sino también la primera»

DAVID LYON

Siempre que el hombre ha pretendido tener la última palabra, invariablemente termina atribuyéndose también la primera; pues la relación entre una y otra es tal que ambas se determinan mutuamente. Pero el hecho es que todas las instancias humanas o ideologías que, a través de la historia, pretendieron tener la última palabra, fueron desmentidas categóricamente por la misma historia. Entre estas encontramos iniciativas provenientes de todos los campos del saber tales como la teología, la filosofía, y las diversas ciencias sociales y de la naturaleza. A la vista de lo anterior, deberíamos reconocer nuestros límites con humildad y «dejar a Dios ser Dios» (Agustín), pues habría que estar de acuerdo con Nícolas Gómez Dávila al sostener que términos como *origen* e, incluso, *destino* no son sino los nombres que les damos a los límites de nuestro conocimiento. Límites que pueden ser ensanchados (Isa. 54:2; Pr. 25:2), pero nunca traspasados ni eliminados de ningún modo (Dt. 29:29; Pr. 22:28). En este orden de ideas, el teólogo Paul Tillich llamaba «preocupaciones preliminares» a aquellas cuestiones que inquietan al ser humano y que se encuentran dentro de los límites en los cuales pueden y deben ser resueltos por él mismo en el ejercicio de sus facultades naturales, en contraste con la «preocupación última», que es aquella inquietud o congoja humana que solo puede ser acallada por Dios. La primera y la última palabra deben, entonces, ser pronunciadas por Dios, pues ambas pertenecen al ámbito de la preocupación última. En el espacio entre ellas el hombre puede maniobrar libremente dentro de ciertos márgenes, pero su accionar siempre tendrá un carácter preliminar en relación con la primera y la última palabra. La Biblia comienza con Dios y termina con Dios (Gén. 1:1; Apo. 22:21) y Cristo mismo se identifica como ... *el principio y el fin, el primero y el último* (Apo. 22:13). Sin embargo, Dios no está ausente del campo de nuestras preocupaciones preliminares abandonándonos a nuestra suerte en el espacio comprendido entre su primera y última palabra; sino que también nos sustenta entre una y otra en lo cotidiano, justificando nuestra confianza en Él respecto de nuestro origen y destinos eternos.

Porque todas las cosas proceden de él, y existen por él y para él.
¡A él sea la gloria por siempre! Amén.

Romanos 11:36 NVI

19

de noviembre

La prueba de la integridad del creyente

«NADIE miente para deshonrarse... por donde más fácilmente creemos a
quienes confiesan en contra de sí que a los que niegan a favor propio»

TERTULIANO

Uno de los argumentos utilizados por Tertuliano en su *Apología contra los gentiles* a
favor del cristianismo, fue el hecho de que los cristianos estuvieran dispuestos a sostener
sus convicciones aún a sabiendas del costo que tendrían que pagar por ello: la muerte en
la arena del circo. Esta línea de argumentación conserva hoy toda su fuerza y vigencia y
a ella siguen recurriendo los actuales apologistas del cristianismo, esgrimiéndola como
una de las evidencias circunstanciales de mayor peso a favor de la confiabilidad de los
hechos acerca de Cristo y la consecuente validez de la doctrina cristiana tal y como han
sido expuestos y proclamados históricamente por la iglesia. Se refieren los actuales apologistas a que, de ser el cristianismo una farsa, no se explica entonces el que los apóstoles
y los cristianos en general estuvieran dispuestos a morir por una mentira, pues no es
propio de la naturaleza humana obrar de este modo (Hc. 7:54-60; 12:1-2; 2 Tim. 4:6).
Se podría argüir diciendo que lo que sucedió es que estaban dispuestos a morir por la
causa cristiana debido a que pensaban que era verdad cuando en realidad no lo era; pero
esta hipótesis presenta mayores dificultades, pues presume que los apóstoles y los primeros discípulos eran tan ingenuos, influenciables y crédulos que no estaban en condiciones de verificar las razones que podrían haber explicado la tumba vacía y optaron por la
más descabellada desde la perspectiva humana: la resurrección de Cristo, sin haberla
comprobado a satisfacción. No olvidemos que entre ellos había un escéptico que, a pesar
de ello, quedó plenamente convencido una vez obtuvo las pruebas del caso (Jn. 20:24-
28; 2 P. 1:16). Pero el punto es que el cristiano auténtico, en aras de la verdad y la integridad, debe estar siempre dispuesto a «confesar aún en contra de sí mismo» y no a
«negar a favor propio» (Sal 15:4b) o, dicho de otro modo, a sostener la verdad antes que
la imagen, conveniencia o beneficio personal (1 P. 2:20; 3:13-17; 4:15-19). Solo así podremos alcanzar la dicha prometida por Dios a los que actúan de este modo:

> *Es digno de elogio que, por sentido de responsabilidad delante de Dios,*
> *se soporten las penalidades, aún sufriendo injustamente...*
> *¡Dichosos si sufren por causa de la justicia!...*

1 Pedro 2:19; 3:14 NVI

El escándalo del cristianismo

«TAL ES el escándalo del cristianismo. La locura de la omnipotencia de Dios en la impotencia amorosa de la cruz»

ANTONIO CRUZ

El evangelio constituye un escándalo, un tropiezo, una ofensa, una realidad contraria a las convenciones y la lógica humana (Mt. 13:57). Los mismos seguidores inmediatos del Señor Jesucristo, los apóstoles, se escandalizaron en su momento del mensaje del Señor (Jn. 6:60-61), y del rumbo que tomaron los acontecimientos al final de su ministerio, llegando a abandonarlo y negarlo en la confusión y el temor generado en ellos ante el desenlace totalmente inesperado de su vida, considerando la triunfalista dirección que llevaba hasta el domingo de ramos (Mt. 26:31). Con todo, Cristo procuró no escandalizar innecesariamente a sus contemporáneos (Mt. 17:27), y dicho sea de paso, sus seguidores deben también esforzarse por hacerlo del mismo modo (Rom. 14:13, 20; 1 Cor. 8:7-13; 10:32-33; 2 Cor. 6:3). Sin embargo, la misma naturaleza y radicalidad de su obra y su mensaje hace inevitable que este resulte chocante para la mentalidad individualista del hombre moderno, orientada hacia el éxito personal y egoísta y que considera la ambición como una virtud que hay que cultivar. La cruz es vista entonces como un símbolo ofensivo para esta forma de pensar (Gál. 5:11), pues aceptarla implica sacrificar nuestro ego en favor de un hombre humilde que fue tratado como un paria por las autoridades de su época y murió la muerte más ignominiosa que se pudiera sufrir en ese tiempo. A los judíos religiosos contemporáneos de Cristo no les alcanzó su condición y formación para aceptar el radical mensaje del Señor y terminaron tropezando en él, tal como estaba profetizado en el Antiguo Testamento (Rom. 9:32-33; 1 P. 2:6-8). Y es que un Dios omnipotente que voluntariamente asume la más vergonzosa impotencia solo para demostrar su inextinguible amor a una humanidad que no se lo merece, es algo que excede la capacidad humana de comprensión. Y hoy nada ha cambiado, pues la excelsa y respetable racionalidad y decencia con las que encubrimos nuestra naturaleza pecaminosa se sigue escandalizando y sintiendo ofendida al ser confrontada por el mensaje de la cruz. Pero frente a esto las palabras del Señor siguen resonando con la misma fuerza:

Dichoso el que no tropieza por causa mía.

Mateo 11:6 NVI

21
de noviembre

Tolerancia cristiana

«Es un derecho del hombre, un privilegio de la naturaleza, el que cada
cual pueda practicar la religión según sus propias convicciones… no es
propio de la religión el obligar a la religión»

Tertuliano

La tolerancia es una conquista recientemente alcanzada por el mundo civilizado en
el marco de la modernidad. Con todo y ello, en las Escrituras ha estado presente desde
siempre a través de instrucciones inusuales para la época que se anticiparon a su tiempo, revelando el carácter de un Dios soberano que al mismo tiempo ha respetado la
libertad de decisión concedida a los hombres. La tolerancia no deshumaniza a los demás, a pesar de que no estén de acuerdo con nosotros, y los sigue tratando como personas dignas de respeto y consideración. Es precisamente esta negativa a deshumanizar
a los hombres la que explica muchas de las instrucciones impartidas por Dios a su
pueblo que, vistas en su contexto histórico, eran notoriamente contrarias a las deshumanizantes y crueles prácticas discriminatorias de las naciones vecinas hacia los esclavos, las mujeres y los rivales (Éxo. 21-22; Dt. 23:15-25:16), ilustradas además con
gestos consecuentes (2 R. 14:5-6; 1 S. 24:6-7; 25:32-35; 26:9-11; 2 S. 9:1; 16:5-12). Los
sectarismos fanáticos no tienen cabida en el cristianismo (Nm. 11:27-29; Mr. 9:38-39;
Mt. 26:51-52), pues el fanatismo no es más que transformar a la religión propia en un
ídolo (X. Zubiri). Por eso, en aras de la tolerancia, el cristiano debe estar dispuesto
incluso a conciliar cediendo su derecho en ocasiones (Mt. 5:38-42; 1 Cor. 6:7), como
lo hizo Abram en favor de su sobrino Lot (Gén. 13:8-9). Sin embargo, antes de hacerlo
debemos considerar lo dicho por Churchill: «Jamás hay que ceder…, a menos que deba
imponerse la sensatez o que esté en juego la dignidad», pues también es cierto que:
«Sostener que 'todas las ideas son respetables' no es más que una inepcia pomposa…
no disfracemos nuestra impotencia en tolerancia» (Nicolás Gómez Dávila). Por otra
parte, la tolerancia debe basarse en el amor y el respeto hacia los demás y no en el individualismo y la indiferencia hacia ellos, pues no puede negarse que frecuentemente
«nuestra tolerancia crece con nuestro desdén» (G. Dávila). Solo al tener en cuenta estas
salvedades podremos ejercer la tolerancia tal como Dios quiere:

… de modo que se toleren unos a otros y se perdonen
si alguno tiene queja contra otro.

Colosenses 3:13 NVI

La fe y la provisionalidad
de la ciencia

«Nuestra ciencia... no puede alcanzar ni verdad ni probabilidad... Nosotros no sabemos, solo adivinamos. Y nuestro adivinar está guiado por la fe...»

Karl Popper

Karl Popper, filósofo de la ciencia, ha señalado muy bien el carácter provisional del conocimiento científico, reivindicando al mismo tiempo la prioridad que la fe tiene en la vida humana, sin que ello implique desdeñar el desarrollo de la ciencia. Sin embargo, es la fe la que mueve incluso el accionar de los hombres de ciencia. Fe en que sus esfuerzos investigativos para desentrañar los misterios del universo no serán estériles. Y no se equivocan al respecto, pues: *Todo esfuerzo tiene su recompensa...No nos cansemos... a su debido tiempo cosecharemos...* (Pr. 14:23; Gál. 6:9). Pero el hecho es que, hoy por hoy, ya hemos superado la desbordada e ingenua confianza en la ciencia que caracterizó a la sociedad del siglo XIX, pues los acontecimientos a lo largo del siglo XX nos han servido para poner los pies en la tierra y desengañarnos de las expectativas casi mesiánicas colocadas en la tecnología. Y si bien este no es un argumento válido para desechar la investigación científica, si lo es para devolverle a la fe el lugar que debe ocupar en nuestra vida; pues la ciencia sin fe pierde su norte y: *plantea serios problemas espirituales que se resumen en la pregunta básica: ¿para qué?... Se trata de avanzar sin retroceder, constantemente, y sin contar con un objetivo concreto... El deseo de avanzar, sea cual fuere el resultado, es en realidad la fuerza motriz* (Tillich). La ciencia se mueve así en una línea horizontal que, si no se balancea correctamente por la línea vertical de la fe, *lleva a la pérdida de todo contenido significativo y a la completa vacuidad* (íbid). Es por eso que si vamos a devolver a la fe el lugar que debe ocupar, no puede ser una fe desarticulada, ambigua y sin un término definido, sino, por el contrario, una fe concreta, como lo indicó el Señor Jesucristo: *Tengan fe en Dios* (Mr. 11:22), pues en la actualidad, aún en círculos cristianos, se promueve una fe sin contenido específico, como si fuera un molde que funciona por sí mismo, independiente de lo que contenga. No sobra entonces una especificación más exacta de su contenido (Jn. 6:29; 1 Jn. 3:23), que nos permita responder en su momento afirmativa y confiadamente la crucial pregunta planteada por el Señor:

... cuando venga el Hijo del hombre, ¿encontrará fe en la tierra?

Lucas 18:8 NVI

23
de noviembre

Importancia y suficiencia del recurso humano

«PODRÍA perder todos mis recursos físicos, pero, denme mis hombres y yo puedo reedificarlo todo otra vez»

ANDREW CARNEGIE

El gran industrial y filántropo norteamericano Andrew Carnegie captó de manera muy lúcida el valor del recurso humano. Este es, en efecto, el recurso más importante y determinante, no solo de toda iniciativa empresarial, sino de toda visión o proyecto de vida que busque hacer constructivas contribuciones a la humanidad, incluyendo por supuesto al cristianismo. Contrario a lo que muchos creen hoy, lo más importante no son los recursos materiales o tecnológicos, sino las personas. Dios siempre lo ha sabido, enfatizándolo constantemente a través de la Biblia. Es por eso que en el curso de la historia Él no ha cejado en su intento de hallar personas con las que pueda contar, en una labor similar a la de Diógenes, el excéntrico filósofo cínico de la antigua Grecia de quien se dice que vivía en un tonel y que andaba a pleno día alumbrándose con un farol buscando a un hombre al que no lograba encontrar. Porque lo cierto es que Dios no deja de asombrarse en muchos casos por no poder hallar a quienes estén dispuestos a ayudar (Sal. 22:11; Isa. 63:5); ya sea tendiéndole la mano al prójimo en desgracia (Sal. 142:4); compadeciéndose y brindando consuelo cuando se requiere (Sal. 69:20); interviniendo con decisión para hacer justicia (Isa. 59:15-16); o intercediendo ante Dios a favor de este mundo pecador (Eze. 22:30). En Sodoma y Gomorra buscó siquiera a diez justos que lo motivaran a diferir o cancelar su justo juicio sobre sus habitantes, sin encontrarlos (Gén. 18:24-32). Y en Jerusalén redujo incluso sus expectativas buscando a un solo individuo que justificara el perdonar a toda la ciudad (Jer. 5:1). Por eso la pregunta abierta que Isaías registra en su libro continúa vigente: *-¿A quién enviaré? ¿Quien irá por nosotros?...* (Isa. 6:8). Porque a pesar de que sean pocos los que responden afirmativamente a esta invitación (Lc. 10:2), Dios puede y quiere reedificarlo todo con la ayuda de ellos (Isa. 61:4). Él no se rendirá y seguirá, por tanto, buscando diligentemente a «sus hombres», a aquellos que confían a Él sus vidas sin reservas y sin dudar de su poder ni de las ilimitadas posibilidades que tenemos en Él.

¿Por qué no había nadie cuando vine? ¿Por qué nadie respondió cuando llamé? ¿Tan corta es mi mano que no puede rescatar? ¿Me falta acaso fuerza para liberarlos?

Isaías 50:2 NVI

24
de noviembre

La brecha generacional

«UNA VERDAD... nueva no suele imponerse porque sus adversarios... se rindan a sus razones, sino... porque estos van muriendo, y la generación siguiente se ha ido familiarizando desde un principio con la verdad»

MAX PLANCK

La brecha generacional es una realidad presente en todas las épocas y lugares, cuya forma más representativa hace referencia a la incomprensión, dificultades e incluso negligencias en la comunicación entre padres e hijos que tiene como resultado el que no se logren transmitir eficazmente los valores, creencias y convicciones de los unos a los otros, perdiéndose de manera lamentable al cabo de una o dos generaciones (Jue. 2:7-12). Pero en otras ocasiones esta brecha puede obedecer también a los resabios de las viejas generaciones que les impiden cambiar muchas de sus actitudes estrechas, rígidas, dogmáticas e intolerantes, incapacitándolos para asumir los retos de los nuevos tiempos de forma constructiva, haciendo necesario el relevo a cargo de las nuevas generaciones que no están viciadas como sus antecesores. La generación de israelitas adultos que partió de Egipto bajo la dirección de Moisés en camino a Canaán, tuvo que deambular en el desierto durante cuarenta años, pereciendo en él debido a que, mientras estuvieron allí, se resistieron a aprender las lecciones necesarias para tomar posesión de la tierra prometida, entre las cuales la más importante era la confianza sin reservas en Dios. En contraste, la generación que creció en el desierto y no estaba tan contaminada con las prácticas de los egipcios aprendió a confiar en Dios y gracias a ello pudo conquistar y establecerse en el lugar que Él les había entregado (Nm. 14:22-31; Jos. 5:6-9). La enseñanza de Cristo sobre los odres viejos y el vino nuevo puede ilustrar muy bien esta, por lo general insalvable, brecha generacional (Mt. 9:17). Sin embargo, el poder de Cristo puede sortear con éxito esta brecha (Mal. 4:6; Lc. 1:17), mediante un continuo «segundo toque» renovador (Mr. 8:23-25), aplicado a las viejas generaciones que han recibido previamente el primer toque de la regeneración, pues si lo regenerado no se renueva, se degenera (2 Cor. 4:16; Tit. 3:5). Solo así podremos imitar a Josué y Caleb, los únicos de su generación que pudieron entrar a la tierra prometida (Nm. 14:30, 38).

... respecto a la vida que... llevaban, se les enseñó que debían... ser renovados en la actitud de su mente.

Efesios 4:22-23 NVI

25

de noviembre

Los judíos y las Escrituras

«No BASTABA que hubiese habido profetas: era necesario que sus profecías fueran conservadas sin sospecha... Si todos los judíos hubieran sido convertidos por Jesucristo, no poseeríamos sino testimonios sospechosos; si hubiesen sido exterminados, no tendríamos testimonios»

BLAS PASCAL

La providencia despejó de manera magistral cualquier sospecha que el ser humano pudiera llegar a tener sobre la fidelidad de las Escrituras y su correspondencia con los manuscritos originales, disipando el temor de que en el intervalo transcurrido hasta llegar a nuestras manos, estas hubieran sido modificadas por sus depositarios originales, los judíos (Rom. 3:2; 9:4-5). En efecto, el celo manifestado por el pueblo judío en la conservación fiel de las Escrituras contrasta de manera notoria e inquietante con su renuencia a aceptar la condición mesiánica de Cristo (Jn. 1:11), atestiguada con sobrada suficiencia en los escritos del Antiguo Testamento que ellos mismos se han ocupado de conservar con tanto fervor y diligencia. Dios no deseaba que el pueblo judío rechazara a Jesucristo, sino que más bien le dio la primera opción para reconocerlo como tal aprovechando la ventaja que para ellos representaba la familiaridad con las profecías veterotestamentarias que hablaban sobre él, en virtud de la elección que Dios hizo en su momento de Abraham y su descendencia (Mt. 15:24; Rom. 2:10). Sin embargo, el rechazo generalizado de Cristo por parte de su pueblo brindó ocasión no solo para que el evangelio fuera predicado también a los gentiles (Hc. 28:25-28; Rom. 10:16-21; 11:11, 25, 30), sino para despejar cualquier sospecha en el sentido de que las Escrituras reflejaran algún sesgo o prejuicio intencional y artificial a favor de los judíos, puesto que es innegable que esas mismas Escrituras que tanto se han empeñado en conservar para la posteridad (aún bajo la amenaza del exterminio propiciado por el censurable antisemitismo a través de la historia), contribuyen decisivamente a dejarlos tan convictos delante de Dios como a los mismos gentiles paganos, justamente, por resistirse a aceptar con fe y humilde arrepentimiento a Jesús de Nazaret como el mesías prometido (Rom. 2:11-12, 17-29; 3:19-30; 11:32). Porque finalmente el evangelio:

... es poder de Dios para la salvación de todos los que creen:
de los judíos primeramente, pero también de los gentiles.

ROMANOS 1:16 NVI

26
de noviembre

El pecado y la integridad

«Quizá el Creador se decepcione por lo que hacemos, pero nunca por lo que somos... Cuando aceptamos que la imperfección es parte de la condición humana......habremos alcanzado una integridad a la que otros solo aspiran. Eso, creo yo, es lo que Dios nos pide: no que seamos perfectos ni que nunca cometamos errores, sino que seamos integros»

Rabino Harold Kushner

La integridad es un concepto poco entendido en el ámbito cristiano. Muchos, -y este era mi caso personal-, piensan que es un sinónimo de impecabilidad y perfección absoluta, razón por la cual se concibe entonces como una utopía. Sin embargo, cuando leemos en las Escrituras en boca del rey David palabras tan osadas como estas: *Hazme justicia, Señor, pues he llevado una vida intachable; ¡en el Señor confío sin titubear!* (Sal 26:1), salta a la vista que la integridad no implica necesariamente ausencia de pecado, pues los pecados de David de adulterio con Betsabé y homicidio en la persona de su esposo, el capitán Urías el hitita, -entre otros varios-, son de público dominio en las Escrituras. Se entiende, entonces, que la integridad no es un sinónimo de impecabilidad sino que esta consiste más bien, como la define de manera precisa, breve y muy acertada el teólogo Ciro Scofield, en: *Sinceridad de propósito y devoción absoluta*. La integridad significa, pues, ser de una sola pieza, es decir, seguir sosteniendo los principios éticos que sustentan y dan pie al sistema de valores cristiano revelado por Dios en las Escrituras, aún en perjuicio de uno mismo o, en otras palabras, aunque al hacerlo uno mismo pueda salir inculpado o perjudicado. Dicho de otro modo, la integridad es seguir defendiendo lo que se cree aunque en el proceso uno mismo quede expuesto como transgresor o, finalmente, honrar la santidad de Dios y su justicia aunque este ejercicio deje expuesto nuestro pecado sin atenuantes. Justamente, así lo expresó también el rey David en su momento al describir al individuo íntegro, que sería entonces aquel ... *que cumple lo prometido aunque salga perjudicado* (Sal. 15:4), para terminar declarando que la persona que actúa de este modo es la que en últimas puede habitar permanentemente en la presencia de Dios:

¿Quién, Señor, puede habitar en tu santuario?
¿Quién puede vivir en tu santo monte? Solo el de conducta intachable,
que practica la justicia y de corazón dice la verdad...

Salmo 15:1-5 NVI

27

de noviembre

Siendo lo que debemos ser

«BERNARD Shaw, poco antes de morir, jugó al juego llamado «Suponiendo que... Un reportero le preguntó: -Señor Shaw, suponiendo que volviera usted a vivir y le dieran a elegir ser alguien a quien haya conocido, o algún personaje de la historia universal, ¿quién le gustaría ser? El escritor respondió: -Elegiría ser el hombre que George Bernard Shaw pudo haber sido, pero que nunca lo fue»

NIDO QUBEIN

«LOS BUENOS psicoterapeutas son como astrónomos que se pasan la vida estudiando las estrellas... Al final, se pasman ante la grandeza de todo ello. Existe un vasto misterio y una gran belleza en torno al alma humana. Sería muy presuntuoso de mi parte si se tratara de examinar cabalmente ese sistema... Si puedo ayudar a mis pacientes a que comprendan lo que Dios los hizo, y luego ayudarlos a ser esos hombres y esas mujeres, con eso me basta»

ALAN LOY MCGINNIS

Es común pensar que, cuando se habla de vocación o llamado, se esté hablando de personas que van a consagrar por completo su vida al servicio religioso. Pero esta concepción del llamado y la vocación es muy estrecha y excluyente, porque como es apenas obvio, cubriría a un porcentaje muy pequeño de personas. Además, es muy cómoda, porque al amparo de ella es muy fácil creer que el llamado y la vocación no nos conciernen en lo absoluto y así podemos estarle sacando el cuerpo a nuestra responsabilidad ante Dios (Rom. 11:29). Y por último, es equivocada, porque no corresponde con el significado que la Biblia atribuye a estos términos. Por el contrario, en ella se nos revela que todo ser humano, –y en particular todo cristiano–, tiene un propósito, un llamado y una vocación de Dios para su vida (Rom. 8:28; 2 Tim. 1:9); independiente del hecho de que sea de orden clerical o laico. Como reza en una hipotética, pero bíblicamente bien fundamentada carta, dirigida por Dios a cada ser humano: *El verdadero éxito es cumplir tu llamamiento, no tu ambición. Vive como un hombre llamado.* La verdadera realización personal solo es posible comprendiendo el llamado personal que Dios nos ha formulado y la vocación que lo acompaña, consangrándonos a ambos con una actitud humilde pero resuelta. Por eso:

> *... les ruego que vivan de una manera digna del llamamiento que han recibido... así como también fueron llamados a una sola esperanza.*

Efesios 4:1, 4 NVI

Fe y acción

«Para mover la voluntad humana no bastan las ideas... Fe, representación de un ideal y entusiasmo son las tres condiciones de la acción humana»

Emile Boutroux

«La fe y no la razón es la que lleva al hombre a la acción»

Alexis Carrell

La fuerza inspiradora que la fe tiene para la acción es una constante universal en la humanidad al margen de consideraciones religiosas. De hecho, lo que los reformadores hicieron fue recobrar para la fe el lugar de preeminencia y el poder salvador y transformador que esta ha reclamado desde la antigüedad en la revelación bíblica. En el cumplimiento de este objetivo y teniendo en cuenta que se estaba reaccionando contra Roma, la cual le daba, –y aún lo sigue haciendo–, prioridad práctica a las buenas obras por encima de la fe en orden a la salvación, Lutero llegó al extremo de tratar de marginar la epístola universal de Santiago del Nuevo Testamento en vista de su énfasis en las obras: *... ¿de qué le sirve a uno alegar que tiene fe, si no tiene obras? ¿Acaso podrá salvarlo esa fe?... la fe por sí sola, si no tiene obras, está muerta... la fe sin obras es estéril...* (St. 2:14, 17, 20, 26), creyendo de manera equivocada que era incompatible con las epístolas paulinas que enfatizan la fe: *Porque sostenemos que todos somos justificados por la fe y no por las obras que la ley exige... por gracia ustedes han sido salvados mediante la fe... no por obras, para que nadie se jacte* (Rom. 3:28; Efe. 2:8-9). Pero lo cierto es que entre Pablo y Santiago no hay contradicción, sino una diferencia de énfasis que se complementan entre sí, énfasis que fueron necesarios en su momento debido a la coyuntura histórica y el diferente perfil de los destinatarios originales de sus respectivas epístolas. Es tanto así que el apóstol Pablo nunca dejó de reconocer la importancia que las obras tienen como evidencia de una fe auténtica (Efe. 2:10; Tito 2:14), pero siempre recalcando que estas solo tienen utilidad delante de Dios cuando acompañan a la fe que las precede y fundamenta. En síntesis, no solo la fe está muerta cuando no hay obras que la acompañen, sino que las obras también conducen a la muerte si no están precedidas siempre por la fe (Heb. 6:1; 9:14).

> *Porque en Cristo Jesús ni la circuncisión vale algo,*
> *ni la incircuncisión, sino la fe que obra...*

Gálatas 5:6 RVR

29

de noviembre

La fe inquebrantable

«EN SU rápida marcha a través de Alemania al final de la Segunda Guerra Mundial, las fuerzas aliadas registraban las granjas...En una casa... encontraron el acceso al sótano, Allí, sobre una pared a punto de derrumbarse, una víctima del Holocausto había grabado con sus uñas una estrella de David y bajo ella, con tosca escritura, este mensaje: *Creo en el Sol... aun cuando no brille; creo en el amor... aun cuando no se manifieste; creo en Dios... aun cuando no hable*»

ROBERT SCHULLER

En la Biblia encontramos abundantes amonestaciones a creer, al punto que no se puede cuestionar el hecho de que la fe es tal vez la virtud más fundamental y distintiva del cristiano. Pero fe no significa lo mismo que credulidad. Dios busca gente creyente (Heb. 11:6), no gente crédula. La credulidad es creer en algo sin razones valederas, de modo que, en cierto modo, tanto el ateísmo como la superstición apelan a la credulidad; mientras que la fe, –si bien surge de uno u otro modo de una experiencia de encuentro personal con Dios–, siempre puede afirmarse sobre razonamientos coherentes y consistentes y sobre evidencias empíricamente valederas, aunque nunca podamos tener las facultades mentales para alcanzar a ver y comprender todas las raíces, implicaciones y ramificaciones de estos razonamientos. Es por eso que, lejos de ser irracional, lo que sucede es que la fe excede la capacidad de la razón. Y es en esos momentos en que la razón no alcanza cuando el Señor nos dice: *No tengas miedo, cree nada más* (Mr. 5:36) pues, aún cuando a veces parezca que Dios no habla, esta es una apreciación engañosa, pues Dios ...*no ha dejado de dar testimonio de sí mismo...* (Hc. 14:15-17; ver también Rom. 1:19-20; Sal. 19:1-6), y es debido al hecho de que Dios a través de su providencia ha demostrado muchas veces ser eminentemente digno de confianza, que hay razones más que suficientes para afirmar que confiar en Dios aún en circunstancias abiertamente adversas es una decisión inteligente. Es por todo lo anterior que Pablo expresó: *Porque en esa esperanza fuimos salvados. Pero la esperanza que se ve, ya no es esperanza. ¿Quién espera lo que ya tiene?... Vivimos por fe, no por vista... Concentren su atención en las cosas de arriba, no en las de la tierra* (Rom. 8:24; 2 Cor. 5:7; Col. 3:2). Después de todo:

> ... *la fe es la garantía de lo que se espera, la certeza de lo que no se ve.*

Hebreos 11:1 NVI

30
de noviembre

La bendición del canto

«HABER compuesto una hermosa canción... es tan aceptable a los ojos de Dios, que ni siquiera tiene que ser una canción como las de Schubert, Brahms o Strauss. Basta con que sea una canción de esas que sirven a los hombres para expresar su olvido y sus recuerdos, el gozo de su llanto y las penas de sus alegrías, su amor y desamor. Así, supongo yo, hay un sitio especial en el Edén para los que han dado a los hombres, como regalo bello, letras y música para cantar... Bienaventurados los que hacen una canción hermosa,...»

ARMANDO FUENTES AGUIRRE

La música tiene un lugar indisputado y único en las devociones individuales y comunitarias del creyente. Si bien la primera mención de la música en la Biblia corre a cargo de Jubal, descendiente de Caín (Gén. 4:21); los profetas Isaías y Ezequiel al referirse a la caída de Satanás de su privilegiada posición a causa de su orgullo, hacen mención de instrumentos musicales al describir su apariencia y las actividades que desempeñaba en la presencia de Dios (Isa. 14:11; Eze. 28:13), por lo cual los comentaristas bíblicos conjeturan de manera razonable que Satanás tenía a su cargo, entre otros, el ministerio angelical de la música de adoración a Dios. Esto explica el potencial que la música ha tenido siempre tanto para el bien como para el mal. En cuanto a lo primero, así se expresa el pastor Jack Hayford: *La adoración es posible sin la música, pero nada contribuye más que la música a su belleza, majestad, ternura e intimidad... la implantación fructífera de la Palabra de Dios está vinculada a nuestro canto y adoración... es esencial para la integración de la Palabra de Dios en nuestra vida... hace más sensible nuestra mente para que reciba la Palabra de Dios.* San Agustín sostenía que el canto de adoración a Dios podía llegar a ser el doble de gratificante que la oración. Pero la tentación siempre latente de la música consiste en dejar de acudir a ella como medio para llegar a convertirla en un fin en sí misma. Es así como la grandeza del músico puede ser también su propia perdición, como lo advierte el violonchelista estadounidense Yo-Yo Ma: *Para ser un buen músico hay que tener un ego muy fuerte... pero para ser un músico realmente bueno, no hay que dejarse dominar por el ego.* Hechas estas salvedades, la Biblia de cualquier modo recomienda:

Cántenle una canción nueva; toquen con destreza, y den voces de alegría.

Salmos 33:3 NVI

1

de diciembre

El desierto y el carácter

«Los grandes momentos, cuando el mundo nos aclama, no cuentan, sino aquellos en que estamos solos y la gente ha dejado de creer en nosotros. Ésos son los que nos definen»

MICHAEL JORDAN

Los momentos que definen el carácter del creyente no son aquellos en que la bendición de Dios es evidente y apreciable para todos los que observan. Porque para poder alcanzar este estado deseable de bendición plena y saberlo asumir con madurez, sin dejarnos deslumbrar por el mismo, es menester haber pasado uno o varios periodos previos en el desierto, a solas con Dios y sin apoyo diferente al que Él mismo nos puede brindar. Solo de este modo se obtendrá la sabiduría espiritual que nos permite ver las cosas en la perspectiva adecuada, sin ofuscarnos ni obnubilarnos en nuestro buen juicio cuando la bendición de Dios nos alcanza de manera sobreabundante, evitando fijar así nuestra atención de manera equivocada en la bendición y no en Aquel que la otorga. Un número representativo de hombres de Dios que ostentan un carácter aprobado y digno de imitar en la Biblia, tuvieron su paso por el desierto antes de poder disfrutar de la plena bendición de Dios en sus vidas, asumiendo con ventaja las grandes responsabilidades por las cuales llegaron a ser conocidos en la posteridad. Este es el caso de personajes como Moisés, que tuvo que pasar 40 años en la tierra de Madián antes de oír a Dios en el desierto y emprender la misión que se le asignó (Éxo. 2:15; 3:1; Hc. 7:29-30), al igual que Elías después de su confrontación con los profetas de Baal (1 R. 19:1-8), y David antes de ocupar el trono de Israel (1 S. 24:1). En el Nuevo Testamento está Juan Bautista (Lc. 1:80) y el apóstol Pablo, quien antes de emprender su ministerio a los gentiles estuvo tres años en el desierto de Arabia (Gál. 1:15-18), sin mencionar al propio Señor Jesucristo (Lc. 4:1). Aún el peregrinaje del pueblo de Israel por el desierto durante 40 años no fue del todo producto de su rebelión, pues Dios ya había determinado llevarlos allí de manera previa a su desobediencia (Éxo. 3:18; 13:17-18). Este tratamiento es necesario debido a que la voz de Dios se escucha con mucha mayor facilidad en el desierto, abandonados de todos (Ose. 2:14), que en nuestros momentos de gloria en el mundo (Jer. 22:21).

Porque yo fui el que te conoció en el desierto,
en esa tierra de terrible aridez.

Oseas 13:5 NVI

2
de diciembre

Solucionismo bíblico

«EL SOLUCIONISMO bíblico tal y como... lo entendemos... que el evangelio es un recetario muy eficaz para el arte de vivir pues ofrece fórmulas adecuadas a la toma de decisiones... aplicable a todos los niveles del acontecer humano»

DARÍO SILVA-SILVA

El ser humano es la suma de sus decisiones. Y a juzgar por lo que vemos, el estado actual de la humanidad no podría atribuirse sino a una suma de malas decisiones, comenzando por la más nefasta de todas: la de nuestros primeros padres, Adán y Eva, cuando resolvieron desobedecer a Dios (Gén. 3:6). Rubén Blades, conocido cantante de salsa panañemo, compuso una canción dedicada al tema donde, con mucha perspicacia, resume en el coro la dificultad que acompaña la toma de decisiones por medio del siguiente estribillo: *Decisiones, cada día, alguien pierde, alguien gana, Ave María. Decisiones, todo cuesta, salgan y hagan sus apuestas, ciudadanía.* El teólogo R.C. Sproul ilustró esta misma dificultad con la anécdota de un excepcional trabajador que, una vez recibida la instrucción del caso, cumplía con excelencia y en tiempo récord las más duras tareas físicas asignadas, hasta que se le encargó una labor aparentemente sencilla y fácil, comparada con las anteriores: separar un bulto de patatas en dos pilas, una con las de mejor calidad y otro con las de calidad promedio. Sorprendentemente, en esta ocasión se mostró incapaz de hacerlo, ¡pues no lograba decidirse en el momento de clasificarlas! Si bien esta es una ilustración dramatizada, la realidad no está muy lejos de ella. Por eso el solucionismo bíblico debe ser redescubierto, pues la Biblia es *El... Manual del fabricante, con todas las instrucciones de manejo* (D. Silva-Silva), entre las cuales sobresalen como recursos adicionales que confirman los claros mandatos bíblicos, o ayudan a precisarlos en circunstancias particulares y concretas: la oración (Sal. 32:6-9); el consejo sabio de otros (Pr. 11:14; 15:22; 24:6); la paz que se experimenta cuando decidimos lo correcto (Sal. 29:11; Fil. 4:6-7); y las circunstancias favorables o desfavorables que acompañan la situación en consideración (Hc. 14:27; 1 Cor. 16:9; 2 Cor. 2:12; Col. 4:3), incluyendo, por supuesto, las señales confirmatorias que Dios otorga eventualmente para orientar con buen margen de seguridad la toma de decisiones del creyente (Jc. 6:36-40). Pero antes, es imperativa una decisión previa:

Deshágarse de los dioses que... adoraron... y sirvan solo al Señor.

Josué 24:14-15 NVI

3

de diciembre

El buen nombre

«FORJARSE una buena reputación puede tardar 20 años, echarla por tierra, cinco minutos»

WARREN BUFFETT

En estos tiempos de tecnología, productividad, superavit y confort; existe un «bien» que escasea notoriamente en nuestra sociedad tecnificada. Se trata del buen nombre. Los seres humanos buscan y trabajan por obtener bienes de fortuna, poder, y también por adquirir fama y celebridad. Pero no es lo mismo el buen nombre que la fama o la celebridad. Una persona puede tener un buen nombre pero no ser necesariamente famoso y así mismo, puede darse el caso contrario, que lastimosamente es el más frecuente. La persona que adquiere un buen nombre posee un patrimonio invaluable que no se debe negociar a ningún precio. El prestigio que la integridad otorga es de mayor estima que las muchas riquezas: *Vale más la buena fama que las muchas riquezas, y más que oro y plata la buena reputación... Vale más el buen nombre que el buen perfume* (Pr. 22:1; Ecl. 7:1). La obra que el Señor Jesucristo vino a realizar a la tierra, no tenía el propósito de concederle fama y celebridad, aunque finalmente ésto último haya sido inevitable; sino forjarle un buen nombre: *No son ellos los que blasfeman el buen nombre de aquel a quien ustedes pertenecen?* (St. 2:7), el nombre más glorioso y excelso que ha conocido la humanidad: *Por eso Dios... le otorgó el nombre que está sobre todo nombre...* (Fil. 2:9-11). Lamentablemente muchas personas, llevadas por la ambición y el afán de lucro y las engañosas promesas de fortuna, fama y poder; optan por sacrificar su buen nombre, –o en el peor de los casos, la posibilidad de forjarse una buena reputación–, para poder obtener todo lo primero, vendiéndolo o hipotecándolo a quien pague su precio o, en últimas al mejor postor. La pregunta que parece estar en boga hoy de manera permanente es: ¿Cuál es tu precio? Porque además, el buen nombre es algo que hay que estar forjando día a día, hora a hora y minuto a minuto de manera continua, debido a que es muy frágil y un pequeño desliz puede echarlo a perder, derribando en un momento lo que ha tomado mucho tiempo edificar de manera laboriosa.

Un solo error acaba con muchos bienes. Las moscas muertas apestan y echan a perder el perfume. Pesa más una pequeña necedad que la sabiduría y la honra juntas.

Eclesiastés 9:18-10:1 NVI

4
de diciembre

El llanto

«EL HOMBRE es el único animal que ríe y llora, porque es el único al que le indigna que las cosas no sean como deberían ser»

ELIE WIESEL

El llanto es una de las manifestaciones emotivas más frecuentes y surtidas de las emociones humanas de todo tipo. En la Biblia encontramos un ilustrativo catálogo de las variadas situaciones que dan lugar al llanto. Vemos, pues, que Ismael, el hijo mayor de Abraham, lloró de desamparo. Abraham lloró de dolor por la muerte de su esposa Sara. Esaú lloró de privación, al perder la bendición paterna que le correspondía. Jacob lloró de alegría, al encontrarse con Raquel en Harán y, posteriormente, al encontrarse de nuevo con su hermano Esaú. José lloró de emoción contenida, al no poder revelar su identidad a sus hermanos y, finalmente, los israelitas también lloraron en el desierto en más de una oportunidad. El versículo tal vez más corto en extensión -más no así en contenido-, que encontramos en la Biblia se halla en Juan 11:35 donde leemos que *Jesús lloró* ¡Que impactante, revelador y conmovedor! Dios mismo, estando en la condición de hombre, experimentó en su propio ser esta realidad que nos toca a todos; y precisamente por haber vivido esta experiencia, puede identificarse plenamente con todos y cada uno de los dramas humanos. Pero hay que tener en cuenta que el llanto del Señor no fue egoista, como suele serlo en la mayoría de los casos el del hombre; sino que, primero que todo, fue una identificación solidaria, sentida y espontánea con el dolor de aquellas a quienes amaba: Marta y María. Pero su llanto solidario cubre una variedad de circunstancias mucho más amplias que las abarcadas por el sepelio de Lázaro. Su llanto incluye su dolor por quienes neciamente lo rechazan y, junto con él, rechazan su ofrecimiento de salvación por gracia mediante la fe y optan voluntariamente y en su propio perjuicio por la alternativa contraria: La ira y el juicio divino y la condenación eterna (Lc. 19:41-44; 23:27-29; Mt. 23:37-39). Y solo cuando nuestro llanto comparta los motivos del Señor podremos incluirnos en la bienaventuranza sobre los que lloran contenida en el Sermón del Monte, la cual garantiza que: ... *ellos recibirán consolación* (Mt. 5:4), en aquel sublime momento en que *Enjugará Dios toda lágrima... y ya no habrá... más llanto, ni clamor...* (Apo. 21:4).

> ... *vosotros lloraréis y lamentaréis,... pero...*
> *vuestra tristeza se convertirá en gozo.*

Juan 16:20

5

de diciembre

El amor probado por el fuego

«Mientras el amor no haya sido probado en el fuego del sufrimiento, será difícil estar seguro de su calidad. Siempre se corre el peligro de tomar por amor el subproducto de una pasión carnal efímera»

Ignace Lepp

La palabra amor evoca hoy tan solo un sentimiento que viene o se va por causas ajenas a nuestros deseos. Se concibe como algo pasivo, sin que la voluntad humana tenga ninguna incidencia en él. Pero el amor es un concepto dinámico en el cual la voluntad participa de manera activa y determinante aportando su elemento más fundamental: el compromiso. Este es el tipo de amor al cual se refiere la Biblia cuando recurre en el Nuevo Testamento al vocablo griego *ágape* y que hizo necesario, para su cabal comprensión, que en el Antiguo Testamento Dios ordenara al profeta Oseas ilustrarlo con su propia vida a través de todas las circunstancias dramáticas que rodearon su relación con su infiel esposa Gomer (Ose. 1:2-3), quien, a causa de su infidelidad y menosprecio hacia el profeta, cayó en una espiral de degradación tal que terminó siendo ofrecida al mejor postor en el mercado de esclavos de Samaria, pese a lo cual el Señor le ordenó a Oseas que fuera al mercado de esclavos y la comprara para hacerla de nuevo su esposa (Ose. 3:1-3). Dios proveyó así un ejemplo gráfico y palpable de hasta qué punto estaba Él dispuesto a llegar en su amor por nosotros, la humanidad entera que, al igual que Gomer, le hemos sido infieles y lo hemos menospreciado, alcanzando el punto culminante e insuperable de su amor en la persona de Cristo y su sacrificio a nuestro favor, que pagó el precio necesario para redimirnos de la esclavitud del pecado, del poder de la muerte y del dominio que Satanás ejercía sobre nuestras vidas. Y es que mantener el compromiso de amar a alguien a pesar del sentimiento ausente o de no ser correspondido puede ocasionar dolor y sufrimiento. El mismo que Oseas debió experimentar pero que es un pálido reflejo del que Dios debió sentir al permitir que su hijo fuera crucificado por nosotros, sin mencionar el que Cristo en persona padeció en la pasión. Por eso, el verdadero amor que Dios espera de nosotros tiene que incluir un compromiso inquebrantable para ser auténtico (Juan 3:16; 13:34; 15:12; Rom. 5:8).

El amor es paciente, es bondadoso... Todo lo disculpa,
todo lo cree, todo lo espera, todo lo soporta.

1 Corintios 13:4-7 NVI

6
de diciembre

Casualidades y causalidades

«El Señor conoce todas las casualidades pero… no conoce nada de manera casual»

R. C. Sproul

Las llamadas «casualidades» son sucesos de carácter contingente pero poco probable por el hecho de requerir una exacta sincronización entre eventos y causas muy diferentes y distantes entre sí. Estas casualidades son a veces tan sorprendentes, no solo por su elevado grado de improbabilidad, sino por el efecto determinante que tienen sobre la vida de las personas; que es muy difícil sostener que tuvieron lugar de manera meramente casual, por efecto del azar, sino que obligan a considerar la posibilidad de que, detrás de estas circunstancias, exista una causa inteligente que se ha ocupado de llevar a cabo la minuciosa sincronización requerida para que se dé el complejo y determinante evento que catalogamos en principio como una «casualidad». Es muy difícil no ver en ciertos acontecimientos la presencia y actuación de una inteligencia trascendente de carácter personal, siendo la «casualidad» una muy pobre y poco convincente explicación en estos casos. La omnisciencia de Dios (Sal. 139:1-6) implica que él conoce de manera necesaria y exhaustiva todas las posibilidades de nuestro futuro y puede por lo mismo, -sin eliminar la particular capacidad de elección moral del ser humano-, anticiparse a ellas de manera selectiva para sincronizarlas de tal modo que cumplan un propósito en nuestra vida, orientándola hacia la meta que él ha trazado para cada uno de nosotros. Si bien la Biblia sostiene la omnisciencia de Dios, no afirma con base en ella que Dios ejerza un control directo, minucioso, exhaustivo y permanente sobre todos nuestros actos a tal punto que nuestro albedrío llegara a ser una mera ilusión, otorgándonos así un rango suficiente de espacio para el ejercicio responsable de nuestra libertad de elección. Sin embargo, la Biblia sí nos revela que Él interviene directamente cuándo así lo considera necesario para asegurarse de que sus propósitos en nuestras vidas personales y en la historia de la humanidad no se vean frustrados o malogrados de manera absoluta por el mal ejercicio de nuestra libertad de elección (Pr. 21:1). Ese es el sentido auténtico de los pasajes que hacen referencia a lo ya determinado por Dios (Isa. 14:24-27), y la base de nuestra confianza en que:

> … *Dios dispone todas las cosas para el bien de quienes lo aman,*
> *los que han sido llamados de acuerdo con su propósito.*

Romanos 8:28 NVI

7
de diciembre

La culpa y la contaminación del pecado

«EL QUE pide perdón ya ha cumplido con ello la mitad de la penitencia»

FRANCISCO GARCIA-SALVE

«LA CAPACIDAD de perdonar no puede obtenerse de golpe. Debemos darnos tiempo para afrontar nuestros daños, mirar las heridas y desahogar nuestras emociones. Solo entonces podremos comenzar a sanar... En última instancia, todo aquel que perdona devuelve su propia valía al ofensor; cancela una deuda; siente tal paz interior que desaparece el deseo de venganza; y empieza a vivir como una persona más libre, aliviada del peso que significa el dolor»

DORIS DONNELLY

El perdón es de dos vías. Se recibe y se otorga. En ningún caso es fácil, pero esto no lo hace menos necesario para alcanzar la paz. La Biblia dice que la verdadera conversión involucra de manera inobjetable, además de la fe, el arrepentimiento, la confesión y la solicitud de perdón. Al que viene a Dios con esta actitud, Dios le concede el perdón sin condicionarlo al cumplimiento de ningún mérito adicional. Este primer acto de perdón divino resuelve de manera definitiva la culpabilidad del hombre ante Dios, librándolo de la ira divina y salvándolo de su justa condenación eterna. Pero el creyente, aunque ya no practica el pecado (1 Jn. 3:9), aún peca de manera más o menos ocasional (1 Jn. 1:8-9), y debido a esto Dios incluyó en la oración modelo un ítem para tratar con el pecado del creyente cada vez que se presente (Mt. 6:12). Pero estos posteriores actos de perdón divino ya no tienen que tratar con la culpabilidad y la condenación que ya han sido removidas de manera definitiva en la conversión, pero sí tratan con la contaminación y la impureza con la que el pecado mancha nuestra santidad, que se constituyen en un obstáculo para mantener en condiciones óptimas nuestra relación con un Dios santo (Jn. 13:10; Isa. 59:1-2). Pero en estos casos Dios sí condiciona su perdón al hecho de que nosotros también perdonemos a quien nos ha herido (Mt. 6:14-15). Es por eso que la falta de perdón origina en el corazón del creyente una *raíz amarga* que estorba la gracia de Dios y que afecta negativamente a quienes lo rodean (Heb. 12:15). Después de todo, hay miles de formas en que podemos ser heridos y ofendidos, pero existe una sola manera en que podemos tratar exitosamente con ello y dejarlo atrás, y esta es el perdón.

Y cuando estén orando, si tienen algo contra alguien, perdónenlo, para que también su Padre que está en el cielo les perdone a ustedes sus pecados.

Marcos 11:25-26 NVI

354

8
de diciembre

Evitando los atajos

«UN ATAJO es a menudo el camino más corto hacia un lugar al cual no deseábamos ir»

CLASSIC CROSSWORD PUZZLES

La noción del «conducto regular» como medio para lograr objetivos válidos y legítimos, es ignorada olímpicamente en la sociedad de hoy por muchas personas que obran bajo el maquiavélico lema de que *el fin justifica los medios,* cediendo así a la tentación de buscar atajos para alcanzar sus metas, solo para descubrir de manera tardía que se han extraviado y que lo obtenido es muy distinto a lo que se buscaba. Por eso, hay que tener en cuenta que Dios juzga no solo nuestras acciones, sino también nuestras motivaciones e intenciones, definidas así para nuestros efectos: la motivación es el *por qué* de cada acción, la intención es el *para qué* y la acción es el *cómo.* Dicho de otro modo la motivación es el origen de una acción, la intención es el fin de la misma y la acción es el el medio que las conecta a ambas. Y aunque las primeras tengan prioridad sobre la última, ninguna de ellas puede ser descuidada de manera premeditada y a la ligera. En la Biblia encontramos que Amasías, rey de Judá, *...hizo lo que agrada al Señor, aunque no de todo corazón* (2 Cr. 25:2); mientras que de su antecesor, Asa, se dice que, aunque en su condición de rey no derribó los santuarios paganos de Judá, sin embargo: *... Asá se mantuvo siempre fiel al Señor* (1 R. 15:14), con lo cual se quiere indicar que aunque las acciones del primero fueron correctas, sus motivaciones no lo fueron, mientras que a pesar de las acciones defectuosas del último, su motivación si fue la correcta. De cualquier modo, el cristiano bien motivado e intencionado debe procurar también llevar a cabo las acciones correctas, es decir, seguir el conducto regular establecido por Dios para cada circunstancia. La ignorancia nunca será excusa (Ose. 4:6), sino tan solo un atenuante (Lc. 12:47-48). El rey David tuvo que aprender esta lección cuando, bien motivado e intencionado, quiso trasladar el arca del pacto a Jerusalén por primera vez, sin hacerlo de la manera establecida, pagando el costo de su descuido con la muerte de Uza (1 Cr. 13:1-14). Eventualmente, si la motivación e intención son correctas, Dios puede excusar una acción deficiente (2 Cr. 30:18-20). Sin embargo, haríamos bien en recordar las palabras de David en relación con esto:

La primera vez ustedes no la transportaron,
ni nosotros consultamos al Señor nuestro Dios,
como está establecido; por eso él se enfureció contra nosotros.

1 Crónicas 15:13 NVI

9
de diciembre

El silencio cómplice

«La historia tendrá que registrar que la mayor tragedia de esta época de transición social no era el estridente clamor de los malos, sino el asombroso silencio de los buenos»

Martín Luther King

«Quizá no logremos cambiar el mundo, pero al menos podemos hacer sonrojar a los culpables»

Katha Pollit

La Biblia exalta de manera reiterada la virtud de la prudencia y es claro que el saber callar en el momento justo es una de las características más fundamentales de la persona prudente. Nadie negaría que el silencio es, en muchos casos, una de las expresiones humanas más elocuentes y sabias. Pero también es cierto que no se debe callar siempre ya que: *Todo tiene su momento oportuno; hay un tiempo para todo lo que se hace bajo el cielo... un tiempo para callar, y un tiempo para hablar* (Ecl. 3:1, 7), a pesar de lo cual muchos cristianos callan en todo tiempo, presumiendo así de falsa prudencia, puesto que todo creyente tiene en algún grado la responsabilidad del centinela descrita en Ezequiel 3:17-21 y esta responsabilidad demanda que hablemos con firmeza y que asumamos públicamente posturas definidas en relación con la injusticia y el pecado en la sociedad. No se trata de levantarse como jueces para condenar al pecador en una actitud sectaria y santurrona, sino en declarar siempre que sea necesario la opinión que, como cristianos, nos merece el pecado y la injusticia social, cuidando que nuestra conducta sea consecuente con nuestras palabras. El apóstol Pablo exhortaba a los efesios de manera enfática en estos términos: *No tengan nada que ver con las obras infructuosas de la oscuridad, sino más bien denúncienlas* (Efe. 5:11), indicando con esto que en muchos casos el silencio puede implicar una actitud cómplice. Bien dice el refranero popular que *El que calla otorga*, y esta actitud que más que prudente es señal de cobardía, es especialmente censurable cuando involucra nuestra negativa a compartir el evangelio en ocasiones propicias para hacerlo, como lo reconocieron los leprosos de Samaria en el episodio narrado en 2 Reyes 6:24-7:20.

> *Esto no está bien. Hoy es un día de buenas noticias,*
> *y no las estamos dando a conocer. Si esperamos hasta que amanezca,*
> *resultaremos culpables...*

2 Reyes 7:9 NVI

10
de diciembre

Beneficios del desacuerdo

«Es imposible aprender nada importante acerca de una persona hasta
que hayamos tenido un desacuerdo con ella; es solo en la contradicción
que se revela el carácter. Es por eso que los patronos autocráticos se mantienen tan ignorantes respecto a la verdadera naturaleza de sus
subalternos»

Sydney Harris

Estar de acuerdo (Amos 3:3; Mt. 18:19), es un principio fundamental para lograr la
armonía social (Sal. 133), y la unidad en la iglesia y en toda relación interpersonal, pero
la realidad nos muestra que, a pesar de nuestras buenas intenciones, ocasionalmente
surgirán desacuerdos al interior de nuestras familias, trabajo, amistades o en la iglesia
entre otros. Pero más que ver estas situaciones como amenazas contra la unidad y la
armonía, debemos verlas como oportunidades para conocer el punto de vista de nuestros interlocutores, pues es en los desacuerdos donde se revela el verdadero carácter de
las personas. Lo que es perjudicial no es el desacuerdo en sí, sino la forma inadecuada
de manejarlo por parte de los involucrados. Con frecuencia personas reconocidas como
sabias y de buen testimonio, echan por tierra esta reputación cuando tienen que hacer
frente a un desacuerdo y no logran manejarlo con altura sino que, como lo dice el argot
popular: *pelan el cobre* con actitudes inmaduras y destructivas, tales como el ventilar el
asunto ante terceros indisponiéndolos con la contraparte, o prejuzgando los motivos de
los contradictores sin haberles dado la oportunidad de expresarse, o tratando de ganar
el apoyo mayoritario para su posición particular mediante presiones indebidas creyendo que, por el hecho de ser mayoría, entonces se tiene la razón y los opositores deben
plegarse al punto de vista de la multitud. Aún en el interior de la iglesia primitiva se
presentaron desacuerdos entre personajes tan ilustres como el apóstol Pablo y su com-
pañero Bernabé, a causa de Juan Marcos, sobrino de Bernabé y autor del evangelio de
Marcos (Hc.15:37-40), y el desacuerdo público entre los apóstoles Pedro y Pablo registrado en Gálatas 2:11-14, ambos tratados y resueltos de manera constructiva, como lo
indican las declaraciones finales de Pedro y Pablo acerca de los que habían sido su
contraparte en su momento (2 Tim. 4:11; 2 P. 3:15-16). Los beneficios que pueden
obtenerse de los desacuerdos se resumen, entonces, así:

El hierro se afila con el hierro, y el hombre en el trato con el hombre.

Proverbios 27:17

11

de diciembre

Muertos en vida

«LA TRAGEDIA de la vida estriba en qué es lo que muere dentro del hombre mientras él mismo vive todavía»

ALBERT SCHWEITZER

Dice la sabiduría popular que hay dos cosas seguras en la vida: la muerte y los impuestos. En cuanto a la primera de ellas, la Biblia nos revela que la muerte es la consecuencia de la desobediencia o el pecado cometido por nuestros primeros padres en el jardín del Edén (Gén. 2:17), transmitida y heredada por todo el género humano desde entonces (Rom. 5:12; 6:23), de manera inapelable y lapidaria: *No hay quien tenga poder sobre el aliento de vida, como para retenerlo, ni hay quien tenga poder sobre el día de su muerte...* (Ecl. 8:8). Pero a pesar de que la sentencia divina no admite en justicia discusión o cuestionamiento, Dios en su misericordia decidió posponer y diferir la ejecución concediéndonos algunos años de gracia (Sal. 90:10), y este hecho hace que muchos de nosotros perdamos de vista que estamos, de cualquier modo, en lista de espera para cuando llegue nuestro momento (Sal. 79:11). Lo trágico en todo esto es que la vida física que el Señor nos ha permitido disfrutar temporalmente, nos impide ver en muchos casos que la muerte es nuestra condición espiritual literal y real. Cristo vino para ofrecernos vida plena y al mismo tiempo concedernos el indulto, librándonos definitivamente de la sentencia que pesa de manera inexorable sobre la vida de todos los hombres (Sal. 102:19-21). Es sintomático que el Señor, hablando de personas físicamente vivas, haya dicho: *Deja que los muertos entierren a sus propios muertos...* (Lc. 9:60), queriendo con esto apremiar al seguidor renuente para que lo siguiera sin dilación ni excusa, dejando así que los físicamente vivos pero espiritualmente muertos, enterraran a sus propios difuntos. Pablo estaba de acuerdo en esta apreciación cuando, describiendo la condición pasada de los creyentes, en la cual se incluía a sí mismo, dijo: *... nos dio vida con Cristo, aun cuando estábamos muertos en pecados* (Efe. 2:5). Por todo esto, vale la pena que espabilemos y consideremos con la debida seriedad la crucial y crítica exhortación del apóstol Pablo que podemos leer enseguida, ya que aquí sí que el asunto es, literalmente, de vida o muerte:

Por eso se dice: Despiértate, tú que duermes,
levántate de entre los muertos, y te alumbrará Cristo.

Efesios 5:14 NVI

12

Ética y pensamiento

«Toda nuestra dignidad estriba en el pensamiento. Esforcémonos, pues, por pensar bien: este es el principio de la ética»

Blas Pascal

«En términos legales, un hombre es culpable cuando viola los derechos de otros. En ética, lo es solo con que piense hacerlo»

Inmanuel Kant

Para cualquier observador desprevenido salta a la vista que el cristianismo, además de ser la expresión y ejecución del plan de salvación diseñado por Dios desde antes de la fundación del mundo, también implica de manera obvia una serie de principios y normas de vida y conducta ejemplificadas a la perfección por el Señor Jesucristo, que más que un código legal o un sistema moral rígido y cerrado, constituyen la fuente por excelencia de la cual se nutre la reflexión ética del ser humano. El cristianismo práctico no consiste entonces en legalismos ni en moralismos, sino en una iluminada reflexión ética reflejada en la práctica, que propende por elevar los estándares sociales por encima del mediocre promedio, en marcado contraste con las leyes y la moral que tienden a nivelarse por lo bajo, como bien lo dijo Plauto al afirmar que: «*La ley sigue a la costumbre*, a lo cual cabría añadir que es la costumbre la que determina en últimas la moral vigente. Se explica entonces que la moral sea descriptiva mientras que la ética es normativa o, dicho de otro modo, la moral nos dice lo que *es*, mientras que la ética nos dice lo que *debería ser*. En este orden de ideas, el cumplir externamente con la ley no es suficiente, pues el Señor condenó aún los pensamientos pecaminosos (Mt. 5:28), y nos exhortó a que nuestra obediencia a la ley no fuera por temor al castigo externo, sino por un asunto interno de conciencia (Rom. 13:5). Así, pues, la moral apela a la costumbre y a la ley, la ética a la conciencia. Es por esto que el Señor renueva nuestros pensamientos antes que nuestras acciones (Efe. 4:23), al tiempo que nos anima a no conformarnos con la moral vigente (Rom. 12:2), y también nos da la pauta y los recursos para lograr llevar: ... *cautivo todo pensamiento para que se someta a Cristo* (2 Cor. 10:5).

Por último, hermanos, consideren bien todo lo verdadero, todo lo respetable, todo lo justo, todo lo puro, todo lo amable, todo lo digno de admiración, en fin, todo lo que sea excelente o merezca elogio.

Filipenses 4:8 NVI

13

de diciembre

Cristianismo y utilitarismo

«Los actos de los hombres que, desde el punto de vista moral, son indiferentes, los clasificamos como buenos o malos con arreglo a su éxito o a su fracaso»

Herbert Spencer

La Biblia, además de contener la revelación de Dios en la persona de Jesucristo, también nos provee de instrucciones generales para dirigir correctamente nuestras vidas a la luz de lo hecho por Cristo a nuestro favor. No obstante, las Escrituras no nos dan una guía detallada y pormenorizada de cómo pensar o actuar en cada circunstancia y situación particular de la vida, pero sí nos da tres criterios para orientarnos en aquellas situaciones que no están expresamente reglamentadas o prohibidas en ella. Estos criterios que determinan el resultado y la aprobación o reprobación divina sobre aquellos actos moralmente indiferentes o ambiguos y que no están sancionados por las leyes humanas, –de modo tal que pueden considerarse lícitos desde el punto de vista legal–, se pueden aplicar formulándonos a nosotros mismos las siguientes preguntas. En primer lugar, ¿la acción que voy a llevar a cabo conviene? En segundo término, ¿la acción que voy a llevar a cabo es constructiva? Y finalmente, ¿la acción que voy a llevar a cabo obedece al dominio coactivo, coercitivo o compulsivo que algo ejerce en mi vida? Cuando la respuesta a las dos primeras sea afirmativa y a la tercera negativa, se puede actuar sin ningún temor de estar obrando equivocadamente, pero si en alguna de ellas la respuesta es diferente a lo expuesto, es mejor abstenerse de esa acción, pues en el mejor de los casos siempre habrá lugar a la duda y las Escrituras también afirman que si actuamos de manera dubitativa, entonces esta acción no es, con mucha probabilidad, agradable a Dios, pues en el mejor de los casos siempre será una acción ejecutada en contra del veredicto de nuestra propia conciencia (Rom. 14:23; St. 1:6). Por último, cabe mencionar que al juzgar la conveniencia y beneficios potenciales derivados de nuestros actos debemos incluir en el cuadro, no solamente los aspectos que nos conciernen de una manera estrictamente personal en una actitud censurablemente egoísta, sino también y con especialidad la conveniencia y el beneficio de la comunidad en general. Con esto en mente puede entenderse mejor lo dicho por el apóstol:

'Todo me está permitido', pero no todo es para mi bien. 'Todo me está permitido', pero no dejaré que nada me domine... 'Todo está permitido', pero no todo es provechoso. 'Todo está permitido', pero no todo es constructivo.

1 Corintios 6:12; 10:23 NVI

14

El creyente y las riquezas

«LA RIQUEZA se consigue con dolor, se conserva con preocupación y se pierde con pesadumbre»

THOMAS FULLER

«EL CAMINO más corto para llegar a la riqueza es despreciarla»

SÉNECA

Muchas de las enseñanzas más importantes que el Señor Jesucristo nos dejó son paradojas, o declaraciones aparentemente contradictorias. Así, encontramos que el que tiene recibe más y el que no tiene pierde aún lo poco que tenga (Lc. 8:18), que el que salva su vida finalmente la pierde y el que pierde su vida a la postre la salva (Lc. 9:23-26), que el más pequeño es el más grande (Lc. 9:48), que el Príncipe de Paz (Isa. 9:6; Jn. 14:27), trae división (Lc. 12:51-53), y que los primeros serán postreros mientras que los postreros serán primeros (Lc. 13:30). Las riquezas reciben en la Biblia un tratamiento paradójico muy similar, bastante afín con la frase de Séneca citada arriba. Por eso, sin condenar las riquezas sino considerándolas en muchos casos como resultado de la bendición de Dios, la Biblia también nos advierte acerca de los peligros a los que nos expone la ambición y la codicia en 1 Timoteo 6:9-10 y con anterioridad encontramos en los evangelios los consejos del Señor Jesucristo en este mismo sentido en vista del dolor, la preocupación y la pesadumbre que muchas veces acarrean los bienes de fortuna y las posesiones materiales en este mundo. Con todo, el Señor Jesucristo no nos pide que renunciemos a nuestras aspiraciones legítimas en este sentido, sino que tengamos las prioridades en orden y busquemos primeramente el reino de Dios y su justicia, con la garantía divina de que si lo hacemos así, todos los bienes materiales necesarios para nuestra vida terrenal nos serán añadidos (Mt. 6:33), en algunos casos inclusive de manera abundante y con solvencia, para que los disfrutemos (1 Tim. 6:17), pero también para que los compartamos con los que no tienen (1 Tim. 6:18; Efe. 4:28); recordándonos que ... *aunque se multipliquen sus riquezas, no pongan el corazón en ellas* (Sal. 62:10), apegándonos a las mismas, sino que más bien atesoremos en el cielo, que es más seguro, conveniente y beneficioso.

Vendan sus bienes y den a los pobres. Proveánse de bolsas que no se desgasten; acumulen un tesoro inagotable en el cielo, donde no hay ladrón que aceche ni polilla que destruya. Pues donde tengan ustedes su tesoro, allí estará también su corazón.

Lucas 12:33-34 NVI

15
de diciembre

Cristo es verbo y no sustantivo

«CRISTO ES... la Verdad que debe decirse... el Camino que debe andarse... la Luz que debe encenderse»

TERESA DE CALCUTA

Es lamentable constatar como, al interrogar al azar a varias personas sobre su fe en Dios, la mayoría de ellas responden que sí creen en Él, –y es probable, no solo que sean sinceros, sino incluso que tengan en mente al Dios de la Biblia–, pero su conducta no es consecuente con esta afirmación. Hemos llegado a pensar que la fe es un asunto de simple asentimiento intelectual, y aunque este último es necesario a la hora de creer, la fe no consiste solamente en esto sino que, como lo definieron los reformadores, la fe que salva comprende tres pasos, el primero de los cuales es obtener la *información* del caso, que no es otra cosa que tener acceso y comprender siquiera de manera sucinta el mensaje del evangelio. Es por eso que la llamada «sana doctrina», al menos en lo que concierne a las verdades básicas, es fundamental. El segundo es *consentimiento* o *asentimiento*, es decir, la aceptación personal de índole meramente intelectual que damos al evangelio. Y por último, el paso más difícil e ignorado por muchos, pero que es el que en definitiva hace la diferencia entre salvación y condenación: *confianza* absoluta, que consiste en la decisión consciente y voluntaria de rendirnos y depender de manera personal de aquello, o mejor, de Aquel en quien depositamos nuestra fe, siendo este el paso final y definitivo que, de manera consecuente, demanda del creyente *acciones* determinadas y distintivas, emprendidas siempre en una dirección concreta. De no surtir estos tres pasos la fe del individuo será una fe defectuosa, disfuncional, incompleta y engañosa que nunca le alcanzará para obtener el favor de Dios en la persona de Cristo y ser calificado como un auténtico creyente, que es aquel que no solo cree en la verdad, sino que proclama la verdad. El que no solo indica el camino, sino que anda por él. El que no solo conoce la luz sino que la extiende (Jn. 14:6). Y es justamente a aquellos que se resisten a dar los pasos de acción prácticos, consecuentes y confiados que deben acompañar a la fe auténtica, a los que se dirige Santiago en su epístola con un tono mordaz para desengañarlos con estas palabras:

¿Tú crees que hay un solo Dios? ¡Magnífico!
También los demonios lo creen, y tiemblan.

Santiago 2:19 NVI

de diciembre

La sal de la tierra

«HAY UN cuento maravilloso acerca de un hombre que en una ocasión se dirigió a Dios, con el corazón desgarrado por el dolor y la injusticia humanos -Dios mío -exclamó-, ¿ya viste cuánta angustia, cuánto sufrimiento y desolación hay en el mundo? ¿por qué no envías a alguien para que nos ayude? Y Dios le respondió: -Ya lo hice: te envíe a tí. Cuando le contemos este cuento a nuestros hijos debemos decirles que Dios los envío para que ayudaran a componer este atribulado mundo, y que esa no es una labor de un instante ni de un año, sino de toda la vida»

DAVID WOLPE

Shirley Jackson Case nos recordaba en el prólogo de sus dos volúmenes titulados *Forjadores del cristianismo* que el cristianismo heredó de los hebreos un alto concepto del agente humano en el desarrollo de la fe. La verdadera fe requiere personas capacitadas. Los forjadores del cristianismo vivieron y trabajaron en relación estrecha con sus semejantes, compartieron las experiencias de sus compañeros, pensaron los mismos pensamientos, participaron en sus actividades y personificaron sus esperanzas. Por eso, cuando nos sentimos tentados a criticar con amargura y dolor la condición actual de la humanidad, debemos ser conscientes de que esta crítica está dirigida en primera instancia contra nosotros mismos, ya que probablemente no estemos haciendo ningún aporte significativo para aliviar la situación que lamentamos, teniendo en cuenta lo dicho por nuestro Señor en Mateo 25:40 y 45: ... *'Les aseguro que todo lo que hicieron por uno de mis hermanos, aun por el más pequeño, lo hicieron por mí... 'Les aseguro que todo lo que no hicieron por el más pequeño de mis hermanos, tampoco lo hicieron por mí'.* Después de todo, Dios ya envió a alguien ayudarnos, su propio Hijo, no solo para darnos ejemplo de conducta, sino también a morir por nosotros, y a resucitar *con* y *mediante* un poder que comparte ahora con nosotros, los creyentes (Efe. 1:19-20), de modo que podamos exclamar con Pablo: *Todo lo puedo en Cristo que me fortalece* (Fil. 4:13), superando así la insalvable incapacidad que padece la humanidad caída para actuar correctamente (Rom. 8:7-8), puesto que: *uno sabe siempre lo que debe hacer; lo difícil es hacerlo* (Norman Schwarzkopf). Pero ya podemos hacerlo, porque:

Ustedes son la sal de la tierra...

Mateo 5:13 NVI

17
de diciembre

La gratitud

«LLEVA un diario de agradecimiento. Anota todas las noches cinco cosas que hayan sucedido ese día y por las cuales te sientas agradecido. Este hábito cambiará poco a poco tu concepto de la vida y de lo cotidiano. Si aprendes a darle más importancia a lo que tienes que a lo que no tienes, verás que el universo es generoso y recibirás más. Si, en cambio, te fijas más en lo que no tienes, nada te satisfará»

OPRAH WINFREY

William Bennett decía: *Hay que recordar a veces que el agradecimiento es una virtud.* El problema es que, de suyo, la memoria no nos ayuda ya que, como lo expresó Carmen Martín Gaite: *La memoria es antojadiza y no sabemos con arreglo a qué criterio selecciona como perdurables ciertos decorados, mientras que otros,... son relegados al reino de las sombras.* Ese arbitrario y desigual criterio de selección de la memoria es también aludido con perspicacia por Fiodor Dostoyevsky al afirmar: *El hombre se complace en enumerar sus pesares, pero no enumera sus alegrías,* y es por esta razón que nuestras actitudes suelen caracterizarse por la ingratitud. Nuestra memoria no es objetiva y clara, sino que está influenciada por las emociones que imprimen un sesgo que relativiza nuestros recuerdos, ponderándolos de manera desigual. Pero si hacemos un esfuerzo consciente y habitual para recordar grandes y pequeños sucesos dignos de gratitud, terminaremos cada día con suficientes motivos para estar agradecidos con Dios siempre. No es casual que en la vida de personajes de fe como el profeta Jonás y el salmista encontremos la práctica y la exhortación de llevar a cabo regularmente *sacrificios de gratitud* (Sal. 107:22; Jon. 2:9), instrucción que se ratifica de muchas maneras en el Nuevo Testamento también para la iglesia, casi con carácter imperativo: *... llenos de gratitud... Y sean agradecidos... canten salmos, himnos y canciones espirituales a Dios, con gratitud de corazón. Y todo lo que hagan,... háganlo en el nombre del Señor Jesús, dando gracias a Dios el Padre por medio de él* (Col. 2:7; 3:15-17). Porque en últimas, es la gratitud la que nos brinda estímulo e inspiración para servir y adorar al Señor como corresponde, con temor de Dios y de manera agradable a sus ojos (Heb. 12:28).

Dando siempre gracias por todo al Dios y Padre,
en el nombre de nuestro Señor Jesucristo.

Efesios 5:20 NVI

18
de diciembre

La rutina como disciplina

«¿POR QUÉ esta insistencia en sacar a la gente de la rutina? Yo soy devota de lo rutinario. Además, la mayoría de la gente de hábitos es más simpática y feliz que los demás. Las rutinas son las viejas y sabias arrugas que ha trazado la civilización sobre la vetusta cara de la Tierra»

BEVERLY NICHOLS

Es común asociar la rutina con el aburrimiento y el tedio, al igual que relacionamos la novedad con el placer y la felicidad. Pero lo cierto es que todo hábito, bueno o malo, es producto de una rutina; en el primer caso una rutina disciplinada y en el segundo una rutina laxa y desordenada. Las rutinas no necesariamente tienen que ser aburridas o monótonas y si lo son es porque estamos consagrándonos a una rutina que ni siquiera valía la pena implementar o porque estamos llevándola a cabo de una manera completamente mecánica. Las rutinas provechosas, aquellas que no solo generan buenos hábitos sino también deleite, pueden ser algo difíciles en el comienzo, mientras se coge el ritmo, pero no por eso son aburridas. Este tipo de rutinas son resultado de practicar , por una parte, disciplinas correctivas: *El que tiene en poco la disciplina menosprecia su alma; mas el que escucha la corrección tiene entendimiento* (Pr. 15:32 RVR), pero también y de manera especial disciplinas preventivas, entre las cuales podemos incluir nuestras prácticas devocionales habituales que incluyen la oración diaria y sincera y la cotidiana lectura reflexiva de la Biblia, así como el congregarnos regularmente para alabar y adorar a Dios en comunión los unos con otros y el ayuno, entre otras. Hay muchos cristianos que, para llevar a cabo estás prácticas, tienen que sentirse emocional y especialmente inspirados, de modo que cuando no lo están, -como indefectiblemente sucederá en un significativo y mayoritario número de ocasioness-, las terminan pasando por alto para su propio perjuicio. Poque como lo dice Max Lucado con cierta graciosa ironía: *si necesitas estar inspirado para orar, está bien,... solo asegúrate de estarlo todos los días.* En efecto, quienes rechazan de plano las rutinas provechosas porque les parecen aburridas, es probable que solo estén tratando de excusar su inconstancia crónica, cuyos nefastos resultados no se harán esperar.

*Quien es así no piense que va a recibir cosa alguna del Señor;
es indeciso e inconstante en todo lo que hace.*

Santiago 1:7-8 NVI

19
de diciembre

El sentido de la existencia

«Nunca me he podido persuadir de que el universo pudo ser creado y la humanidad haya podido aparecer sobre nuestra diminuta Tierra, solo para montar el interminable drama trivial que llamamos historia. Sería como construir un grandioso estadio para presentar un juego de niños, o un suntuoso teatro de ópera para un recital de armónica. Tiene que haber algún otro destino que el de solo utilizar la creatividad física, intelectual y espiritual que se nos ha deparado»

MALCOLM MUGGERIDGE

Todos hemos pensado lo anterior en algún momento de nuestra vida y es que sencillamente no es razonable que todo lo que podamos esperar de nuestra efímera existencia terrenal sea la vida misma, temporal y finita. John Fiske dijo: *Yo creo en la inmortalidad del alma, no en el sentido en el que acepto las verdades demostrables de la ciencia, sino como un acto supremo de fe en el carácter razonable de la obra de Dios.* De no ser así tendríamos que estar de acuerdo con Sartre cuando expresó que *El hombre es una pasión inútil.* Y es que es ese anhelo de eternidad e inmortalidad del hombre lo que en últimas le brinda sentido y propósito a la existencia humana y nos diferencia de los demás seres vivos: *Todo lo hizo hermoso en su tiempo; y ha puesto eternidad en el corazón de ellos, sin que alcance el hombre a entender la obra que ha hecho Dios desde el principio hasta el fin* (Ecl. 3:11 RVR). Dios personalmente nos ha dotado con esta indefinible pero irrenunciable orientación trascendente inherente al espíritu humano para que, sin importar cuanto nos extraviemos y alejemos de Él, en el fondo siempre tengamos conciencia de nuestro origen, dejándonos conducir a Dios por esta profunda convicción intuitiva común en mayor o menor grado a todo ser humano, anhelando y confiando en encontrar en Dios la revelación que nos permita completar satisfactoriamente el cuadro de lo que debemos saber, lo que debemos hacer y lo que nos cabe esperar, como en efecto lo ha hecho ya en las Escrituras por medio del evangelio de Cristo, y podamos así comprender y declarar con Thomas Brown que: *El mundo creado no es más que un pequeño paréntesis en la eternidad,* concluyendo con el gran Agustín de Hipona que: *Tú nos hiciste para ti mismo, y nuestro corazón no hallará reposo hasta que descanse de nuevo en ti.* Por eso:

*Acuérdate de tu Creador antes que se rompa el cordón de plata y se quiebre
la vasija de oro, y se estrelle el cántaro contra la fuente y se haga pedazos la
polea del pozo. Volverá entonces el polvo a la tierra, como antes fue, y el
espíritu volverá a Dios, que es quien lo dio.*

Eclesiastés 12:6-7 NVI

Arrepentimiento o remordimiento

«Existe un 'recto' sentimiento de culpa. Ni siquiera debiéramos tratar de eludirlo. Considerémoslo como el dolor; es decir, como una señal que no se debe pasar por alto. Nace de una parte de nuestro ser que está vinculada a nuestra verdadera naturaleza. Hemos de reconocerlo como lo que es, escucharlo en espera de lo que pueda decirnos acerca de nosotros mismos»

Presbítero Vincent Rossi

Los sicólogos bien intencionados de nuestro tiempo han tratado de atenuar y aún eliminar el sentimiento de culpa en la conciencia de las personas. Aunque es cierto que un sentimiento de culpa sin fundamento puede ser perjudicial para la persona, minando su autoestima y paralizándola para emprender actividades constructivas y dignificantes; también es peligroso tratar de erradicarlo sin atacar la raíz del problema que no es otra que el pecado. El creyente debe guiar su vida por principios y no por sentimientos, pero estos últimos (especialmente los negativos) no deben ser ignorados ya que son señales de advertencia en el camino, luces de alarma en el tablero de nuestra consciencia que nos indican que algo no anda bien. El sentimiento de culpa puede manifestarse de dos maneras: una negativa y otra positiva. A la primera se le suele llamar «remordimiento», pero este por sí solo no sirve de nada si no enfrentamos lo que lo causa a través de un genuino arrepentimiento, que es la manera positiva, constructiva o «recta» en que se manifiesta el sentimiento de culpa. Pablo describe la diferencia entre remordimiento y arrepentimiento, así: *Sin embargo, ahora me alegro, no porque se hayan entristecido sino porque su tristeza los llevó al arrepentimiento. Ustedes se entristecieron tal como Dios lo quiere, de modo que nosotros de ninguna manera los hemos perjudicado. La tristeza que proviene de Dios produce el arrepentimiento que lleva a la salvación, de la cual no hay que arrepentirse, mientras que la tristeza del mundo produce la muerte* (2 Cor. 7:9-10), y el mejor ejemplo gráfico de estas palabras lo encontramos en Judas, que sintió remordimiento y terminó suicidándose (Mt. 27:5); y Pedro, que se arrepintió (Mt. 26:75) y fue restaurado por el Señor (Jn. 21:15-17). De cualquier modo, por encima de todo esto se encuentra el veredicto divino, puesto que:

> *... aunque nuestro corazón nos condene, Dios es más grande*
> *que nuestro corazón y lo sabe todo.*

1 Juan 3:20 NVI

21
de diciembre

Dando a Dios el crédito que le corresponde

«Que curioso resulta que la vida más pobre se atribuya a la voluntad de Dios, pero que a medida que los seres humanos se vuelven más ricos, conforme su nivel y estilo de vida comienzan a ascender en la escala material, Dios descienda proporcionalmente en la responsabilidad»

Maya Angelou

En la Edad Media la «voluntad de Dios» era un argumento que se utilizaba como paliativo para justificar la condición de los pobres, desprotegidos y menos favorecidos de la sociedad, fomentando la resignación y el conformismo con la situación imperante en la cual los poderosos oprimían con tiranía al pueblo en el bien conocido sistema feudal que, hay que decirlo, benefició grandemente a la iglesia como institución. Se pretendía de este modo perpetuar el orden social vigente como si este fuera el designio de Dios. Olvidaron los que utilizaban este argumento que la voluntad de Dios es que su pueblo prospere en todo y viva en paz (Jer. 29:11; 3 Jn. 2; Rom. 12:2). Al amparo de la legitimación del «status quo» apelando de manera simplista a la «voluntad de Dios» se generan y justifican vicios como la pereza y el conformismo, tal como lo afirma Thomas Sowell al llamar nuestra atención al hecho de que: *Siempre estamos oyendo hablar de los prósperos y de los desposeídos, ¿por que razón jamás se dice nada de los emprendedores y los indolentes.* Para agravar el panorama, el ser humano siempre está muy pronto a dar a Dios el «crédito» por su miserable condición, mientras se reserva para si los reconocimientos por sus logros y su prosperidad material. El libro de los Proverbios nos advierte sobre los peligros de esta forma de pensar en esta oración de Agur: *Solo dos cosas te pido, Señor; no me las niegues antes de que muera: Aleja de mí la falsedad y la mentira; no me des pobreza ni riquezas sino solo el pan de cada día. Porque teniendo mucho, podría desconocerte y decir: ¿Y quién es el Señor? Y teniendo poco, podría llegar a robar y deshonrar así el nombre de mi Dios* (Pr. 30:7-9). En cualquier caso, siempre debemos tener en cuenta la actitud del patriarca Job que en su momento de prueba y dificultad dijo con gran sensibilidad y honestidad espiritual:

El Señor ha dado; el Señor ha quitado. ¡Bendito sea el nombre del Señor!... Si de Dios sabemos recibir lo bueno, ¿no sabremos también recibir lo malo?

Job 1:21; 2:10 NVI

22
de diciembre

Conocimiento o sabiduría

«EL CONOCIMIENTO no es un producto común y corriente, porque no se agota: Se multiplica cuando se obtiene y se acrecienta cuando se derrocha»

DANIEL BOORSTIN

«DE TODAS las clases de conocimiento que podemos alcanzar, el conocimiento de Dios y el conocimiento de nosotros mismos son los más importantes»

JONATHAN EDWARDS

La Biblia define el conocimiento como algo mucho mas profundo que la simple adquisición y acumulación arbitraria y sin criterio de datos e información de todo tipo, aún en el caso de que esta información sea especializada y obedezca a un método. Refiriéndose a ello, Herbert Spencer decía que *Si un hombre no tiene sus conocimientos en orden, cuantos más posea mayor será su confusión.* El conocimiento especializado propio de la ciencia, aunque no es malo ni condenable en sí mismo sino siempre recomendable, no es muy útil desde el punto de vista espiritual, puesto que el conocimiento que la Biblia promueve es definido como una relación personal, íntima y profunda con Dios, análoga a la consumación de la relación matrimonial en la intimidad sexual de la pareja (Gén 4:1, 17, 25; Mt.1:25 RVR), conocimiento que se expresa mejor con la palabra «sabiduría» tal como esta se define y contrasta con el conocimiento humano meramente terrenal e intelectual en Santiago 3:14-17: *Pero si ustedes tienen envidias amargas y rivalidades en el corazón, dejen de presumir y de faltar a la verdad. Ésa no es la sabiduría que desciende del cielo, sino que es terrenal, puramente humana y diabólica. Porque donde hay envidias y rivalidades, también hay confusión y toda clase de acciones malvadas. En cambio, la sabiduría que desciende del cielo es ante todo pura, y además pacífica, bondadosa, dócil, llena de compasión y de buenos frutos, imparcial y sincera.* En este sentido Alfred Tennyson expresó muy acertadamente que *El conocimiento llega, pero la sabiduría se queda.* El Señor nos exhorta a adquirir conocimiento (Ose. 4:6), pero nos advierte también del peligro de buscarlo como un fin en sí mismo (1 Cor. 8:1), respecto de lo cual Benjamín Franklin dijo que: *Enorgullecerse del conocimiento es estar ciego con la luz.* Solo teniendo en cuenta estas precisiones podremos emprender promisoriamente lo recomendado por el profeta:

Conozcamos al Señor; vayamos tras su conocimiento...

Oseas 6:3 NVI

23

de diciembre

Niñez e inmadurez

«Es CIERTO que la infancia tiene sus desventajas. Sin embargo, los niños son en verdad afortunados: si encuentran una moneda en la acera, se sienten ricos, si se topan con una piedra en forma de fósil, se sienten exploradores; si dan con un hormiguero, se sienten Dios. A los niños jamás les remuerde la conciencia... Para ellos la vida es eterna. Y en cierto sentido tienen razón. Cuando se vive... sin pensar en el futuro, como lo hacen los niños, el tiempo no existe»

MICHAEL BURKETT

Hay dos conceptos relacionados que suelen confundirse de manera muy inconveniente. Son la niñez y la inmadurez. El Señor Jesucristo puso como ejemplo en varias ocasiones a los niños (Mr. 10:14-15), elogiando virtudes de la infancia tales como la inocencia, la humildad, la confianza y la dependencia, rasgos todos necesarios para acceder al Reino de Dios. Pero no debemos olvidar que la infancia también implica inmadurez, y el no saber diferenciarlas puede llevar a justificar la inmadurez en los creyentes marcadamente egocéntricos, indolentes, egoístas, exigentes, irresponsables e irrazonables. Pablo tuvo que lidiar con ellos en muchas de las iglesias que fundó, a las cuales se dirigió así: *Yo, hermanos, no pude dirigirme a ustedes como a espirituales sino como a inmaduros, apenas niños en Cristo. Les di leche porque no podían asimilar alimento sólido, ni pueden todavía, pues aún son inmaduros. Mientras haya entre ustedes celos y contiendas, ¿no serán inmaduros?...* (1 Cor. 3:1-3). La misma amonestación fue planteada por el autor de la epístola a los Hebreos: *Sobre este tema tenemos mucho que decir aunque es difícil explicarlo, porque a ustedes lo que les entra por un oído les sale por el otro... a estas alturas ya deberían ser maestros, y sin embargo necesitan que alguien vuelva a enseñarles las verdades más elementales de la palabra de Dios... necesitan leche en vez de alimento sólido. El que solo se alimenta de leche es inexperto... es como un niño de pecho. En cambio, el alimento sólido es para los adultos, para los que tienen la capacidad de distinguir entre lo bueno y lo malo, pues han ejercitado su facultad de percepción espiritual* (Heb. 5:11-14). Dejar la inmadurez que caracteriza la infancia espiritual debería ser algo natural que se da por sentado (1 Cor. 13:11), pero nunca sobra la orden directa del apóstol al respecto:

Hermanos, no sean niños en su modo de pensar. Sean niños en cuanto a la malicia, pero adultos en su modo de pensar.

1 Corintios 14:20 NVI

24
de diciembre

La perseverancia

«QUE MUNDO tan pobre sería el nuestro si no hubiera hierbas capaces de impugnar la estrecha concepción humana del orden, o de insinuar nuevas posibilidades a nuestras limitadas mentes! ¿Quién puede calcular la fuerza que recibimos cuando vemos y nos identificamos con un diente de león que crece en una grieta de la acera para florecer orgulloso en medio de la adversidad?»

KAY HAUGAARD

Existe una virtud muy especial que la Biblia atribuye a los auténticos cristianos. La perseverancia, que halla ocasión de manifestarse precisamente cuando las circunstancias son adversas. La expresión «fe de carbonero» suele ser peyorativa, pues se usa para designar una fe ciega y no razonada, pero aún así la fe de carbonero puede contener algo rescatable por cuanto implica también perseverar en lo que se cree, sin prestar atención a aquellas circunstancias adversas que puedan atentar contra la fe. Existe, pues, algún mérito en la fe de carbonero, no en el sentido de cerrarse a las razones, sino de no claudicar en lo que se cree aún en medio de la adversidad. Podría decirse que, en este último sentido, la fe cristiana si debe ser una fe de carbonero, o mejor, una fe que persevera en medio de la oposición. Algo a tomar en cuenta, pues si bien el llamado *fruto del Espíritu Santo* (Gál. 5:22-23), describe las virtudes que definen y distinguen el carácter del cristiano, no podemos olvidar que la perseverancia es algo así como el «cemento» que une todas esas virtudes de manera que no sean algo fragmentario u ocasional que se desvanezca con facilidad, sino que, por el contrario, perduren en el tiempo, afirmándose aún más a medida que este transcurre. Sin embargo, la llamada «perseverancia de los santos» no alude propiamente a una virtud heroica atribuible de suyo a la fortaleza del creyente, como si fuera un mérito que solo unos pocos especialmente dotados pueden alcanzar; sino que es una virtud que procede de la fortaleza otorgada por Dios a los suyos y del ejercicio de la misma por parte de estos. La perseverancia es, pues, una dotación de la gracia divina. Es Dios quien nos otorga la fortaleza para perseverar, de donde si lo hacemos así, es únicamente porque Dios nos preserva para ello. Es en este marco que debe entenderse la promesa del Señor Jesucristo cuando se refirió a las dificultades que caracterizan los últimos tiempos:

... pero el que se mantenga firme hasta el fin será salvo.

Mateo 24:13 NVI

25

de diciembre

Divinidad y humanidad de Cristo

«LA IGLESIA ha tenido tanto trabajo en mostrar que Jesucristo era hombre, contra los que le negaban, como en mostrar que era Dios»

BLAS PASCAL

Es paradójico, pero la conjunción de dos naturalezas, -divina y humana-, en indisoluble unidad en la persona de Jesús de Nazaret ha generado a la iglesia dificultad no solo para sostener su divinidad, lo cual sería de esperarse; sino también ¡quien lo creyera! para afirmar su humanidad por igual. El liberalismo teológico, de corte humanista, prestó un flaco servicio al cristianismo al referirse a Cristo tan solo como el hombre más grande y ejemplar que ha pisado la faz de la tierra, pues no importa que tan alto se quiera encumbrar la humanidad de Cristo, estamos traicionando su mensaje si de manera paralela y simultánea no se afirma también su divinidad: ... *a Dios le agradó habitar en él con toda su plenitud (...) Toda la plenitud de la divinidad habita corporalmente en Cristo* (Col. 1:19; 2:9). Pero en los inicios del cristianismo la resistencia era a reconocer su humanidad, pues el dualismo gnóstico de los griegos no tenía reparo en aceptar que Jesucristo es Dios, sino en reconocer que también fue hombre. El *docetismo*[33] fue una de las primeras herejías que el cristianismo tuvo que combatir, al punto que el apóstol Juan consigna en su primera epístola que la prueba para determinar la procedencia de un mensaje dado por un presunto profeta y atribuido en principio al Espíritu de Dios es el reconocimiento de la plena humanidad de Cristo (1 Jn. 4:1-2). Negar el nacimiento natural del Señor Jesús ha sido uno de los recursos de los docetistas para menoscabar su humanidad, contraponiendo al mismo alguna suerte de «irrupción» de Cristo en el mundo como adulto ya formado o, en el mejor de los casos, mediante un parto sui generis de carácter milagroso que diferiría ostensiblemente del parto natural tal y como se verificó en el pesebre de Belén. La doctrina cristiana afirma, pues, la divinidad de Cristo tanto como su humanidad, -atestiguada de sobra en los evangelios (Mt. 4:2; 11:19; 21:12; 26:37-38; Lc. 2:40, 51-52; 10:21-22; 19:41, Jn. 11:35)-, en virtud de la encarnación del Verbo (Jn. 1:14). Porque a la postre, es gracias a que asumió plenamente nuestra humanidad que Cristo puede comprendernos, compadecerse de nosotros y redimirnos por completo (Heb. 4:14-16).

... ya que ellos son de carne y hueso, él también compartió esa naturaleza humana... Por haber sufrido él mismo la tentación, puede socorrer a los que son tentados.

HEBREOS 2:14, 18 NVI

26
de diciembre

La ética y los doctores de la ley

«LA MAYORÍA de los abogados y de los estudiosos de derecho sienten que la obligación ética de hacer la mejor defensa posible de su cliente es el más alto principio de la ley... sin embargo, ¿debe estar por encima de lo que se supone que el sistema se compromete a alcanzar, es decir, la justicia? Por supuesto que no. Si la ética de una buena defensa consiste en oscurecer o en ocultar la verdad, necesita ser revisada, porque en ese caso es inmoral»

ROSS BAKER

El relativismo moral ha hecho presa de nuestra sociedad moderna. La ética de situación[34] es una deplorable distorsión del mensaje cristiano. Y aunque no sea una actitud exclusiva de los abogados, sí es un hecho que es tal vez este gremio el que refleja mejor que ningún otro el nivel moral de nuestra sociedad. Los tecnicismos legales siguen siendo una salida recurrente que hacen que la impunidad se generalice y estimule el delito (Ecl. 8:11). El Señor Jesucristo denunció los tecnicismos de los escribas y doctores de la ley, -los abogados de ese entonces-, cuando se refirió a ellos acusándolos de: ... *dejar a un lado los mandamientos de Dios para mantener sus propias tradiciones!* (Mr. 7:9). En efecto, los fariseos y doctores de la ley de la época del Señor habían reglamentado ya a tal punto la ley divina revelada en el Pentateuco (los cinco primeros libros de la Biblia, conocidos entre los judíos como «la Torá» o la Ley), que habían diseñado numerosos tecnicismos para eludirla ellos mismos y permitir que otros las eludieran cuando convenía a sus intereses, tecnicismos incluidos dentro del *Talmud* que recoge los comentarios rabínicos que conformaban la tradición impugnada por el Señor. Así sucede, por ejemplo, con el voto *corbán* utilizado hábilmente por algunos para eludir los deberes contemplados en la ley para con los progenitores, comenzando por el conocido mandamiento de honrarlos como corresponde (Mr. 7:10-13). Pero el problema de fondo es que nuestra sociedad parece haber adoptado el maquiavélico lema de que *el fin justifica los medios* como un principio general para poder salirnos con la nuestra, echando mano de tecnicismos que nos permitirían hacer lo malo con impunidad, de formas legalmente lícitas pero éticamente incorrectas. Haríamos bien en prestar atención a la advertencia del Señor por intermedio del profeta:

¡Ay de los que llaman a lo malo bueno y a lo bueno malo!

Isaías 5:20 NVI

27
de diciembre

Fe y política

«EL HOMBRE sabio no debe abstenerse de participar en el gobierno del Estado, pues es un delito renunciar a ser útil a los necesitados y una cobardía ceder el paso a los indignos»

EPICTETO

«UN POLÍTICO piensa en las próximas elecciones; un estadista, en la próxima generación»

JAMES FREEMAN CLARKE

Existen en el seno del cristianismo posiciones extremas e irreconciliables en relación con la política y el ejercicio del gobierno. Hay algunos cristianos que la condenan a ultranza y no participan en ella, mientras que otros se dejan seducir por ella, involucrándose de lleno en la política de maneras equivocadas, comprometiendo el buen nombre y la integridad de la iglesia como institución. El balance adecuado entre estas dos posturas lo dio el propio Señor Jesucristo cuando se pronunció de este modo en relación con nuestros deberes civiles y eclesiásticos: ... *denle al césar lo que es del césar y a Dios lo que es de Dios* (Mt. 22:21), ambos subordinados de cualquier modo a la obediencia a Dios, pues como lo señaló en su momento el Dr. Theo Donner, estos versículos *se usaron por siglos para justificar una cosmovisión dualista, en que la realidad se dividía en un ámbito secular y otro religioso. Pero si miramos lo que Jesús dice a la luz del Antiguo Testamento, es obvio que la demanda que hace es mucho más radical: Si la moneda le pertenece a César porque lleva su imagen, entonces lo que le corresponde a Dios es aquello que lleva su imagen, la persona integral, el ser humano creado a imagen y semejanza de Dios.* Es así como, no obstante el hecho de que algunos creyentes sigan considerando la política como un mal necesario, no podemos sin embargo sustraernos a ella evadiendo nuestros deberes civiles ante Dios, sino que debemos tratar de dignificarla ejerciendo nuestra responsabilidad ciudadana y, si tenemos vocación política, ejercerla con actitud de estadistas que actúan como verdaderos *servidores* públicos, bajo la consigna de *cristianizar la política sin politizar el cristianismo* (D. Silva-Silva), siguiendo el ejemplo y el modelo bíblico:

... el que quiera hacerse grande entre ustedes deberá ser su servidor...
así como el Hijo del hombre no vino para que le sirvan, sino para servir...

Mateo 20:26-28 NVI

28
de diciembre

La verdadera riqueza

«¿Cuánto dinero debe uno tener para ser considerado rico en nuestra sociedad?... pienso en toda la gente inmensamente rica... que no parece feliz. También en todos aquellos que sudan para pagar sus cuentas, y pese a ello son ricos. Si usted puede compartir cualquier problema con su cónyuge es rico. Si puede mirar de frente a sus padres, convencido de haberles retribuido aunque sea en mínima parte lo que ellos le dieron, es usted rico. Si puede decir con toda honradez que no tiene nada que esconder, es usted verdaderamente rico»

BENJAMIN STEIN

En medios cristianos populares es común la equivocada creencia que el dinero como tal es condenado por Dios, tal vez a raíz de ligeras y equivocadas interpretaciones de versículos sacados de contexto. Pero analizado el tema con detenimiento, salta a la vista que en el Antiguo Testamento la prosperidad material era considerada inequívocamente como una señal de la bendición de Dios. El problema surge cuando restringimos el concepto bíblico de prosperidad únicamente a su componente material, pues esta es solo una de las mucha áreas en que Dios quiere bendecir a sus hijos y el foco u objetivo principal de toda bendición divina es el aspecto espiritual o inmaterial del ser humano y no el material, siendo este último simple consecuencia del primero (Mt. 6:33-34; 3 Jn. 2). Por eso, el no contar con bienes de fortuna no indica necesariamente que Dios nos desapruebe pues hay otros bienes intangibles e inapreciables como la paz, el buen nombre, la armonía y la limpia conciencia que constituyen parte de esos: ... *tesoros en el cielo, donde ni la polilla ni el óxido carcomen, ni los ladrones se meten a robar* (Mt. 6:20) de los que habló el Señor en el Sermón del Monte. Alguien dijo en cierta oportunidad con gran acierto que no debemos medir nuestras riquezas por el dinero que poseemos, sino más bien por las cosas que poseemos que jamás cambiaríamos por dinero. Y en el libro de los Proverbios también encontramos declaraciones paradójicas como esta: *Hay quien pretende ser rico, y no tiene nada; hay quien parece ser pobre, y todo lo tiene* (Pr. 13:7), que ratifican lo dicho y que nos permiten comprender cabalmente el sentido de lo hecho por Cristo a nuestro favor:

> *Ya conocen la gracia de nuestro Señor Jesucristo, que aunque era rico,*
> *por causa de ustedes se hizo pobre, para que mediante su pobreza*
> *ustedes llegaran a ser ricos.*

2 Corintios 8:9 NVI

29

de diciembre

La vida como carrera de relevos

«LO BIEN o lo mal que nos vaya en la vida no está determinado tan solo por nuestros dones y fortaleza de Espíritu, sino también por nuestro ambiente social, nuestras relaciones, las de nuestra familia y, de manera fundamental, por cómo les haya ido a nuestros padres. La vida es una carrera de relevos. Cuenta mucho cuanta ventaja lleva el corredor anterior en el momento de entregarnos la estafeta»

WILLIAM RASPBERRY

Aunque son las dos caras del mismo asunto, la Biblia hace distinción entre la *culpa* por el pecado y las *consecuencias* del mismo. La primera de ellas afecta de manera exclusiva a la persona que comete el pecado en cuestión y no a sus descendientes directos, puesto que: ... *ningún hijo cargará con la culpa de su padre...* (Eze. 18:20), pero las segundas abarcan tanto al individuo como a sus generaciones posteriores: ... *Cuando los padres son malvados... yo castigo a sus hijos hasta la tercera y cuarta generación* (Exo. 20:2-5). El llamado «pecado original» tiene que ver más con las consecuencias que con la culpa. Pero al margen de consideraciones teológicas alrededor de esta doctrina central del cristianismo, el hecho es que la mejor ventaja estratégica que podemos otorgar a nuestros hijos en esta «carrera de relevos» que es la vida misma, es reconciliarnos con Dios mediante la fe en Jesucristo resolviendo así la culpa, al tiempo que comenzamos a revertir también favorablemente las consecuencias negativas que haya podido tener en nuestra vida el pecado de nuestros antepasados, rompiendo cualquier sino trágico y vergonzoso que se cierna sobre nosotros desde el pasado y, además de esto, transmitirles esta fe a nuestras futuras generaciones, con la cual puedan enfrentarse con ventaja a los dilemas y decisiones que su propia vida les depare, dejándoles como legado añadido las bendiciones temporales que esa fe nos haya traído a nosotros mismos en virtud de nuestra obediencia al Señor. No en vano Manero decía que: *La verdadera educación de un hombre comienza varias generaciones atrás.* Cuenta mucho, entonces, la distancia que nosotros ya hayamos recorrido con Dios cuando entregamos la estafeta o testimonio a la generación que viene a hacer el relevo en su momento, así ellos también tengan de nuevo que efectuar su propio recorrido asumiendo su propia responsabilidad para con la siguiente generación.

Grábate en el corazón estas palabras que hoy te mando.
Incúlcaselas continuamente a tus hijos...

Deuteronomio 6:6-9 NVI

30 de diciembre

El matrimonio, la iglesia y Cristo

«Cuando era pequeña, lo que más admiraba de mi madre era su inquebrantable lealtad a mi padre. Ellos eran como un monolito: siempre respetuosos y solícitos uno hacia el otro. Hubo un tiempo en que soñé con ser el centro de su vida. Sin embargo, ellos eran y siguen siendo el centro de su propia existencia, y sus hijos no somos más que luces que iluminan su universo... aún cuando siempre tuvimos el amor de nuestros padres... no fuimos elegidos con la misma libertad con que ellos se eligieron el uno al otro»

JANICE BURNS

De todas las relaciones humanas establecidas por Dios en la creación en el marco de la familia y la sociedad, el matrimonio tiene preeminencia sobre todas las demás. No en vano es la relación humana que, a pesar de su inherente imperfección bajo las actuales condiciones de la existencia, logra reflejar de la mejor manera la calidad de la relación que Dios ofrece en el evangelio a los creyentes, al comparar a Cristo con el esposo y a la iglesia con la prometida que consumará su unión matrimonial de manera definitiva con Él en las llamadas «bodas del Cordero» descritas en el libro de Apocalipsis (Efe. 5:22-32; Apo. 19:7-9). Es por eso que, cuando en el marco de nuestras relaciones interpersonales en este mundo llegamos a colocar la relación de padres o de hijos antes que la de esposos, estamos alterando el orden de prioridad establecido por Dios, con todas las consecuencias negativas que esto conlleva para la familia y la sociedad en general. La relación actual e individual del creyente con Dios es de hijo a Padre, pero la relación escatológica y corporativa que como iglesia ostentamos en conjunto es la de desposada (la iglesia) a desposado (Cristo), a la usanza de las bodas judías en la época del Señor. Se desprende de esto que, aunque como padres e hijos indistintamente tengamos también responsabilidades bíblicas muy definidas (Efe. 6:1-4), estas nunca deben ir en detrimento del compromiso matrimonial. A este respecto dió en el punto Theodore Hesburg al declarar con gran percepción que: *Lo más grande que un hombre puede hacer por sus hijos es amar a la madre de sus hijos*, colocando en primer lugar las responsabilidades propias de la relación matrimonial antes que las responsabilidades paternas, que solo pueden abordarse bien cuando ya se ha hecho lo propio con las primeras. Al fin y al cabo es solo acerca del matrimonio que el Señor declara:

Por eso el hombre deja a su padre y a su madre, y se une a su mujer,
y los dos se funden en un solo ser.

Génesis 2:24 NVI

31

de diciembre

La vid verdadera

«¿QUE DIFERENCIA hay entre una persona que nunca necesita ayuda y otra que ha aprendido a buscarla en Dios? No es que la primera actué mal y la segunda bien. El ateo autosuficiente puede ser una persona buena y con principios. Pero es como un arbusto que crece en el desierto: si se basta a sí mismo, corre el riesgo de secarse y marchitarse cuando se le acabe lo que lleva dentro. En cambio, quien acude a Dios se asemeja a un árbol plantado junto a un arroyo: lo que comparte con el mundo proviene de una fuente inagotable, de modo que jamás se seca»

RABINO HAROL KUSHNER

La conducta del hombre que la Biblia llama «natural» (1 Cor. 2:14 RVR) puede ser en ocasiones mucho más agradable y exteriormente aún más correcta e íntegra que la de algunos cristianos inmaduros (1 Cor. 3:1). No obstante las motivaciones de los primeros no son rectas ya que estarán en gran parte inspiradas por el egoísmo y los intereses personales (1 Cor. 13:3), y carecerán por tanto del peso necesario para ser aprobadas por Dios. Pero, adicionalmente, el hombre natural no posee una fuente de recursos inagotable que no dependa de las contingencias de este finito y efímero mundo, razón por la cual su proceder puede cambiar drásticamente en circunstancias críticas en las cuales el hombre natural «pela el cobre» y deja al descubierto su verdadera y precaria condición espiritual, por contraste con el creyente maduro que siempre dispone en Dios de una fuente de fortaleza inagotable que lo capacita para enfrentar con entereza, decoro y buena cara cualquier circunstancia que se le presente, por difícil que pueda llegar a ser. La Biblia describe al hombre justo que tiene su confianza en Dios como un: *... árbol plantado a la orilla de un río que, cuando llega su tiempo, da fruto y sus hojas jamás se marchitan. ¡Todo cuanto hace prospera!* (Sal. 1:3; Jer. 17:7-8). Y del mismo modo en el Nuevo Testamento Cristo se refiere a sí mismo como *la vid verdadera* (Jn. 15:1), que garantiza que la vida del creyente sea fructífera en toda circunstancia, siempre y cuando nos arraiguemos y permanezcamos en Él, pues la opción alterna nos lleva a marchitarnos y secarnos indefectiblemente. Pero de nosotros depende en últimas el permanecer en Él, como nos exhorta el Señor Jescristo a hacerlo sin demora:

> *Yo soy la vid y ustedes son las ramas. El que permanece en mí, como yo en él, dará mucho fruto... El que no permanece en mí es desechado y se seca...*

Juan 15:5-6 NVI

Notas

1 El llamado *efecto mariposa,* formulado en el marco de la actual *teoría del caos,* y que suele expresarse así: *El delicado aleteo de una mariposa en Pekín, provoca un tornado en Nueva York,* parece tener su correspondencia en la conducta humana y las imprevisibles consecuencias que los pecados pueden llegar a generar a largo plazo.

2 Ver reflexión del 17 de octubre

3 No entraremos a tratar aquí el temor numinoso (R. Otto) que embarga a una criatura pecadora como el ser humano al ser confrontada por un Dios Santo, pues si bien esta es una experiencia crítica por la que tiene que pasar todo auténtico creyente; esta experiencia usualmente le brinda al individuo criterios para entender las diferencias entre la forma única en que estamos llamados a relacionarnos con Dios y la forma en que lo hacemos con los ángeles. Y aunque no sea una garantía absoluta al respecto, esta experiencia puede llegar a servir de útil referencia existencial para evitar caer en la superstición denunciada por Calvino, que obedece, por lo tanto, a otros motivos.

4 El llamado «principio antrópico» (sobre todo en su versión «fuerte»), cobra fuerza en el campo de la ciencia para valorar estas evidencias adecuadamente y sacar de ellas la conclusión más obvia: todo el universo parece haber sido diseñado y afinado exquisitamente con un propósito exclusivo en mente, el de hacer posible la aparición de la vida humana en el planeta Tierra. La pregunta obligada que surge ante lo anterior es: ¿Quién se tomó todo este trabajo para hacer posible nuestra existencia en la tierra y con qué propósito lo hizo? El principio antrópico acerca de nuevo inevitablemente a la ciencia con la metafísica y la teología, pues el concepto de diseño inteligente hace necesario de inmediato el concepto de propósito y finalidad. Los argumentos cosmológicos y teológicos de Tomás de Aquino se dan así la mano y se implican mutuamente. Pero el punto aquí es que, si bien el diseño puede ser inferido científicamente, la finalidad o el propósito solo pueden descubrirse a través de la metafísica y la teología, en particular la teología basada en la revelación bíblica e histórica del judeo-cristianismo y más exactamente en la teología cristocéntrica del cristianismo.

5 Sin perjuicio del entendimiento que cada una de ellas tenga de «lo sagrado» y sin entrar a discutir aquí las diferencias entre una y otra en cuanto a su entendimiento de este asunto.

6 Por cierto, al margen de quien sea el primero cronológicamente hablando; el calendario gregoriano actual que se ha impuesto no solo en Occidente, sino en el mundo en general, habida cuenta del liderazgo que el Occidente cristiano tiene en la política, la ciencia y el comercio; echando por tierra el argumento que apela a la antigüedad, pues no se afirma que Cristo vivió 500 años después de Buda, sino que Buda vivió 500 años a.C. (antes de Cristo), dejando tácitamente establecido que Cristo ha sido más determinante para la humanidad que Buda, y no lo contrario.

7 La expresión «día de reposo», traducida así en la Versión Reina Valera de forma literal, no se refiere siempre al sábado, sino a veces también a otros días festivos, pero debido a que estos casos son aislados, la Nueva Versión Internacional suele facilitar la lectura sustituyendo la expresión «día de reposo» por «sábado» cada vez que el

contexto lo permite, puesto que el día de reposo por excelencia para los judíos siempre ha sido el sábado.

8 No se entrará aquí en la más bien bizantina discusión fomentada por judíos y adventistas de si hay que guardar el sábado, como lo hacen estos dos grupos, o el domingo, como lo hace la iglesia desde la resurrección del Señor, según consta en el libro de los Hechos de los Apóstoles, las epístolas paulinas y el Apocalipsis de Juan; pues esto no es importante. Lo importante es que los creyentes honren al Señor y se congreguen para descansar de sus trabajos y actividades cotidianas después de cada periodo laboral de seis días apartando un día que, por referencia al periodo laboral previo, siempre será el séptimo. Ya el Señor Jesucristo se refirió a este caso particular (Mt. 12:5), para desarmar los argumentos legalistas de los fariseos de su época que creían que el ser humano había sido hecho por causa del sábado y no lo contrario.

9 Cuya secuencia y estructura de doble hélice fue descubierta en el siglo XX por los biólogos Francis Crick, James Watson y M. H. F. Wilkins, haciéndose así acreedores al premio Nobel en 1962.

10 Si bien en sus orígenes (Epicuro) el hedonismo no abogaba por una grosera búsqueda del placer sensual como el principal criterio ético de conducta del ser humano, sino que se encuadraba más en la línea del utilitarismo (J. S. Mill) y el pragmatismo (W. James) modernos; hoy por hoy las connotaciones que el hedonismo ha adquirido se decantan casi exclusivamente por la búsqueda de placer sensual.

11 Concepción clásica de Dios compartida, entre otras, por las religiones monoteístas y proféticas como el judaísmo, el islamismo y el cristianismo que no solo afirma su existencia como Dios creador del Universo, sino también su carácter personal y su continua intervención en la creación a través de su amorosa providencia sustentadora y sus eventuales actos sobrenaturales, entre los cuales sobresale con mucho la encarnación de Cristo como hombre proclamada con exclusividad por el cristianismo

12 Atributo divino que indica que Dios es diferente de su creación y no puede igualarse a ella puesto que está más allá de la misma y no puede ser abarcado por esta sino que es Él quien la abarca y la trasciende, la excede, la supera al punto de que se encuentra por encima de toda posible clasificación y comparación intramundana y todo lo que podamos decir de Él (ya sea por medio de símbolos o analogías), será siempre insuficiente y no le hará nunca completa justicia. Rudolf Otto lo expresó diciendo que Dios es «El Totalmente Otro» y Kart Barth popularizó la expresión designándolo como «El Absolutamente Otro».

13 Atribuida al naturalista sueco Linneo, cuyo principal mérito es haber utilizado la hoy llamada *nomenclatura binomial* que describe con precisión las especies animales y vegetales atribuyendo a cada una de ellas un doble nombre latino: el genérico y el específico (combinación que da lugar al *nombre científico* de cada especie en contraste con su *nombre común*), con arreglo a sus similitudes y estructuras anatómicas, morfológicas y fisiológicas más o menos compartidas.

14 La llamada «teoría del diseño inteligente» no afirma que Dios creó cada especie en particular sino tan solo nos informa con rigor científico que muchas de las diversas

estructuras de los seres vivos no pueden explicarse más que por referencia a un diseñador inteligente, sin entrar a afirmar nada sobre la naturaleza de este diseñador. La teoría posee a estas alturas una ya reconocida e innegable solidez que le ha hecho ganar cada día más adeptos en el medio científico, a despecho de los evolucionistas sobrevivientes que a su pesar y a regañadientes han tenido que comenzar a reconocer las notorias debilidades e inconsistencias del evolucionismo.

15 ¿No es esto lo que hace la clasificación taxonómica moderna?

16 Bajo la presunción o el supuesto de que su peligrosa heterodoxia no obedece a malas motivaciones o intenciones oscuras, sino concediéndoles en principio el beneficio de la duda y evitando así incurrir en una censurable e inconveniente malicia que no es consecuente con el auténtico espíritu de amor cristiano.

17 En el Concilio ecuménico de Calcedonia en el 451 d.C

18 Anselmo, Pedro Abelardo, Alberto Magno, Tomás de Aquino, Buenaventura y Guillermo de Ockham, entre otros

19 Para la temprana época de la controversia arriana, el término "católico" aplicado al sector mayoritario de la cristiandad significaba tan solo que quien recibía este calificativo era un creyente en la Trinidad y un defensor de la misma y no el sentido que ha llegado a adquirir en nuestros días para aludir a los que forman parte de la iglesia católica romana subordinada al Papa.

20 Lo cual demuestra, de algún modo, que la doctrina de la Trinidad no es una doctrina que carezca de interés práctico para el creyente común, de tal modo que su discusión deba reservarse exclusivamente al tratamiento en los círculos intelectuales de la teología académica como si no tuviera ninguna implicación para la vida práctica y cotidiana del creyente medio.

21 Contrariando así la misma etimología del término que proviene del latín *proximus* y se refiere a aquel que está próximo a nosotros.

22 Lema publicitario utilizado para promover la venta de un fármaco que promete el alivio de la resaca producto de la juerga de la víspera, sin fomentar ningún tipo de arrepentimiento por los excesos en los que se incurrió.

23 Facultad de realizar prodigios o milagros

24 La afirmación de que no hay efecto sin causa. Aunque en el campo de la ciencia naturalista la causalidad es aún más explícita, pues afirma que no hay ningún efecto en la naturaleza sin una causa que pueda ubicarse también en la naturaleza o en el interior de este universo material.

25 Conocido en teología con el nombre técnico de "parusía"

26 *"El que peca y reza, empata"*. Refrán muy conocido en buena parte del contexto católico romano popular de Hispanoamérica que deja expuesta la manera censurable en que gran parte de los católicos asumen su fe en este contexto cultural.

27 Dicho popular en el contexto colombiano dirigido contra aquel que ni hace, pero tampoco deja hacer.

28 Sigla en inglés para el proyecto científico denominado *Búsqueda de Inteligencia Extraterrestre* (Search of extraterrestrial intelligence)

29 Nombre que recibe la enfermedad de los bizcos.

30 Nombre técnico que recibe la segunda venida de Cristo

31 Dar carácter sagrado a algo que no lo tiene, a veces de manera supersticiosa y artificial, sin que haya ningún fundamento real y legítimo para hacerlo.

32 Es decir, en lo que tiene que ver con el *ser* de las cosas.

33 Doctrina herética que viene de una raíz griega que significa "aparentar" y que, en consecuencia, afirmaba que Jesús no fue verdaderamente humano sino tan solo aparentó ser humano sin llegar nunca a serlo, de donde su pasión y muerte solo fueron una simulación. Es decir que, en último término, utilizó su poder divino para hacernos creer a todos, incluyendo a los apóstoles, un engaño: esto es, que fue un hombre de carne y hueso sin serlo realmente, algo a todas luces incompatible con la integridad ética y moral que todos están dispuestos a reconocerle a Jesucristo.

34 Ver reflexión del 2 de octubre

Índice temático

Índice onomástico

Bibliografía

ALVARADO RIVERA, Martín: *2000 pensamientos de grandes filósofos*, Editorial Diana, México, 1997

ANÓNIMO: *Filosofía del Plan de la Salvación*, CLIE, Barcelona, 1985

ARENDT, Hannah: *La crisis de la cultura*, Gallimard, 1972

BARRET, Cyril: *Ética y creencia religiosa en Wittgenstein*, Alianza Editorial, Madrid, 1994

BELTRAN CELY, William Mauricio: *Fragmentación y Recomposición del Campo Religioso en Bogotá. Un acercamiento a la descripción del pluralismo religioso en la ciudad*, Universidad Nacional de Colombia, Serie encuentros. Colección mejores trabajos de grado. Bogotá

BERGER, Peter: *Auf den Spuren der Engel* (Rumor de ángeles), Francfort, 1976

BLANCO, Domingo: *Ética*, http://www.mercaba.org/Filosofia/libertad.htm

BLASCHKE, Jorge: *Vendiendo a Dios, Los Mercaderes del Espíritu, Volter*, Ediciones Robinbook, Barcelona, 2004

BLOCH, Ernst: *Tübinger Einleitung in die Philosophie*, Francfort, 1963-64, Volumen I

BONHOEFFER, Dietrich: *Acto y ser. Filosofía trascendental y ontología en la Teología sistemática*, Munich, 1931
– *Ética*, Trotta, Madrid, 2000
– *Resistencia y sumisión*, Sígueme, Salamanca, 1983
– *Vida en comunidad*, Sígueme, Salamanca, 1992

CALDWELL, Taylor: *El Gran León de Dios*, Grijalbo, México, D. F., 1998

CALVINO, Juan: *Institución de la Religión Cristiana*, Nueva Creación, Buenos Aires, 1988

CERVANTES SAAVEDRA, Miguel de: *El ingenioso hidalgo Don Quijote de la Mancha*, Austral, Madrid, 2004

CHESTERTON, G. K.: *Ortodoxia*, Alta Fulla, Barcelona, 1988

COLSON, Charles: *Y ahora… ¿Cómo Viviremos*, Unilit, Miami, 1999

COREY, Michael A.: *God and the New Cosmology: The Anthropic Design Argument*, Lanham, Md.: Rowman & Littlefield, 1993

CRUZ, Antonio: *Darwin no mató a Dios*, Vida, Miami, 2004
– *El Cristiano en la Aldea Global*, Vida, Miami, 1982
– *Sociología*, Editorial Clie, Barcelona, 2001

DAVE, Hunt y McMAHON, T. A.: *La seducción de la cristiandad*, Portavoz, Grand Rapids, 1988

DAVIES, Paul: *Are We Alone?-Philosophical Implications of the Discovery of Extraterrestrial Life*, Basic Books, Nueva York, 1995

DEMBSKI, William A.: *Diseño Inteligente. El Puente Entre la Ciencia y la Teología*, Vida, Miami, 2005

DERRIDA, Jacques: *Dar la muerte*, Paidós, Barcelona, 2000

DOVAL, Gregorio: (Compilador), *Diccionario General de Citas*, Ediciones del Prado, Madrid, 1994

ELIADE, Mircea: *El Mito del Eterno Retorno, arquetipos y repetición*, Emecé Editores, Buenos Aires, 1968

FEUERBACH, Ludwig: *Grundsätze der Philosophie der Zukunft*, Zurich, 1843

GLYNN, Patrick: *Dios La Evidencia*, Panorama, México, 2000

GÓMEZ DÁVILA, Nicolás: *Escolios a un texto implícito*, Villegas Editores, Bogotá, 2001

GONZALEZ, Justo L.: *Historia del Pensamiento Cristiano*, Caribe, Miami, 1993

HEEREN, Fred: *¿Se puede probar que Dios existe? Las respuestas que los astrónomos han encontrado en el Universo*, Grijalbo, México D.F., 1999

HEIDEGGER, Martin: *Ser y Tiempo*, Halle, 1927

HIPONA, Agustín de: *Confesiones*, Apostolado de la Prensa, Madrid, 1964
– *La ciudad de Dios*, Orbis, Barcelona, 1986

HUME, David: *Inquiries concerning the Human Understanding* (Investigación sobre el conocimiento humano), comp. L.A. Selby-Bigge, Oxford University Press, 1902

HYBELS, Bill: *¿Quién soy cuando nadie me ve?*, Vida, Deerfield, 1995

JARAMILLO, Luciano: *Un tal Jesús*, Vida, Miami, 1998

JOHNSON, Paul: *La Historia del Cristianismo*, Javier Vergara Editor, Buenos Aires, 1989

JOHNSON, Phillip E.: *Proceso a Darwin*, Portavoz, Grand Rapids, 1995

JUNG CARL, Gustav: *Psicología y Religión*, Olten, 1971

KÜNG, Hans: *¿Existe Dios?*, Ediciones Cristiandad, Madrid, 1979
– *Proyecto de una ética mundial*, Trotta, Madrid, 2000

LEWIS, C. S.: *Aprendiendo en Tiempo de Guerra*, Macmillan, Nueva York, 1980
– *El diablo propone un brindis y otros ensayos*, Ediciones Rialp, Madrid, 2002
– *La Abolición del Hombre*, Ediciones Encuentro, Madrid, 1990

LLOYD-JONES, Martyn: *Dios el Padre, Dios el Hijo*, Peregrino, Barcelona, 2000

LUCADO, Max: *Cuando Dios susurra tu nombre*, Caribe Betania, Miami, 1995
– *Y los ángeles guardaron silencio*, Unilit, Miami, 1993

LUTERO, Martín: *Escritos Pedagógicos de Martín Lutero*, Secretaría de Educación de la Iglesia Evangélica Luterana Unida, Buenos Aires, 1996

MOLTMANN, Jürgen: *Teología de la Esperanza*, Sígueme, Salamanca, 1981
– *La justicia crea futuro*, Sal Terrae, Santander, 1992

MONROY, Juan Antonio: *Mente y espíritu*, Editorial Irmayol, Madrid

MORELAND, J. P. y NIELSEN, Kai: *¿Existe Dios?*, Thomas Nelson, Nashville, 1990

MORLEY, Patrick: *El Hombre Frente al Espejo*, Betania, Miami, 1994

OTTO, Rudolf: *Lo santo, lo racional e irracional en la idea de Dios*, Alianza, Madrid, 1980

PARK, Robert L.: *Ciencia o vudú*, Grijalbo Mondadori, 2001

PASCAL, Blas: *Pensamientos*, Folio, Barcelona, 2000

PIKAZA, Xabier: *Él Fenómeno Religioso*, Trotta, Madrid, 1999

POPPER, Karl: *En busca de un mundo mejor*, Paidós, Barcelona, 1992

PUENTE, René de la: *Poesías inmortales para toda ocasión*, Editorial Diana, México, 1998
PUYANA GARCÍA, Germán: *¿Cómo somos? Los Colombianos*, Quebecor World Bogotá S.A., Bogotá, 2002

RICOEUR, Paul: *Hermenéutica y psicoanálisis, El conflicto de las interpretaciones*, Buenos Aires, 1975
RISO, Walter: *Deshojando margaritas*, Editorial Norma, Bogotá, 1996
ROBERTSON, Pat: *El Reino Secreto*, Vida, Miami, 1985
ROPERO, Alfonso: *Filosofía y cristianismo*, CLIE, Barcelona, 1997
– *Historia, Fe y Dios*, CLIE, Barcelona, 1995
– *La Renovación de la Fe en la Unidad de la Iglesia*, CLIE, Barcelona, 1995
– *Lo Mejor de Agustín de Hipona Tomo 1*, CLIE, Barcelona, 2001
– *Los hombres de Princeton*, Editorial Peregrino, Ciudad Real, 1994
– *Nueva era de intolerancia*, Editorial Peregrino, España, 1995

SALAS, Antonio: *Los Orígenes, del Edén a Babel*, Ediciones Paulinas, Madrid, 1992
SILVA-SILVA, Darío: *El Eterno Presente. Más allá del terror*, Vida, Miami, 2002
– *El Reto de Dios*, Vida, Miami, 2001
– *Las Puertas Eternas*, Vida, Miami, 2004
SÖLLE, Dorothee: *Reflexiones sobre Dios*, Herder, Barcelona, 1996
SORMAN, Guy: *Los verdaderos pensadores de nuestro tiempo*, Seix Barral, Barcelona, 1991
SPROUL, R. C.: *La Dignidad del Hombre*, Unilit, Miami, 1994
– *Escogido por Dios*, Unilit, Miami, 1993
– *La Santidad de Dios*, Unilit, Miami, 1991
– *La Mano Invisible*, Vida, Miami, 2006
SPURGEON, Charles Haddon: *Ganadores de Hombres*, CLIE, Barcelona, 1984
STANLEY, Andy: *Visioingeniería*, Unilit, Miami, 2001
STANLEY, Charles: *Seguridad Eterna*, Editorial Caribe, Nashville, 1994
STOTT, John R. W.: *El Cristiano Contemporáneo*, Desafío, Grand Rapids
– *La predicación. Puente entre dos mundos*, Desafío, Grand Rapids, 2000

TEMPLE, William: Algunas cartas desde Lambeth, F. S. Temple, ed. (OUP, 1963)
TERTULIANO: *Apología contra los gentiles en defensa de los cristianos, Compendio Lo mejor de Tertuliano, Colección Grandes Autores de la Fe*, CLIE, Barcelona, 2001
TILLICH, Paul: *La dimensión perdida: indigencia y esperanza de nuestro tiempo*, Bilbao, Ed. Desclée, 1970
– *Teología de la cultura y otros ensayos*, Amorrortu Editores, Buenos Aires, 1968
TWAIN, Mark: *El Diario de Adán y Eva*, Lonseller, Buenos Aires, 2004

VARIOS: *Una Fe para el Tercer Milenio*, Editorial Peregrino, Barcelona, 2002
VILLEGAS GINO, Iafrancesco: *Perspectiva del hombre*, Editorial Buena Semilla, Bogotá, 1978
VISSER'T, Hooft W. A.: *No hay otro Nombre*, SCM, 1963

YANCEY, Philip: *Rumores de otro mundo*, Vida Zondervan, Miami, 2005

ZACHARIAS, Ravi: *¿Puede El hombre vivir sin Dios?*, Caribe, Miami, 1995
– *El Loto y la Cruz*, Vida, Miami, 2005
ZUBIRI, Xavier: *Naturaleza, historia, Dios*, Nacional, Madrid, 1959

OTROS TÍTULOS SOBRE ESTE TEMA

Resistencia y gracia cara
Pensamiento de D. Bonhoeffer
Manfred Svensson

Más allá de la sensatez
El pensamiento de C.S. Lewis
Manfred Svensson

Polemizar, aclarar, edificar.
El pensamiento de S. Kierkegaard
Manfred Svensson

Creer y comprender.
365 reflexiones para un cristianismo integral.
Arturo I. Rojas